哲学视角下的不知法研究

Ignorance of Law
A Philosophical Inquiry

[美]道格拉斯·胡萨克 / 著

姜敏 詹惟凯
张坤龙 卢春燕 肖文琪 / 译

中国法治出版社
CHINA LEGAL PUBLISHING HOUSE

编辑语

"不知法者不免责"（Ignorance of the law is no excuse）作为庄严的法谚，不论是在法律人之间还是在外行人之间，都是众所周知的。该法谚由亚里士多德提出，并几乎无条件地被罗马法和普通法系所奉行。但该法谚是个好原则吗？在大多数国家，随着法定犯数量的不断增加及其立法技术的不断提升，人们——甚至律师正确认识法律规范的可能性也在逐渐下降。道格拉斯·胡萨克受这种当代担忧启发，对这条古老法谚所涉及的广泛内容进行了再评价。其通过极具个性的智慧与风格、严谨与洞察力，揭示了该谚语不合时宜的前提假设和逻辑蕴涵。在这个分析过程中，道格拉斯·胡萨克向我们介绍了诸多具有内部联系并相互交织的话题，而这是前人没有做过的尝试。该书为读者开启了多条深入研究的途径，并且清晰地解释了其间的相互关系。该部著作不仅对"如何处理合理的不知法"这一主题的现有法律智慧进行了猛烈批评，而且也对深入研究法律与道德责任作出了巨大贡献。

2016 年 2 月
Timothy Endicott（蒂莫西·恩迪科特）
John Gardner（约翰·加德纳）
Leslie Green（莱斯利·格林）

致 谢

我将整个职业生涯都用于研究法哲学，特别是刑法哲学。在迄今为止漫长的职业生涯中，我有幸与英美法世界（也不仅仅是英美法世界）最优秀的刑法理论家们有过密切的接触。我们一起出席学术研讨会和圆桌会议，彼此阅读和评论相互的著作，共同为书刊专题讨论会作贡献。我的学术就在这些相互交流的基础上建立起来了。但是在和这些刑法理论家们的联系中，我觉得，个人层面上获得的意足更盛于在专业上获得的满足。我和诸多优秀的刑法哲学家都建立了深厚的友谊，于我而言，这些深厚的友谊与经常的专业合作相比，更显得重要和令人振奋。

我对不知法的兴趣——如同我对刑法理论中许多其他问题的兴趣，是被乔治·弗莱彻《反思刑法》中的一则质疑性评论激起的。弗莱彻简明扼要地提出："法律认识错误"是否应被视为"严格责任"的一种形式？[①] 我最初困惑的是，难道任何人都可以援引"严格责任"来惩罚不知法的被告？但我直觉地感到，有部分内容在这个概念（指"严格责任"）的形成过程中是正确的，即便其中存在着确切的错误。典型的情况是："严格责任"适用于罪责缺失的情况。可弗莱彻明白，一个人的行为基于认识错误，亦可能会有一些具有刑法可责性的情形存在。譬如，被告可

---

① George Fletcher: *Rethinking Criminal Law* (Boston: Little, Brown and Co., 1978), p. 730.

能持有他明知是可卡因的物质,即便他并不知道持有可卡因是非法的。由于对持有可卡因的明知,他便在刑法上是可责的。那么,此时施加的责任凭什么被视为严格责任的例子?但我继而豁然开朗。最初,我的迷惑迫使我试图澄清严格责任的概念——一个我认为具有多种含义而含混不清的概念。[①] 后来,我通过对不知法的反思来解决此问题。即便弗莱彻本人没有将其尖锐之词推至如此细节,但本书中我所提出的论点却可以被解释成理解并支撑他观点所展开的进一步努力。最终,我相信,我们对于漠视法律认识错误的一般做法,确实可以被巧妙而适当地描述为严格责任的实例。因此,其正当理由取决于,严格责任是否以及可在何种程度上被正当化。由于严格责任几乎总是不正当的,所以我们对于法律认识错误的一般做法也几乎总是不正当的。

首次涉足这个领域得益于我的朋友安德鲁·冯·赫希(Andrew von Hirsch),其是《罪责与法律认识错误》[②] 的合著者,也曾是我在罗格斯大学(Rutgers)的同事。我们都认为现存的学说过于严格,并且应该接纳更多的辩护事由。至少,对于不知法的被告,如果其认识错误是合理的,那么就应该被宣告无罪。我进而相信,本书可以为处理一些规范上的难题抛砖引玉。并且,更进一步的反思使我相信,问题可能远比我们当时认为的复杂。为了彻底地解决此问题,必须解决更多的哲学问题。我在之后的一篇文章《法律认识错误和罪责》[③] 中,揭示了其中的一些其他的

[①] 参见 Douglas Husak: "Varieties of Strict Liability", VIII *Canadian Journal of Law and Jurisprudence* 189 (1995)。

[②] 参见 Stephen Shute, John Gardner and Jeremy Horder, eds: *Action and Value in Criminal Law* (Oxford: Clarendon Press, 1993), p.157。

[③] 参见 Douglas Husak: "Mistake of Law and Culpability", *Criminal Law and Philosophy* 135 (2010)。

复杂性。即便如此，我也没有将我的立场置于更广义概念的刑事责任中，而此点是至关重要的。我现在意识到，不论不知法是否以及在何种程度上具有开脱力，反对者的立场都完全取决于其所依赖的一般责任理论。如果我在本书中提出的责任理论大体上还可以被接受，那么不知法在宣告无罪中所具有的重要性，要比我以前任何一篇文章中的观点都要大。因此，我的观点已经发生了很大变化。在我写下这个话题的漫长过程中，还需要补充的是，（在我得以自省的范围内）我并非一开始就有结论，然后才收集理由去证明这个结论。相反，我让论据带我到想去的地方。读者会迅速发现这些论据把我带到了一些令人惊讶的地方——刑法理论的处女地。我将其描述为我思想的革新，但其他人也许会将其描述为思想的理性回归。

当我开始刑法理论的生涯时，刑法哲学家们正一门心思地想要证明刑罚的合理性。他们对刑罚的着魔使他们忽视了诸多其他问题。我一直以来都认为，刑法理论家对定罪的问题关注太少。在国家制定和实施刑事法规之前，规范性条件必须被满足。尽管我的主张在那时非常尖锐，但我却在没有人关注的、当代刑法哲学家一直忽视的问题上成功了。无数的书籍、期刊、会议以及研究所，都关注到了定罪问题。在我看来，定罪问题非常重要（但这并不是唯一重要的问题），这缘于定罪与刑罚的联系。法规是刑法的一部分，其将违反法律的人置于国家刑罚之下。如果没有人曾因违反一个所谓的刑事法律而受到惩罚，那么我们也不会过于关注该法律是否符合关于定罪的规范性理论。刑事法规之所以必须有确切的正当化根据，是因为国家刑罚必须有确切的正当化根据。在缺乏应当科处何种刑罚的预设时，我们无法判断刑罚是否具有正当性。因而，几十年前主导刑法哲学的对刑罚问题的痴迷一直持续到今天。证明刑罚合理性的问题，为刑法哲学的大部分理论提供了基石。我研究的不知法主题十分重要,因为刑法对此问题所采取的学说将直接影响谁被处罚、谁不被处罚。

在我看来,安东尼·达夫(Antony Duff)和迈克尔·摩尔(Michael Moore)是世界上尚在世的最优秀的两位刑法哲学家。我极为幸运地可以将他们二位都算作私人朋友。他们对我思想的影响非常巨大,并且可以很容易地从接下来的篇幅中看出。但是他们的影响并不会辐射太远。虽然达夫和摩尔帮我构建了我所秉持的刑法哲学框架,但是这些刑法理论巨头都没有特别关注不知法——而这正是我的关注点。他们慷慨地为我留下了可供原创性研究的空间。

即便如此,我还是得到了许多帮助——在许多学者梦寐以求的数量和质量上,得到了很多帮助。有一件事令我记忆犹新:2015年9月10日至11日,十几位世界上最著名的刑法理论家——拉里·亚历山大(Larry Alexander)、米奇·伯曼(Mitch Berman)、基姆·费尔赞(Kim Ferzan)、史蒂夫·加维(Steve Garvey)、亚历山大·盖雷罗(Alexander Guerrero)、海地·胡德(Heidi Hurd)、迈克尔·摩尔(Michael Moore)、吉迪昂·罗森(Gideon Rosen)、雷姆·塞格夫(Re'em Segev)、肯·西蒙斯(Ken Simons)、霍利·史密斯(Holly Smith)、维克托·塔德洛斯(Victor Tadros)、彼得·韦斯顿(Peter Westen)、吉迪恩·亚菲(Gideon Yaffe)以及迈克尔·齐默尔曼(Michael Zimmerman)[①],来到耶鲁大学法学院参加研讨会,并讨论我手稿的拟稿。感谢上述所有人在一个充满智慧的房间里待了两天,又有谁不是受益匪浅呢?我希望能与

[①] 韦斯顿特别值得感谢,他不断地用建设性的批评"轰炸"我的邮箱,而其中很多我都无法回答。

每一位与会者交流，以使此次研讨会极为引人注目。① 我们的讨论使我确信，"不知法"这个题目极为困难且引起了很多分歧。尽管相当多优秀的刑法哲学家不同意我提出的任何实质性主张，但其他几位同样博学的刑法哲学家却支持了我的观点。待讨论到其他问题，那些原本不同意我对这个问题看法的人，又摒弃了其立场，转而同意了我的观点。这场令人瞩目的会议表明，对于如何解决这些问题，完全没有达成共识。在这种场合，除了展现自己的谦虚和局限之外，其他一切行为都是愚蠢的。我将会永远地感谢此次活动的组织者吉迪恩·亚菲，也感谢每位参加者——他们中许多人忍受了因恶劣天气而导致的行程时间延长。只有少数作者才有幸在他们的书出版之前，得到如此多专家的帮助。

我还得到了很多其他方面的帮助，即使这些帮助与在耶鲁大学研讨会上获得的帮助相比要少一些。我在全球许多哲学系和法学院的座谈会上，发表了这些手稿早期版本的各个部分。我担心将它们一一列出会显得冗长和自负，因此仅提及其中两者。其一，密歇根大学的加部·门德罗（Gabe Mendlow），其要求他的刑法理论研讨班的学生读我整部未出版的手稿，并且准备了批评性的评论以促使我保持诚实的研究态度。其二，我必须对罗格斯大学研讨班的研究生表示特别的感谢，他们中许多人的建议促使我做出了巨大改进，即便他们缺乏深厚的法哲学背景。本·布朗纳（Ben Bronner）、大卫·布莱克（David Black）、布列塔尼·舒普（Brittany Shupe）、贝丝·亨泽尔（Beth Henzel）、詹姆斯·古德里奇（James Goodrich）和内文·约翰逊（Nevin Johnson）给予了我极大的帮助。他们的意见再次证明了我同事的能力以及我们的研究生课程是罗格斯大学成为一个理想的哲学之地的主要缘由。

---

① 在开始的沉默后，我最终决定把这次研讨会叫作"胡萨克学术聚会"。

导　论

　　刑法应该怎样对待不知法的违法者？这近似于我将在本书中谈到的基本问题。出于三个原因，我的结论无法被简单概括：第一，我认为有必要对这个基本问题本身进行反复提炼和澄清。这个问题看似简单，但事实上其每一个方面都需要进行分析和解释。要得到令人满意的答案，需要我们认识到在明知或不知以外的更多认知状态。此外，当不知法作为辩护事由时，不知的对象实际上可能不是法律。第二，我所主张的立场是复杂、微妙而高度具体化的，必须区别不同种类的案件，以使我们对于众多被告不知法的案件，不给出单一的答复。第三，我的答案中很大部分都是不确定的，我承认，我不确定有多少重要问题应该被下定论。关于责任的判断构成了研究不知法的基石，但其又是所有哲学问题中最具争议的。

　　尽管如此，对我当前的结论进行简要概述仍是有帮助的。粗略地分析，我认为理想的刑法典，应当明确允许对不知法的行为给予比目前英美刑事司法体系更多的出罪空间。几乎在每一例案件中，因不知法而违反刑法的人，都应该得到某种程度的出罪辩护，只有当被告的不法行为是无自制力的，亦即当他们违背了其认为适用于其行为的道德理性平衡时，他们才应承担全部责任。因此，对犯罪行为承担全部责任是不常见的，但更轻程度的责任应当被确认。当被告意识到其行为不法可能具有重大和不合理的风险时，他们就应该受到惩罚，尽管应受惩罚的程度低于明知其行为被禁止的程度。为使我的结论简单化，我认为刑事犯罪中的犯罪意图应当被解释为不仅需要了解相关事实，还需要了解适用的法律。

我认为，即使是在极端情况下，不知法的被告也有权得到比之最高刑更轻的刑罚，而大多数法哲学家会立刻反对我的立场。这些结论会将我放到孤立无援的境地。即使一些杰出的道德哲学家已经论证，他们支持与我在此处所提及的相似（但绝不相同）的立场，但就像我在本书中所主张的那样，没有一个刑法理论家会接受如此宽泛或者如此众多的出罪事由。我努力淡化我的主张中似乎最激进的一些含义，并一再强调，我的大部分研究都是我所说的理想刑法理论。我认识到我所主张的出罪事由，只能在一种刑法典中实施，这种刑法典基于道德可罚性和特定被告的道德来确定刑事责任与刑罚的严厉程度。鉴于许多实际原因，这种理想必须让位于现实世界的刑法典。然而，我们不应该只满足于非最优解，因为任何偏离这个理想的做法，都会在正义和现实之间进行不幸与遗憾的妥协。

为什么刑法理论家会写一本关于不知法的书？而且，同样重要的是，刑法理论家为什么会认为法哲学家和理论研究精深的法律学者应该投入时间和精力来阅读这本书？我给出了八个不同但相关的原因，其中大部分将在随后的篇幅中得到进一步的阐述。

第一，目前几乎没有任何为刑事司法制度所采取的立场是确实站不住脚的，实体刑法的核心领域在根本变革方面没有更为成熟。

第二，当我们试图确定变革方向时，方法论中许多有趣的方面就显露出来了，而我认为这些方法论是法哲学家应该追寻的。

专注于这个话题,我们可以领会到对刑法进行哲学化研究的优势(或许还有劣势)。

第三,外行人和法学学者同样对这个问题表现出巨大的困惑。"不知法不免责"是少数得到普通市民信奉的关于实体刑法的谚语之一。① 然而,如果我随后的论述能够令人信服,那么这句谚语叙述得就并不恰当,而且在道德上也没有说服力,因此,我从其依据的内容开始挑战传统智慧。然而,我的挑战并不是异端。正如我们所见的,我们中的大多数人对于不知法是否以及在何种程度上具有出罪意义,存在怀疑。这种怀疑的迹象可以在制定法中发现,并被用于我的规范目的。

第四,这个问题提供了极好的机会证明对一个话题进行仔细思考也会对其他话题具有重要意义。关于不知法问题的明智立场,具有贯穿整个法律和道德理论的影响力。因此,研究这个问题能够为周围的许多争议提供线索。以此为起点,我们几乎可以抵达任何地方。虽然我说这本书是关于不知法的论述,但实际上其关乎更多东西——大量刑法理论和道德哲学。

第五,实践中,这个问题具有相当大的现实意义。如果我的一般性结论是正确的,那么许多被告都可能受到了不公正的对待,而且他们将会从我在此所主张的出罪事由中获益。我认为,使不知法的违法者适用最高刑的法定情形很少,数不胜数的、受到法理学家更多关注的问题,例如针对无罪的侵犯者进行自我防卫的因素、参数,对司法实务影响更小,因此我的主张有可能引起人们对过度刑罚迅速发展之现状的注意,且我们正遭受过度刑

---

① 针对这些拉丁谚语,有不同的翻译方式,而我最喜欢的是"不太高级的"英文翻译,即译为"运气不佳"(tough luck)。Sanford H. Kadish: "Excusing Crime", 78 *California Law Review* 257, 268 (1987).

罚惩罚的现状，是来自各个政治派系的评论员都承认的事实。然而，能否实现这一可能，取决于我将论及的许多复杂因素。

第六，令人惊讶的是，这个问题非常深刻且复杂。正如我们将要看到的，在主张一种坚定的关于不知法（ignorantia juris）可作为辩护事由的立场之前，需要解决许多棘手的哲学争议。要得出一个关于这个话题的全面理论，必须解决刑法理论家很少提出的问题。虽然我更希望能成功地解决其中一些争议，从而得出更明确的结论，但无论如何，我自信至少能够说明为什么以及在何种情况下这个话题是如此困难。

第七，我的立场并不取决于政治意识形态或方向。在这个两极分化的时代，如果改革得到一个政党的支持，但遭到另一个政党的反对，那么改革将毫无进展。虽然我们倾向于把自由主义者和减刑的请求联系在一起，但是最近许多推动扩大不知法辩护事由的却是保守派。① 因此，舞台是为了现实世界的进步而建的。

第八，这个问题没有彻底的解决方案，虽然理论家们写了相当多关于不知法的文章，但是其中的大多数研究是重复的，并且几乎没有可以经受住批判的评价。不知法的问题尚未得到其所应得的来自法哲学家的持续、谨慎而系统的关注。

因此，我希望刑法哲学家和具有理论头脑的法学教授以及法律工作者，都能发现这本书的价值。但对于外行人，这个问题应当引起广泛的关注，我们之中有谁没有出现过"不知法"。例如，

---

① 例如参见 Orin Hatch：Press Release, September 15, 2015, http：//www.hatch.senate.gov/public/index.cfm? p = releases&id = 090FFA70 - 5ABF - 4160 - 8ED5 - D512EBEBEB6F。

对于错综复杂的"禁止停车"标志,我们也会误解其隐含的指令。① 我怀疑很多没有接受过法学专业教育的读者,会发现这本书是难以理解的,惨痛的教训告诉我,除了高等教育以外,很少有人愿意并且能够以一个有望引起专家兴趣的水准去艰难地研究哲学。我相信写一本令人尊重的关于不知法的书,并且能够吸引外行人,这是有可能的,但我很确定我没有做到。当然,如果我关于这个问题的悲观情绪是毫无依据的,那么我会很开心。

再次对我的中心问题——法律应该怎样审判因不知法而违反刑法的被告——进行粗略概括。在何种情形下这样的人应该被宣告无罪,而他们什么时候又应该被惩罚?更具体地讲,他们应该被宽恕吗?如果他们不能被宽恕,并且应该受到刑罚,那么他们遭受的刑罚严重程度是否应该减少到低于犯有同样罪行但意识到其行为不法的罪犯吗?为了回答这些问题,我们需要什么额外的信息——并且我们应该汲取什么其他的信息?我们必须追问违反的是哪一部法律吗?我们必须对比所谓的自然犯和法定犯,把辩护事由的适用范围限定于后者而非前者吗?我们是否需要进一步的资料,来说明为什么这个人不知法,说明他是否应该以某种方式对他的不知法承担责任?我们是否需要回答一个假设问题:对于不知法而违反者,如果他知道有法律规定,那么他会遵守吗?在能够全面回答我的中心问题之前,还有什么其他的是我们需要知道的?我们究竟是为了什么而需要进一步的信息?如果不需要,那么为什么这么多法律理论家似乎又如此笃定我们需要呢?

---

① 这个例子促使我写就这本书。哈佛大学的研讨会结束后,卡罗尔·施泰克(Carol Steiker)带我去吃晚饭,在剑桥的街上,我们花了好几分钟尝试着弄懂一连串"禁止停车"标志上的说明,但最终失败了。不知何故,贴罚单的警察却总能弄清楚这些标志禁止什么。我有时候会想,他是不是得到了一本普通民众都没有的秘密书,上面确切地告诉他哪里可以停车。

让我说得浅显一点，我想问：如果 B 实施了违反刑法 L 的行为 Φ，他这样做时并不知道 Φ 是违反 L 的，并且 B 不知道 Φ 是违反 L 的行为，并不是因为他误解了自身行为或者当前环境的某些事实特性，而是因为他误解了 L 本身的存在、应用或意义，那么法律应该怎么办？为了回答这个问题，提出下一个问题将是很有帮助的，即如果 A 同样实施了违反法律 L 的行为 Φ，但只在一点上有所不同，即他明知 Φ 违反了 L，刑法是否以及应当在何种情形下区分 A 和 B？更正式一点说，我将要研究的是法律应该怎样对待以下情形：

(1) A 的行为 Φ 违反了法律 L，并且 A 知道 Φ 违反 L。
(2) B 的行为 Φ 违反了法律 L，但 B 不知道 Φ 违反 L。

接下来，我试着回答以下基本问题（Q）：

其他条件相同时，与 B 相比，对 A 的行为 Φ 应当施以何种程度的刑罚？更具体地说，B 应该被判以比 A 更轻的刑罚，还是说，A 和 B 的行为 Φ 应该被判以同种程度的刑罚？

在我试图回答问题（Q）的过程中，有必要完善问题本身。其中的一些说明是很容易理解的，但另一些则有些出人意料。例如，正如我在第二（D）章部分会详细解释的那样，如果 L 是一种在刑法中越来越普遍的法律类型，那么上述模式实际上是不一致的。如上所述，则难以回答（Q）这个问题。

我以法哲学家的身份来进行研究。除非读者是一个初学者，否则他一定能大致理解法哲学家是如何思考和论证的。然而，在法哲学家的阵营中，仍然能够发现巨大的差异，而我想把自己置于更狭窄的群体中，并成为这个群体的成员。一些杰出的法哲学家，他们首先是哲学家，他们写书是为了阐释法律，但一整本书都没有提到任何案例或者法条。其他著名的法哲学家，他们主要是法学理论家，尽管他们从哲学中得出结论，并且受哲学启发，但他们的知识并非特别深刻，也很少是最新的。我认为我的研究正好介于这两个极端之间，我用我学术生涯的大部分时间交叉研究哲学和法律，并希望这本书在法律及其哲学基础方面都能表现得相当专业。然而，随着时间的推移，我逐渐意识到我独有的研究方向的缺陷：很容易掉进我所研究的两个学科的裂缝之中。我时常担心我的作品对哲学家来说太过法律化，而对法学理论家而言又太过哲学化，有时候我会为自己反复唠叨哲学家熟悉而法学家不太了解的观点而感到内疚（反之亦然）。尽管我努力保持哲学和法学理论的最佳平衡，但我最怕的却是我每一方面都没有做好。

法学期刊和哲学期刊的读者都知道这些出版物间最明显的区别是脚注的数量与长度。尽管我相信哲学家在这方面可以作为典型代表，但我倾向于在这个问题上作出妥协，希望我的书稿对哲学家和法学理论家来说都不陌生。我所列的脚注比典型的哲学专著的脚注多，但比大多数法学著作少。我相信，当我不赞同他们的见解时，众多对我所讨论的话题做出贡献的法哲学家和道德哲学家们不会感觉被轻视。就我在此所研究的大部分问题，读者都可以很轻松地找到大量其他的文献。

在我看来，写书最大的挑战不仅包括要给出好的论据，以及决定哪些材料是有关的、哪些材料是无关的，同样具有挑战的问题还包括区分对于论证至关重要的相关立场和可以其为先决条件的相关立场。我们可能会因探求更宽泛的道德问题而偏离研究的主题，而实际上那些具有广泛意义的道德问题在别的地方已经得到了详细的阐述。最终，进行的研究就不能高度集中于不知法犯罪这个具体话题。因为其他一些哲学家对这些问题进行了如此详细的探讨，所以如果我在这本书中只是简单地重述其他人在我之前所做的工作，那么这本书将失去其独创性。如果所有与我的话题有关的内容都被包括在内，那么这本书的篇幅将会变得难以想象的长，写长篇著作最大的风险就是很少有人会有耐心去读。因此，我做了一些非常艰难的编辑上的决定，并且读者一定会不认同其中的部分内容。很多时候，我都要为给出的话题超过了专题的范围而道歉。严厉的评论家会批评我频繁使用的借口，我承认自己的过错，我唯一可以用来减轻罪过的答复是：对此间每一个问题的详细研究，都会使我们偏离主题太远。

因此，我不得不对刑法和我用来阐释刑法的方法做出一些假设，虽然许多法哲学家会把这些假设当作陈词滥调，甚至其他人还会完全拒绝接受其中的一些假设，但坦率地讲，出于很多原因，这些背景假设是至关重要的，其中最明显的就是，那些不认同我的假设或者不认同我的论证所依据的规范框架的人，几乎肯定会对我的众多论据感到怀疑。而不太明显的是，这些假设结合起来有好几种有趣的含义。我猜一些读者也会有与我一样的感受，那就是有时候自己钻进了牛角尖，为了避免此种困境，或许有必要重新审视一个或多个在单独考虑时基本不存在问题的假设。除非抛弃这些假设中的一个或者更多，否则如何对待不知法的被告，就是个无解的问题。应该抛弃哪一个呢？当然，最脆弱的支柱就是我的论述所依据的责任理论，如果这个基础崩塌了，其上的知识结构就失去了支撑。无论如何，如果我从根本上就错了，那么我希望至少我是因有趣的因素而错。关注这个问题的一个主要回报就是：可能会使人们就刑法哲学中广泛的问题产生新的视角。

我列举几个会直接影响我的研究，但我不会试着去论证的立场。许多政治和法律哲学家已经研究过这个古老的问题，即在何种情形下刑罚是正义的。如果我们试图从道德上证明刑罚是正当的——当然我们应该这样做——那么似乎公民就必须是同时犯了道德上的错误，而不仅仅是违反了法律，国家才拥有惩罚他们的合理根据。我同意许多（也许是大多数）法哲学家所持的观点：法律本身不会自动创造遵守它的道德根据，即使该法律是在民主自由的国家制定的。我没有为这个富有争议的立场提供太多论据；关于政治权威和所谓遵守法律义务的论战，一直是无数书籍和文章的主题，[1]然而，就我所能确定的而言，这个观点的内涵之于不知法犯罪，还从没有被讨论过。如果法律本身不能创造道德上的遵守义务，那就很难理解和知晓法律规定如何能够加重我们遵守法律的义务。如果截至目前我是正确的，那么同样难以理解的是：不知法是如何将罪犯从他们一开始就没有的道德责任中解脱出来的；从道德的角度来看，区别知法或者不知法犯罪，又有什么意义呢？此外，即使我是错的，人们本身的确有遵守法律的义务，但我们也需要完全不同的论点来证明，不履行这一义务会使违法者承担责任。仔细思考后会发现，支持的论据应是道德层面的。于是，整体上对法律的关注，似乎开始错位。我不确定我是否能够充分回应这一系列问题，但至少我能对此做出努力，而不是回避这些问题。

另外，我时常援引"该当性"这个概念，但不会过多尝试去解释它。许多"'该当性'怀疑论者"拒绝道德和法律论述中的大部分或者所有关于"该当性"的论述。怀疑论者将会对我不加批判地接受这一有争议的道德概念感到失望。更重要的是，我很少关注对于自由意志和决定论的争议，而且事实上，我也不太关注世界上一些人对责任持怀疑态度的其他理由。我采取了一种简

---

[1] 例如，可参见 Stephen Perry: "Political Authority and Political Obligation", in Leslie Green and Brian Leiter, eds.: *Oxford Studies in Philosophy of Law* (New York: Oxford University Press, Vol. 2, 2013), p. 1。

单的方法，即假定一些人对自己的一些行为负责，并以最清晰的案例对其进行阐述——对于这些案例，几乎所有读者都同意责任归属是没有问题的。正如史蒂芬·莫尔斯（Stephen Morse）不断提醒我们的那样，在回应神经科学对假定的挑战时，刑法对人进行研究时采用了民间心理学观点，而且在可预见的未来还会继续如此。① 如果人不用对任何事情承担责任，那么关于不知法而违法者的刑事责任的研究，就变得毫无意义。当然，尽管我在此并未对其作出努力，但作为我假设基础的形而上学理论，最终还是必须予以捍卫。②

我已经逐渐认识到，除非一个人声称他做事仅靠直觉，否则，关于出罪和不知法的立场，就主要取决于其所援引的刑事责任一般理论。我认为责任的关键在于保持理性或者对理性作出回应的能力。根据他们自己的观点，若行为人具有这种能力但却没有正确地予以运用，那么他就应该承担责任和受到惩罚。然而，我对这个众所周知的理论所做的完善和支持无疑是薄弱的。我认为，现存的浩如烟海的哲学文献几乎毫无意义。因此，将这一理论应用于不知法而违法的问题是我的研究中最为薄弱的一部分。详细解释"理性回应论"或是对众所周知的"理性回应论"作出回应，均是难题，但我并没有解决这些难题。我提到了与之不同的理论，并且指出了其中的一些问题，但我没有做相应的努力来解决这些问题。很明显，尽管哲学上的讨论对我在此所追求的规范研究至关重要，但一些哲学讨论已经取得了很大的进步，并且

---

① 参见 Stephen J. Morse: "Lost in Translation?: An Essay on Law and Neuroscience", *Law and Neuroscience*, 13 Current Legal Issues 529 (ed. Michael Freeman, 2010)。

② 参见 Michael Moore, Stephen Morse on the Fundamental Psycho-Legal Error, 10 *Criminal Law and Philosophy* (forthcoming 2016)。

也可以很好地独立进行研究,因此已无须重复。总之,我抵制住了写一本关于责任问题的书的诱惑,因对可罚性一般理论进行扩大性研究而需要另开一卷书。尽管如此,我仍然支持不同意我结论的法哲学家们应明确其观点所依赖的刑事责任理由。在评述不知法犯罪的学者中,很少有人充分注意到他们论述预设的刑事责任一般原理。我希望至少能够让人们注意到这种依存关系。

我也很少关注法律史理论家们对不知法的批判,我忽略这个问题,以避免对法律哲学家讨论的相关话题产生沮丧。例如,我发现最近出版的几本书中每一种众所周知的关于惩罚的理论都是有问题的。哪怕是非专业人士已对这些理论的缺陷非常熟悉了,但作者仍然会对其进行煞费苦心的详细叙述,且几乎都是先阐述这些所谓的思想,最后才论述自己的原创性贡献:为了避免其所揭示的刑罚存在问题,法律应该如何对待犯罪者。然而,其缺陷在于这个"新"理论甚至比被驳斥的旧理论的问题更加繁多,但书的作者对这些问题却鲜有回应。当论证难以进行时,这本书也就结束了。我打算花更多时间发展自己对于不知法的论述,以及只研究那些至少包含一点真理并且没有被一再驳倒的立场,因此相应地,我较少研究法律史以及展示之前的评论者错在何处。

此外,关于不知法的问题在非英美法系的法律系统中如何操作,我确信能说的非常少。对于这个明显的遗漏,我可以做一个简单的解释,那就是像大多数美国法学理论家一样,我对比较法也不太了解。因此,我将不得不简单重复比我更知识渊博的学者所说过的话。尽管这种重复会使我的著作更加全面,但也会使其缺乏创新性。幸运的是,在关于这个话题的讨论上,不论是在大陆法系还是在国际法中,其他法学学者都已经做得很好了。① 然而,我的确简短地评论了德国的法律,因为这些年来,这个问题引起了巨大的学术争议,并且产生了与我在此处所主张的非常类似(但不完全相同)的理论。

另外,在讨论刑法的过程中,我没有研究"可赞扬性",这几乎不令人惊讶,因为相对于消极该当性,刑事司法制度对积极该当性并不太感兴趣。然而,由于我把刑事责任建立在道德责任之上,所以我对"可赞扬性"缺乏关注就可能是有问题的。值得商榷的是,"可赞扬性"和"可责备性"是相对应的,通过悉心关注前者,我们可以了解很多关于后者的信息。尽管我对这种对应性持怀疑态度,但我对"对应"是否存在没有明确的态度。无论如何,我都没有通过研究"可赞扬性"的基础来寻求深入研究"可责备性"之理由的机会。

我经常得出这样的结论,即一个罪犯要承担全部责任,而另一个罪犯则承担部分责任。这种判断的实际意义在于只有前一个被告因其犯罪而应该被施以法律规定的最高刑,后者才应该受到更轻的惩罚。只有当法律对特定犯罪施加的实际刑罚接近公平时,责任程度和公民应当受到的刑罚轻重之间的联系才是合理的;反之,只有遵循比例原则,判决才接近公平:刑罚的轻重(同等条件下)受犯罪的严重程度影响,而犯罪的严重程度相应地受违法者罪责的影响。但我几乎没有努力为比例原则提供进一步的研究,也没有努力回应在现实世界中如何解决比例原则的常见困难。如果判决与犯罪程度严重不相称——这在美国现存的刑事司法系统中的确存在——那么在现实生活中,比起应负全部责

---

① 例如,可参见 A. van Verseveld: *Mistake of Law* (The Hague: T. M. C. Asser Press, 2012)。

任的罪犯，不应负全部责任的罪犯可能事实上会被判以更长的刑期。当判决一开始就明显不公正时，对表明其应负全部或部分责任的判决的适用，就会继承这种不公。因此我的研究做了夸张的假设：量刑方案可以被修订至基本接近比例原则和报应原则。

作者不仅必须决定哪些问题必须面对、哪些问题可以安全地绕过，还必须决定应该做多少工作来将他们的主题放在更广阔的框架中。在这个问题上，我做了相当多的努力，在此过程中所涉及的问题包括：对正当化事由和可宽恕事由的性质及其重要性进行对比、是否必须存在或者潜在存在"确信"以判断是否承担责任、道德和法律不法的内容以及假定前者严格而非后者严格的理由、罪行和抗辩事由的对比、在道德和法律哲学中对主观主义的限制、过去的罪行与现在的可罚性之间的关联、合法性原则的重要性、直觉的可靠性以及何种情况下直觉的可靠性可能被破坏、道德和法律的联系、决定某种不法是具有公共性还是私人性之意义、责任基础、向理想理论妥协的结果论的基础以及很多其他的问题。由于这些主题中的任何一个问题都非常困难，以至于我确信我无法深入研究这么多的问题。对一些读者而言，我想我所探究的关于不知法和刑法哲学中更广阔的问题之间的联系将是我的研究中最为重要的部分。然而，对其他读者而言，这些讨论太过乏味冗长，干扰了我对研究主旨的阐述。在文章的一开始，由于我做了太多这样的延伸研究，所以我担心自己在切入正题之前的准备动作过多。理性的读者会对怎样合理分配背景和主旨的问题产生分歧。

毫无疑问，我的研究特征是至关重要的，且需要在一开始就说清楚，并且值得我时常重复阐述。我没有深入探究判断行为 Φ 是否合法，何者可能是第一顺位的，道德还是法律？显然，对这个问题的回答极为重要,因为之后依照其立场,就划分了法学派系。我花了学术生涯中的许多时间研究这个问题,并相信实体刑法中的许多问题,都可以通过采用一种更好的犯罪化理论得到改善。[1] 然而,受制于一些目前我们可以暂时搁置的复杂因素,我的话题只能在作出第一顺位判断之后开始。我们想知道的不是何时行为 Φ 违反了刑法法规因而是合法或者是非法的,而是在什么情况下、在什么程度上,人们是否对其违法行为负责,是否因而被惩罚。事实上,受制于一些被我再次搁置的复杂因素,我的基本问题(Q)以 A 和 B 的行为违法为前提,这是相当清楚的。除非他们的行为 Φ 构成刑事犯罪,否则就不存在惩罚的问题;没有一个法律制度会就其允许的行为而对人故意判处刑罚。未能把握这一基本问题——以及错误地假设我探讨的是合法或非法问题,而非责任或其缺失——可能使我的整个研究陷入混乱。诚然,正如我们将要看到的那样,第一和第二顺位的问题可能难以区分。[2] 但任何人,只要他提议使不知道 L 而违反 L 的人免予刑罚,那么他就一定会被指责没有认真对待 L。[3] 道德和法律哲学家不太可能把第一顺位问题(关于违法性)和第二顺位问题(关于责任)混为一谈,但外行人却经常这样做。

乍一看,我关于不知法的结论似乎异常激进。给几乎所有在不知法情况下犯罪的被告以一定程度的出罪,这将是对现行法律原则的重大背离。我们真的要掉进这样一个深渊中吗?我给出两

---

[1] 参见 Douglas Husak: *Overcriminalization* (Oxford: Oxford University Press, 2008)。

[2] 参见 Re'em Segev: "Moral Rightness and the Significance of Law: Why, How, and When Mistake of Law Matters", 64 *University of Toronto Law Journal* 33 (2014)。

[3] 这种错误表达出现在对最近许多主张扩大不知法犯罪的辩护范围的立法建议的评述中——那些建议用不知法的理由为污染环境的违法者脱罪的人,都被指责为不关心环境保护。

个简短的答复：第一，正如我将反复强调的那样，我的立场并不像表面表现的那样具有革命性。① 我方法论中的中心主题之一便是我的观点"激进又保守"：相对于现状而言，我的大部分观点对被告而言均是有利的，但也有相当多的其他观点，不受被告的欢迎。总体而言，我缩小了责任范畴，但和许多著名的理论家所推崇的观点相比，事实上我扩大了责任范畴。在任何情况下我都认为，即使我的观点得以施行，现实世界的刑事司法也不会发生重大动荡——尤其是当我的观点被适用于我在最后一章所提到的现实中时。第二，与其抵制，不如欢迎有助于降低刑罚严重度的结论。立法者和公民都开始意识到法学理论家们早就认识到的问题：美国的司法管辖区，对太多公民施加了过重的刑罚。真希望我们还不太习惯正在进行的大规模监禁实验，这样我们就能将其称为激进的做法。我的论述不应该仅仅因为表明了许多刑事被告应该被判得更轻、一些被告甚至根本不应该受到刑事处罚，而作为异端邪说被驳斥。

本书的结构可作如下简要总结。第一章包括三部分，我在每一部分均叙述了对我的研究至关重要的一些事项。在 A 部分，我构想出了几个基本等同的版本，我认为这些是我在本书谈到的不知法的基本问题（Q）。在我构建的框架中，援引了"该当性""可罚性"和"责任"等紧密相关的概念。在 B 部分，我定义了我所认为的刑法哲学家的首要目标：明确刑法应该是怎样的法律。我认为我们应该承认一种假设来实现这个目标，即法律应采用与道德哲学中的规范性问题相一致的答案。这种假设相当具有

---

① 一些法学理论家也有相似看法："在不具有不确定性的案件中，认为在刑罚正当化之前，法律程序必须确定行为人实际上知道其正在实施的行为是错误的，也不意味着在刑法中就可以添加更多新的限制。" Samuel W. Buell: "Culpability and Modern Crime", 103 *Georgetown Law Journal* 547, 602–603 (2015).

效力，但也可因种种因素而被推翻。其中的一些原因，可能正是我们目前所面临的问题。然而，道德和法律的一致性，仅仅代表了我们应该追求的典范。在 C 部分，我探讨了直觉在我的研究中所起到的作用。我讲了几个理由，且基于这些理由，我认为直觉在不知法这个话题上可能不可靠。

　　第二章旨在审查法律现状。但即使是这样，道德哲学家也不应该忽略这段内容。我不是为了现行法律本身而去考察这些法律，而是因为这些法律包含了大量法律哲学家应该从中汲取的诸多智慧。在 A 部分，我考察了法院和评论家对这个话题的看法。我列举了一些案例，这些案例可以揭示传统规则，即"不知法不能作为辩护事由"的困境。我将思考为什么现存的案例没有给这些被告带来更不利的后果。许多评论家试图明确现有法律原则的正确或错误之处，他们的努力确实揭示了许多我们应该努力保留的见解。在 B 部分，我阐述了在面对刑事指控时，"不知法可作为抗辩事由"的情况。当对潜在罪犯的"告知"存在某种瑕疵时，所有英美法系的司法管辖区都支持不知法的被告可以进行辩护，但这种辩护事由的范围非常狭窄。在 C 部分，我考察了许多法院和评论家花费大量时间分析的问题，即区分法律认识错误与事实认识错误。发现比起犯法律认识错误的被告，刑法对犯事实认识错误的被告要宽容很多。然而，许多理论家却怀疑这两种认识错误是否可以区分开来，我的结论是：这些怀疑是不正确的，这两种认识错误可以很清晰地被区分——即使最终这种区别对规范目的来讲不重要。刑事责任和可罚性的最好理论应当追求对称性，并且为犯任何一种认识错误的被告提供同等程度的出罪可能。在 D 部分，我把我最终支持的出罪事由置于更广泛的刑法辩护框架中，解释了为什么许多成功以不知法为由向法院申辩的被告无须辩护，因为不知法意味着他们首先就没有违反法律。我认为，在许多重要案件中，法条的主观要件就可用来解释"无辜的"被告应脱罪。这表明，宣告无罪的根据是缺少道德上的不法，而非不知法本身。最后，我将探究这些案例中脱罪的基础——被我称作否定犯罪意图的认识错误，是否应该被更广泛地运用于不知法的被告。

针对我的基本问题，第三章阐述了道德哲学家的类似立场。毫无疑问，这一章是本书中最具推测性和不确定性的一章。尽管道德哲学家针对这个问题有不同的声音，但与他们的法学同行相比，道德哲学家已经做了更多工作来试着明确当人们不知道他们的行为违法时，是否以及在何种情况下人们应受到惩罚。当我接受这样一个假设，即刑法的结果应当与道德哲学的结果一致时，则道德哲学家的贡献就直接与我的研究相关。我援引了一个主观主义的"理性回应理论"来证明不知法的人不应被定罪，但该理论有时候却表明其对立面的"意志品质理论"可作为支持不知法的一种辩护事由。然而，正如我们所见，相对于 A，对 B 的违法行为 Φ，许多道德哲学家会同意给予 B 一定程度的辩护空间，但在 B 以某种方式对他的不知法存在过错的情况下，许多道德哲学家拒绝给予 B 这样的辩护空间。大多数对不知其行为不法有罪责的人，几乎均不会得到任何程度的脱罪。除了我将在后面讨论的一些例外，我对这个观点——因为不知法者对其不知法有过错而非无过错，所以他们就不应出罪——表示怀疑。

在第四章，我对上述关于责任的中心论点进行了许多重要的细化和限制。首先，我明确了具有认知能力的罪犯 A 只有对其不法行为有所了解，才能使他对其不法行为承担全部责任。尤其是他对其行为不法或者不当的了解只需是潜在的，而不必是明显存在的。其次，我叙述了实际发生的和可能发生的例外——在这些案例中，被告即使不知法，也可能要负全部责任。例如，对于故意不知法的罪犯，不应该使其无罪。然而，用来识别其他例外情形的基本原则更具有推测性，法定犯（mala prohibita）是最疑难的情况——在法律规定之前或者独立于法律之外，这些法定罪名规定的行为都不是违法的。如果被告不知道构成这些法律的道德基础，那这意味着什么？① 尽管我们不能对每一个法定犯给出单一的解释，但我仍然试着回答这个问题。我也简要研究了因疏忽大意而出现的法律认识错误，即一个理性的人在当事人的处境下不会犯的认识错误，是否应该承担法律责任。

在第五章，探讨了我所发展和支持的不知法理论如何在现实世界发挥作用。考虑到我在第四章所讲的细微改动和例外，我在A部分叙述了我所说的不知法理论如何在现行刑事司法体系中落实，我援引第二（D）章中所描述的辩护主张的结构，以质疑不知法是否最好概念化为我所称的否定犯罪意图。尽管其与主观方面相冲突，但我仍然认为不知法也许应该作为一种可宽恕事由，并认为这种定义事实上坚持了我通常主张的法律和事实之间的对等。在B部分，我凭经验推断出采纳我的观点将会带来怎样的结果——既有好的结果，也有坏的结果。我的理论所带来的许多影响都是有利的，但是我仍然以一种悲观乃至自嘲的口吻进行了结尾。事实上，误解和故意曲解可能使采纳我的观点并不明智。政治正义的各个方面都已经变得异常政治化，如果一种不知法的理论是为了保持对法律的尊重，并且在现实世界中没有产生有利的结果，也没有产生有害的结果，那么我们可能很有必要就理想的正义做出重大妥协。

---

① 我经常会谈到法律背后的道德基础，但法律与其背后的道德根据之间的关系，要比该条款所表现出来的复杂得多。详情请参见本书第四（C）章关于"处罚根据"的讨论。

目 录
Contents

一、问题假设：如何对"不知法"进行哲学探究？ ············ 001
  A. 基本问题 ··· 002
  B. 批判性道德和刑法 ······································· 019
  C. 直觉与其局限 ·· 040
  结　语 ·· 055

二、现行法、学术评述及其借鉴 ······························· 057
  A. 精选案例及评述 ··· 059
  B. 法律公布 ·· 082
  C. 事实认识错误与法律认识错误 ························ 095
  D. 出罪主张的结构："不知法"否定犯罪意图 ·········· 111
  结　语 ·· 134

三、刑事责任 ·· 136
  A. 刑事责任能力 ·· 138
  B. 行为责任 ·· 148
  C. 有罪责的"不知法"与查知义务 ······················ 177
  结　语 ·· 197

四、改良、限定及复杂性 ······································· 200
  A. 对不法行为的明知 ······································ 202
  B. 疑难案件与可能的例外情况 ··························· 233
  C. 法定犯遭遇的双重问题 ································ 246

D. 疏忽的法律认识错误…………………………… 272
　　结　语 ………………………………………………… 277
五、不知法在实践中的定性情况分析 ………………… 280
　　A. 理论实施与实际情况………………………………… 282
　　B. 结果与折中 ………………………………………… 299
　　结　语 ………………………………………………… 310
参考文献 ………………………………………………… 312

一、问题假设：如何对"不知法"进行哲学探究？

在本章中，大部分内容并不会直接涉及不知法这一话题。因此，对于那些对此话题有强烈兴趣却又没有耐心阅读前期重要铺垫性部分的读者，可能会跳过这一章节，直接阅读接下来有关不知法犯罪行为之刑事责任这一核心问题的讨论部分。但是，我强烈建议读者不要这样做。不可否认，我的确在前期的问题构建上花费了很多时间，并且我也完全能够理解读者想要了解我的观点的强烈渴望。而我本人也曾对于我在引出核心话题之前，进行大量铺垫的这种形式有过些许疑虑。然而，许多关于哲学问题的争论，包括法理学的一些争论，都涉及我们应该如何取得学术突破的问题。在我看来，在不知法理论的背景下，这种争论尤为普遍，因为现有的许多论断都建立在与我的观点截然不同的结果主义规范框架内。在下文中，我将会着重阐述我的预先假定、坚持的观点以及所推崇的方法。

我相信，我在这一章中所作的每一个假设，都与当今正统学说相符——至少与我所学习了解到的刑法理论学说一致。但是，我也很难完全保证其准确性，因为有一些假设随着时间的推移，被赋予了新的内涵，从而可能成为非正统的观点。但在任何情况下，我都将明确我所坚持的方法论，因为几乎所有的方法论都是存在争议的。那些无法接受我的基本观点的法哲学家，可能会完全不赞同我建立在此基础之上的理论。若是对我的一些假定进行解释，又可能需要耗费大量时间，甚至会偏离研究的中心话题。因此，我不得不将我在本文中所作的许多假定当作已经成立的结论。在我所运用的假定当中，有一部分是无关痛痒且仅在极少数法哲学家中存在争议的。但还有一部分假定，其赖以发展的理论框架并没有为一些法哲学家所接受。尽管我无意对这些颇有争议的假定作过多解释，但对于部分在研究过程中可能会大量出现的争议点，仍旧有必要进行一定的说明与阐释。

另外，在刑法哲学中，为研究一个特定话题而展开具体工作是十分有趣的。比如，对于不知法的行为人之行为是否或者在何种程度上应对其进行惩罚问题的研究，其有趣性不仅在于研究目的本身，还在于通过研究我们能够了解到刑法理论中的一些相关性问题。那么，不知法问题是如何影响违法与有责的区分、刑事责任的本质、道德和法律的异同以及守法义务之争的重要意义的呢？这些以及其他许多问题都将会随着我所探讨内容的深入而出现。关于这个话题所构建起来的框架，可能会与对不知法问题的讨论一样，吸引许多哲学家的目光。

A. 基本问题

法哲学体系包含着许多彼此间有甚少共通性的流派。比如，一些理论家阐释了法理学的目的，即在于对法律必要真理的认定。暂且不论这种观点在分析法哲学中正确与否，其与我现阶段所进行的研究基本没有太多关系。我所进行的议题研究，仅限于刑法理论范围以内或刑法哲学之中（我将交替使用这两个概念）。此研究领域的主要目标就是规范性——尽管实现这一目标还需大量的基础概念性研究。我能够理解刑法哲学中的研究（直接或间接的研究）在于阐明和捍卫刑法在特定主题上应当是什么的结论。尽管这些问题不外乎实质性或者程序性问题，但我接下来的讨论几乎完全是针对前者。我最主要的目的在于：阐明当一个人在不知法情形之下触犯法律时，刑法应当如何判定的问题。

几乎可以肯定的是，经过一番讨论研究之后，我最终会放弃我所持有的观点。但又不可否认，对这种观点的探究过程是极具启发性的，哪怕其最终必然会被放弃。

确定法律应当是什么的任务，不是寻求与先例或现行刑法相适应的解释。如果我们接受此种观点，那么我的论述在开始就注定失败。无须提醒，我有关不知法的结论与英美法之观点确实存在冲突。但也不可否认，我的观点与现行法律之间所存在的冲突，恰恰是其应当得到重视的重要原因；我们应当思考，现行法是否的确可以基于一些理由而被认为是合理的。然而，我们在之后的研究中将会发现，我的理论与现有法律之间的契合度并非像最初设想的那样糟糕；我们的刑事司法体系对不知法的被告表现出相当多的矛盾心理。因而，改革正在酝酿之中。发现或者利用现行法律中的一些阻碍并非一件难事。在任何情况下，我的观点都不应该因其无法满足所谓的期望而被遗弃。

正如我将在下文中反复强调的，对于我的议题最初之描述，还需要相当的改进和限定。这些改进和限定无疑是极其关键的，因为对任何法哲学家来说，其研究的首要目标均是阐释清晰所需解决的问题。对于不知法问题，如果没有进行正确的说明，则无疑会使学者和从业者对于不知法是否或者在何种情形下无罪这一问题产生诸多困惑。因此，几乎第一部分的所有内容（事实上是第一章节的大部分）都将试图阐述我所要解决的这个根本问题。希望我的努力最终能够获得相应的回报，以此促进我在随后章节中进行规范性研究。

在介绍最终所需研究的复杂性问题之前，我们应先了解我所要讨论的问题。从表面看，我的问题是，对于在不知法情形下违反法律的人，刑法应当如何对待？这些人是否可以被认为无罪？如果不能，原因是什么？如果可以，为什么且在何种情形下可以？若在部分情形下，其可被认定为无罪，那么应当满足哪些要件？他们应该得到完全的辩护并被宣告无罪吗？或者他们应当被减轻刑罚吗？也就是说，相比于那些明知自己行为有罪而实施同样行为的人，对此类主体的刑罚处罚是否应当减轻？再或者，他们的不知法能否成为影响处罚轻重的考量因素？即便是对这些问题最为简单表面的构建，也要求读者去质疑，这些问题是否会有绝对答案的产生。因此，我们还需研究在议题取得进展之前可能面临的其他问题。比如，我们是否可以尝试决定：不知法的被告是否在一开始就应受到惩罚？其所涉嫌的犯罪是自然犯还是法定犯，这种界定是否重要？被告的其他精神状态或关于其处境的事实对法律应实施的制裁有什么重要意义？我将在后文中对这些复杂性问题进行解释。现在，我仅专注于应如何理解这个议题本身，我们所试图构建的理论体系到底是关于什么的？

首先，为了更准确地说明所要解决的基本问题，我们可以尝试确定法律对于以下模式应当作出怎样的判断。假设：

（1）A 知道其行为 Φ 违反了法律 L。

（2）B 不知其行为 Φ 违反了法律 L。

假设 B 不知其行为 Φ 违反了法律 L，不是因为他对自己的行为或情况的某些事实的性质有误解，而是因为他错误理解了 L 本身的内容或者适用范围。然后，我试图回答以下我反复描述的基本问题。

（Q）其他条件相同，与对 B 的处罚相比，对 A 之行为 Φ 的刑罚处罚的严厉程度该如何？更确切地说，B 应该受到比 A 更轻的处罚吗？或者 A 和 B 是否应该受到同种程度的处罚？

在这整本书中，我将会反复提到这一模式，并且还会根据需要不断添加修改和限定条件。

关于这个基本问题，有几点需要我依次进行澄清，并且对其进行的阐释将会占据本章的整个部分。正如前文所述，问题（Q）是关于施加在被告之上的刑罚之严厉程度取决于被告是否知道其实施了犯罪。在整本书中，对于问题（Q），我有几个不同版本的回答。这些不同的表述都揭示了一个相同的基本问题。在我看来，对于这些问题的不同变体，必须要在回答问题（Q）的过程中予以解决。除一些我暂时搁置的复杂性问题外，我还作了两个假设。第一，我假定任何认为 B（不知法的被告）因行为 Φ 应被处以轻于 A（知道自己行为违法的被告）的刑罚的观点表明，B 因行为 Φ 本身就应当受到比 A 轻的刑罚。第二，我假定任何有关 B 因不知法而实施的行为 Φ 应当受到比 A 轻的刑罚的合理论据表明，其不知法是可为自己开脱罪责的。我认为第二种假设的争议远比第一种假设的争议小得多。我仅使用了一般性的术语"出罪"，来包含各种能够表明罪犯因同一罪行 L 却可受到更轻的刑罚的影响因素。因此，"出罪"就是指任何能够使被告获得减刑的事由。B 的刑期相对于 A 有所减少，而 A（其他条件相同）有可能因违反 L 而获得最高刑期。

然而，第一个假设承载着巨大的哲学包袱，并可能会受到一些法哲学家的质疑。我决定用"该当性"来解释基本问题（Q），从而使我的论题完全定位在刑罚哲学的报应传统之中。这一传统的本质和最为典型的特点往往会被曲解。因此，我被强烈建议谨慎使用这一标签。报应主义涵盖领域非常广，几乎没有实质性的内容能够将其中所有的理论结合起来。在我看来，任何一种理论，只要其能够为该当性提供一个中心位置来证明刑事制裁的正当性，就应被认为包括于报应主义之中。① 对于那些细节——该当性如何成为正确的刑罚理论的组成部分——在不同的报应主义者之间可能也确实有很大的不同。② 我希望法哲学家们不要对我的观点加上有关报应主义本质的一些不可信的论述，以此来质疑我所秉持的观点——这是在一些报应主义的反对者中普遍存在的趋势。尽管我不会花费过多精力去解决使部分杰出的法哲学家试图否认该当性的担忧，但我仍然会在下文中对该当性作出一些解释。然而，现在的目标在于通过对问题（Q）的构建，回答相对于行为人A，行为人B是否应当得到某种程度罪责开脱的问题。在随后的章节中，我简要评论了区分他们应当受到惩罚可能的非该当性基础，但是这些考虑并非我研究的重点。

因此，我提出以下问题：

（Q）其他条件相同，与B因行为Φ所受到的惩罚相比，A所受的惩罚应该有多严重？更加确切地说，B是否应该得到轻于A的刑罚处罚？或者A、B因行为Φ是否应当受到相同程度的惩罚？

我现在进一步明确假设：其他条件相同，A和B应受的刑罚处罚严厉程度由他们相应的可谴责性程度来决定。也就是说，如果B因为行为Φ应当受到轻于A的刑罚处罚，那么B相对于A而言，其过错程度要小于A。接下来，我又对问题（Q）作了如下的解释：

---

① "没有该当性的报复性……就像没有丹麦王子身份的哈姆雷特。" Hugo Bedau: "Retribution and the Theory of Punishment", 75 *Journal of Philosophy* 601, 608 (1978) (emphasis in original).

② 考虑到所有这些情况，我想问的是，究竟应当受到多少刑罚，而不是有多少刑罚应该被施加。这种区分很重要，因为是否以及在何种程度上被实际科处刑罚，主要取决因素不是不法行为的该当性就能简单予以表明的。参见 Douglas Husak: "Why Punish the Deserving?" in Douglas Husak, ed.: *The Philosophy of Criminal Law* (Oxford: Oxford University Press, 2010), p.393。

（Q）其他条件相同，与实施同一个行为 Φ 的 B 相比，A 的可谴责性程度如何？更确切地说，B 比 A 的可谴责性程度更小还是相同？

对于如何理解问题（Q），我将给出最终建议。我们应当对 A 和 B 相应的可谴责性程度问题的研究感兴趣，因其与刑事责任有着重要联系。准确地说，责任问题不仅是责备的先决条件，而且是赞扬和其他反应态度的先决条件。然而，为更好地分配过错程度与刑事责任，我接受国家通过刑事司法机构所施加的惩罚。因此，我建议通过评估 A 和 B 相应的责任，来决定 A 是否应当受到比 B 更加严重的处罚。换句话说，我们应对问题（Q）作出如下假设：

（Q）其他条件相同，与 B 相比，A 因其行为 Φ，应当承担多重的责任？更加确切地说，B 因行为 Φ 应承担的责任是小于还是等于 A？

因此，我不断将讨论从惩罚无缝移转到该当性，再到可谴责性程度，最后转移到责任问题上。[1] 这些变换并非完全没有漏洞，只是从哲学角度看没有太多问题。比如，"该当性""可谴责性"和"责任"这些术语有许多不同的含义，但我很少对其进行区分和比对。这些多种方式的含义可能会对我的假设形成挑战，但是若想要处理这其中的每一项，则又将会用单独的一卷去解释。[2]

---

[1] 有些法哲学家会在一个句子中包含所有这些概念。比如，德克·佩雷博姆（Derk Pereboom）写道："行为人对于有争议的行为负有道德 *责任*，这是因为如果他明白自己的行为在道德上是错误的，那么他就应当 *受到谴责*。" John Martin Fischer, et al.: *Four Views on Free Will* (Malden, MA: Blackwell, 2007), p. 197. （斜体表强调，由本书作者标明）佩雷博姆本人坚持一种前瞻性的责任观念，不承认报复性的惩罚。

[2] 特别是，谴责的判断似乎比责任的判断更容易适用于程度问题。关于一些额外的挑战，参见 David Shoemaker: "On Criminal and Moral Responsibility", in Mark Timmons, ed.: *Oxford Studies in Normative Ethics* (Oxford: Oxford University Press, Vol. 3, 2013), p. 154.

尽管如此，我意识到仍有许多法学理论家并不赞成我在二者之间的转换，即 A 相对于 B 应受到的惩罚的严重性判断和 A 与 B 相比较而言该当性的判断。在这些反对声中，一部分是源于一些错误的认识。我并不认为，在证明惩罚之合理性时仅考虑责任、可谴责性程度和该当性就足够了；它们之间的联系更加间接，部分取决于工具主义的理论。① 但是，对它们之间关系的任何合理解释都表明——责任、可谴责性程度和该当性的增加为加重惩罚提供了理由。正如我所言，部分刑法哲学家是该当性理论的怀疑者，至少在该当性是消极的并且涉及许多不可避免的痛苦且无用的处罚之时。② 一些（但不是全部）质疑我对问题（Q）阐述论述的刑法理论学家，从该当性的角度辩论道：应该给予 A 和 B 的刑罚幅度，仅仅是事前判断而非事后判断。在这些后果性考虑之中，最重要的是威慑力，既有一般威慑也有特别威慑。事实上，正如我们将在第二章看到的，对于威慑的推测，被那些试图捍卫关于不知法的现有立场的理论家夸大了（甚至是过度夸大）。然而，如我将在下一章中强调的，为支撑议题，我所采用的规范性理论框架是道义性的。我认可通过对国家权威进行约束以期达到一个优良效果的做法——在此种情形下，即为减少犯罪的发生。不可否认，该当性的确创造了一种义务性的约束。最大限度地发挥威慑作用是一个有价值的目标，但这一目标不应通过以不恰当的方式对待罪犯而实现。

---

① 参见 Douglas Husak: "What Do Criminals Deserve?" in Kimberly K. Ferzan and Stephen Morse, eds.: *Legal, Moral, and Metaphysical Truths: The Philosophy of Michael S. Moore* (Oxford: Oxford University Press, forthcoming, 2016)。
② 对该当性最激烈的批评见 Derek Parfit: *On What Matters* (Oxford: Oxford University Press, 2011), chapter 39; Victor Tadros: *The Ends of Harm* (Oxford: Oxford University Press, 2011), chapter 4。

下文是一些额外的假设。首先，假定 A 和 B 均为正常成年人。法哲学家不同意在一定程度上犯同样罪行的未成年人和精神异常者可以受到比正常人更轻的处罚。此种分歧不应当影响我们为回答（Q）这一基本问题所做出的努力。决定不知法这一因素是否以及在何种程度上能够为行为人开脱罪名，已经是一个极其困难的问题；我们不应该通过增加适用于未成年人和精神异常者的过错程度的不确定性，来加剧这一困难。还需注意的是，问题（Q）探讨了 A 和 B 是否因其违反法律 L 的行为 Φ 而受到同等程度的惩罚。我意图将作为和不作为均包括在内，然而，这种难以捉摸的对比却是苍白的。① 对当前目的来说，更重要的是强调（Q）中相关问题的重要性，我希望这不会令人费解或让人感到捉摸不透。② 我对该当性中所谓的整个生命的概念不感兴趣，并且我的研究也不会仅仅局限于 A 和 B 因行为 Φ 应受到何种惩罚的问题。③ 正如我们将在第三章中看到的，在一些有关同等地惩罚 A 和 B 的其他观点中引入了另一些行为 Ω，据称这些行为使 B 能够受到与 A 相同的惩罚。评估这些论断的困难性在于，理解这里的其他行为 Ω 是如何使 B 能够因行为 Ω 而受到惩罚。换句话说，即使 B 犯下了另一些行为 Ω，但这一让步如何进一步推进我们的论证？毕竟（Q）的问题是：B 因行为 Φ 违反法律 L 所遭受的惩罚是应该与 A 相同还是有所区别？任何对于回答问题（Q）的尝试，都应该坚持这一基准。

---

① 对于许多复杂性问题的体验，参见 Randolph Clarke：*Omissions: Agency, Metaphysics, and Responsibility* (Oxford: Oxford University Press, 2014)。
② 参见 Douglas Husak："Reply: The Importance of Asking the Right Question: What Is Punishment Imposed For?" in Russell L. Christopher, ed.：*Fletcher's Essays on Criminal Law* (Oxtord: Oxford University Press, 2013), p.53。
③ 关于该当性的一系列令人眼花缭乱的区别，参见 Shelly Kagan：*The Geometry of Desert* (New York: Oxford University Press, 2012)。

另外，我的基本问题（Q）还包含着"其他条件都相同"这一前提。这些前提之设置是为了防止什么呢？显然，除了不知法以外，任何可能影响应受惩罚程度的变量都必须在 A 和 B 之间保持恒定。并且，我并未花太多精力去解释这些变量。更加显而易见的是，A 和 B 必须实施了相同的行为 Φ。此外，如果被告是一名累犯——之前他已违反过法律 L，那么几乎所有的理论家都会同意对他加重惩罚，尽管对于加重量刑的原因存在分歧。当然，在此情境之下我们很难想象，一个人在不止一次因其行为 Φ 违反了法律 L 而被逮捕以后，还能够被认为是不知法的。必须承认的是，B 在其被逮捕与其不知法得到纠正之前，他可能已实施了多项违法行为。在任何情况下，我认为不知法之外的所有变量——无论其是什么，只要会对 A 相对于 B 所应受到处罚的严重性产生影响，都应该被"同等条件下"这一前提排除在外。

对此的说明可能比其他任何阐述都重要。我的主题并不是关于行为 Φ 是否为违法行为的讨论。除了一些我暂时搁置的复杂问题，我的基本问题（Q）只有在这个判断作出后才会出现。我们所想要知晓的，并不是行为 Φ 何时违反了刑法法规或者其是否合法的问题，而是在何种情境下、何种程度上，行为人应因他们的违法行为 Φ 而受到惩罚。事实上，我希望问题（Q）关于 A 和 B 行为之不法性的假设可以被清楚地理解。除非他们的行为是违法的，否则关于应受处罚的问题就不会出现；没有任何一个法律制度会故意惩罚行为人的合法行为。我不认可合法却应受谴责这类行为的存在；迈克尔·齐默尔曼（Michael Zimmerman）在道德领域中有意地将其描述为指责。① 无论从道德角度上责备行为人实施被允许实施之事合理与否，我都不认为在刑法领域有类似现象的存在。我们很难通过拟定一份起诉书，来说明一个人在没有不法行为的情况下如何在法律上受到指责，就算假设这样的人会对自己的精神状态负责，但几乎每个犯罪理论家都会迅速抵制这一观点。合法性原则，即禁止对合法行为进行惩罚的原则，在法律领域有着尤其突出的地位。正如我们将会看到的，我的理论的一些特点（以及许多其他理论）使我们很难确切理解合法性为何会如此重要。我将会在第四章和第五章中更多地论及合法性的重要性。

我也将会通过肯定（或者否定）A 与 B 应该受到同等（或者不等）的处罚来阐明我的观点。在提出这一问题的时候，我也会对国家的惩罚予以考虑。也就是说，我想知道国家如何通过其正式的刑事司法机构来制裁罪犯。虽然我在随后的讨论中通常省略对国家的提及，但我意识到并非所有的惩罚都是由国家施加的。② 即便如此，我们也应该承认罪犯被给予的各种对待就是国家的惩罚，否则我们就难以回答问题（Q）。这个话题本身就非常重要；当国家威胁要惩罚一些人时，人们有权获得许多程序性的保障，但是当国家打算以非惩罚方式对待他们时，这些保障就毫无作用可言。然而，就当前的研究目的而言，我们需要一个简单的定义来理解（Q）的答案。我认为，当国家选择以故意表示谴责并对罪犯剥夺权利或施加困难作为回应时，这就是惩罚。这其中的每个部分都非常重要。一些评论者忽略了对谴责方面的关注，而仅

---

① Michael Zimmerman: *Living with Uncertainty: The Moral Significance of Ignorance* (Cambridge: Cambridge University Press, 2008), p. 194ff. 齐默尔曼对我们是否应该支持法律领域的指责持保留意见。

② 参见 Leo Zaibert: *Punishment and Retribution* (Burlington, VT: Ashgate, 2006)。

仅聚焦于惩罚对个人财产和自由的剥夺程度。这样的关注点有些过于狭窄了。特别是在白领阶层，许多被告更愿意支付高额罚款而不愿接受与他们的不当行为有关的谴责。但是惩罚应当包含两者。此外，如果某种处理只是碰巧包含了剥夺权利和受到谴责这两个方面，那这样的处理就并非惩罚性的。比如，征税和吊销执照就很少是惩罚性的。如果这种回应是惩罚性的，那么其目的必须是权利的剥夺和人格的侮辱。也就是说，惩罚就是故意施加谴责和剥夺权利。有了这样一个定义，我们就能够更加深入地澄清基本问题。有关 A 和 B 是否应该受到同等或不同程度的惩罚的问题，也就是国家是否应该故意对 A 和 B 施加同等程度的权利剥夺。如果 B 与 A 相比应该受到更轻的处罚，那么尽管他们都因同样的行为 Φ 而违反了法律 L，B 也应该受到比 A 更轻程度的谴责和更小范围的权利剥夺。[①] 这一定义，也必会像此部分的其他方面一样，受到极大的挑战。难道刑法真的以定罪和罪责为归依吗？如果暂且将这一规定放宽，那么刑法将会怎样并且如何得到改进？这些基础性的问题我们无从讨论。

接下来的关键部分，是要认识到由我的基本问题所衍生出来的一个比较性问题。我将探讨为什么对于不知法却违反法律 L 的行为人 B 的惩罚程度，与处境相似但明知其行为违法的行为人 A 的处罚程度有所不同。我用比较性的术语来回答（Q），以此避免因我从该当性角度来概念化被告应受惩罚的问题而产生的不确定性。正如报复性的该当性怀疑论者经常指出的，我们很难确定量刑方案，也很难对该当性作出非比较性的判断，或者将基数附加

[①] 将所有因素考虑在内，我避免对增加谴责是否可以抵消剥夺权利从而使两种惩罚的严重性相等的问题，做出过于绝对的回答。

到应受惩罚的数量上。① 比如，被告犯纵火罪或者绑架罪时具体应该受到多少处罚？这些问题几乎无法回答，且不仅仅是因为犯罪类型在严重程度方面有巨大差别的表征。通过涵盖给定例子中的所有相关细节，后一个问题就会有得到解决的可能性。但是，即便是面临一个非常具体的场景，我们也常常会给出截然不同的答案，且并不清楚这些分歧应该如何解决。幸运的是，在对该当性的比较和顺序判断方面，我们有了更多的共识。被告和刑罚裁判者更有可能就一名被告是否应该受到比另一名被告更多或更少的惩罚达成一致。那么，我研究的基准点将是：明知其行为 Φ 违背了法律 L 的行为人 A。尽管我在研究中加入了许多认为美国刑罚过重的改革者的声音，但我不会明确 A 应受惩罚的具体程度。无论 A 因为行为 Φ 应受多少惩罚，我的问题都是：B 是否应受到一个相较而言更轻的处罚。因此，无论我们认为违反法律 L 的刑罚是缓刑还是死刑，我的研究均可继续。也就是说，尽管我们不清楚 A 或 B 应受惩罚的基本程度，但是我们仍然可以在回答问题（Q）方面有所进展。

尽管在研究中使用希腊符号，可能会疏远那些认为希腊符号的哲学倾向单调乏味的读者，但我认为，有时借此提及 A 和 B 因违反法律 L 而应受惩罚的量之间的差异会很方便。由于我对 A 和 B 究竟应受多大的惩罚并不清楚，所以我不可能用基数来表明他们之间的差异。因此，在接下来的文章中，我将不时地通过提及另一个符号 μ，来表明 A 和 B 应受处罚之间的差异。当然，如若不知法不具有任何出罪的意义，那么 μ 即等于 0。但 μ 可能远大于此。无论在任何情形下，我的基本问题都是在探讨 A 相对于 B

---

① 参见 Andrew von Hirsch: *Censure and Sanction* (New Brunswick: Rutgers University Press, 1987)。

应受的刑罚量，因此也可以认为该问题就是要探讨，是否以及在何种条件与程度下，μ 的值将远大于0。

也许，我应更加中立地表述基本问题（Q），以求牵涉出更少的问题。我们并不能排除，B 因其不知法行为，受到比 A 更严重刑罚的可能性。在极少数情况下，少数评论家似乎被这种可能性强烈吸引。他们倾向于认为不知行为 Φ 之不法性的 B 有时可能会受到比明知其行为不法的 A 更多的责备和更重的刑罚。法律内容之中的一些认识错误看起来似乎如此低级，以至于好像它们只能由怪物所实施（假设被告是一个理智的成年人）。最终，我将会排除 B 应受到比 A 更严重刑罚的可能性。我认为如果不知法使 A 和 B 在应受到的惩罚上有所不同，那么相对于 A 来说，不知法可以减少 B 的罪责。

对于问题（Q）的表述，我回避了一个值得关注的问题。我通常把不知法看作潜在的无罪，而并非把知法当作一种潜在的犯罪。由于逻辑思维的延展空间，使这样一种观点有存在的可能性，即 A 比 B 受到更多的惩罚，不是因为不知法使 B 出罪，而是因为了解法律使 A 入罪，特别是在不知 L 是常态而对 L 的了解是不寻常的情形之下。从不知法的这一基线开始，把对违法行为的了解，概念化为一个有罪或加重罪行的因素，是非常明智的，而非从明知的基线开始，将对违法行为的无知，概念化为一个开脱罪责或减轻罪责的因素。我很认真地对待这个选择，尽管我不确定它与我花了大部分时间所探索的问题是否有区别。在这一章的 B 部分，我将简要推测，从 A 的有罪而非 B 的无罪角度理解（Q），在多大程度上可能会影响我们关于他们的相对该当性之直觉判断的可靠度。我将在第二章中再次讨论这种可能性的另一变体。

我应当解释，为何对于问题（Q）的表述，我没有使用较熟悉的术语。理论学家通常会问，不知法是否或在何种情形之下，能够成为被告的可宽恕事由。我也经常会用这些术语进行提问。然而，正如我们将在第二（D）章中所看到的，并非所有证明无罪的开脱事由都应当被概念化为可宽恕事由，我们不能排除其他辩护事由被适用于不知法的行为人的可能性。就此而言，对于一个不知法的罪犯，即便他没有任何我们称之为"可宽恕事由"的东西，却也可能会被无罪释放。虽然这听起来很奇怪，但一些不知法的被告的确不违反他们被起诉违反的法律。此外，尽管被告的不知法并没有被法律明确规定为无罪事由，但是其在我们的刑事司法系统中可能起着重要的出罪作用。也许对于这样的被告，应该使他的刑期得到适当减轻。因为这些情形有极大的发生可能性，所以我们必须保持开放的态度。我通常会问，不知法是否以及在何种情形下会成为出罪的考虑因素而非可宽恕事由。我的主要目标之一是确定不知法应该是何种类型的免责事由，而不应简单地认为可宽恕事由就是最好的选择。

最终，我们将需要对（Q）中最初看起来简单明了的一些术语进行进一步阐述。中心问题可能并不完全涉及不知，不知的对象也可能并不一定是法律。尽管在接下来的章节中，我会对这些含混不清的评论作进一步的详细阐释，但我将先在这里对它们作一个非常简要的评价。首先，我认为无知或者错误归因于一个不正确的观念。可能这些术语在生活中的功能与我在这里的使用有些不同，但我们也并不难理解。比如，我在地铁上推搡你时，有人就会用错误这个词来指代事故。此外，一些哲学家还发现对于无知和错误的区分是非常有用的。根据一种传统的方法来解释这种对比：当一个人对某个命题 p 的信念是错误的时候，他对其认识就是错误的；当一个人对这个命题 p 不抱任何信念时，他就是无知的。我不会用这些确切的术语来对比错误和无知，但是我构建了一个可责罚的心理状态的分类，隐晦地承认了几乎相同的区别。我们需要更丰富的对比，因为我所认为的规范性的、与责任判断相关的认知状态，超出了我们所说的不知或明知。一个被告可能既不会完全不知法，也不会十分了解法律，而最大可能性就是，被告对于法律的认知处于这两个极端之间。我从现代刑法规范关于事实认识错误的处理方式中借用了一份更精细的可罚清单。简而言之，被告可能想要实现或达到某种事实，或者他可能知道某种事实的存在，或者他可能对是否存在某种事实漠不关心，抑或他可能忽略了某种事实的存在。在我随后的分析中，这些不同的可责罚的心理状态都发挥了作用。一个被告可能有违反法律的故意或者企图，或者他知道自己的行为正在违反法律，或者他对于自己是否正在违反法律的事实漠不关心抑或忽略了这样的事实。当我在第三章和第四章呈现我自己关于不知法问题的规范性理论时，我将阐述这些对比之间的关联性。就目前而言，我只强调，我的方法比（Q）中对我的议题过于简单的描述更能区分被告在法律上可能有罪的状态。当我们仅仅假设一个特定的罪犯要么知道，要么不知道其行为违反法律时，我们便创造了一个不完整的和误导性的二分法。

此外，过于绝对地争辩被告是否不知法，亦可能产生误导性。对他不知的对象提供一个更细致的描述的原因，这相当容易理解。在某些情况下，被告 A 或许能完整地背诵法律，而被告 B 可能不知道他的行为被刑事禁令所禁止。但是，这两种对立的情况都不属于我的研究范围。A 和 B 可能对他们违反法律的不同方面一无所知，因而很难认为他们应被同等对待。我们是否应该将完全不知法律禁止与年轻女性发生性关系的被告，等同于不知能确切表达有效同意的年轻女性的年龄的被告？我们是否应该将完全不知道收入需要纳税的被告，等同于另一个不知道哪些收入才算收入的被告？最终，我将会否认这些区别对于确定不知法的被告的罪责非常重要。尽管如此，我们也不应该排除这样的可能性：我们必须确定一个特定的行为人需要知道法律 L 的多少内容或哪些要素，然后才能评估他是否以及在多大程度上得以出罪。

虽不明显却很重要的是：被告是否应受惩罚，或者应受多重的惩罚，对此，对被违反的法律本身的无知并不是关键。相反，对 L 的明知或不知可能有一个真正重要的粗略替代物：对于行为 Φ 在道德上是错误的明知或不知。很难理解，被告对法律内容信仰的真实性或虚假性，将如何对他应得的惩罚产生影响。赞成或反对开脱罪责的理由，更有可能来自对道德问题更直接的考虑。除非 L 的存在本身具有道德意义，否则对 L 的明知或不知，似乎只是与该当性相关的其他事物的一种替代。在第五（A）章中，我承认除了在现实世界中使用这种替代之外，我们别无选择，但是我们不应混淆真实事物和替代品。同样，我将在接下来的章节中，对这些被公认粗略的评论作出进一步的澄清。

我们应该如何回答问题（Q）？我想，向学术界的哲学家提出我的问题，将会获得很有启发性的回答。然而，对于非学术界的受访者，相比于抽象性的问题，他们更擅长思考具体案例。如果我们确实在意普通民众的观点，那么最好是通过具体的案例来体现刑事理论的规范性目的。但是，正如我下面将要解释的那样，一个单独的案例无法建立起具有普适性的坚实基础。在此背景之下，毫无疑问的是，我们必须找出各个案例之间的区别，并且我将在接下来的文章中描述许多不同类型的案件。但是，有两个特别的案例我会反复使用。尽管在谈到后文的内容之前，我都故意省略了关键的细节，但在此仍需进行一些说明。根据这些细节，受访者对我所描述的人——相对于一个认为行为 Φ 具有不法性的被告——是否应该接受任何程度的出罪的直觉判断，可能会有很大差异。

首先，思考一下雅各布（Jacob）的案例。像大多数人一样（尤其是大学本科生），雅各布认识到环境保护是应尽的道德义务。然而，他并不清楚为实现这一目标而制定的法律的细节。特别是，他不熟悉关于处置电池的刑法规定。当他在野营时，他的手电筒电池电量耗尽了，他把此电池连同剩余的食物一起扔到了垃圾桶内。尽管他知道自己没有合理回收电池的做法可能是非法的，但是他不确定应当用哪种方式去回收。不幸的是，雅各布恰好在一个要求回收这种电池的司法管辖区内。试问，雅各布不知道自己违反了《电池回收法》，在其他条件相同的情况下，对其的判决或处罚的严厉程度，如何与对被告 A 的判决或处罚的严厉程度相比较（A 知道自己处置电池行为违法）？虽然回答这个问题几乎肯定需要更多的细节，但是我将会不时地回到雅各布这个案例上来。①

其次，思考一下赫尔南案例。像其他正常的成年人一样，赫尔南知道每个人都应当受到关心和尊重。然而他却坚信，将在战争中被击败的人当作奴隶是合法的。因此，他购买并奴役那些被其国家打败的人。然而，他没有意识到，奴役那些他声称归自己

---

① 我开始对电池处理的例子感兴趣的同时，也开始认真思考涉及不知法的规范性问题。巧合的是，我不久后参加了哥伦比亚大学刑法教授的会议（关于一个不相关的话题），参会的学者（在喝咖啡休息时）碰巧对这些法律的内容持有不同意见。法律教授和普通公民都没有关于回收法律允许或禁止什么的非常准确的信息。当然，我的目的不是对此进行研究，也不是陈述这些事情的真相。然而，遗憾的是，事实证明，即使是大量的研究也没有十分有助于澄清这个问题。每个州都有一个与回收有关的非常不同的法律和法规框架，其具体内容因城市而异。我第一次在网上搜索时看到一个网站，上面写着普通 AA 手电筒电池如果是"可重复使用的碱性锰"（可充电的），就应该回收，但是如果是"碱性锰"，就不应该回收。这些信息证实了我的观点，即这个例子有助于证明不确定性是普遍存在的，并且不知法的状况并不容易纠正。但我举例的目的是说明在试图评估普通人罪责时存在的问题，而这里所谓的普通人，指的就是那些基于他们实际相信的观念但却可能做出错误行为的人。

所有的人的行为，已被其国家在最近谈判的一项条约中规定为违法。试问，对于不知道自己奴役受害者的行为是一项犯罪的赫尔南的判决或处罚的严厉程度，如何与明知奴役被征服者行为是犯罪的被告 A 的判决或处罚的严厉程度相比较（其他条件相同）？再次强调，关于赫尔南案的更多细节可能会（也几乎肯定会）影响我们的答案。

鉴于对上述（Q）的几个澄清，刑法哲学家有合理的机会朝着其规范目标迈进。然而细化和修改的过程才刚刚开始，并且还有更多工作需要进行。但是，我希望对于这本书所要解决的基本问题，已经做出了易被大多数人所接受的开端。回答这个问题的尝试和过程，将推进我所认为的刑法理论的主要目标的实现：捍卫关于法律内容应该是什么的立场。

B. 批判性道德和刑法

"不知法不免责"是一个外行人都知道的少数几句刑法格言之一。但是，正如我在整本书中详细说明的那样，这句格言表述得并不充分，在规范层面上也过于简单化。在这部分中，我着重说明第二句格言。这句格言对我的研究起到至关重要的作用，并且在外行人看来也十分易懂（尽管没有拉丁文格言那么庄严）：法律不应强制执行道德。或者换一种说法：法律是一回事，道德是另一回事。但是，这句格言比起它的前身更容易让人混淆。这句格言包含着应予保留的真理，但同时隐藏着更为重大的虚假内核。因此，如果要使我在这本书中提出的规范性目标有说服力，那么我们就不能评价前一句格言，除非我们弄清后一句的错误之处。在我的议题中，我将尝试得出一个结论，即当人们不知其行为违反刑法时，法律应该是什么？在这个问题的基础上，我们应该如何评估现有的立场？特别是我们该如何判断一种方案是否比另一种方案更好？还是说应当改善立法和普通法所体现的现状？最好的回答是，批判性道德提供了一个标准。根据这个标准，我们可以评价某种观点相较于其他立场究竟是优越的还是低劣的。换句话说，当我们追求刑法理论中设定的研究目标和在既定问题下研究法律应当是什么样子时，这种应当的样子就是道德。此外，在这个问题中，道德是至关重要的，其内容是通过哲学论证而不是社会学调查来确定的。我众多的议题结果显示，法律不应该强制执行道德，但这是（至少可以说）极具误导性的。除了道德之外，还有其他什么事项是法律应当强制执行的吗？答案是没有。主张民法的规则和学说应最大限度地发挥效率是值得尊敬的。经济分析重塑了美国侵权和合同的规范性理论，这让其可以更好地发展。然而，有关刑法的类似主张是站不住脚的。有充分的理由可以证明经济学分析家对刑法实体法的改革几乎没有任何影响。只要我们的重点限于刑法的内容，关于法律应该执行什么的任何其他立场就都是不可信的。我的结论是：刑法应源于、符合或反映批判性道德或建立在其基础之上。更确切地说，我认为我们应该承认一种推定，即刑法是源于、符合或反映批判性道德或建立在其基础上的。

安东尼·达夫持不同意见，但分歧并不明显。达夫认为，在评估刑法的规则和学说时，我们应该从政治哲学而不是道德哲学开始，特别是关于犯罪化的规则和学说。因为，政治哲学规定了判断一种理论比另一种理论更完备的标准。毕竟，刑事司法是一种国家制度，其结构和限度是自由民主国家政治理论的一部分。因此，达夫认为我们应该禁止并且只惩罚公共不法，也就是那些与政治团体以及受害的个人均有关的不法行为。我同意只有涉及公众的公共不法才应该被定罪，并且也认为有很多刑法哲学家忽视了国家的作用和刑事司法的政治因素。但我看不出有什么理由认为政治哲学而不是道德哲学必须是研究的起点。研究的结论比起点更为重要,在这件事上,达夫和我几乎完全同意。公共不法行为是不法行为的一类,我们必须通过道德哲学来找出社会可能会通过法律予以禁止的不法行为。更重要的是,道德哲学可以确定人们在犯下此错误时,是否应受到惩罚以及受到何种程度的惩罚。我希望达夫会同意,对不知法的规范立场既应借鉴道德哲学,也应借鉴自由民主国家的政治理论。

关于支持刑法应符合批判性道德推定的正面论据,我认为,最好从确定刑法的性质开始。从定义上讲,刑法是对违法者实行国家惩罚的法律领域。换句话说,如果某一法律真的是一国刑法的一部分,那么那些违反该法律的人就应当受到惩罚与制裁。当然,由于种种原因,其不一定真的会对符合条件的人施加惩罚:违法者可能根本不会被发现;被逮捕的人可以通过警察、检察或司法自由裁量权而免予处罚;有些被审判的人可能因有正当理由而得到赦免;被告有罪但由于没有辩护而被错误宣判,特别是当定罪标准超出合理怀疑时。因此,实际上只有一小部分罪犯会因其犯罪行为而受到国家的惩罚。但是,如果违反法律 L 都不能使人受到国家的惩罚,那么我们就有充分的理由否认 L 是国家刑法的一部分。

接下来要讨论的是:国家惩罚必须是合理的。什么样的刑罚需要正当化事由?这个问题已经有人回答了。我已经指出:刑罚,必然涉及蓄意实施严苛的对待和导致名誉的缺失。在缺少某种正当理由的情况下,有意地施加严苛的对待和名誉上的羞辱——惩罚,会严重侵害人们的合法权益,没人会否认这一点。我们会对故意谴责他人并剥夺其权利的国家做法感到震惊,因为我们每个人本该享有这些被剥夺的财产和自由,除非我们确信这种剥夺他人权利的行为是正当的。什么样的理由能够减少我们对合法权益的保留呢？我们能找到的理由只能是道德。至少从柏拉图（Plato）时代以来的哲学家们，就一直努力为刑罚提供道德基础，而这一争论至今仍然在继续。我们不能只是对国家刑罚的法律理由感兴趣。要找到法律上的支撑是相对容易的；在大多数情况下，不管是依据法律规定的何种原则和程序，我们都很容易判断施加的惩罚是否合适。但法律上的理由没有触及我们的核心问题。我们必须为法律实施刑罚所使用的规则和程序找到正当的理由，且这种理由必须是道德的。简而言之，我们必须用道德来回答一个道德问题：国家刑罚的正当性是什么？所有用法律上的答案来回答一个道德问题的尝试，都因偏题而失败了。法律是一回事，道德是另一回事。此句格言不应用来表明：我在此处所作的道德评估是被误导或混淆的。

我将明确地指出如何在我所提出的假设下理解这一基础问题（Q）。众所周知，我在刑罚与行为的该当性、该当性与可谴责性、可谴责性与刑事责任之间进行了反复思考和转换。而其中每一种概念在日常的语言使用中都是语义模糊的。然而，现在可明晰的是，前述的责任、可谴责性、该当性都是道德层面的。如果有一个推定的理由使刑法遵照严格的道德标准，那么某一行为的刑事责任和刑罚，将被推定建立在我们是否因为参与该行为，在道德上具备了可谴责性，并由此而负责的基础上。毕竟，我们感兴趣的问题在于：人们违反了其不知道的刑法意味着什么，以及刑法应当是什么？并且，这一问题，应该涉及道德。同时，我们关注人们是否以及在何种情况下，应当因为无意识地违反刑法而受到惩罚？在这一问题中，该当性也是道德的。如果法律的该当性与道德的该当性是对立的,① 那么我们将不再对哲学家们感兴趣,除非我们还能从他们的研究中学到道德该当性的其他一些东西。

接着是对问题（Q）的解释：

（Q）在其他条件不变的情况下，A 因为 Φ 而违反法律 L 的道德责任/可谴责性/该当性，将如何与 B 因为 Φ 而违反法律 L 的情形进行比较？更进一步地说，相比 A，B 是否具有更轻的道德责任/可谴责性/该当性，或者 A 与 B 在这一问题上是不是一致的呢？

在一些伪装或其他表象之下，我相信这一问题对道德哲学家们来说，是经常遇到的:②

只有当违反刑事实体法是道德错误时，行为人才应受到道德上的谴责，此时用道德谴责性来解释问题（Q），才是合乎情理的。除非违反法律 L 的行为 Φ 本身在道德上就是错误的，否则 A 和 B 又怎能因此受到道德上的谴责？实体刑法宣告的是道德上的错误吗？这一问题的答案对我而言是显而易见的，即有时是有时不是。当法律 L 并不宣告道德上的错误时，人们不应当因为违反它而被惩罚。最重要的是，人们即使知道这样的法律存在，也不应当因此而受到惩罚。如果知道这样的法律存在并不能为人们应当受到惩罚加上正当化的理由，那么不知道这样的法律存在也不会为人们应当受到惩罚降低正当化的理由。我的论点是不论是明知还是不知这样的法律存在，对于惩罚的道德正当性都是无关紧要的，这为刑法理论家尚未解决的不知法问题的哲学分析，提出

---

① 我与马克·格林伯格（Mark Greenberg）对这件事持怀疑态度。参见 Mark Greenberg: "How Mistakes Excuse: Genuine Desert, Moral Desert, and Legal Desert", 11 *APA Newsletter on Philosophy and Law* 8 (2011)。

② 尽管我不会使用这个概念，但（Q）提出的问题常在道德价值的范畴下被讨论。"为什么同样的行为促使我们在道德上赞扬（或谴责）某些人更多，赞扬（或谴责）其他人更少？这就是我所说的关于道德价值的疑问。" Nomy Arpaly: *Unprincipled Virtue: An Inquiry into Moral Agency* (Oxford: Oxford University Press, 2003), pp. 68–69。

了一系列引人思考的问题。

诚然，并不是所有的法哲学家都愿意接受我提出的话题，即从是否承担道德责任这一方面审视不知法。但是，法哲学家的反对也许会让我们暂停研究的脚步。以吉迪恩·亚夫（Gideon Yaffe）为例，他提出了一个针对不知法律的复杂观点，我赞同他论证中的很大部分（并将充分利用这些论证）[1]。然而关键的一点是，吉迪恩·亚夫的研究与我的研究有极大的不同。他明确声称，应当探究是否以及在何种情况下，不知法的行为人所受的惩罚是与法律该当性相互联系的，而不是与之相区别的道德该当性。请参考吉迪恩·亚夫关于萨里郡议会（Surry Country Council）诉巴特斯比（Battersby）案件的讨论。被告与一对夫妇约定，由被告每周五天照顾孩子，周末则把孩子送回父母身边。但巴特斯比没有法律要求的看护孩子的执照。她被指控违反了关于有偿连续照看孩子超过 30 日需要持有执照的法律规定。巴特斯比的辩护基础是认为自己无须执照，因为她认为星期五与星期一是不连续的。法庭认为她应当承担责任，因为立法的本意是将星期五与星期一看作连续的时间。因此，尽管她存在法律上的认识错误，但她还是被判有罪。吉迪恩·亚夫毫不犹豫地认为法庭的判决存在某些错误。但他也认为错误不在于巴特斯比不应当承担刑事责任，而在于依据法律她应当承担刑事责任，在道德上却不应当；同时"当依据法律决定何人应当承受刑罚时，我们只需考虑法律该当性"[2]。

---

[1] Gideon Yaffe: "Excusing Mistakes of Law", 9: 2 *Philosophers' Imprint* 1 (2009).
[2] 参见 S. E. Marshall and R. A. Duff: "Criminalization and Sharing Wrongs", 11 *Canadian Journal of Law and Jurisprudence* 7 (1998); Ambrose Lee: "Public Wrongs and the Criminal Law", 9 *Criminal Law and Philosophy* 155 (2015).

当然，吉迪恩·亚夫有资格对任何他感兴趣的议题进行研究。然而，我所提出的（Q）是另一个问题。如果法律该当性没有任何作用，就无须再进行讨论；我的中心问题在于，像巴特斯比这样在无意识的情况下违反了法律的人，是否在道德上应当承担刑事责任和刑罚。当然，吉迪恩·亚夫既是哲学家也是法学家，但为何他的研究框架将道德排除在外呢？我推测他想为自然犯和法定犯承担刑事责任和刑罚的依据构建一个统一的理论基础。这一动机下的思考是非常明智的。假设我们如下述这样将自然犯和法定犯分别考虑：犯罪行为是自然犯的行为范畴，即行为的道德错误属性先于并独立于法律上的错误；如果法律上的错误属性先于道德错误，那么这便是法定犯了。如果这些特征可以被勉强接受，那么这个亟待解决的问题将是：如果一个人实施的犯罪是法定犯——就像在巴特斯比案中所提到的那样，如何使他在道德上具备可谴责性？实际上，这个问题是非常困难的，吉迪恩·亚夫将他的研究限定在法律谴责和法律该当性之上，以期回避这一问题。对此，我们可以表示理解。道德能够决定周末是否计算在依照执照照看孩子的连续天数内吗？既然道德在这件事上保持了沉默，那么就应当暂时为这个问题引入一些道德该当性之外的因素。当我们不采用道德进行解释时，这一研究就可包含所有刑事法规，其中就包括了法定犯。尽管如此，就像吉迪恩·亚夫清楚知道的那样，道德上的困境仍然存在。如果我们对于是否以及在何种条件下人们应当由于无意识的犯罪行为——这其中大部分都是法定犯——而受到道德上的谴责这一问题感兴趣，就应当直面该问题。当他们犯下谋杀、强奸和其他自然犯罪时，我们很容易知道他们是如何违反了道德义务。但是，如果 L 是法定犯罪行为，那他们又是如何违反道德义务的呢？我将在第四章详细讨论这个问题。

我的问题（Q）的最新版本是关于道德可谴责性的，也许其可以简单回答关于可谴责性究竟是什么以及其与责罚的区别的问题。为了明晰这个问题，让我们对比在回应不法行为时会经历的四种不同的分析阶段。假设哈里（Harry）故意且不可免责地强奸了莎莉（Sally）。斯特劳斯（Strawson）式态度对莎莉来说是合适并可以接受的，我想这一点没有异议。就如斯特劳斯著名论断，普通人会对那些错怪他们的人感到愤怒和怨恨。① 我认为我们可以说，莎莉认为哈里应当为他所做的事情承担道德上的谴责是适当的，尽管斯特劳斯并未以这种方式论证。当然，不论莎莉的"认为"多么理所当然，她也许都不会向任何其他人透露这一感受。因此，当她以言语或非言语的方式表达她的情感和态度时，如向她的心理医生或朋友倾诉、吐露心声，第二个阶段便开始了。在这一阶段中，她对不法行为的反应将进入下一层次。如果莎莉进入了第二阶段，我们很可能会说，她不仅仅是在道德层面认为哈里应当被谴责，而是已经在谴责他了。之后，这种情感和态度也许会被传达或通过其他的方式，让行为人本人知晓。莎莉对于哈里的感受和态度上的表达，代表着她对于哈里行为的反应进入了第三个阶段。直接向行为人表达的谴责可以被称为直接的谴责。② 最终，这些感受和态度可能会在某种公开、正式的场合得到更广泛的表达。这些在公众场合表达的情感和态度，也可被称作更为正式和严厉的谴责。

也许会有人想，在第一阶段，对于不法行为人的谴责就已经

---

① Peter F. Strawson: "Freedom and Resentment", 48 *Proceedings of the British Academy* 1 (1962).
② 迈克尔·麦肯纳（Michael McKenna）对公然和直接的责备之间的区别做了阐述"Directed Blame and Conversation", in D. Justin Coates and Neal A. Tognazzini, eds.: *Blame: Its Nature and Norms* (Oxford: Oxford University Press, 2013), p.119.

被耗尽了。如果莎莉对于哈里行为的一系列合理适当的反应,是哈里所应承受的,那么他的可谴责性怎么能延伸到后来的任一阶段,使这些感受和态度向不仅仅是哈里的其他人传达呢?这一系列应激态度的表达是否出于和态度本身同样的理由?感受的合理性和适当性,是否也传递到了其表达上?[①] 出于何种基本理由,应该让行为人(哈里)知道受害人(莎莉)对他的态度?我认为,答案是清晰易见的:除莎莉以外的其他人,也会对哈里持有某种态度——这是合理的。如果这样,那么其他人就有权利知道哈里做过什么。但如果其他人只是对哈里的所作所为持有某种合理的态度和感受,那么这对哈里来说是不够的,因为他还应当知道别人对他持有这种态度。毕竟,我们感兴趣的是行为人应当受到怎样的惩罚,而不仅仅是当行为人做出不法行为时,受害者有表达感受的权利。在这种情况下,人们对哈里抱有的任何感受和态度,都是适当的,因为这是哈里应得的。要明白这一点并不容易。最显而易见能确保哈里了解这些感受和态度的办法,是让莎莉(或她的代理人)直接传达给他。按照这一论断,谴责某人就是以适当的情绪攻击他,谴责是可谴责性典型的后果。[②]

针对谴责和可谴责性的讨论,我已说得太多了。如果人们可以接受我根据道德可谴责性和该当性来解释基本问题(Q),则必

[①] 为解答一些疑问,参见 Coleen Macnamara: "Blame, Communication, and Morally Responsible Agency", in Randolph Clarke, Michael McKenna, and Angela M. Smith, eds.: *The Nature of Moral Responsibility: New Essays* (New York: Oxford University Press, 2015), p. 211.

[②] 同意这一观点的哲学家以及为何这一观点总能被大家想当然地接受,参见 D. Justin Coates and Neal A. Tognazzini: "The Contours of Blame", in D. Justin Coates and Neal A. Tognazzini, eds.: *Blame: Its Nature and Norms* (Oxford: Oxford University Press, 2013), 注释22; 参见 Douglas Husak: "'Broad Culpability' and the Retributivist Dream" 9, *Ohio State Journal of Criminal Law* 449 (2012).

须清楚一点，那就是：任何想要回答这一问题的尝试，都必须建立在道德责任的理论之上，而不可以仅仅依靠直觉。如果不借鉴使人们负有道德责任的更为普遍的标准，那么我们就难以确认在何种情况下不知法能减少行为人的道德责任。然而，一个重大的问题将在整个研究过程中持续困扰着我们。由于我提出用哲学上的正统观念来保证刑法可适用于具备道德可谴责性的人，所以将道德可谴责性与其他密切相关的属性进行对比，就成了关键。在拥有这些属性时，人们可能只会遭受消极的、否定的反应态度，而不是道德谴责。这一任务非常难以完成；从非道德评价中划分出道德的范围，是所有伦理理论中最为棘手的问题之一。① 个体可以是愚蠢的、顽固的、没有幽默感或固执的，抑或有着其他相似的缺点，而这些缺点几乎不会与道德可谴责性产生混淆。但是无情、轻率、自恋、粗心大意呢？又或者恶毒、暴虐、好色、贪婪呢？如果显示出这些缺点的行为使得行为人应受道德谴责，那么较之不对此进行道德谴责，刑事惩罚可以被用于更广泛的情况。对于何时表现出非道德谴责性而不是道德谴责性，即使是那些赞同刑罚的正义在于施加道德谴责的评论员，也必定不会同意我对此的一些看法。我不敢假装明白了这个关键的区别，因此回到一些更为宽松的关于批判性道德和刑法之间的联系上来。不要进展得太快，也不要毁坏了从法谚"法律不应强制执行道德"中所获取的真理，这一点是很重要的。宽泛地解释，这一谚语包含两大应当予以认同的暗示。首先，使法律和道德完美地结合，是不具有现实性的目标（出于很多原因，我将把这一大部

---

① 对此的进一步思考，参见 Gary Watson: "Two Faces of Responsibility", 24 *Philosophical Topics* 227 (1996); Neil Levy: "The Good, the Bad and the Blameworthy", 1 *Journal of Ethics and Social Philosophy* 1 (2005)。

分内容放在第五章详细讨论)。因此,我认为刑法的原则和规则应当推定与道德一致。也就是说,当缺乏好的理由(可以使刑法与道德不同的理由)时,刑法的原则和规则应当反映道德的需要。除非存在足够好的理由,否则刑法就应当回应道德。默认的观点是刑法应当遵从批判性道德,对这一观点而言,如果将反对的不充分的理由一一整理列举,那么我们的大量精力又会被其所分散。

我希望这一关于刑法与道德的论断变得更加适度和不具有争论性。相对来讲,站在这一立场上考虑问题,其实是不够周详的。在没有了解这一推定的力度前,不应急切地质疑这一理论。理论学家们缺乏公认的衡量标准来衡量这种强度。通常来说,当没有足够的理由反驳一个假设时,这个假设就是强有力的;当假设轻易就被驳倒时,其就是经不起推敲的。如果这一标准能够被应用,那么我在这里提出的假设就可以被描述为温和适度的。我的假设力量介于两个极端之间——既不像我们熟悉的其他假设那样强大,也不像另一些那么脆弱。尽管这并不是无关紧要的琐事,但我认为,刑法的规则和原则与批判性道德的规则和原则的不同与背离,是有充分理由的。第五章结合不知法问题的一些规则,探讨了一些这种不同和背离的基础。证明的困难性允许存在分歧吗?在何种程度上我们的法律应当被修改以确保其威慑力不会减弱?我意识形态的对立方会故意歪曲我的结论,进而产生不一致吗?当前,我并没有解决这些问题。我想指出的仅是,法律应当遵从道德的论断,并未得到详细的论证,并且这一论断也许比其看上去还要脆弱,因为这一问题的假设基础并不足够强大,可能会被各种各样的理由驳倒。

我暂时离题,因为我需要指出对我研究的评论当中的一个讽刺之处。我们在第二章中将看到,在不知法状态下实施犯罪的罪犯不能予以出罪的最普遍的基本理由，可能本身也是建立在一种假设之上。法庭和评论员们不断重复认为每个人都知道法律。如何理解这种奇特的说法是很困难的。就像我为了论证法律应当遵从道德所提出的假设一样，假设人人都知道法律的信息明显不够令人信服。也就是说，这一假定其实并没有给我们展现充分的可信度，除非我们找到论证它的路径并衡量需要怎样有力的理由才能驳倒它。然而，显而易见的是，当大部分评论员援引每个人都知道法律这一假设时，他们忽略了这一假设的力度。确实，除非法律的公布本身就是有问题的，否则他们通常会把每个人都是知法的这一假设，当作法律不容置疑的原则。就目前我所知道的情况来看，事实上，不知法的被告所援引的各种事由都不足以推翻这种假定。毫无疑问，法律上不容置疑的原则也与真正有力的假设相去甚远。相较于无罪推定原则对无罪结论规则的支撑，假定每个人都知道法律其实并没有更有力地支持关于明知的结论规则。如果我们真的假设每个人都是知道法律的，那么就不应该将其伪装成一种假设——当然，除非我们转而解释如何反驳这一假设。

然而，同样使人费解的是，大部分的评论员在反驳每个人都是知法的这一假设时，都忽略了同样的一点。考虑到这一假设的分量，其存在并不像许多批评者所宣称的那般荒谬可笑。例如，詹姆斯·菲茨詹姆斯·斯蒂芬（James Fitzjames Stephen）认为其是"虚假债券的假意发放"[1]。约翰·奥斯汀（John Austin）则声称这是"荒谬而显然错误的"[2] 埃德温·基迪（Edwin Keedy）

---

[1] James Fitzjames Stephen: *A History of the Criminal Law of England* (London: Macmillan, Vol. 2, 1883), p.95.

[2] John Austin: *Lectures on Jurisprudence* (New York: Henry Holt and Co., 5th ed., 1885), pp.481-482.

则认为其是"毫无理性的"。① 然而,显而易见的是,这些批评者之所以完全不相信这一假设,是因为他们过于概念化这一假设,把它当成不可反驳的规则。实际上,把对法律的明知当作默认的观点,这并没有什么好奇怪的——在没有更合理的理由去采取其他观点时,法律就会秉持这种立场。如果这样解释,那么实践中引入这一假设时,举证责任就会由被告一方承担了。因此,司法管辖区应当要求被告通过证据证明(通过一些不明确的标准)他不知道自己的行为违反了法律。在缺乏此类证据时,每个人都是知法的这一假设就处于不被反驳的位置(尽管不是不可反驳的)。如同我们所看到的那样,实定法通常会接受这一关于如何配置举证责任的观点。在以不知法作为辩护理由的案件中,大部分辖区都会要求辩护人通过充分的证据证明其不知法。② 即使是对于那些奚落讥讽(此处用一种格外激烈的措辞)"每个人都明知法律"这一假设的评论员,这种举证责任的分配也不会引起他们强烈的抵触。但如果(每个人都是知法的)这一假设存在,那么这种(举证责任的)分配将给人一种非常完美的感觉——只要我们不将真正意义上的假设与不可反驳的法律规则混同在一起。在任何情况下,我们都无法真正理解需要涉及哪些内容才能承认某一推定,除非我们知道有多少充分的理由是背离这一推定的。

为什么说将刑法概念化为假定反映道德是很重要的呢?即使当我们知道有许多合理的解释可以反对这种观点时也同样如此吗?坚持法律应该假定反映道德这个观点,可能有助于提醒我们

---

① Edwin R. Keedy: "Ignorance and Mistake in the Criminal Law", 22 *Harvard Law Review* 75, 77 (1908).
② Model Penal Code §2.04 (4).

这两个领域是一个愿望或目标。一种特定的与此背离的观点，应当被人们以怀疑的目光仔细审视，并且不应被轻易采纳。这种背离应当在某些情况下被看作偶尔出现的遗憾，并促使我们努力做得更好。即使惩罚有时不得不强加于那些本不应当受惩罚的人，人们也有权利抱怨这种错误的对待。幸运的是，大部分（但不是全部）理由，即不知法的规则应与道德相分离，远比评论家们所认为的更没有说服力。如果这些反对理由缺乏足够的说服力从而被排斥，那么我们就应回到之前预设的观点，即不知法的学说和原则应当反映道德。

现在我将转向论述"法律不应强制执行道德"这一法谚中隐含的另一个可能应予认可的真理。至少在一种案例中，我承认刑法应符合道德的推定是种例外。通过描述这样例外的案例，我认为这种假设即使存在，但当应用到这种案例中时也永远只会失败。① 什么时候会出现这种情况呢？文前提到达夫认为刑法哲学家应当从政治理论而非道德哲学（开始研究）。尽管我反对他关于如何开始研究的观点，但我认为私人的不道德行为就是使这一类假设毫无意义的案例。换句话说，当不法行为是私人行为时，国家政权不应当介入和惩罚不法行为人。在自由民主的国家，刑法并不等同于法典化的道德哲学。在一定程度上，这种国家政权就是建立在尊重国民隐私这一持续的承诺之上，并且这一承诺尤其反映在国家旨在强制实施的刑法内容之上。

相当多的法哲学家对我的上述论点提出了质疑，即私人不法

---

① 认为这一假设即使对私下发生的不法行为也是颇有说服力的观点，参见James Edwards: "Reasons to Criminalise", *Legal Theory* (forthcoming)。

行为作为原则问题存在于刑法的管辖范围之外。① 为了证明我所持观点的正确性，即当不法行为是私人行为时，任何认为法律强制执行道德的假定，都是不存在的或缺乏说服力的，我们需要一个标准来将所有给定的不法案例区分为公共不法行为和私人不法行为。当然，我会提供一些我觉得所有读者都会赞同的例子。当我粗鲁地或不知感恩地对待我的朋友或家人时，我的行为就是不当的，但刑法不被允许介入这些情形。② 这些不当行为是私人的。从另一个方面来说，我认为强奸是公共的不法行为，这也是促使我主张受害者之外的人有必要知道哈里对莎莉做了什么的原因之一。诚然，使例子更加深入以及构建一个标准来区分公共不法行为和私人不法行为是有难度的。③ 从根本上讲，公共不法行为的理论所要求的要件和国家理论相比并不少。但创造这种理论的困难，不论多么难以克服，都不应当使我们认为这两种不法（行为）之间的对比是不切实际的。让我感到宽慰的是，在任何范围内对比公共不法和私人不法均存在激烈争议。因此，当涉及刑法时，我们不能期待这一区别（比其他领域）更不具争议性。④ 不论这种对比

---

① 参见 Michael S. Moore: "A Tale of Two Theories", 28 *Criminal Justice Ethics* 27 (2009); Heidi M. Hurd: "Paternalism on Pain of Punishment", 28 *Criminal Justice Ethics* 49 (2009)。

② 参见 Leo Katz: "Villainy and Felony", 6 *Buffalo Criminal Law Review* 100 (2002)。

③ 参见 S. E. Marshall and R. A. Duff: "Criminalization and Sharing Wrongs", 11 *Canadian Journal of Law and Jurisprudence* 7 (1998); Ambrose Lee: "Public Wrongs and the Criminal Law", 9 *Criminal Law and Philosophy* 155 (2015)。

④ 我仅仅提及了许多争论中的三个部分。在刑事诉讼程序领域，对于隐私是否应该被国内司法力量的各种非常手段所侵犯的问题，法院一直没有决断。在社交媒体领域，网络使用者质疑他们展示出的信息是否会被用于营利的商业目的。在国家安全领域，公民并不赞同国家政权可以为了保护他们不受伤害而过分介入他们的私人领域。在自由国度，这些问题总是被反复讨论。在这些不同的领域中，隐私保护的一部分动机在于：将私人不法行为隔绝在国家安全和法律禁止之外。

有多么苍白和无力，当我们讨论刑法强制执行道德标准的职能时，我们都不能忽视个人隐私的重大意义。

然而，我希望回避这样一场辩论，即支持法律符合道德的假设是否以及如何适用于私人的不当行为。我的研究旨在决定刑法在面对人们不知法但违反刑法的时候，应当采取何种立场。正如我所反复强调的，这与他们所违反的法律是否一开始就是合理的禁止条款，是一个完全不同的问题。后一个问题虽然至关重要，但（大部分）已超出我的研究范围。我提及私人的不道德（行为）有两个原因：第一，私人的不道德行为，提供了一种法律不应该符合道德的证据。如果法哲学家们意识到所举的假设其实并不适用于那些私人领域中的潜在反例，他们则会更愿意承认我预先设定的假设的存在；第二，我们将在第四（B）章和第五（A）章再次讨论为什么国家应该在人们实施了未被法律禁止的不法行为时遵守罪刑法定原则，且这种一致性的例外将发挥重要作用。

因为我认为刑法的规则和原则应该假定符合批判性道德的规则和原则，所以我随后提出的许多论点会同时涉及道德和法律。我总是提及对于一般不法行为的不知，而没有进一步说明所涉不法行为是道德层面还是法律层面。对于这两个领域之间的假定联系，持不同观点的犯罪理论家肯定会发现，相关的研究文献令人抓狂。我希望他们的愤怒不会让他们把我的计划当作误入歧途而不予理睬。我的许多不加区分论及法律或道德的观点可以被重新编写，从而可把其限制在一个领域或另一个领域中。无论怎样，我随后的绝大多数观点都会将法律和道德分别对待（探讨）。例如，第二章几乎完全是关于现行法律的内容。相比之下，第三章则试图识别不知道德的不法行为和道德可谴责性之间的相关性，且很少提及法律。因此，我经常性地将道德和法律区分开来看待，尽管我认为二者是紧密相关的。

将刑法塑造在批判性道德基础之上的提议，需要对道德的本质进行探讨。刑法应当推定符合何种批判性道德概念？对此，我没有依据道德理论进行系统性的解答，但我希望我没有这样解答会获得谅解。我只是单纯地重复我在前面所提到的假设：刑法应当遵从的道德，在本质上并不完全是结果主义的。道德包含了许多义务论式的约束，这些约束限制了人们为使善最大化而可能采取的行动。在这些约束中，有许多源自类似于康德式的禁止将人仅仅作为实现更大利益的手段。我没有参与关于这个原则应该如何构建与论证的辩论。[1] 我希望，那些细节对我更大的目标而言，是微不足道的。我坚持认为，应该使用义务论框架而不是结果论框架，来评估我们的刑事司法系统应该如何对待那些不知道其行为违反法律的人所给出的各种答案的价值。这一坚持很快被一些人驳斥，但也被另一些人持怀疑态度地接受。大多数刑法理论家都持义务论的观点。但是来自相关学科领域的其他学者——犯罪学家、经济学家、没有接受过哲学训练的法学教授，更倾向于被某种结果主义的形式所吸引。在对我的假设所作的部分辩护中，我指出，20 世纪中叶在哲学圈内发生的从功利主义到义务论的历史性转变，很大程度上源自刑事司法领域中针对结果主义的反例。特别是，反对通过惩罚被当局认为是无辜的人来增加威慑的企图，使许多哲学家认识到，需要用义务论原则来限制为获取最大化的功利结果所采取的行动。刑事司法领域，也是我们不应该把人仅仅作为实现功利目标的手段的最典型的领域。

我相信，我在这一部分中所提出的主张，很少会让刑法哲学

---

[1] 参见 Douglas Husak："the means principle", 11 *Criminal Law and Philosophy* (forthcoming, 2016)，其对"手段原则"的特殊问题进行的分析；同时参见 Alec Walen："Transcending the Means Principle", 33 *Law and Philosophy* 427 (2014)。

家感到新奇或激进。我认为大部分的英美刑事理论学家都赞同刑法应当遵从于批判性道德这一推定。这种假设表达了我的一个强烈愿望,这种愿望活跃了我关于不知法律的想法。如果跟随我的路径,我们关于刑事责任的例外规则,应当被假定遵从于批判性道德,就如同遵从于刑事责任规则本身那样。理论学家在他们关于辩护(自我防卫、胁迫、精神病以及像这样总体地由义务论式框架所检验的事由)的作品中,会隐含地援引这种假设。然而,奇怪的是,关于现存观点的学术研究多立足于将其看作与整体相对的例外。许多理论学家试图通过寻找一种在所有情况下都能给出满意答案的方法,来对不知法情形下法律应当扮演何种角色这一问题进行评估。显然,我并不追求这种思维路径。正如我所说的,一些杰出的道德哲学家并不认为不知道德的行为人应负道德责任。相反,刑法哲学家更倾向于在刑事责任领域反对与"不知法可免责"类似的立场。为什么刑法宁愿如此缓慢地采用义务论框架也不愿吸收道德哲学家对这一特定主题的见解?这一问题需要答案,尽管我只能给出关于这种答案的简短推测。

尽管有些道德哲学家很愿意为不知行为错误的不法行为提供更大力度的无罪辩护,但刑事理论学家却抗拒这样做,对此,我考虑并假设了三个有可能的原因。我的第一个假设是,古谚"不知法者不免责"对我们所有人都有着巨大的影响。正如宣传者所赞同的,尽管这句谚语可能并不正当,但一句被频繁重复的古谚将获得被尊重的光环。可以看出,学生、教授以及外行人对这一谚语的正确性充满信心。因此,他们就更不可能与被他们看作理所应当的观点进行争论。但是,道德领域相似的谚语——"不知道德不是免责事由",却没有获得可与之相比的地位。

我的第二个假设是,刑事理论学家应当并一定比道德哲学家更加谨慎。我在本书中为之辩护的那些观点可能对刑法有激进的影响；这些观点的推定，将引发激烈的对"关于在何种情况下不法行为人应当受到惩罚"的重新思考。这些影响究竟有多深远取决于多种因素，包括对不知情程度的经验推测。[1] 无论怎样，道德哲学家比他们在法学领域的同行，有更大的自由去用革命性的方式捍卫新的立场。假设在道德上具备可谴责性的人，实际上比非哲学家们所倾向于认为的要少，那这一结论是否就可以要求我们在道德账本上编辑任何可用来追踪应受谴责的个人的条目？显而易见，这样的分类账本并不存在。相比之下，刑事司法系统和刑罚则是普遍存在的。在这些后来建立的制度中发生的变化，将为无数真实世界中的人带来影响广泛和意义深远的结果。

我的第三个假设对理解我的研究而言至关重要，并且需要我们更加熟悉刑法本身的结构框架。像道德哲学家一样，刑事理论学家也应当愿意将被告实施刑法明文禁止的行为，与为了使犯罪者承担责任与刑罚而必须存在的罪责，进行对比。如果缺少这种对比，那么我的研究就会很难被理解。但是这些刑法哲学家所称的"主观可责罚性"是什么意思呢？对一些刑事理论学家来说，不论立法机关具体确定的主观心态是什么，只要被告的行为满足了刑法所规定的精神状态（或准精神状态），他们就应该受到责罚。《模范刑法典》通过区分规定四种与主观可责罚性相关的主观心态：蓄意、明知、轻率、疏忽，为使主观罪过清晰和统一化做出了重大贡献。稍后，关于主观心态，我还有更多需要论述。就目前而言，重要的一点是，不论这些州的立法机关是如何规定的，许多刑事理论学家草率地假设当被告的行为满足法律上的每

---

[1] 甚至有更多的暴力犯罪者相信他们的行为是被允许的。相关的实证性证据，请参见 Alan Page Fiske and Tage Shakti Rai，*Virtuous Violence：Hurting and Killing to Create，End，and Honor Social Relationships*（Cambridge：Cambridge University Press，2014）。同时参见第四（A）章。

一个构成要件时，被告便满足所有使其负刑事责任和承担刑罚的主观可责罚性的要求。但是，这种将主观可责罚性概念化的方法，是绝对不会被道德哲学家采用的。道德哲学家将会吃惊地发现，只要能够断言行为人是在前述四项主观心态（蓄意、明知、轻率、疏忽）之下实施的不法行为，那么对可谴责性的探究就可以被这种断言轻易解决。刑事理论学家的这些叙述，可能有些部分是正确的，但仍有很多部分并非不言自明的。例如，为什么当一个人故意犯罪时，他就应该受到惩罚？显然，在他应当受到道德谴责之前，必须满足众多的附加条件。

毋庸置疑，深思熟虑的刑事理论学家经过仔细思考后会承认，主观可责罚性的问题不会仅仅通过我的粗略论述就得到彻底详尽的探讨。例如，正当防卫人无须因他们的行为而受到责罚，即使他们故意杀死了不法侵害者——目前刑法中的罪责最重的情形。再如，少年罪犯即使在明知的状态下杀人，也无须对他们的行为进行责罚。因此，这些理论学家含蓄地指出，相较于我前面的简要叙述，刑事责任的问题还有更多方面需要被讨论。通过比较广义主观可责罚性和狭义主观可责罚性，我意识到了他们所指出的问题。① 总体来说，后者（狭义主观可责罚性）是包含在不法行为中的，并且只要行为人在法律规定的任一主观心态之下实施了不法行为，主观可责罚性即具备。所有余下的关于是否应当负（刑事）责任的研究则交给了前者（广义主观可责罚性）。广义主观可责罚性包括自愿、神志清醒、缺乏实质性防卫以及其他任何构成刑事责任所必需的要件。一旦形成这种对比，关于不知法的不法行为人的刑事责任的问题，就应当被概念化于广义主观

---

① 参见 Douglas Husak：" 'Broad Culpability' and the Retributivist Dream", 9 *Ohio State Journal of Criminal Law* 449（2012）。

可责罚性的研究之中。尽管乔治·弗莱彻（George Fletcher）没有在这一区别上耗费太多笔墨，但当他推断一个不将不知法作为出罪事由的刑事司法体系推行的是严格责任（负有刑事责任但却无主观可责罚性的实例）时，他的脑海中必然有一个类似于广义主观可责罚性的概念。[1] 无论如何，当我们渴望将刑法塑造于道德之上时，不论是广义主观可责罚性还是狭义主观可责罚性，都应该引起我们的重视。为了说明我的观点，我们可以再次思考我前面所举的两个具体例子。我设定雅各布知道他随手丢弃电池违法，并且赫尔南很清楚他在奴役人类。如果这就是我们用来认定他们有罪所需要的全部条件，那么不知法律的人是否应当被责罚的问题就变得非常简单。从表面上看，这些人具备所有法律所需要的宣告他们有责任并执行刑罚的狭义主观可责罚性。但事实上，对我的研究至关重要的广义主观可责罚性，要比此复杂得多。

也许，我在我的推测之中误解了为什么道德哲学家比刑事理论学家更倾向于为不知法律的不法行为人开脱。但不论怎样去解释这些差异，我都呼吁刑法向我将要探讨的道德哲学家们所青睐的立场转移。

如果我们认为刑法应当遵从于批判性道德，那么我们就应当为此种立场上的变动喝彩，尽管有一句格言说法律不应该强制执行道德，且达此目的也是很重要的。这一假设应该贯彻的道德隐私区域，也包括了义务论式的限制，即避免为了最大化的功利需求而给人们施加过重的负担。如果义务论式的道德哲学，为不知其不法行为的罪犯提供更多足够有力的无罪开释理由——就像我

---

[1] George Fletcher, *Rethinking Criminal Law* (Boston, Little, Brown and Co., 1978).

在第三（B）章中论证的，那么刑法也有同样的理由这么做。

C. 直觉与其局限

即使我们承认刑法之规定和条文应当假定符合批判性道德，但依然存在许多问题亟待解决。众所周知，理智的人就道德的内容众说纷纭。那些反对结果主义与主张刑法应当包括义务论约束的人之间的分歧，可能更为激烈。因此，我们需要一套方法以帮助判断一项既定规定或原则是否遵照或背离了批判性道德。几乎所有的哲学家在一定程度上都是凭借直觉来回应这道难题的，即通过思考特殊案例和一般性原则来作出判断①。我也是这样做的，毕竟，规范性研究必须从某个地方开始。然而，就此部分而言，我的主要目的在于呼吁，当用这种方法来解决基本问题（是否以及在何种情形下不知法得以出罪）时，我们应抱有谨慎和怀疑的态度。

我从不承认我自己的判断与直觉背离。那些未曾成功在课堂上合理解释不知法的法学教授，可能会认为问题（Q）的答案显然就是：不知法的被告当然应得到一定程度的出罪。但我仍很痛苦地知晓，许多受访者表达出的最初直觉，恰恰与我通篇论证的直觉相悖。我倾向赞成的道德哲学家们，同样知晓读者们将趋于把他们的观点视为谬言。迈克尔·齐默尔曼承认，他的观点——人们认为自身行为几乎不应被责罚就不应责罚——将会极大地冲击到读者，并被视为不仅是有错的，而且肯定是天理难容的。② 吉迪

---

① 一般参见 Michael Huemer: *Ethical Intuitionism* (New York: Palgrave MacMillan, 2005)。
② Michael Zimmerman: *Ignorance as a Moral Excuse* (forthcoming).

恩·罗森（Gideon Rosen）也直言自己的类似观点很"荒唐"。[1] 像齐默尔曼和罗森一样，我无法假装自己关于责任的结论合乎那些要么由专家学者要么由外行提出的第一感觉。而且，其中许多直觉都是为了获得更高的可信性[2]才被强烈主张。

反对我的提议的法哲学家甚至会更快地指出其中固有的不合理性。亚夫反问道：

"每个应该受到刑事处罚的人都认为自己的行为是非法的吗？看上去似乎不大可能。此外，一个犯谋杀罪的人之所以实施一定程度上该被禁止的行为，是因为他藐视他人生命的价值，置一己之利于他人的生命之上。若一个人即将进行应受刑罚的行为，并同时要求他需知自己行为违法，这就是在道德容忍范围之外增加对法律的尊敬。我们应当明白，现实所呈现的并非'刑罚惩罚的该当性不要求行为人对违法行为明知'这一观点的论据，认清这一点是很重要的；因为实际上，是另一番考量让该观点显得合理的。"[3]

对于亚夫的文章，我尝试从三个方面予以回应。首先，无论有何缺陷，我的"在道德容忍范围之外增加对法律的尊敬"的立意都无可指摘。正如我将反复强调的那样，惩罚的正当性在于意识到自己行为不道德，而不是意识到自己行为违法。故而我仅增加对道德的尊重，但不超过我认为道德应有的容忍范围。其次，我同意谋杀之所以值得禁止，部分原因是它"无视他人生命价

---

[1] Gideon Rosen: "Culpability and Ignorance", 103 *Proceedings of the Aristotelian Society* 61, 83 (2003).

[2] 在此语境下，一位评论员似乎十分自信地认为道德实践常常比理论更具有可接受性。参见 Randolph Clarke: Negligent Action and Unwitting Omission, in Alfred Mele, ed.: *Surrounding Free Will* (Oxford: Oxford University Press, 2015), pp. 298, 299。

[3] Gideon Yaffe: "Excusing Mistakes of Law", *Phiosophers' Imprint* I (2009), p. 8.

值"的观点。但正如亚夫所理解的一样,问题并非"什么行为是错的并且为什么是错的"这一个问题,而是人们"是否及在什么情况下应对错误的行为负责"。最后,一个争议性的理论,若是被用于回答后一个问题,就会在"人们在藐视他人生命价值时就该负责任"这一观点之上被假定。我自己就责任的解释,在亚夫所持有的特定理论的基础上,有所改进。无论如何,我的理论都不会因其产生的结果与竞争对手不同而变得不可信。

在这部分,我困惑的是,我们是否该在对这些问题的直觉的可靠性上,持更多自信。我不会挑战所有道德性直觉的可信性,即使这样的全面怀疑主义很难克服:凭什么就认为我们任意的判断在道德上就是正确的呢,哪怕是在不同的文化、历史和语言背景之下?我会避开这更大的辩论。相反,我会描述一些原因来解释为何我们的直觉尤其在我聚焦的问题(那些不知自身行为错误之人的可谴责性)上,可能出错。我从直觉本身出发。哲学家们最近才开始进行系统性的民意调查,以期查明刑事司法界的成员就这些问题之所信所见。此潮流很受欢迎,而最常见的是,独行的哲学家们更愿意只是简单地发出他们自己的直觉性判断。举个例子,乔治·谢尔(George Sher)罕见地在其关于不知法之人的责任那本书的开头,不同寻常地描绘了一些案例。在分析这些案例时,谢尔对"我们会很正常地评判出行为人因其所作所为而负责"的观点信心十足。[1] 谢尔的案例包括不经意、健忘性以及其他种类的疏忽。对于是否要同意其直觉上的看法,我很矛盾,因为这些例子看起来更像是边缘性案例,而非有利于理论建立的明确案例。无论怎样,要开启一番学术探究,这些都是危险的选择。

---

[1] George Sher: *Who Knew?: Responsibility without Awareness* (Oxford: Oxford University Press, 2009).

至少，除非我们的直觉得到广泛的认同，否则我们的直觉是没有依据的。当然，若我们意图将直觉纳入宣称代表着社会利益的法律领域，我们就需要一个更大的样本。我们感兴趣的并非奇特的回应，而是大多数人经过深思后对特定案件所作的道德性评断。因此，我们有理由去广泛调研。会集一些应答者可能是任务中较简单的部分。一旦这些人聚集起来后，更艰巨的挑战便是如何向他们述明问题。我不确定我们是否应该按照我迄今为止构建的基本问题（Q）的方式来阐述它。诚然，我们可以简单地问他们，当 A 知道其行为 Φ 违反了法律 L 而 B 不知道，且其他条件不变时（ceteris paribus），A 的判决结果与 B 的相比，会有多严重？即使这个问题对哲学家来说很容易理解，但我担心对普通的受访者来说，这个问题过于抽象。提出一个足够具体而且多数人对其有明确意见之案例的尝试失败了。故而我们需要具体的案例。我们该从一个什么样的案例开始呢？通过我自己向本科生以及法学生征求直觉感受的经历，我确定没有哪个案例能称心如意地用来开篇。根据法律 L 的（不同）内容和 Φ 例示的（不同）行为，受访者往往会根据不同的内心确信程度，而作出不同判定。我经常引用的两个具体示例——"雅各布"例和"赫尔南"例——就引发了不同的直觉，尤其是当其细节不同的时候。更能说明这点的是，一些我稍后将论述的例子（包括那些冲动型不法行为者），同样引发了不同的直觉。

法哲学家们其实已经数次尝试了一些方法精巧的实验，即便这些实验只是看似支持此结论。保罗·罗宾逊（Paul Robinson）倾其后半段的职业生涯，来论证刑法的道德权威在极大程度上取决于道德是否与刑事司法界成员们所共有的正义直觉相一致。[1]因此他认为，我们应当征求那些有关实体刑法中争议性的规定和原则的朴素直觉，以确定现有学说与它们一致还是有所偏离。其中一些调查包含了不知法的情形。他的一些经常合作的同事提出了一系列假设性案例（通常但不限于是对普林斯顿大学的本科生提出的），在这些案例中，各被告唤起应答者同情心的程度是不同的。在该系列的第一个案例中，被告是一名珊瑚礁研究员，为了保存濒危物质，她以一种她知道不会破坏珊瑚礁的方式收集死亡珊瑚的标本。她并不知道新出台的法律禁止她从其工作所在地移走死珊瑚或活珊瑚。第二个案例中，被告是一家香烟制造公司的首席执行官，他在那些面向青少年的网站上做香烟广告，而这些青少年大多年龄太小，不能合法吸烟。他对于新法律将禁令拓展到网络香烟广告一事并不知情。两个案例中，应答者都被问到，若他们担任陪审员是否会支持定罪。94%的人都愿意对香烟制造商定罪，但只有24%的人同意惩罚珊瑚礁研究员。[2] 于是实验者就得出结论：参与者拒绝让怀有不法意图的人出罪，即使其真的不知道禁止这种行为的法律。另外，如果一个人做出了合乎道德或者中性的违法行为，那么对这些违法行为的不知法抗辩则会被视作有效抗辩，或者至少也是一个减刑原因。[3]

要挑战这些实验结果真正反映的东西并不难。与香烟公司的首席执行官不同，珊瑚礁研究员的行为并未造成法律条文在立法

---

[1] Paul H. Robinson: *Distributive Principles of Criminal Law: Who Should Be Punished How Much?* (Oxford: Oxford University Press, 2008).

[2] Adam L. Alter, Julia Kernochan and John M. Darley: "Morality Influences How People Apply the Ignorance of Law Defense", 41 *Law & Society Review* 819 (2007).

[3] Adam L. Alter, Julia Kernochan and John M. Darley: "Morality Influences How People Apply the Ignorance of Law Defense", 41 *Law & Society Review* 843 (2007).

设计上欲防止的危害。甚至可以说她的行为旨在产生相反效果。尽管如此，这些实验还是强烈暗示着（以防存疑），在缺乏关于法律 L 之性质以及 A、B 二人违反它的原因的附加信息的情况下，我们不应该力求回答我们的基本问题。对于一个被告（而非他人）是否按我们赞同的方式行事的判断很可能是感性的。我怀疑，本书读者的直觉也会在这些相同的维度上有所不同。当不道德的被告在不知违法状态下实施违法行为时，许多专业法哲学家会赞同外行受访者的观点，并断然否决任何程度上的无罪辩解。[1]尽管有许多道德哲学家不同意这种共识，但我无法说出一个意见相左的刑法理论家。简而言之，评价者们对惩罚因疏忽而违反包含自然犯罪的法律（mala in se）的犯人的做法，几乎不持保留意见。如果应答者们准备给不知其行为非法的网络香烟厂商定罪，那我们也不难想象他们会如何对待像赫尔南那样的奴隶主了——赫尔南认为其受害者们不被刑法保护。另一个例子则更加可怕。连环强奸犯之所以能够逃脱其应得的惩罚，是因为他们成功地说服自己，非经双方同意的性行为在道德上是允许的。这使无数法学家关于不知法的讨论成为泡影。

尽管刑法哲学家之间对此存在着明显的共识，但我认为，我们不必过分注重前述数据。我没有把这些直觉解释成强有力的支持性论据——刑法应对那些惹人同情而且动机合乎道德的被告予以出罪，而限制那些可恶而无德的被告。在第三（B）章中，我会捍卫这样一种观点，即无论犯下何种具体罪行，对几乎所有不知其行为非法的人，都应给予某种程度的出罪。若我是对的，我就必须得解释一下为什么会有那么多评论者持不同意见了。首

---

[1] 参见 Dan M. Kahan: "Ignorance of Law Is a Defense: But Only for the Virtuous", 96 *Michigan Law Review* 127（1997）。

先，要注意到前述的实验并不要求应答者就做出相同行为Φ的两个人（其中一人知道违反了法律L，而另一人不知）的相关惩罚进行评价。回想一下，我的基本问题（Q）是可比较的；我的问题是当一个人了解法律而另一个人不知法时，实施同一不法行为的两个人相比较下的可责性。其次，（Q）对无罪辩解问得很广泛，而非简单地关注非黑即白的无罪或有罪的判定问题。值得重申的是，拒绝为不知其行为非法的罪犯以任何程度的出罪，就意味着根据法律这两个人应该得到相同的对待。从而任何减刑都将是完全自由裁量的结果。在我看来，这种结论明显是违背直觉的。不知法的罪犯应与明知其行为非法而实施相同犯罪行为的被告，受到同等对待的主张，在直觉上比刑法理论家所认为的还要更加不可靠。

但单靠说我自己的直觉不同于前述学者的直觉判断，是无法赢得这场争辩的。我需要独立可靠的理由，来判断我的观点是否正被他人冲突性的回应所破坏。就此而言，我的保留意见来自实验型的哲学家们所做的研究，他们研究的目的是要明确我们的直觉在什么情况下是可靠（或不可靠）的。即使有些行为是明显不法的，但有五个因素还是在我们判断不法行为人之罪责时起到了混淆作用。在此部分的余文中我将讨论五种不同依据，根据这些依据，我相信我们能找到特别的理由去怀疑我们对该问题的直觉是否可靠。

在这五个因素中，第一个原因涉及：构想一个为得到我们的直觉反应而呈现给我们的特定例子，这本身是十分困难的。对那些较熟悉且不难想象的案例的直觉可靠性问题，我们应该更有信心。① 当不真实的情况被描述出来时，重要的事实常常被漏掉，然后，应答者们就趋于通过一些不特定方式来填补这种空白，并且这些方式往往会影响其所作的评价。我相信在一些回应者极不愿意予以出罪的案例中，即那些行为人在不自知的情况下犯下了严重的道德之恶的案件中，这种现象尤为明显。例如，丹·卡亨（Dan Kahan）让我们想到一种情况，即一个"与10岁孩子发生性关系的人，声称自己不知道这种行为是不道德的（更别说违法了）"。丹·卡亨总结道："该行为人道德上的无知，本身就会为谴责提供依据，而非成为获得同情的依据，因为不知道德揭示出他对事物漠不关心……包括他本应关心到的孩童的身心健康。"② 卡亨从此案例（及其对相关先例的调研）中推断出，不知法是并且应当是一项抗辩事由，但仅限于那些合乎道德的情况。我最终会接受他的一部分分析，然而，为实践其结论，我们必须保持谨慎以便找到并适用一个有关美德（或者责任）的恰当理论。卡亨本人的评论也表示，他将其所举案例中法条规定的强奸犯视为应苛责的，因为其行为揭露了他对周遭事物的漠不关心。因此，卡亨预设了我稍后会称作的"意志品质（quality of will）理论"——一个我将在第三（B）章（将我们的责任建立在意志品质之上）中批判研究的理论。而现下，我只是意在指出，他要我们想象的案例并不完整。

很难想象任何理性成年人（在此时此景中），会相信非自愿的性行为是被容许的。此犯人会如何解释这一事实情况呢，即那些他认识的人都必须特意去取得对方的同意，并且很难在暴力情

---

① 参见 Jakob Elster: "How Outlandish Can Imaginary Cases Be?", 28 *Journal of Applied Philosophy* 241（2011）。
② Dan M. Kahan: "Ignorance of Law Is a Defense: But Only for the Virtuous", *Michigan Law Review*（6）1997.

况下得到性满足？应答者们肯定会产生怀疑，认为这些强奸犯的这种观念只是一句谎言，并且，即使做此实验的哲学家本身就是这样予以设定的，应答者们也还是会保留此态度。那些设定有时很难被认为是真实的，尤其是当这些设定非常奇妙的时候。需要注意的是，卡亨自己表述的是他所称的符合罪状的强奸犯"自称"其不知法。为什么不直接设定他不知法呢？很明显，即使是此假想的提出者，也难以相信他自己的要求。回应者们就更不愿意不抱疑虑地接受他的观点了。

大家停下来想想，一个理智的成年人如何能够认为强暴行为是为法律所允许的呢？也许一个来自不同文化的游客会认为其配偶无权拒绝与其进行性行为。一旦这些补充信息被提供给应答者，问题中的被告立刻就会获得一定程度上的同情。许多理论家认为，法律应当设立文化辩护事由，这样一来，如果行为人所犯之罪在其故乡是被允许的，那么至少可以减轻这些人的刑罚。[①]如果这些辩护事由被规范化适用，则其至少可以从两个方面被予以概念化。不同形式的社会化和文化交融会赋予当事人在不同环境下对道德因素的识别和回应能力。[②] 但如果文化差异其实并未减少适应能力呢？在这种情况下，我怀疑，对文化辩护这类事由的支持也只是为"不知法可以出罪"换了一套说辞——特别是当我们构建出"一个理智的成年人不可能不知道其行为的错误性"的现实场景时。至少，我想不出其他原因能让我们试图在文化因素上替那些来自其他文化——除非其文化背景致使其对自身行为违法一无所知——而且具有完全行事能力的被告辩解。我的观点

---

① 参见 Allison Dundes Renteln: *The Cultural Defense* (Oxford: Oxford University Press, 2004)。

② 参见 Manuel Vargas: *Building Better Beings: A Theory of Moral Responsibility* (Oxford: Oxford University Press, 2013)。

就是，就像这些极端案例中的更多细节，让案例更容易被想象出来一样，我们也更有可能接受题中犯人们具备一定程度上的辩解事由。只要这些案例还有进一步思考的空间，我们拒绝出罪的直觉就难言可靠。

应该不难预料上述考量会如何适用于赫尔南。回想一下，赫尔南觉得视俘虏为奴的做法是合法并合乎道德的。很明显，这个例子不详细。如果赫尔南生活在理性成人秉持该道德观的时代，那么为案子争取一定的辩解事由会变得更具有说服力。设想他是一个来自旧社会某国家的征服者，那时的人都相信美洲原住民在被打败时可以变成奴隶。更详细地说，在被赫尔南奴化前那些人也曾拥有他们从战争中赢来的旧奴隶。这样一来，就要对要问的问题进行比较：此时的赫尔南，当真应该同明知奴隶制不法却实施相同行为的人一样，受到同等程度的惩罚吗？此番详细描述之后，对此问题的直觉就朝着我赞同的方向发展了。并且，若直觉不照此行进，我们就该问问其他应答者，他们又如何能肯定理智正常的成年人是否会有那些奇怪的想法呢（就像我给赫尔南设定的那样）？无论再怎么补充细节，赫尔南都肯定会被同情。

对不知法情形下的直觉要保持怀疑的第二个原因，正源自那些专业及非专业的应答者给出的预设和偏见。征集对特定案例的直觉的方法，在受访主体对重要原则的是非对错没有预先看法时作用最大。例如，相较于预见（过失）伤害，蓄意伤害是否意味着更重的责任？对此，大学新生可能没有很明确的先见。因此，这些假设性案例就有助于我们塑造对该原则的一些看法。但是，可能很难找到尚未知晓"不知法不免责"的应答者。这些主体之处境就如同那些陪审员，即使他们已经有了关于某案的预先见解，但他们也只能根据呈庭证据来定案。思索一下，直觉性反应在不同例子中——例如人们在美国或在没有言论自由的惯例的地方使用挑衅言语——可能有何不同？人们认为他们知道正确答案——言语是受特殊保护的，或者不知法不是抗辩事由——这两种事实情况必定会歪曲他们支持的判断。当我要求我的学生解决假设性案例时，许多人会自动运用他们在早期学会的规则。当我逼问为什么会得到他们得出的结论时，他们自信满满背出的，却正是我设计该实验以欲检验的那项准则。

我对此领域下的直觉保持怀疑的第三个原因来自经验。我确信在现实世界中，大家都有这些经验。在需要无罪辩解的情况下，若关于不知法的直觉随着应答者不同的思考和行事方式而变化，则人们应该对其持保留态度。在已知人们日常生活的真实言行后，我觉得没有理由再给任何假设性实验中的回应以特别优待。不论学生们会在完成调查问卷时回答些什么，我们中的大多数人很快会在自己无意间的错误被注意时，将"不知"当作借口。但在生活中的某个时刻，我们每个人都违背过某条自己不知道的规则。当被发觉的时候，我们又会如何回应呢？我最近发现，有个陌生人在被国家安全法禁止谈话的某个区域内打电话。这个违法者在面对相关部门的审问时会如何反应不难预测。他不会回复说："我对自己的行为无话可说——因为不知法不是抗辩事由嘛。"相反，他会这样回答："我很抱歉，我不知道不能在这里使用电话。"若我的设想是对的，即后者是通常情况而前者没人会说，那我就有两点意见。第一点，若该违法者辩护被采纳，其一定会认为自己应被宽待——有一定程度上的开脱罪责作用。他不会辩解说"我爸不差钱""规则就是用来打破的"之类的话。他明白这些反驳于他无益。第二点同样重要，即相关部门在面对违法者时，时常会将不知法辩护事由当作完全或者部分的脱罪事由来对待。若该不知情的违法者实际上并不会比明知不许打电话却故意为之的违法者受到更多宽待，则人们一定会对此感到惊讶。如若"不知法非辩护事由"的直觉判断真如评论者们所称般被确立下来，我们就会对普通人大量使用该理由而相关部门也见怪不怪的事实，感到困惑了。但这些熟知的事实却不应该困扰我们。因为对于不知法被告归责性的全面观点，一定会解释而不是忽视这些老生常谈的问题。

我接下来要说的两个原因更具推测性。第四个原因有可能对道德哲学领域中众多问题的直觉都产生影响，但较之于在其他语境中，在不知法的语境下可能更令人担忧。社会心理学家们早已明白，对问题的直觉反应会受到框架效应的支配。① 随着问题顺序的改变，或多或少会得出不同的判断。更令人担忧的是，对文法不同但逻辑一致的两个问题就给出了不相容的答案。在许多重要话题中，相较于去认同"B更不应被责怪并且应受比A少的责罚"，应答者们更可能认同"A更具可责怪性并且应比B受到更多责罚"。就比如说，应答者更趋于说"强暴陌生人的男性，要比强暴约会对象的男性更坏"，而不会说"强暴约会对象的男性，不像强暴陌生人的男性那样坏"。即使A的该当性大于B，也不会说B的该当性小于A。显然，这一对判断是难以分辨清楚的。也许正是这种框架效应反映出这部分应答者的全面惩罚态度：他们更倾向于增加量刑而非减少量刑。

从我在本科生和一年级法学生中开展民意调查的经验看，当被问及明知其行为不法与不知其行为不法的罪犯的相对罪责时，此倾向影响了应答者的回答。不知法而犯法的人不一定比知法犯法的人受到更轻的处罚，但知情的犯法者比不知情的犯法者，应

---

① 参见 Walter Sinnott-Armstrong：“Framing Moral Intuitions”，in Walter Sinnott-Armstrong, ed.：*Moral Psychology*：*The Cognitive Science of Morality*：*Intuition and Diversity*（Vol. 2, Cambridge, MA：MIT Press, 2008），p. 47。

当受到更重的处罚。若如此,那么那些用来征求直觉的测试,实际上可能在不经意间促成了回应者们作出不知法并非无罪辩护事由的回答。实验一直在询问不知法是否能减轻责罚,而非知法是否加重责罚——即使两个问题的功能是相当的。应答者们在回复所给问题时,他们直觉上的基本理念相较之下会更不愿赋予不知法事由以无罪辩护的意义,但假如换个问法,即某个因素是否增加了可谴责性,而不是某个因素是否减少了可谴责性,情况可能就会有所不同。通过变换问题(Q)的表述方式,实验可以控制这种现象。我们不问"B是否应受到少于A的处罚",而是问"A是否应受到多于B的处罚"。然而,当我按这种方法组织我的问题的时候,应答者们却困惑了。我们能明白"知法是加重情节"意味着什么吗?如果不知法是有(哪怕是一点)意义的,我们则会习惯性地认为其能发挥无罪辩护的作用。如果缺乏辩护事由也可以作为加重判决的理由,那便是一件奇怪的事情。打个比方,胁迫辩护事由的缺乏,会增加该当性吗?存在胁迫辩护事由会让人觉得减少了该当性,这倒是再自然不过的。然而,正如我们看到的那样,不知法无须被概念化为任何一种辩护事由。如果我们能让自己将不知法视为基线,其可能出现在许多情形中,那么在探究那些相比之下不那么寻常的知法犯法的案例时,其将具有启发意义。

第五个原因,回想一下在此主题上我们的直觉是与什么相关的问题。从表面上看,这是关乎A、B两人因为违反法律L的相同行为Φ,而应该在何种程度上受罚的问题。我的探究不涉及那些所谓的一阶道德或法律的问题,即行为Φ是否一开始就是错误的或者违法的。对后一个问题所持的立场,明显是至关重要的。但正如我所反复强调的,我的主题仅在这些一阶判断做出后才能挑明。我们想知道的不是行为Φ何时违反法条规定并因此不合法，而是在什么情况下以及何种程度上，做出这样的不法行为后人们应该被处罚？我想要再次明确重申一点，即我的基本问题（Q），预设 A 和 B 做出了不合法的举动。除非行为 Φ 非法，否则处罚的问题就不会出现。但我关于法学生的经验证实，他们难以区分一阶问题与二阶问题。即使是法官和法学教授有时候也难以区分行为不法与可责罚性。当这些错误尤其糟糕透顶的时候，许多人就会将关于行为不法的判断带入我们关于责任承担的判断之中，此现象还在其他事由方面困扰着直觉性判断。但是，在更多的日常场景中作出区分也可能会很困难。

回顾之前的那个案例，应答者们同意在该案中对旨在保护环境的珊瑚礁研究员适用不知法的抗辩事由。只要实施行为 Φ 的被告并不确定地知道其行为是不法的，那么应答者们就会愿意给予其一定程度的出罪。就是说，就行为 Φ 是否以及在何种程度上对不法有错误的看法，会反映在是否以及在何种程度上应为该行为负责的种种判断之上。这种趋势在很大程度上是值得赞扬的。回应者们应当不愿意惩罚道德允许的行为。尽管如此，此趋势也不利于直觉的应用。当应答者屈服于此趋势时，他们的直觉就不会与我在此提出的基本问题相呼应了。他们对于行为 Φ 之不法性的矛盾纠结会影响其就 A 或 B 在何种程度上可责备的判断。只要回应者们混同了关于不法行为的问题与关于责任的问题，他们在下一个主题上的直觉就会变得可疑。

关于直觉的一般意义。直觉没有被道德哲学家们当作道德探究的终结。相反，直觉在一个广泛使用的特别论证结构中，发挥着重要作用。这些思想试验包含四步。第一步，用一些细节去描述一个特例：你醒来发现你的两个肾被摘除移植给一个病入膏肓的小提琴手；或者一辆有轨电车正沿着轨道快速冲向五个无辜的人，而你可以改变有轨电车的轨道，在这条轨道上只会有一个无辜的人。第二步，听完描述的应答者被要求作出一项道德判断：你可以拒绝将自己的肾移植给那个小提琴手，或者可以做出改变使电车撞死一个人而不是五个人的决定。第三步，就此特例所作出的道德判断被泛化，目的是支持一项道德准则：没有人可以被要求去容许用自己的身体来救活他人，或者，允许牺牲一人以保全其余五人的生命。第四步，此准则可适用于一个新的例子，该例子与先例类似但又有所不同：假设一个胎儿需要你的子宫来存活，或者一个医生建议摘取一个健康受害者的器官，以挽救需要移植的5名无辜患者的生命。若适用于第四步中的新例时，这项原在论证第三步时被验证过的准则，会产生有悖直觉的结果的话，则可将改良与限定的步骤加进来以求两者间更好的契合——反思性平衡。哲学家们经常运用此方法论中的一些论证结构。尽管细节可能会存在很大差异，但希望我勾勒出的模板大体上不会让人感到陌生。

如果认为不知法事由的直觉已经根深蒂固，那么在第四步就很难找到大多数受访者认为违反直觉的例子。换言之，在第三步中成形的关于不知法的原则，可广泛用于解决大量相关案例。然而事实上，在一些案件中，被调查者很快就修改并限定了"不知法不能为自己辩护"的原则，这是很容易做到的。几起这样的案例会在之后的几章中讨论到。当这样的案例累积并使它们的基本原理为人所知时，原始准则几乎就所剩无几了。应答者们可以被劝说接受对原准则如此之多的改良和限定，以至于不知法规则几乎被扭曲得面目全非——或者至少变成我所认为的那样。

行文至此，我必须否认我的立场特别违反直觉，但也很难确定该否定能够完全成立。因为要让感受不到直觉牵引的人秉持一种直觉，是非常困难的。尽管前面提到的几个因素有助于对直觉判断保持谨慎，但除非读者对 A 和 B 之该当性有一些先于理论的判断，否则本研究很难取得进展。但是，仅有直觉还远远不够。如果我认为直觉在该情形下往往不可靠的观点是正确的，那么我们就更有动机用更多的一般性规则和准则，尽力将这些直觉带入反思性平衡之中。我试图在以下内容中实现这个壮举。另外，如果那些允许更宽泛的不知法辩护事由的案例，真如我后文说的那样令人信服，那么人们就会期待着，我的结论可以在实证法本身之内获得一定的支持。就像我将在第二章中解释的那样，现行法律显现出一层约束，而此约束恰可以通过扩大不知法抗辩事由的范围而得以诠释。

总而言之：对于这样的直觉判断，即支持不知法的 B 应受到与明知其行为非法而为之的 A 同等程度的刑罚，我们更须保持怀疑态度。尽管对于研究中的某些问题，除了依靠直觉外，我们别无他法，但当我们试图对更多问题有更深层次的领悟时，我们却不能过于轻易地将这些直觉判断予以一般化、概念化。对于我的质疑，我已经给出了几个原因。当我们思索不知法是否以及在何种程度上可脱罪，甚至当法律 L 是规定自然犯罪时，我们的直觉可能并不可靠，我们或许不应该过多地认为我的立场是违背直觉的。并且，我希望能对本人"不知法具有重要出罪意义"的主张，持更多采取、接纳的态度。

结　语

在本章中，对不知法这一主题研究非常必要的概念框架，我已进行了诸多阐述。我已经引入一种模式来对我提出的基本问题（Q）做进一步的阐述。如果行为人 A 和 B 的相同行为 Φ 违反了法律 L，并且 A 和 B 都不存在对相关事实的认识错误，但唯一的区别是，仅 A 知道行为 Φ 违反法律 L，则试问：

（Q）在其他条件不变的情况下，对 A 的惩罚的严厉程度，较之于对 B 的惩罚的严厉程度，应有何区别？更确切地说，B 应该被判得比 A 轻吗？还是说 A 应与 B 遭受同等程度的惩罚？

我曾试着通过该当性、可谴责性以及责任（我所援引的报应传统的中心概念）来重塑并阐明该问题。正如我所指出的，许多法哲学家可能不同意我后述关于不知法的观点，因为他们并不接受我在本章中做出的某些预想。也许法哲学家们并不接受我提出的刑法哲学家应该进行研究的目标；或者法哲学家们认为（哪怕是假设性的）法律应该反映道德的观点会产生错误导向；也许法哲学家们的直觉认为：几乎所有不知法而违法的人都应受到惩罚且不得予以任何程度的出罪，并且法哲学家们对他们自己的这种直觉比我更有信心；抑或法哲学家们秉持更激进的观点，如任何人都不应因此被施加刑事责任或受到责备。

然而，我怀疑分歧的来源最可能在于，刑法理论家们将会拒绝我关于责任或者可责性的特别考量，而偏向于与我的分析相对立的另一项分析——该分析中有一些关于基础问题（Q）的不同暗示。我将在第三（B）章中转向关于行为 Φ 的责任问题。但现在，我仅想提出我的一些假设，并阐明一下我的认识——其实诸多杰出的道德和法律理论家们反对的恰恰是我没有提出和论证的观点。哲学家们切莫过于武断地评论那些与自己的研究相关的问题——即使是那些他们承认很关键的问题。我希望，我在这里所作的假设能够在足够的程度上引起大多数法哲学家的共鸣，并促使他们进一步阅读，并评价我依靠充分论证而构建的关于不知法抗辩事由的立场。

二、现行法、学术评述及其借鉴

A 和 B 实施了相同的 Φ 行为，且 Φ 行为同时违反了相同法律 L，但唯一的区别在于：A 知道法律 L 禁止 Φ 行为，而 B 因法律认识错误不知 Φ 行为违反法律 L。对此情况，我要问的重要问题是：当前，英美普通法是如何回答该问题的呢？非法学人士和法律系一年级新生对此问题做出了回答，他们认为：众所周知，不知法不免责（也不能以此进行辩护）。而且他们对此回答极端自信。但正如我所认为的，他们对该法谚的深信不疑实际上会影响他们在相关案例中做出的直觉判断。本书之目的在于：对上述观点进行规范性质疑，并捍卫另一种新路径，我希望这个新路径能更加接近道德哲学家所赞美的我们所具有的正义感。然而，在本章中，我仍然会对我们现行刑事司法制度中的该种传统立场，进行描述性论述。我们将看到，尽管"不知法不免责"是一条真理，但其却被过度简单化理解了。现行法通过几种方式对其进行了修正和补充，对此我将做详细论述。这些修正和补充对任何一位渴望准确理解法律的人而言都极为重要。

如果对不知法这一问题进行通篇研究，却无法使读者对现行法律产生基本认识，则要提高警惕性。但是，为何法哲学家应对法律实际是什么这一问题予以充分关注呢？对此，我做出三点回答。首先，刑法哲学家的目的在于通过确认法律应该是什么样的，从而对其进行完善。法律本身就代表了衡量各种改进和完善措施的基本标准。其次，尽管我认为现有学说在法律实际是什么这一问题上存在严重缺陷，但可以肯定的是，现有学说在该问题上存在值得保留的宝贵见解。这与普通法的其他方面一样，都蕴含着深厚的智慧。最后，若现行的不知法规则需要接受根本性的反思，那么法律一定会体现出某种张力，并在其中呈现出法律的不足，同时表明改革最需努力的方向。事实上，已发现许多具备这种张力的情形，并为我的研究目的所用。在本章中，我将指出实定法对不知法所采取的某些立场是如何帮助我构建自己的规范理论的——这一理论会在第三章中提到，并在随后的章节中对其进行完善。

在A部分中，我先提出了两个假设，关于为何很少会有案件能使"不知法不免责"的适用看起来明显不公。随后我梳理了英美法学史上一些最为杰出的评论家曾如何试图构建起关于这一问题的基本原理。我对这一部分的论述并未全面展开，只是围绕一些理论学者在这一问题上的原创的、有见地的立场展开了讨论。许多法学学者对现行理论的基础展开了研究，并且试图厘清现行理论基础的相关要件，而当代刑法哲学家可以从其成功与失败中，学习到诸多的智识。他们的研究对识别实证法中需要纠正的错误，也大有裨益。我最终建议的改进，一定程度上也建立在这些评论家先前构建的基础之上。

在B部分中，我阐述了达成共识的根据，即不知法应被视为一种可宽恕事由。当法律的公布存在缺陷时，英美法系国家支持了其作为不知法被告的辩护事由。然而，正如评论家们一再指出的那样，要认定法律公布不充分是极其困难的。因此，通常不以不知法对被告予以出罪。与当前法律相比，更为健全的法律公布机制，显然能成功地让更多被告出罪。尽管如此，这仍不能弥补我所认为的不知法规则存在的更本质的规范缺陷。

在 C 部分中，我对事实认识错误与法律认识错误进行了区分。对事实认识错误和法律认识错误进行区分消耗了众多法院和评论家的精力。刑法对事实认识错误的被告比对法律认识错误的被告更为宽容。然而，许多法学学者却对事实认识错误与法律认识错误可以清楚区分存有疑问。如果他们的质疑是对的，那么我们的刑事司法系统应该如何给予回应？我们的不知法学说是应该更接近于那些与事实认识错误有关的学说，还是应该更接近于与法律认识错误有关的学说？我最终得出的结论是：那些质疑是错误的，因为事实认识错误与法律认识错误本身即可以明确进行区分。然而，将事实认识错误与法律认识错误进行区分是否值得，这完全是另一个问题。总而言之，我认为最佳的责任理论应该力求对称，并对产生这两种认识错误的被告提供同等程度的出罪。

在 D 部分中，我分析了出罪主张的复杂结构。我详细叙述了我们的刑法典有时会设法为那些不知法的被告出罪，但又不将不知法视为可宽恕事由或任何一种抗辩事由。越来越多的刑事法规规定，不知法的被告根本没有违反法律。利用这种手段为"无辜"的被告出罪，也许是不知法规则对现行法律施加压力的最好证据。为什么是这些法规而不是其他一些法规规定了不知法的被告没有违反法律呢？为回答该问题而付出的努力有助于我们将不知法所具有的出罪意义，远远地延伸至当前的认识范围之外。

A. 精选案例及评述

大体而言，"不知法不免责"规则是英美刑法体系的组成部分。这一法律规则至少可以追溯至罗马时代。英国普通法很早就采用了这一规则,并且最终延伸至美国。① 这一规则出现在联邦和无数州的案件中,并且最早出现在最高法院的一个判决意见中:"众所周知,无论是在民事案件中还是在刑事案件中,不知法不是任何人的可宽恕事由,这是一条普遍的格言。"② 毫不夸张地说,上述陈述至今仍然属实,因为这一法谚被称为"具有任何学说规则都期望拥有的坚实基础"③。拥有"近乎不可思议的力量……超越司法的想象"④。这些叙述掷地有声。然而,在这一部分中,我将提到,其实仔细研究就会发现,在法院判决以及评论家的评述中,对"不知法不免责"规则实际上存在诸多的矛盾之处。这些矛盾之处反映在一些悬而未决但却将对现行法产生重大影响的立法改革中。

人们可以找到数千个真实案例,来说明这一规则及其带来的困难。回想一下雅各布案件,雅各布将废电池丢弃,却不知道他所在的司法管辖区规定废电池需要回收。若适用该规则,那么法院不会将他的命运与另一个被告的命运区分——另一个被告是在明知其行为不法的情况下实施了同样的罪行。然而,令人惊讶的是,仅有极少数的真实案例会对我们的正义感有所冲击。⑤ 在列举完我较满意的三个案例后,我将提出两个截然不同的假设,以此来说明为什么因适用这一规则而带来不公的真实案例并不

---

① 参见 Edwin Meese III & Paul J. Larkin, Jr.: "Reconsidering the Mistake of Law Defense", 102 *Journal of Criminal Law & Criminology* 725 (2012)。

② The Joseph, 12 U.S. (8 Cranch) 451 (1814).

③ Paul J. Larkin, Jr.: "Taking Mistakes Seriously", 28 *B.Y.U. Journal of Public Law* 104-105 (2015).

④ A.T.H. Smith: "Error and Mistake of Law in Anglo-American Criminal Law", 14 *Anglo-American Law Review* 3 (1985).

⑤ 教科书经常收纳(过于复杂的)案例,如 People v. Marrero, 507 N.E. 2d 1068 (1987)。

普遍。

第一个案例是美国爱荷华州政府诉斯卓格斯（State v. Striggles）案。① 在该案中，美国爱荷华州最高法院对被告犯"经营赌场"罪的判决，作出了维持原判的决定。斯卓格斯在他的餐馆中安装了一台不同寻常的自动售货机。购物者无法知道当他们将硬币投入投币口后能买到什么商品。斯卓格斯曾经担忧过这一机器是否属于刑法意义上的"赌博机器"。1923年，得梅因市法院的一项判决明确指出，这种机器不属于赌博机器。之后该机器的经销商获得了经认证的判决副本，并向斯卓格斯提供了一份该县检察官和市长的信件，向斯卓格斯保证这一机器完全合法。之后，斯卓格斯将这一机器安装在他的营业场所。然而，该县的大陪审团却对斯卓格斯提起诉讼。在庭审中，斯卓格斯提供了一份法院判决书的核证副本，以及县检察官和市长的来信作为证据。但是，法院对斯卓格斯所提交的证据依然表示反对。最高法院认为，被告在实施被指控的犯罪行为时，不能依赖于下级法院的判决来判断该行为是否违法。最高法院还指出，公民有权依赖最高法院的判决，但是不能援引下级法院的判决作为辩护。尽管斯卓格斯已经尽了自己最大的努力来保证自己会遵守法律，但是他却被州最高法院判决维持原判并受到惩罚。

第二个案例来源于联邦法院，该案例虽然涉及一系列不同的事实，但同样说明了"不知法不免责"这一规则所带来的影响。在美国诉麦克纳布（United States v. McNab）一案②中，被告就因违反《莱西法案》从洪都拉斯进口龙虾被定罪并判处97个月有期徒刑而提起上诉。《莱西法案》是一项联邦法律，其禁止进口

---

① 202 Iowa 1318 (1927).
② 324 F. 3d 1266 (2003).

以违反别国法律的方式捕获、运输和销售的鱼类与野生动物。如果根据洪都拉斯的法律，龙虾并非违法运输，那么麦克纳布并未违反《莱西法案》。被告麦克纳布质疑洪都拉斯法律的有效性，要求美国法院对外国法律作出裁决。在作出这一判决时，法庭依据的是洪都拉斯官员的宣誓证词，即根据"第030-95号决议"，这些龙虾确实是非法捕捞的。然而，在被告被判处有罪后，洪都拉斯政府撤销了最初的宣誓证词，承认该决议在龙虾被运出时是无效的。洪都拉斯宪法本身要求对第030-95号决议的无效进行追溯适用，因此，如果麦克纳布的案件在洪都拉斯受审，那么麦克纳布的有罪判决将被推翻。尽管如此，美国法院依然认为，在被告实施行为前，这些龙虾是非法捕捞的。洪都拉斯对被告免责的让步，并没有改变这一事实，即之前的运输行为的确违反了当时有效的洪都拉斯法律和《莱西法案》。到目前为止，此案的结果似乎完全取决于洪都拉斯法律。但麦克纳布继续辩称，他不知道外国法律是怎样规定的，也不可能及时了解外国决议的解释和变化。他认为，地区法院滥用自由裁量权，在审判中排除了他对洪都拉斯法律缺乏了解的证据。法院也仅是简略地回复说：这一辩称"毫无根据"。

第三个案例涉及《反持有毒品法》。我认为在这一领域，不公正无处不在。在州诉福克斯（State v. Fox）案[①]中，被告被判处非法持有麻黄素，麻黄素是需要凭借国家法律规定的医疗处方才能取得的管制药品。尽管在1990年11月之前，含有麻黄素的化合物一直被作为哮喘的非处方药提供，但是福克斯却于1991年1月被起诉。被告福克斯通过拨打一个州内的免费电话号码进行订单交易，订购了一批不受管制的麻黄素化合物药品。福克斯

---

① 866 P. 2d 181 (1993).

在庭审中提供了一些刊登有该药品邮购服务广告的杂志，试图以此证据为自己辩护。但他提供的证据被认为与之无关，因为法院认为被告是否知道持有麻黄素非法，对他的罪行并无影响。法院根据其他众多判例，认定《反持有毒品法》只要求被告知道他持有的是毒品，而不要求被告知道他所持有的毒品是非法的。法院继续补充道："不知法不是抗辩事由。"然而，《反持有毒品法》几乎总是被解释为允许被告有合理的机会处置非法物质。如果没有这个机会，因持有而产生的责任和承担的惩罚将是不公平的。但是除非被告认为他们所持有的物质是非法的，否则他们没有理由处置其所持有的物质。因此，在福克斯之后的一系列类似案件中，仅惩罚那些并未认识到其持有物之非法性的持有行为人，就引发了严重的问题。

因此，人们会认为适用不知法学说可能会带来严重的不公正。然而，令人惊讶的是，上述案例却有些不同寻常。为什么没有报道更多案例来说明不知法规则导致的不公正呢？针对这一问题，可以给出两种截然不同的解释。一方面，这类案件数量并非数以万计，这或许证明了不知法规则对法律实践所带来的影响。在法庭上挑战这一既定规则很大可能是徒劳无功的。一位经验丰富的律师会建议对违反当地回收法的雅各布进行无罪辩护吗？可以肯定的是，以不知法作为辩护会被直接驳回。另一方面，这些判例的缺乏可能表明不知法规则所产生的不公正往往会被修正。安德鲁·阿什沃斯（Andrew Ashworth）猜测，不知法上诉案件的匮乏，可能是因为"往往采取了其他方法予以出罪"。[1] 人们很容易相信，警察和检察官行使自由裁量权可以使许多不知法的被告

---

[1] Andrew Ashworth: *Principles of Criminal Law* (Oxford: Oxford University Press, 5th ed., 2006), p.236.

免予逮捕与惩罚。回想一下我在第一（C）章中所列举的例子，行为人在一个他不知道禁止使用手机的地方使用手机通话，如果行为人被逮捕、起诉并被定罪，那么这一事件必然会引起社会关注。同理，雅各布事件亦是如此。

因此，阿什沃斯可能是正确的。然而，几乎不可能收集到自由裁量权一般是如何行使的可靠数据，更不用说是在警察和检察官都怀疑行为人"不知法"的案件中。在刑事司法实践中，当人们被大量逮捕和起诉时，行使自由裁量权不太可能有效地将应承担责任并受到刑罚的人和不应承担责任且不受到刑罚的人进行区分。在流水线式的司法体系中，工作负担过重的警察和检察官都无法准确了解每一被告的具体情况。因此，他们无法将那些应该受全部惩罚的人与应该受到一定程度惩罚的人区分开来。[1] 如果这种判断是准确的，那么不知其行为违法的被告与那些明知其行为违法的被告往往会被归为一类，这对承认更广泛的出罪考量因素而言将收效甚微。因此，对不知法者施加刑罚可能是我们刑事司法系统中面临的一个非常现实的问题，而通过改革实体刑法并不能完全纠正这一问题。

然而，前面提到的令人困惑的案件，还是为阿什沃斯的推测提供了一定程度的支持。这些案件亦表明，即使是在证实"不知法不免责"这一法谚时，为减缓这一规则的严苛性，我们也作出了努力。例如，在斯卓格斯一案中，最高法院顺便指出，在该案中行使自由裁量权驳回此案的县检察官"不应受到批判"。[2] 当判定斯卓格斯支付法律规定的最低罚金时，定罪的不公正据此已经

---

[1] 参见 Josh Bowers："Legal Guilt, Normative Innocence, and the Equitable Decision Not to Prosecute", 110 *Columbia Law Review* 1655（2010）。

[2] 202 Iowa 1321（1927）.

得到纠正。那么,斯卓格斯一案似乎就通过给予一定程度的出罪方式回答了我的重要问题(Q)。但这是合适的法律回应吗?发生诉讼后,斯卓格斯在实体法上无权出罪,相反,只能通过量刑出罪。可以说,斯卓格斯应该被宣判无罪,而不仅仅是减轻刑罚。量刑法官合理行使自由裁量权并不能代表实体规则本身的正确与否。很难相信斯卓格斯竟要承受刑事定罪所带来的污名以及随之而来的附带后果。

但这些案件导致的不公真的如此严重吗?即使在这些情况下不能出罪看起来是不公正的,但这种不公正的表现可能会受到冲击。这三个被告都不是特别值得同情的人,他们身上也没有丹·卡亨所提倡的美德。那些在餐馆安装赌博机器,或通过捕捞海洋中的龙虾营利的人,不是社会的模范公民。甚至福克斯购买的一定数量的麻黄素,也可能并非用于他个人治疗哮喘。因此,我怀疑警方、检察官或法官是否真的相信这些被告是完全无辜的,是否真的相信他们不知其行为的不法性。尽管如此,但我仍然觉得这些判例令人担忧。在这些案件中适用的法律规则表明,不知法的辩解即使被相信也不会被接受。

因此,现行判例法体系下的裁决显然是褒贬不一的。即便如此,也很难找到法院把不知法作为抗辩事由的案件。最高法院能找到的最有名的案例是兰伯特诉加利福尼亚州(Lambert v. California)一案[1]——几乎给所有法学院学生指定的主要案例书中都重印了这一案例。在兰伯特一案中,一系列特殊情况的结合,使不知法抗辩事由具有很大说服力。作为一名已被定罪的重罪犯,兰伯特太太违反了当地法令,因为她在洛杉矶停留了五天甚至五天以上,但并未向当地警长报备。她回答说,她无从得知自己仅

---

[1] 355 U. S. 225 (1957).

仅出现在洛杉矶就构成犯罪。虽然法院谨慎地强调了"不知法不免责"规则，但是法院还是撤销了对她的判决。对于兰伯特一案，到底有哪些不寻常的因素使法院作出了有利于被告的裁决，评论家们对此仍存在分歧。[1] 然而，意义特别的是，兰伯特太太的行为更像是"不作为"而不是"作为"。法院声称法规所禁止的行为"不同于直接实施了某种行为，也不同于行为人对某种后果有所警觉的情况下不采取行动"。因此，法院认为："在依据法令对随后的未履行义务的行为定罪之前，有必要去了解行为人是否实际知道有登记报备的义务，或者有知道这些义务存在的可能性。"人们可能会预测兰伯特案会开创因为被告不知法而推翻有罪判决的先河。然而事实上，很少有案例能遵循兰伯特案的裁判理由。[2] 法兰克福特（Frankfurter）大法官在其反对意见中精确论述道："当前的判决将会偏离各种先例所主导的主流见解——会成为法律中被废弃的对象。"[3]

除了兰伯特案外，这些案例的判决结果以及用于支持这些案例的规则似乎都令人持疑。如果关于不知法之出罪意义的学说的确是令人困扰的，那么其他法哲学家必定也会予以关注。当然，他们也确实注意到了这些问题。这些局限引起了众多评论家的注意，他们将同我一道，一起去探求刑法哲学的目标——明确法律应该是什么样的。尽管"不知法不免责"规则影响深远，但是许多法哲学家都对其表示质疑，并在不知法规则是否能够合理化这一问题上意见不一。许多人赞成适度扩大不知法抗辩事由的范围——然而，这种适度扩大无论多么明智，都将与我最终在本书

---

[1] 相关例子，参见 Peter W. Low and Benjamin Charles Wood: "Lambert Revisited", 100 *Virginia Law Review* 1603（2014）。

[2] 参见 Conley v. United States, No. 11-CF-589（D. C. 2013）。

[3] 355 U. S. 225（1957），p.232.

中提出的全面改革相去甚远。

即便是那些认同"不知法不免责"这一学说的学者也不得不付出巨大的努力来竭力挽救这一教条。英美法系历史上许多杰出学者，费尽心力地提出论据来支持这一学说，这也表明"不知法不免责"规则确实存在某些因素困扰着他们，并且促使他们意识到承认不知法的抗辩意义有其必要性。毕竟与"贪婪或欲望不免责"相比较而言，他们并不会觉得有什么不妥。但为什么在不知法问题上他们却表现出不同？这只能说是因为赞同不知法可在一定程度上出罪的观点是极为有力的。事实上，试图削弱对不知法出罪机能的诉求，或试图解释刑法为什么不应该认同不知法可以出罪，这在刑法理论史上并没有留下多少值得称赞的观点。许多学者提出的论点都是站不住脚的，且令人失望。但是我并不是从历史的角度进行研究。我认为我无须重申哈勒（Hale）或布莱克斯通（Blackstone）等评论家关于不知法的观点，除非他们提出了合理的论据来支持保留、限定或摒弃"不知法不免责"这一传统立场。许多学者彻底揭示了他们论点中的谬误，同时又复述了其他学者的研究成果，但也是一无所获。相反，我要研究的是那些早期学者率先提出却未被重视的观点。因此，我将只讨论那些我认为重要且值得深入研究的观点。

尽管小奥利弗·温德尔·霍姆斯（Oliver Wendell Holmes Jr.）对该问题的看法可能略显浅薄，但我仍将围绕他的观点展开研究。在我看来，霍姆斯是第一个认为英美法系不知法理论揭示了构成我们刑法基础的规范框架的理论家。他坦言，对"不知法不免责"这一原则的任何义务论或报应论的解释都是不可信的，该原则实际上反映了对功利主义的潜在认同。霍姆斯认为，英美法系对这个问题的处理方式理所当然地表明："法律毫无疑问是将个体视为达到目的的手段，并将个体作为一种工具，以牺牲个体利益来增加公众福利。"不知法规则"是我们的法律超越了报应限度的证据,并且把个体利益置于公众利益之下……除此之外,其他任何理由都不能够完美诠释(这一原则)"。① 诚然,霍姆斯没有明确论证这些影响广泛的观点。尽管如此,我仍相信他所主张的观点是正确的,即这一原则无法从道义论上得到合理的支持。但是霍姆斯的错误在于,不加批判地认同功利主义的道德框架——该道德框架把公民仅仅视为达到功利目的的工具。

尽管如此,我们必须预先假定以霍姆斯极力支持的功利主义的观点为前提,以便理解评论家们为捍卫"不知法不免责"这一法谚所作出的诸多努力。在那些赞同现有学说的人中,有两个问题迫在眉睫。首先,法律哲学家们时常会有这样的警告之声,也即,如果允许以不知法作为抗辩事由,那么法院将会负担过重。例如,约翰·奥斯汀(John Austin)甚至预言过,如果承认了这一抗辩事由,"那几乎在所有案件中……被告都会声称他们不知法"。② 由此,一个与之密切相关的担忧是:几乎不可能反驳以不知法为由的辩护,进而将会导致一连串的虚假出罪辩解。然而,这些担忧实则回避了"当人们因不知法而违法时是否应该受到惩罚"这一问题。其次,即便在功利主义视角下,这些担忧似乎也被严重夸大了。这些担忧都没有导致我们的刑事司法体系拒绝承认事实认识错误的出罪意义,而实际上,事实认识错误看起来可能与法律认识错误没有什么区别,因为事实认识错误同样有可能对有罪者宣判无罪或者给法官或陪审团造成不适当的负担。这些担忧在一定程度上是合理的,但这可以通过将不知法的举证责任

---

① Mark DeWolfe Howe. : *The Common Law* (Boston: Little, Brown and Co, 1963), p. 40.
② John Austin: *Lectures on Jurisprudence* (Robert Campbell, ed., 5th ed., Vol. 1, 1885), p. 483.

分配给被告来将这些影响降至最低。按照这种方式配置举证责任可能会受到其他观点的反对，不过其同时也将减轻此处遇到的困难。

同样，其他学者也坚持认为刑法不应鼓励"不知法"的出罪作用。他们警告说，如果承认这一抗辩事由，人们也就失去了了解与其相关的法律义务的理由，这样所导致的法律认识错误将会比当前更为普遍。这一观点只是以日常经验来进行猜测，而且通常没有证据支持该观点。[①] 若学者的这类观点是正确的，那么就有理由说，为了鼓励那些的确真诚地付出了努力了解自己法律义务的个体，各州恰恰应当扩大不知法作为抗辩事由的出罪效力。那些像斯卓格斯一样已倾尽全力了解法律，在决定实施任何可能会被证明是非法的行为之前主动去查询了专业的司法意见的人，基本上都应由旨在鼓励这种主动知法的刑事司法制度无罪释放。更为一针见血的是，很难相信大量的潜在被告实际上在养成对法律无知的习惯，也很难说他们都有恃无恐地认为即使面临起诉自己也不会被宣告有罪。此外，正如我将在第四（A）章中解释的那样，在滋生无知的极端情况下（包括故意不知法），应该否认出罪。

另外，在许多评论家看来，功利主义是极为重要的，他们认为应该保留"不知法不免责"这一规则，因为它有助于发挥刑法的一般威慑功能。同样，为了减少犯罪，必须拒绝将不知法作为出罪理由，这一观点的正确性被过分夸大。我只能回答说，若这一理由是正确的，则其可以被用来反对任何可宽恕事由，因为每

[①] 要明晰不知法规则在经验上对公民积极了解法律有怎样的影响，这在具体的分析中存在一些困难，对此，理查德·波斯纳进行了专门的研究。Richard Posner, *Economic Analysis of Law* (Aspen: Kluwer, 7th ed., 2007), pp. 233-234。

一个可宽恕事由都可以被认为是在削弱刑法的威慑效力。[1] 但上述观点的真正问题,不在于它过于笃定,抑或是建立在无根据的经验推测之上。相反,最明显的问题在于他们所援引的道德框架。刑事定罪的确可以激励人们努力了解法律或者增强法律威慑力,但这本身也代表着高昂的代价。虽然"为了实现更大的利益而牺牲个人利益"这一既有说法可能会有助于在很大程度上实现犯罪预防,但任何严肃对待权利和正义的法哲学家都不会因此被说服并采纳这一说法。正如"临界义务论者"所指出的那样,只有近乎灾难性或严重损害公众利益的行为,才能证明霍姆斯支持政府进行的利益权衡之合理性。简而言之,刑事责任与刑罚需要以该当性和罪责为基础,而对此,功利主义给出了错误答案,并且当我们专注于研究不知法辩护事由时,这些结论的缺陷就更为明显。我希望,当代学者不会像霍姆斯一样过激地公开批判康德的"手段原则",并且毫无歉意、毫无内疚地对没有过错的被告加以惩罚。

对该问题的结果主义立场,我再谈最后一点。尽管我声称,功利主义者根本无法说明宽恕不知法的被告究竟会带来哪些功利主义层面的弊端,但实际上他们的理论根据还存在另一个麻烦的问题:这些评论家很少衡量将"不知法"作为抗辩事由可能带来的益处。那些可能遭受刑罚惩罚的被告,将是我之后改革建议中最明显的受益者。在具备减轻处罚的条件时,行为人应当被处以更轻的刑罚,这无可非议,但我之后的观点旨在表明,对不知法的被告施加任何程度的惩罚,本身就是不应当的。正如我在第五(B)章中所提出的那样,承认不知法抗辩事由可能会在整个刑事

---

[1] 参见 H. L. A. Hart: *Punishment and Responsibility* (Oxford: Oxford University Press, 2d ed., 2008), 特别是 p. 77。

司法制度中产生积极的影响。如果能够对抗辩事由所包含的正面影响和负面影响加以平衡，那么功利主义对抗辩事由的评述看起来可能会截然不同。

就算我愿意相信霍姆斯在道德论上的认识是正确的，即必须用结果主义的道德框架来论证"不知法不免责"的正确性，但其后的评论家却锲而不舍地提出了非结果主义的理论基础。现在将研究视角转向杰罗姆·霍尔（Jerome Hall），他是首位在著作中对"不知法不免责"规则进行详细论述的学者。① 霍尔在"不知法不免责"这一规则上的研究极其严谨；他对之前的评论家进行过多次反驳论证，这可能是他著作中最令人印象深刻的一部分。然而，霍尔用于支持这一法谚的论证却经不起批判性检验。霍尔认为，承认不知法抗辩事由会违反合法性原则，破坏法律的客观性。"如果不知法抗辩事由有效，后果将是：在刑事案件中，只要被告认为法律是这样或那样的，他就应被这样或那样的法律对待，也就是说，法律其实就成为他所认为的那样。但是，这种学说将与法律制度的基本要求，即合法性原则的含义相抵触。"② 但正如乔治·弗莱彻后来指出的那样，霍尔的论点的不合理之处在于没能将正当化事由与可宽恕事由加以区分。③ 法律条文对禁止行为的完整表述之中包含正当化事由，而不包含可宽恕事由。例如，我们可能会说，法律禁止故意杀人，除非是在自卫情形下实施了该行为。但是，就像将胁迫或精神错乱作为可宽恕事由一

---

① Jerome Hall: *General Principles of Criminal Law* (Indianapolis: Bobbs-Merrill, 1947), chapter XI.

② Jerome Hall: *General Principles of Criminal Law* (Indianapolis: Bobbs-Merrill, 1947), chapter XI, pp. 382-383.

③ George Fletcher: *Rethinking Criminal Law* (Boston: Little, Brown and Co., 1978), pp. 733-735.

样，以不知法作为可宽恕事由，丝毫不会改变刑法的客观内容。在我所构建的重要问题（Q）中，请记住，A 和 B 的相同行为 Φ 客观上的确违反了法律 L。精神错乱者被宽恕不代表他们没有违反法律，同样的道理，不知法也不能等同于没有违法。将正当化事由与可宽恕事由进行区分，很容易就能理解霍尔的谬误。当然，霍尔观点的错误以弗莱彻观点是正确的为前提，即对不知法的出罪机能最好被概念化为可宽恕事由——这是一个存有争议的观点，我将在第五（A）章中对其展开论述。

如果霍尔认识到他所提出的论点不足以支撑"不知法不免责"这一规则，那么他又会得出什么结论呢？这个猜测是有意思的。毕竟，正如我所指出的那样，霍尔对论证该学说的其他路径进行了强有力的批判。当哲学家对一个争议性观点提出的唯一解释被证明是谬误的，他要么重新思考该解释的合理性，要么继续相信这一谬误，同时提出另一个论点来支持这一谬误。第二种方法更为常见，虽然这很令人错愕。毕竟，即使法哲学家已经认识到国家刑罚在某些时候是不恰当的，但他们还是会继续去论证刑罚的正当性。不知法规则同样如此。"不知法不免责"是如此根深蒂固，以至于我强烈怀疑，霍尔是否敢于第一个公开否认该规则。事实证明，与刑罚本身一样，相比于那些用于支持它的论据，"不知法不免责"这一教条本身更难以被推翻。

现在转向弗莱彻的观点。我相信弗莱彻在 20 世纪最后 25 年中重新唤起了整个美国对刑法理论的兴趣。特别值得注意的是，弗莱彻不仅揭露了霍尔对"不知法不免责"的谬论，而且还是首个提出"不知法不免责"应被视为"严格责任"的英美法系评论家。[①] 正

---

① George Fletcher, *Rethinking Criminal Law* (Boston: Little, Brown and Co. 1978). p. 730.

如我所指出的，"严格责任"通常是指在无罪责情况下的责任。但是，从严格意义上来看，许多不知法的被告在狭义上是有着高度罪责的；不知法的被告在实施犯罪的客观行为时，针对行为所指向的客观事实，可能带有一定程度的主观罪过。如果不知法阻断了狭义上的罪责或者犯罪意图，弗莱彻就不能把它当作可宽恕事由，因为可宽恕事由以存在犯罪意图为前提。因此，只有当我们对罪责作广义解释时，即将所有与被告是否应受到责备和承担责任相关的因素包括在内，才能将"不知法不免责"貌似合理地解释为"严格责任"的一个实例。显然，弗莱彻在提出其论点时必然考虑到了对罪责的广义理解。如果我们认为不知法的被告缺乏广义罪责，并认同广义罪责应该是责任和惩罚的必要条件，那么不知法的出罪机能也就很容易被理解了。如果刑事理论家对"严格责任"长期以来都持抗拒的心态，那么这种态度也应该适用于"不知法不免责"这一教条。

然而，值得注意的是，弗莱彻本人并没有明确地得出这个激进的结论。虽然他对"严格责任"持怀疑态度，并明显地把传统不知法学说解释为一个实例，但他并未完全公开地否定"不知法不免责"这一规则。相反，他开始深入研究德国关于这一主题的学说，他清楚（并且正确）地认识到德国学说对不知法的研究比美国更为深入。英美法系之外的大多数法律制度在法律认识错误上都赋予了更广泛的出罪意义，[1] 而这其中又以德国最为突出。当行为人"不可能避免这个认识错误"时，它允许以不知法作为抗辩事由，即使在"错误可以避免"时，它可能也会允许减轻惩罚。[2] 毋庸置疑，按照这种方式处理不知法问题其实是将关注的

---

[1] 参见 A. van Verseveld: *Mistake of Law* (The Hague: T M C Asser Press, 2012)。
[2] § 17 StGB.

重点放在了"不知法是否有避免可能性"上。① 简单来讲，当法律认识错误具有合理性时，即当行为人不存在过失时，法律认识错误可作为出罪的基础。这一立场是我自己以及其他许多法哲学家长期认可的，也是我最早对这一问题作出的贡献。② 很难相信一个人行为合理却被认为应该受到惩罚。如果过失犯罪是种例外，那么"严格责任"就更应该是种例外。然而，我现在认为，弗莱彻错过了一个公开支持他自己论点的黄金机会。弗莱彻在研究完德国法律后，没有回过头来明确阐述英美法律应如何回答我的重要问题（Q），这令人感到奇怪。

并非所有的法哲学家都如弗莱彻一样保持了沉默。在当代犯罪学学者中，安德鲁·阿什沃斯在其杰出的学术生涯中一再挑战"不知法不免责"这一规则。尽管阿什沃斯很少使用这种强硬的语言，但他毫不含糊地将现有的规则评价为"荒谬"。不知法不免责这一法谚建立在"刑法中不安全的基础之上并且表现出个人义务和国家政治义务划分上的问题"。③ 然而，即使是阿什沃斯也明确否认那些不知法的被告几乎在所有案件中都应该得到一定程度的出罪。他认为："期待公民了解刑法是合理且正确的，而鼓励他们保持不知法状态是错误的。"④ 因此，他认为

---

① C. Roxin: *Strafrecht Allgemeiner teil*, Band I, Grundlagen, der Aufbau der Verbrechenslehre (4th ed., C. H. Beck, Munich, 2006).

② Douglas Husak and Andrew von Hirsch: "Mistake of Law and Culpability", in Stephen Shute, John Gardner and Jeremy Horder, eds: *Action and Value in Criminal Law* (Oxford: Clarendon Press, 1993), p. 157.

③ Andrew Ashworth: "Ignorance of the Criminal Law, and Duties to Avoid It", in Andrew Ashworth, ed.: *Positive Obligations in Criminal Law* (Oxford: Hart Publishing, 2013), p. 81.

④ Andrew Ashworth: "Ignorance of the Criminal Law, and Duties to Avoid It", in Andrew Ashworth, ed.: *Positive Obligations in Criminal Law* (Oxford: Hart Publishing, 2013), p. 86.

要解决"不知法不免责"导致的不公正问题,需要强化对公布法律的要求,这将是我在本章 B 部分和第五(B)章中所论述的主题。简而言之,阿什沃斯认为,国家如果要惩罚不知法的被告,就必须做更多的工作,来更好地履行向公民公布法律的义务。我赞同这一观点。然而在阿什沃斯的提议得到实施以前,我们还需知道对不知法的被告而言,法律应该如何适用。在可预见的将来,不知法的被告必将持续出现。相较于那些知道自己的行为是犯罪的人,我们又应该如何评价这些不知法被告的可责性呢?为什么那些没有尽到法律查知义务的被告,在责任上应与那些知法犯法的罪犯等同呢?在本书的第三(B)章和接下来的章节中,我将努力回答这些问题。就目前而言,足以说明的是我在这些问题上所持有的立场比阿什沃斯所持有的立场更为深刻。

正如我所指出的,许多改革家试图将"合理的不知法"当作一种抗辩事由,以此来限制"不知法不免责"这一主流规则的严苛性。合理的行为是无过失的,也就是说,在行为人处境下的理性人可能会做出同样的行为。因此,如果理性人在被告的处境下产生了相同的认识错误,就应当允许被告对法律认识错误提出抗辩。在这样一个实质性问题上,我最终主张的立场是有所不同的。在追究责任之前,我要求被告实际上已经意识到他的行为是或者可能是不法的。在对这一问题的分析中,我不会采取这样的假设,即所谓的理性人在被告所处的情形下本应该意识到什么。然而,就实际情况而言,我的立场可能与上述改革者提出的立场相差不大。这两个实质上不同的立场往往会在实践中趋同,因为第三方可能习惯于通过考察一般人的态度来判断某一特定的人到底相信些什么。刑事被告有充分的动机就其所坚信的内容撒谎。在很多情况下,能证明被告相信 P 的最好的证据就是,一个理性人在他的处境下也会相信 P。除非被告有充分的理由向法官和陪审团说明为什么他本人的看法与理性人的看法不同，否则第三方就会倾向于断定被告在撒谎。因此，在现实中这两个标准的适用往往没有明显差别。然而，就实质而言，这两种立场有相当大的分歧。如果只是被告本人根本不知道其自身行为是违法的，那么按照理性人的标准，责任依然有可能得以施加，但按照我的主张，被告的行为则缺乏法律要求的有责性，故惩罚是不应当的。

合理的法律认识错误应当出罪，这一观点令人极其信服，以至于当下许多立法者都已建议将其纳入法典。参议院和众议院目前正在审议的改善联邦刑法的不同法案被恰当地描述为"自毒品战争开始以来美国刑事司法法律最重要的自由化"。[①] 众议院《2015年刑事法典改革法案》（Criminal Code Improvement Act of 2015）规定："（1）如果某项联邦刑事法律规定的犯罪对主观心态没有特别要求，那么政府必须证明行为人是在明知的状态下实施的该行为；（2）如果在相同情况或类似情况下理性人不知道或没有理由相信该行为是非法的，那么政府必须证明被告知道或有理由相信该行为是非法的。"[②] 参议院《2015年犯罪意图改革法》（Mens Rea Reform Act of 2015）规定，大多数联邦刑事犯罪的主观罪过以故意为常态，如此一来，"行为人在明知状态下实施的

---

① Matt Apuzzo and Eric Lipton: "Rare White House Accord with Koch Brothers on Sentencing Frays", *New York Times* (Nov. 24, 2015), p. A1, http://www.nytimes.com/2015/11/25/us/politics/rare-alliance-of-libertarians-and-white-house-on-sentencing-begins-to-fray.html?r=0.

② Criminal Code Improvement Act of 2015 Subchapter C, §11. 对此的批判性评论，参见 Orin Kerr: "A Confusing Proposal to Reform the 'Mens Rea' of Federal Criminal Law," *The Volokh Conspiracy* (November 25, 2015), https://www.washingtonpost.com/news/volokh-conspiracy/wp/2015/11/25/a-confusing-proposal-to-reform-the-mens-rea-of-federal-criminal-law/。

行为就是违法的"。① 参议院司法委员会前主席奥林·哈奇（Orrin Hatch），在介绍参议院法案时解释道："如果没有足够的犯罪意图保护——也就是说，不要求一个人知道他的行为是错误的或者是违法的——那么对于那些连理性人都不知道是错误的行为，普通公民更有可能会因之被追究刑事责任，这不仅不公平，更是不道德的。任何声称要维护人民自由和权利的政府都不应该将那些不知道其行为是违法的个体予以监禁。只有当个体实施行为时具备犯罪意图，将其贴上罪犯的标签并剥夺他的自由才是公平的、合乎道德的。"② 虽然这些法案的前景并不是那么明朗，但至少可以说，他们提出的这些观点不再游离于主流思想之外。

这些想法能否成功实现还有待观察。对这一想法持有反对意见的人担心出罪将主要有利于法人犯罪中的职员，这些人即使不以"合理的不知法"为抗辩事由，也很难对其定罪。看看该法案在媒体上引起的反响，《纽约时报》最近的一篇社论认为，"许多联邦法律都是草率起草的，有些可能需要重新审议或者重新起草"，但它警告道，"一个笼统而草率的修订并不是解决办法"。准确地说，为什么这个"修订"是不可取的？答案在于，"不知法通常不是违法的可宽恕事由，尤其是当行为对大多数人或周边环境造成严重损害时，不知法更不应该成为可宽恕事由"。③ 然而，很难理解，为什么造成损害的程度或类型（例如，对环境造成影响）反而为惩罚那些原本不具备可责性的被告提供了原则性的依据。回想一下，糊涂的废电池丢弃者雅各布，他冒着危害环

---

① Mens Rea Reform Act of 2015 § （A）（4）（https：//www.govtrack.us/congress/bills/114/s2298/text）.

② Press Release, September 15, 2015, http：//www.hatch.senate.gov/public/index.

③ "Don't Change the Legal Rule on Intent", *The New York Times* (December 6, 2015), p. 8.

境的风险将废电池丢弃,但这一事实似乎并没有提供一个特殊的理由让他承担刑责。这里隐含的假设是,违反法律 L 的罪犯如果能以不知法为由出罪,那么这在一定程度上就表明了我们没有认真对待法律 L。在我看来,最近媒体对这一问题的讨论已然表明,法哲学家对法律条文的相应审视是必要的。

即使是对不知法的现有立场进行简要调查,也应当提及某些评论家尚未提及但却令人疑惑的方面。"不知法不免责"是如此根深蒂固,以至于即使当法哲学家的整体理论架构与之相悖时,他们似乎也不愿对其提出质疑。例如,我们可以看看最近拉里·亚历山大(Larry Alexander)和金·费赞(Kim Ferzan)对实体刑法进行的重新定义。[1] 他们可能是最倾向于在整个刑法中保留个人主观罪过这一要件的评论家了。根据亚历山大和费赞的"统一"概念,主观罪责常常是行为人相信其行为性质和行为后果的一种体现,以及行为人根据这些看法行事的理由。[2] 或许如此。但是,行为人必须对其行为有何种认知才能对所实施的行为承担责任呢?客观因素在这个"统一"概念中并未发挥显著作用。例如,如果被告相信他在对另一个人施加邪恶的咒语,以此给另一个人带来不正当的风险,不管这听起来多么荒谬,亚历山大和费赞都会认为被告有罪,并应承担相应的刑事责任。对持类似看法的学者来说,不法行为本身就太"客观"了。一位房主如果认为给草坪浇水是不被允许的,那么即使他误解了这项禁令的存在,他也应该为启动洒水系统而承担责任。如果这些学者依然愿意采取主观主义,那么被告合理地或不合理地认为自己的行为既不违

---

[1] Larry Alexander and Kimberly Kessler Ferzan with Stephen Morse: *Crime and Culpability* (Cambridge: Cambridge University Press, 2009).

[2] Larry Alexander and Kimberly Kessler Ferzan with Stephen Morse: *Crime and Culpability* (Cambridge: Cambridge University Press, 2009), p. 41.

法也不犯罪，则其理应得以出罪。但是，即使是亚历山大和费赞，当他们转向不知法这一话题时，也会对"统一"的罪责理论有所回避。在这一背景下，他们用以下论点解释了他们对主观主义的回避，即"至少对那些自然犯而言，不知其行为被法律禁止，并不会减轻他们的罪责"。① 亚历山大和费赞坚持认为："制造不合理的风险所暴露出来的只能是以自我为中心、贪婪以及其他恶习的确证而不是否定了可责性。"② 我将在第三（B）章中将这种罪责理论描述为意志品质理论，但我们为什么要采纳这样一种罪责理论呢？为什么从被告的主观视角突然转变为客观的责任标准？显然，这在于"不知法不免责"原则强大的牵引力，以至于即使是支持激进的主观主义罪责和刑罚理论的评论家，在行为人真诚地认为自己的行为在道义上和法律上都被允许的情况下，也不愿抵制"不知法不免责"这一传统教条。

对相关学说的评述就说这么多。现行法还有什么值得简要关注的呢？正如我在引言中所说的，对于英美法系外的不知法应如何处理，从比较法角度来看我几乎没有什么可说的。但因我简单提及过德国法律对不知法的被告提供了更好的处理方法，故我不会因一时疏忽而忘记提到犹太律法。在我所知道的法律制度中，在罪犯不知法的情况下，犹太法律为其出罪的处理最令人印象深刻。③ 那些故意违反犹太律法的违法者（在受到了适当警告的情况下）将被处以死刑。然而，过失违法者并非如此。就目前而

---

① Larry Alexander and Kimberly Kessler Ferzan with Stephen Morse: *Crime and Culpability* (Cambridge: Cambridge University Press, 2009).

② Larry Alexander and Kimberly Kessler Ferzan with Stephen Morse: *Crime and Culpability* (Cambridge: Cambridge University Press, 2009), p. 153. 作者在对其问题的分析中表达了相关疑虑 p. 153n/6。

③ 参见 Arnold Enker: "Error Juris in Jewish Criminal Law", 11 *The Journal of Law and Religion* 23 (1994-1995)。

言,最重要的是过失违法者包括那些不知道自己违反了法令的人。过失违法者是否能完全出罪？这难以确定。而那些不知法的违法者,会被要求前往寺庙祭祀赎罪。一种说法认为,寺庙祭祀赎罪方式根本不是惩罚,相反,这是在没有罪责的情况下所要求的补偿方式。另一种说法认为,祭祀表明不知法的违法者是有罪的,尽管比故意的违法者要轻。[1] 寺庙祭祀赎罪的这一方式表明,知法的罪犯和不知法的罪犯之间罪责程度的差异极大,堪比一道"鸿沟"。毕竟死刑和寺庙祭祀这两种惩罚方式在严厉程度上相去甚远。

在我们结束对法院、评论家和不同制度对不知法的简要总结之前,有必要提及"不知法不免责"这一普遍公认的学说中有两个不同但同样令人备感奇怪的例外。首先,当执法人员、检察官或法官等法律官员产生法律认识错误时,现行法表现得极为宽容。虽然这种情况与个人被指控犯罪的情况明显不同,但此时排除规则、有限豁免规则和无害错误规则似乎都可以保护那些在刑事司法活动中对法律内容产生合理认识错误的官员。[2] 尽管这些说法可能会引起争议,但没有人会以"推定每个人都知晓法律"这样的虚构理由来反对它们。人们不禁要问,为什么政府官员产生法律认识错误会被如此轻易宽恕,而一般人则不然呢？[3]

其次,不知法可以为精神失常的被告出罪。迈克纳顿规则（M'Naghten Rule）至今仍是美国精神病辩护中最常被援引的标

---

[1] 参见 Jed Lewinsohn: "Philosophy in Halakhah: The Case of Intentional Action", 7 *Torah-U-Madda Journal* 97 (2006-2007)。

[2] 有关最近的案例可参见 Heien v. North Carolina, 135 S. Ct. 530 (2014). For critical commentary, 参见 Kit Kinports: "Heien's Mistake of Law", *Alabama Law Review* (forthcoming, 2016)。

[3] 参见 Paul J. Larkin, Jr.: "Taking Mistakes Seriously", 28 *B.Y.U. Journal of Public Law* 104-105 (2015)。

准。这一标准规定，如果精神疾病导致被告不知道他的行为性质或者不知其行为是非法的，那么应对被告宣告无罪。法庭和评论家们长期以来一直在争论，迈克纳顿规则的这一要求是否同样适用于一般的法律或道德认识错误。无论怎样，该规则都导致了一个难题：为什么精神疾病或者精神缺陷引起不知法时，可以作为出罪理由，而其他原因引起不知法时，就不能成为出罪理由呢？也许在1843年迈克纳顿案被判决时，刑法的内容是十分明确的，以至于只有在患有精神疾病的情况下才可以合理地解释成年人为何不知道法律的要求。但是为什么迈克纳顿规则的这一要求至今仍然保留？我无法提供任何推测，也庆幸无须什么特别的理由来对此作出解释。如果我后面的论证是合理的，那么对不知法被告予以出罪的考量通常应同等地适用于一般人和精神病患者。因此，我们没有必要解释为什么不知法抗辩只适用于精神病违法者。不知法的精神病患者可以出罪而其他的不知法者却不能，这种不协调可能会给现行法带来压力，但只要对所有不知法的被告都一视同仁，那么这种压力自然就会得以消解。

在这一部分中，我已经证明了许多刑法学家都知道的事实："不知法不免责"可能在具体个案中产生不公正，而且几乎可以肯定的是，如果没有预先设定的功利主义框架，就不可能支撑起这一法谚。而这个功利主义框架实则不应被广泛接受，并且应该被拒绝。该法谚带来的不公正似乎并不广泛，这也反映了法律从业者对"不知法不免责"的矛盾心理。但是，这一规则本身基本上被完好无损地延续了下来，因为即使是那些声称要变革法律的评论家，也没有坚持自己的理论而对该传统教条发起挑战。尽管如此，正如我希望的那样，我们还需通过对现有学说的进一步研究才能学习到更多东西。

B. 法律公布

正如我所指出的那样，许多法院和评论家假定每个人都应该知晓法律，并以此为由拒绝为不知法的被告出罪。"每个人都应该知晓法律"是拒绝出罪的理由当中最有力也是被援引得最多的一项。我曾经对该推定应该作何理解存有疑惑。但我现在想问的是，怎么可能推定每个人都了解晦涩难懂的法律知识呢？答案是，一个自由民主的国家应当告知公民其法律义务。在没有这种"告知"的情况下，假定每个人都知晓法律，这不仅仅是虚构的，用阿什沃斯的话来说，这更是荒谬的。因此，告知义务的内容便是我此项研究的核心所在。尽管几乎所有的刑法教科书在解释不知法这一章节时，都对涉及告知义务的案例和评述极为关注，但我的结论是：教科书中对该问题的研究更多是流于表面的。关于告知的司法意见和学术文章对回答我的重要问题（Q）并没有特别的帮助。但是，对告知、责任和不知法三者之间的关系进行简要讨论确有其必要性。

许多评论家认为告知法律这一要求具有深厚的法理意义。例如，朗·L. 富勒（Lon L. Fuller）就有一个著名的论断：一个君主（假如名为雷克斯君主）如果不能公布命令，这不仅是没能制定出良法，而是根本就没有制定法律。① 因此，朗·L. 富勒将法律的告知解释为合法性本身的要求，是法治而非人治的应有之义。无论我们是否赞同这一法理论点，富勒的说法至少合理地表明，如果法律的公布存在问题，那么遵守法律的义务自然就无从

---

① Lon L. Fuller: *The Morality of Law* (New Haven, CT: Yale University Press, 1964).

谈起。"毫无疑问，如果法律规则对公民有所保密，或者法律规则晦涩难懂，那么就没有任何合理依据可以断定公民有道德义务去遵守法律规则。"① 但富勒也意识到，要明确界定究竟何种"告知"才能被认为是满足这些要求的，这实际上相当困难。故而，富勒的分析并不透彻。讨论到最后，富勒指出："要求公布法律并不是基于这样一种荒谬的期望，即期望尽职尽责的公民会坐下来阅读所有法律。"② 遗憾的是，他没有详细叙述对公布法律这一要求应基于何种期望。如果我们期望公民能够遵守法律，那么对公民来说法律就应该是可知且可理解的，即法律应当被合理地"告知"给公民，但这一抽象的又至关重要的"告知"究竟包含哪些具体要求和内容，对此，一些法院和评论家一直深受困扰。③ 正如我们将看到的，英美法系在赋予"公布法律"这一要求以实质性内容上极其失败。至少在英美法律中，只有在最极端的情况下——与富勒笔下无能的雷克斯君主的案件并无二致——才可认为法律公布存在十足的缺陷，才能够说服法庭为不知法的被告出罪免责。

与富勒不同的是，我对法律或法律体系的性质没有明确的法理认同。相反，我转而直接论述著名的《模范刑法典》中对法律公布所秉持的立场。《模范刑法典》在其评述中承认，其对不知法的处理遵循了普通法的惯例。因此，公布法律并不是说被告必须知道（或者有可能知道）他们的行为是犯罪（才负刑事责任）。

---

① Lon L. Fuller: *The Morality of Law* (New Haven, CT: Yale University Press, 1964), p.39.
② Lon L. Fuller: *The Morality of Law* (New Haven, CT: Yale University Press, 1964), p.51.
③ 对于抗辩事由中严格的法律公布标准，参见 Bruno Celano: "Publicity and the Rule of Law", in Leslie Green and Brian Leiter, eds.: *Oxford Studies in Philosophy of Law* (New York: Oxford University Press, Vol.2, 2013), p.122。

法律被合理公布这是推定属实的，而非依据客观事实情况所作的判断。也就是说，法律的公布本身并不存在什么问题，因为实际上是被告本人没有意识到公布了法律。一些被告可能完全没有去关注自身的行为是否违法，而对这些被告的某些司法回应根本就经不起推敲。在波斯纳（Posner）法官看来，"当被告因为不知道或者不去细想他可能已经涉嫌违法而受到道德上的责难时（就像不加思索便入室行窃，他的道德意识是如此扭曲，以至于根本不关心盗窃可能是一种犯罪），我们依靠道德良知就可认定被告知晓所公布的法律"。[①] 很难理解波斯纳的立场，他似乎预先假定了被告对他所不知道的事已经负有责任。但是为什么呢？无论被告的道德感是否"扭曲"，他们依靠道德良知便知晓了必须公布的法律事项，这种情况是令人大跌眼镜的。

无论如何，《模范刑法典》第2.04（3）节中承认"不知法不免责"具有例外情形，也即当法律的公布确有缺陷时，可以将不知法视为真正的抗辩事由。实际上，这项规定的相关条款对不知法的抗辩提供了两个理由，而这两个理由应该加以区分。根据第一项理由："存在下列情形时，行为人确信其行为在法律上不构成犯罪，可作为追诉基于该行为的犯罪时的抗辩事由：（a）行为人不知道规定犯罪的制定法或者其他成文法，并且在实施被指控的行为以前，该法令尚未公布或者不能被合理地知悉。"[②] 当规定犯罪的相关法规"尚未公布"时，任何人都不可能对以上条款提出异议。正如富勒指出的那样，以"秘密法"来定罪，被公认为一种可憎的行为。但在什么情况下，被告无罪是因为相关法规"在行为实施前不能被合理地知悉"呢？对这一条款可以进行广

---

① United States v. Wilson, 159 F. 3d 280, 295 (1998)（小波斯纳持有异议）。
② Model Penal Code § 2.04 (3) (a).

义解释或严格解释，而许多被告的判决结果就取决于法院选择如何对该条款进行解释。

对此，官方评述提供的指导很少，故大部分解释性工作就留给了法院。法律起草者指出，"并非每一份官方公告都必定能算作法律的公布，不论该项法律本身是否晦涩难懂。要正确理解上述条款，关键要看法律是否能被合理地获知"①。认真辨析这句话会发现，当规定犯罪的法令确实不能被合理获得，从而无法得知该行为是否非法时，法律起草者似乎同意以不知法为由进行抗辩。但是，什么时候缺乏合理可知性呢？立法起草者的确提到了这一问题，但并未做更进一步的详细说明。他们可能会补充解释为，当被告通过"尽心尽力地调查"，或者已经"采取了所有的遵纪守法者都会采取的方式来弄清法律"，但仍然不能"发现"法律时，法律此时就不是合理可知的。② 虽然采用这些评述来对《模范刑法典》第2.04（3）节进行解释可能是重要的，但立法起草者最终并未选择将其纳入法律。因此，法院几乎总是严格地解释上述条款。只有极少数情况下，被告才能够基于相关法规不可知而得到对其有利的判决。当被告不知道他们违反的法律时，法律的公布究竟合理与否，对此，法院的看法是极为重要的。似乎只要少数公民能够熟练运用Westlaw或Lexis/Nexis这类搜索引擎搜索法令就足够了。鉴于合理公布法律的标准低得令人难以置信，我们很难看出法律公布这一要求是如何支持"公民普遍了解法律"这一推定的。在任何其他情况下，支持类似的假设都将是荒谬可笑的。例如，《纽约时报》每天都会发布一份表格说明本年度的降水量，但没有人会仅凭这些数据就得出结论说，每个人

---

① Comments to Model Penal Code § 2.04（3），p. 276.
② Comments to Model Penal Code § 2.04（3），p. 277.

都知道降雨量有多少。

正如我所指出的，第2.04条（3）节为不知法抗辩提供了第二个理由："存在下列情形时，行为人确信其行为在法律上不构成犯罪，可作为追诉基于该行为的犯罪时的抗辩事由……（b）基于对正式法律解释的合理信赖而实施行为，此后该法律解释被断定为失效或者错误。该法律包括（i）制定法或者其他成文法；（ii）法庭裁决、法官意见或者法庭判决；（iii）行政命令或者许可；（iv）对规定犯罪的法律负有解释、实施或者执行职责的公职官员或者公职机关所作的正式解释。"[1] 这一评述表明该条文"适用于以下情形，即被告意识到其行为可能会涉及对刑法的违反，但其合理地信赖了一项此后被认定为错误的关于法律的官方声明，因此被误导"。[2]

虽然各种变体或版本的具体范围不甚清楚，但与这第二项理由相似的一些规定几乎是宪法正当程序条款的确切要求。[3] 大体上看，它的基本原理与禁止反言大致相似：禁止以公民信赖的法律制度逮捕和起诉那些基于合理信赖而实施行为的人。实际上，这种辩护有时被称为"诱捕禁止反悔"。尽管评论家指出，它在技术上既不涉及禁止反言，也不涉及诱捕。[4] 美国各地的司法管辖区在是否采用或采用何种形式的不知法辩护事由这一问题上存在巨大差异，这表明人们对不知法这一抗辩事由的基本原理仍感

---

[1] Model Penal Code § 2.04 (3) (b).
[2] Comments to Model Penal Code § 2.04 (3), pp. 277–278.
[3] 参见 Raley v. Ohio, 360 U.S. 423 (1959); Cox v. Louisiana, 379 U.S. 559 (1965); and United States v. Pennsylvania Industrial Chemical Corp., 411 U.S. 655 (1973)。
[4] Gabriel J. Chin, Reid Griffith Fontaine, Nicholas Klingerman, and Melody Gilkey: "The Mistake of Law Defense and an Unconstitutional Provision of the Model Penal Code", 93 *North Carolina Law Review* 139 (2014).

困惑。美国只有9个州包含相同的法规，而有一些州甚至没有大致相似的规定。① 尽管存在这些差异，但《模范刑法典》显然是正确的，即不知法抗辩事由必须为特定的罪犯伸张正义："惩罚一个既不知道自己的行为是犯罪行为，也未掌握不能被其合理获知的相关法律信息的个体，这毫无意义。"②

那么，假设上述规定从《模范刑法典》变成了当地州法律。回顾斯卓格斯这一案件，斯卓格斯作为一名生意人，他因在餐馆内安装赌博机器而被判刑，尽管他已经得到安装该机器是合法的充分保证。但是如果该案适用第2.04（3）（b）条款，那么斯卓格斯应该被宣告无罪。法令明确表示允许对司法裁决产生合理信赖，同时并未要求该裁决必须是由州最高法院作出。因此，我认为第2.04（3）（b）条朝着我希望被认可的公正判决迈出了坚实的一步。尽管如此，这一范围仍然很狭窄。一代又一代的法学学生难以回答考试中所涉及的相关问题，在该问题中，他们必须判断某一特定被告"合理信赖"的"法律声明"是否为通过"对规定犯罪的法律负有解释、实施或者执行职责的公职官员或者公职机关"发布的。毕竟，并不是任何人都可以发布被告所信赖的"法律声明"。但是，当不确定自己的法律义务时，那些勤勉的非法律专业人士最有可能去咨询持证执业的律师，但律师很明显又不在这一条款所规定的范围内。几乎在所有司法管辖区，如果被告遵循其律师的意见，但却被该意见所误导，那么被告无权以不

---

① Gabriel J. Chin, Reid Griffith Fontaine, Nicholas Klingerman, and Melody Gilkey: "The Mistake of Law Defense and an Unconstitutional Provision of the Model Penal Code", 93 *North Carolina Law Review* 139（2014）.

② Gabriel J. Chin, Reid Griffith Fontaine, Nicholas Klingerman, and Melody Gilkey: "The Mistake of Law Defense and an Unconstitutional Provision of the Model Penal Code", 93 *North Carolina Law Review* 139（2014）.

知法为由进行抗辩。① 当然，对上述条款本无须进行如此严格的解释。②尽管如此，法律起草者仍然表示，当被告听从律师的错误建议时不得出罪，这是基于对"恶意串通和虚假捏造这类严重问题"的考虑。③

尽管一些评述家一致认为，这些问题已严重到足以拒绝辩护，④ 但许多学者还是认为应该将第二个抗辩理由予以扩大。《模范刑法典》中很少有条款比第2.04（3）（b）条受到更多的批评。正如杰里米·霍德（Jeremy Horder）所主张的那样，当产生认识错误的被告寻求出罪时，有权或者无权提供正式意见的人都不应成为决定性因素。相反，抗辩事由的有效性应取决于特定被告是否表现出对法律的足够尊重。⑤ 在阿什沃斯的开创性研究后，霍德认为，当被告像良好公民一般行事，并尽可能去查知法律时，他们就表现出了对法律的尊重。⑥ 除此之外，我们还应该对那些受到刑事制裁威胁，并可能遭受污名影响的人提出什么更高的要求呢？

---

① 新泽西州法律在准予辩护方面做得比其他州更好。如果行为人以其他方式竭力寻求所有可用手段来确定犯罪行为的性质和行为是否可实施，并真诚且善意地认为其所实施的行为并非犯罪行为，而在这种情况下，其他守法且行事谨慎的个体同样也会这样认为，那么此时可以承认不知法抗辩事由。N. J. Stat. Ann. §2C：2-4 (c) (3) (West 2005).

② 起草者明确表示，他们"没有解决（该项规定）可能面临的如下问题，即下级政府官员或政府雇员越权行事，但却声称，他们只是信赖上级官员对其职责的阐述"。Comments to Model Penal Code §2.04 (3), p. 278.

③ Comments to Model Penal Code §2.04 (3), p. 280.

④ Miriam Gur-Arye: "Reliance on a Lawyer's Mistaken Advice—Should It Be an Excuse from Criminal Liability?", 29 *American Journal of Criminal Law* 455 (2002).

⑤ Gabriel J. Chin, Reid Griffith Fontaine, Nicholas Klingerman, and Melody Gilkey: "The Mistake of Law Defense and an Unconstitutional Provision of the Model Penal Code", 93 *North Carolina Law Review* 139 (2014), p. 273.

⑥ Andrew Ashworth: "Excusable Mistake of Law", *Criminal Law Review* 652 (1974).

到目前为止，我已经批判性地讨论了"被告知道他们所违反的法律"这一推定存在的必要条件。但令人惊讶的是，许多实际案例中面临的问题，并不在于被告"知不知道"其所违反的法律。也就是说，在这些案件中很少有被告会声称他们根本不知道其所违反的法规。相反，这些案件主要涉及的问题是，被告难以理解法律所禁止的行为，哪怕被告可能会逐字逐句地背诵法规条款。被告声称不要期待他们遵守法律，因为他们根本无法理解法律对他们的要求。刑法学者之所以青睐于这些案件，是因为该类案件是实体刑法领域中涉及宪法的为数不多的案例。正当程序条款应被解释为：要求以公民能够理解的方式编写法规。不符合这一标准的法律可以被认为是"因含糊而无效"。法院曾经有一经典主张，即"如果一项禁止某一行为或要求实施某一行为的法规是如此含糊不清，以至于一般人必须猜测法规含义并且在适用该法规时存在差异，那么该法规便违反了正当法律程序的第一要义"。①

在打击流浪犯罪和淫秽色情犯罪时期，模糊主义尤其重要。在针对淫秽色情犯罪的法律中，一则模糊的法规使美国最高法院的大法官作出了有史以来最著名的陈述之一。在斯图尔特（Stewart）法官因无法用语言来定义淫秽色情时，他曾说过一句不雅的话："当我看到它时，我就知道了。"② 尽管我认为斯图尔特因这句话受到了不公正的讥笑，但他的说法的确存在明显的问题。如果针对某一事项的不确定立法只能交由断案的法官来明确，那么公民显然不会从法律中得到任何的指引。关于如何定义淫秽色情的学术担忧似乎已经减弱，但对于如何描述流浪法规中被禁止的行为，这种类似的担忧依然存在。例如，惩罚"无明确目的而在

---

① Connally v. General Construction Co., 269 U.S. 385, 391 (1926).
② Jacobellis v. Ohio, 378 U.S. 184, 197 (1964).

某地逗留"的公民的法律，就要求站在街道角落的潜在被告揣摩其是否有或是否缺乏"明确的目的"。① 当法律起草得如此糟糕时，被告必然对自己的法律义务一无所知。

再次强调，上述被告并不是不知道该法规的存在。正如比尔·塞缪尔（Buell Samuel）和莉萨·格里芬（Lisa Griffin）所认识的那样，如果将公布法律视为应受惩罚的条件，那么犯罪者不仅有权知道公布的犯罪类型，而且还应知道公布的犯罪内容。但即使是依照宪法标准规定明确的法规也无法提供比尔和格里芬所设想的法律公布。流浪法规提供了一个很好的例子来说明犯罪的内容是否应被合理告知，此外，有关欺诈、勒索、强奸和贿赂的法规也能提供相应例证。这些行为经常涉及与社会、政治和经济政策等相关的紧迫问题。这些罪行不可避免地带来了比尔和格里芬所说的社会嵌入性挑战。这些罪行往往发生在一些被社会认可甚至是备受社会欢迎的活动中，像销售、谈判、性和政治活动。关于这些违法行为的边界在哪里的争论持续存在，仅仅公布犯罪类型（例如，"欺诈是一种犯罪"）无法明确。可以说，一个人不应该因为欺诈、勒索、强奸或贿赂而受到惩罚，除非他知道自己实施的正是欺诈、勒索、强奸或贿赂行为。② 假设所有公民都充分知晓法律，例如，公民知道联邦法规禁止为妨碍执法而销毁"任何记录、文件或者有形物品"，即便如此，谁又能预测到，根据此项法规，将不足重量的鱼扔回海中属于妨碍野生动物保护委员会的调查的行为呢？③

尽管该问题引发了大量评述，但我不认为用"合理告知法

---

① City of Chicago v. Morales, 527 U.S. 41 (1999).
② Samuel Buell and Lisa Kern Griffin: "On the Mental State of Consciousness of Wrongdoing", 75 *Law and Contemporary Problems* 213 (2012).
③ Yates v. United States, 574 U.S. (2015).

律"就能回答我提出的重要问题（Q）。因此，我提供了六个相关但又截然不同的关于法律公布的看法来解释我对此的不以为然。第一，模糊性的司法意见往往更多的是对规范性的思考，而不是对不知法的思考。特别是，模糊的法规允许甚至鼓励任意地、有差别地执法，从而危及法治。基于此，法院可能更关心的是如何指导公职人员而不是向被告提供合理的法律公布。

第二，并非所有的模糊性规定都有弊端，有些是不可避免，甚至有益的。① 因此，法官在这方面必须有选择性地决定哪些法律可以被适用。可以理解的是，当法官以一些无关的理由来反对某一法规时，法官们更倾向于因法规的模糊性而裁决该法规无效。② 许多先前判例中存在一些值得同情的被告，因为他们违反了含糊不清的法律。在这种情况下，法院会不遗余力地寻找使其出罪的理由，并且也没有人能确定法律公布不到位是影响判决的决定性因素。

第三，法院拥有足够的能力来解决因法律公布不到位而可能导致的问题。最近的一种趋势是将模糊立法的适用范围限制在那些特别恶劣且不被允许的行为上，以此来维护模糊立法的合宪性。例如，在斯基林（Skilling）诉美国一案中③，法院对联邦"诚信服务欺诈"法规的模糊性做出了回应，该法令规定禁止"以阴谋诡计，剥夺另一个人获得诚实服务的无形权利"。这条法令似乎含糊不清。从表面上看，这可能会被解释为惩罚相对无害

---

① 参见 Timothy Endicott："The Value of Vagueness", in Andrei Marmor and Scott Soames, eds.: *Philosophical Foundations of Language in the Law* (Oxford: Oxford University Press, 2011), p.14。

② "通常，无论是在何种理论下，模糊性的认定都不仅仅只是关于模糊性。参见 Peter W. Low, Joel S. Johnson: "Changing the Vocabulary of the Vagueness Doctrine" (forthcoming)。

③ 561 U.S. 40, 130 S. Ct. 2896 (2010).

的行为，比如那些拿薪金的职工在工作时间接打私人电话。然而，法院认为该法令只是禁止贿赂和回扣行为，以此来保证该法令的正当性——尽管该法规本身并没有列举出这些特殊行为。如果之后的法院遵循斯基林案的策略，将相关法条解释为只禁止令人震惊的行为，以此维护开放式立法的宪法地位，那么相较于过去而言，针对某些法条"因模糊而无效"的挑战将会更加失败。

第四，如果审查现行法是否被合理告知的目的在于判断不知法是否以及应在何种情况下出罪，那么这种审查就不太可能探求更深层次的意义。在我看来，模糊性问题主要涉及立法起草技术。只有少数案件有证据表明，特定被告审查了相关法律，但对其要求仍然感到困惑。尽管这可能很重要，但我的重要问题（Q）并不是问：是否只要被告用心去研究法律的要求，他就能够确定一项法令所禁止的是什么。相反，我的问题是，相较于一个（无论基于何种理由）不知法的被告，如何评价一个清楚自身法律义务的被告所应承担的罪责。草率的立法仅仅在这个重要问题上增加了额外的复杂性。

第五，关于不知法这一主题的一些重要问题实际上并没有涉及不知公布的法律类型或不知公布的法律内容。相反，它们与法律内容明确但执行不确定的问题密切相关。可以想象，对严格按照字面规定执行限速标准的决定，必会遭到强烈的抗议。如果司机在限速35英里/小时的区域内，其因以36英里/小时的速度行驶而被开罚单，那么该司机就罚单行为进行投诉，这其实与不知法几乎毫无区别。毒品犯罪同样能够很好地说明我在此处遇到的困惑。在撰写本书时，美国四个州（华盛顿、科罗拉多、俄勒冈和阿拉斯加）正在实施大麻合法化制度。① 其他州应该也会很快跟进。但根据联邦法律，大麻作为一种Ⅰ类物质仍然被禁止使用于任何目的。由于现行联邦禁令，我们很容易就能理解为什么在这些州许多颇有声望的金融机构都不愿与日益增长的大麻产业做生意。有些交易明显是非法的，并会对大麻产业本身犯下的联邦罪行承担衍生责任。经州法律授权的机构经常被迫以现金开展业务，从而使自己面临巨大的抢劫风险。为改善这一状况，奥巴马政府发布了一些指导方针，向银行保证如果他们向合法的大麻企业提供金融服务将不会受到起诉。但一些银行仍然不为所动，这毫不奇怪。当起诉实际发生后，所谓"保证不起诉"或"起诉不适当"根本不是一个有力的抗辩事由。从表面意义而言，不情愿提供金融服务的银行工作人员并不是不知法，他们只是仍然矛盾地认识到若提供贷款便是违反联邦法规。唯一万无一失的解决方案就是修改联邦法律，以准许银行与大麻产业进行商业往来。②

第六，事实证明，法律公布的要求与我最终捍卫的不知法理论有点格格不入。我认为，承担责任的被告必须真正知道的是，他的行为是"错误的"，而不是"非法的"。如果法律公布在某种程度上有缺陷，但被告的行为在道德上是错误的，并且他也知道其行为是错误的，那么为什么此被告应该得到某种程度的出罪呢？相反，如果法律得到充分公布，但被告的行为在道德上是允许的，并且他也认识到了其行为在道德上是可行的，那么为什

---

① 译者注：《中华人民共和国禁毒法》第二条、第三条规定，本法所称毒品，是指鸦片、海洛因、甲基苯丙胺（冰毒）、吗啡、大麻、可卡因，以及国家规定管制的其他能够使人形成瘾癖的麻醉药品和精神药品。禁毒是全社会的共同责任。

② 参见 William Baude: "State Regulation and the Necessary and Proper Clause", 65 *Case Western Reserve Law Review* 513 (2015). 同样参见 Alex Kreit: "What Will Federal Marijuana Reform Look Like?", 65 *Case Western University Law Review* 689 (2015).

么他又应受到惩罚呢？如果一项法律的存在不能创建道德义务，知晓法律也不能产生道德义务，那么未能告知公民其法律义务也就不是承担责任的根本问题。我将在第五（A）章中回到这个主题。

　　上述最后一个理由很容易被误解。我并不是说法律公布与所有的规范性目的都无关，更确切地说，我只认为公布法律与被告的应受责备性和该当性无关。对那些没有足够机会避免刑罚的人施加刑罚会产生不公，尽管这种不公对责任没有影响，但却很重要。举个例子，有两名非法持枪分子。第一个持枪分子冲进教室，立刻杀死了一名无辜的学生。第二个持枪分子的不同之处在于，他只是威胁学生马上离开教室，否则他将开枪射杀，结果一名学生因不服从命令而被击毙。显而易见，第一个持枪者犯下的罪行比第二个更大。因此，如果我是正确的，那么我认为无论规范的内容是否合理，公布的法律都应另有其独立的规范性意义。即使刑法本身没有创造道德理由来使行为人遵守，那些知道刑法的人也可以通过选择遵守它来避免惩罚带来的恶害。我猜测那些认为我过于忽视公布法律的重要性的学者很可能误解了法律公布的规范性意义。法律公布不充分可能会造成不公平，但并不必然会影响到任何人的可责备性和该当性。

　　基于以上六点原因，我得出的结论是：涉及法律公布的大量学术评述在回答我的重要问题（Q）的研究中只是略显重要。所有人都认同法规应避免模糊，并且应让公民对其可以合理知晓。但是，那些对法律公布过于执着的评述家可能会因此遗漏许多围绕着不知法的更深层次的且更微妙的规范性问题。

C. 事实认识错误与法律认识错误

要彻底了解现有学说，也就是说要理解和评估当前法律制度是如何评价不知法的被告的，我们就必须了解当前的法律制度是如何评价那些不知事实的被告的。法律体系中这两大议题的并列形成了鲜明的对比。我们的刑事司法制度对不知法抗辩事由所表现出的敌意，在处理不知事实的抗辩事由上几乎被完全推翻。不知事实在很大程度上具有出罪意义，而不知法则没有。尽管人们对"不知法不免责"这句话耳熟能详，但似乎没有人会说"不知事实不免责"。总之，英美刑法对这两种认识错误的区别对待是非同寻常的。最终，我们将不得不质疑为什么会这样，这种差异又是否合理呢？我认为这种差异几乎完全没有依据，并且，就像国家对产生事实认识错误的被告作出的回应一样，国家也应该以同样的方式对产生法律认识错误的被告作出回应。如果我所认为的事实认识错误与法律认识错误之间的对称性，对当前的不知法规则而言更为合理，那么，那些力求证明事实认识错误与法律认识错误区分意义的学术评述将面临的诸多困惑，也就不足为奇了。我希望本书的这一部分能够揭示这些困惑。我将简要叙述现有的关于事实认识错误的法律学说（我们同样可期待将其适用于法律认识错误的框架中）。为此，我将说明美国《模范刑法典》是如何对事实认识错误概念化的。正如我所强调的，美国《模范刑法典》是迄今为止在美国，甚至在任何英美司法管辖区内公认的最为复杂、精细的法律准则，该法典对事实认识错误的创新处理可能是其对犯罪理论的最卓越贡献。虽然几乎所有读者都熟悉这一框架体系（毕竟认识错误理论是刑法学第一年课程的主要内容），但是我仍将详细对其进行阐述。

《模范刑法典》对构成要件进行了分析。[1] 也就是说，刑法条款被细分为若干构成要件。例如，谋杀包含杀害另一个人。每一个罪名的各个构成要件通常都由罪过形态限定，而各罪的罪过形态不必相同。正好有四个罪过形态可以附加到这些构成要件中，《模范刑法典》对每个构成要件进行了谨慎的定义。虽然这四个构成要件的定义略有不同，这取决于它们是否修饰了法律规定的行为、情况或结果要素，但以下概括大体是准确的：被告有意实施某一行为时，是蓄意；当被告意识到自己行为性质时，是明知；当被告有意忽视其行为可能造成的实质性风险或不合理风险时，是轻率；当被告应该认识到却未认识到，从而忽视其行为造成的实质性和不合理的风险时，是疏忽[2]。在以上不同罪过形态下实施的不法行为，其可谴责性依次递减。换言之，犯罪的其他条件不变，蓄意比明知更应该受到惩罚；明知比轻率更应该受到惩罚；轻率比疏忽更应该受到惩罚。[3]

　　事实认识错误的学说是上述罪过形态定义的必然结果。当不知事实"否定"了犯罪构成要件的罪过时，不知事实可以排除责任。这一结论源于《模范刑法典》第2.04（1）（b）条以及许多州和联邦法典中的类似规定。我认为这一规定具有误导性，《模范刑法典》规定："（1）存在下列情形时，对于事实或者法律的不知或者错误，可作为抗辩事由……（b）法律规定由不知或者错误所建立的心理状态可作为抗辩事由。"正如许多评论家所指

---

[1] 参见 Paul H. Robinson and Jane A. Grall: "Element Analysis in Defining Criminal Liability: The Model Penal Code and Beyond", 35 *Stanford Law Review* 681 (1983)。

[2] Model Penal Code § 2.02 (2).

[3] 参见 Douglas Husak: "The Sequential Principle of Relative Culpability", in Douglas Husak, ed.: *The Philosophy of Criminal Law* (Oxford: Oxford University Press, 2010), p. 177。

出的那样，这条规定是多余且重复的；即使将其删除，也不会改变任何实质性内容。"第2.04（1）（b）条所指向的法律"是指被告被指控违反的特定罪行。那么从本质上讲，当法律明确规定某事由是一种抗辩事由时，该事由本身就应是抗辩事由。也许，立法起草者在《模范刑法典》中加入这项不必要的规定，是为了避免法典在没有规定的情况下可能出现的误解。但无论如何，正如我们看到的那样，即使《模范刑法典》中包含这一出罪条款，也会出现相当多的理论混淆问题。

借盗窃的例子来说明事实认识错误应该如何出罪，即使该出罪事由并非一个真正的抗辩事由。假设一项法令规定某种犯罪应在明知的犯罪意图下实施。除非行为人明知其占有的财产不是自己的，否则其不构成盗窃罪。如果行为人在财产归属这个问题上产生了认识错误，即行为人知道自己正在取走某物，却错误地认为该物是无主物或认为该物的所有权归属于自己，那么行为人不构成盗窃罪。然而，据此认为被告为盗窃罪找到了宽恕事由是不合理的。事实上，行为人甚至都无须为盗窃罪进行抗辩。虽然行为人得以出罪，但其出罪实际上并不需要抗辩事由、可宽恕事由或其他事由。相反，行为人不承担责任，是因为行为人未能满足法律规定的某一个犯罪构成要件。行为人的行为符合盗窃罪的其他任何一个行为要件，但是唯独不符合盗窃罪中犯罪意图这一要件。因此，我把这种出罪的基础称为否认犯罪意图（或否定犯罪的犯罪意图）。否认犯罪意图不仅是《模范刑法典》确保产生事实认识错误的被告无罪的典型机制，而且是唯一的机制。

否认犯罪意图的出罪主张应该会让道德哲学家们感到困惑。当我们援引本书提及的两个假设时，这种困惑就变得更为明显了：首先，刑法应该符合道德；其次，法律应该对称地处理事实认识错误和法律认识错误。尽管我希望这些假设是合理的，但每一种假设都因否认犯罪意图这一出罪理由而受到损害。其他类型的出罪主张都能在道德中或在受规则约束的地方找到相应的根据。但否认犯罪意图的辩护没有明显的道德对应。一方面，在道德哲学中，很少有不法行为包含犯罪意图。例如，没有人会认为，确证强奸这种道德不法行为，除了需要强奸行为外，还需要犯罪意图。要满足强奸罪的不法性，对"违背被害人意志"负有罪责并不是决定性因素。相反，只要实施非自愿性行为的人都会产生这种不法性。这一不法行为不仅是由那些对"违背被害人意志"负有责任的人所犯，而且是由任何实施非自愿性行为的人所犯。在道德哲学中，犯罪意图的缺失几乎总是一个可宽恕事由，而罪责的存在只是在很大程度上影响了犯罪行为人应受责备的程度。简而言之，强奸犯没有罪责并不会导致道德哲学家们认为这个人根本不可能是强奸犯。另一方面，刑事不法的构成却十分不同，犯罪意图几乎总是涵括在各罪条款中。根据具体法规的详述，除非被告的行为具有某种程度上的犯罪意图（通常表现为轻率），否则其行为不构成强奸罪，其也不能被认定为强奸犯。[①] 从某种程度上说，刑事犯罪很少是严格的。所有的犯罪构成要件都需要一定程度的犯罪意图——至少对核心地位的一些常态犯罪而言是这样。相比之下，道德不法则通常是严厉的：犯罪意图不是与刑事不法相对应的道德不法的一部分。如果我是正确的，那么道德不法的内容应该与刑事不法的内容不同。[②] 但为什么刑事不法和道德不法应该有不同的内容呢，这是一个谜，之后我将在第

[①] 因此，另一个令人困惑的论题是 Douglas Husak and George C. Thomas Ⅲ："Rapes without Rapists: Consent and Reasonable Mistake", 11 *Philosophical Issues* 86 (2001)。

[②] 对于这种结构差异最为完整和最为精细化的讨论，参见 R. A. Duff: *Answering for Crime* (Oxford: Hart, 2007), chapters 9 and 10。

五（A）章中提到。但是，两者的内容是不同的，这一点让人难以辩驳。

可以肯定的是，我关于刑事不法和道德不法之间内容不同的主张，可以在三个方面受到挑战。我将简要论及。首先，也是最明显的一点，我对道德不法和刑事不法内容的概括在两方面都有很多例外：有些道德不法包含犯罪意图，而有些刑事不法则不包含犯罪意图。其次，我承认我的概括很难反驳那些质疑我的人。自废除普通法罪行以来，刑事不法的规范表述随处可见，人们只需参考适用的法规即可。相比之下，道德不法的规范表述是有争议的，而有关道德不法内容的争议也难以解决。最后，也是最重要的一点，刑法条款包含罪责要求这一事实，可能无法回答刑事不法是否同样也要包含罪责。也许刑事不法只是刑法条款各个构成要素的其中一种组合。

如果我们真的提出以道德为基础的刑法模式，那么就很难理解为什么道德不法和刑事不法要具有不同内容。为了保持两者假定对称，缺乏犯罪意图应该成为刑事不法的可宽恕事由，而非否认犯罪意图这一构成要件。然而，我不知道当代有哪一位刑法哲学家会明确地支持这个观点。[①] 刑事犯罪包括主观罪责，这一认识有着深厚的历史渊源，并被公认为是《模范刑法典》的最高成就之一。如果保留我们法律的这一特征，并且继续允许事实认识错误具有否定犯罪意图的出罪意义，那么，首先要面临的问题便是，当在论述不知法的出罪意义时，我们是否也应该这样做。我将在第五（A）章中更深入地探讨这个复杂的问题。

[①] 近代学者中，芭芭拉·伍顿（Barbara Wootton）对刑事不法不包含犯罪意图的论述最让人印象深刻，Barbara Wootton: *Crime and the Criminal Law* (London: Stevens & Sons, 1963)。然而，伍顿的动机与此处讨论的动机完全不同。她主要是为了能更灵活地处理罪犯，以防止其再次犯罪。

然而，上述难题已经得到解决。当被告产生法律认识错误时，否认犯罪意图的出罪机制通常是不可行的。尽管我将在下面的 D 部分中重新阐明一些重要的例外情况，但这些例外情况并没有采纳"否认犯罪意图"这一规则。例如，被告明知自己在杀人，却误以为自己的行为是合法的，这一行为符合犯罪的每一个构成要件并具有必要的罪责，因此行为人对谋杀罪负有责任。为了防止存有疑问，《模范刑法典》明确指出："行为是否构成犯罪，规定犯罪构成要件的法律是否存在，其含义为何，又当如何适用，对这些事项的明知、轻率和疏忽大意均不是相关犯罪的构成要件，除非犯罪的定义或法典有此规定。"① 而我们所谓狭义罪责而非广义罪责，是刑事犯罪的一个要件。

由于现行法在被告产生事实认识错误时要比被告产生法律认识错误时更为宽容，因此必须提出某种方法来将事实认识错误与法律认识错误进行对比。我假设可以找到这样的方法。在阐述我的重要问题（Q）时，我提到了两种认识错误之间的区别。假定，不同于 A 的是，B 不知其行为 Φ 违反了法律 L，不是因为 B 对自己的行为或其所处情况下的某些事实情况产生了事实认识错误，而是因为 B 对法律 L 的存在和适用问题产生了法律认识错误。事实上，除非能对这两种认识错误做一个大概的对比，否则难以看出这项旨在探讨法律认识错误能否以及在何种程度上可以出罪的狭隘研究有何可取之处。如果不能区分，那么评论家应该不分类型地直接对认识错误展开讨论。坦率地说，我认为，在何种情况下，任一类型的认识错误是否具有出罪意义，这一问题应该成为研究的关键所在。尽管我认为事实认识错误和法律认识错误之间的对比并不难以得出，但是上述问题应该得到解决。

---

① Model Penal Code §2.02（9）.

许多并且可能是大多数的评论家认为，事实认识错误与法律认识错误之间难以进行对比区分。一些人甚至将其描述为这是"主观臆断"。① 在我回应这些评论家之前，有必要衡量一下，如果他们的质疑无从解答，这对我探讨的重要问题（Q）会有什么影响。如果这两种认识错误真的无法区分，那么法律似乎要么更愿意为产生事实认识错误的被告出罪，要么更愿意为产生法律认识错误的被告出罪。然而，令人惊讶的是，一些认为两种认识错误的区别是"主观臆断"的评论家"继续支持"了这一现状，并且认为国家应该对产生事实认识错误的被告比对产生法律认识错误的被告更为宽容。但是，对此种主张的合理性，我深表怀疑。"主观臆断"式的对比无法为规范性比较提供支持，接近"主观臆断"式的对比为规范性比较提供的支持也是微乎其微。正如我已经说过的，我个人更倾向于刑法典应赋予几乎所有产生法律认识错误的被告一定程度上的免责，正如被告产生事实认识错误时一样。但我并不是因为区分两种认识错误会面临诸多困难才支持这种对称性的。我认为，区分法律认识错误和事实认识错误的困难被严重夸大了，同时基于此所产生的困惑又能很容易纠正过来。即便如此，我认为犯罪理论家不必在事实认识错误和法律认识错误的区分问题上大费周章，因为两者合理的规范性立场几乎是相同的。然而，目前，我还是把研究的注意力集中在对比事实认识错误和法律认识错误这一问题本身上。

许多理论家将区分事实命题和法律命题的任务变得远比实际困难得多。② 我怀疑他们的困惑都源自同一个原因，即在某些情

---

① Larry Alexander: "Inculpatory and Exculpatory Mistakes and the Fact/Law Distinction: An Essay in Memory of Mike Bayles", 12 *Law and Philosophy* 33 (1993).

② 为了进行有效比较，参见 Peter Westen: "ImpossibleAttempts: A Speculative Thesis", 5 *Ohio State Journal of Criminal Law* 523, 535 (2008)。

况下，他们改变了研究主题从而曲解了问题。他们有时将事实认识错误和法律认识错误进行对比，同时又将这种对比当作对案件进行分类的一种方法。例如，他们会问一个特定的案件（例如我前文提到过的案件）是"事实认识错误案件"还是"法律认识错误案件"。但我认为，这种区别不在于案件，而在于对命题（事项）的区别。在另外一些情况下，他们的困惑更加微妙。这一困惑常常来源于不能准确识别那些难以分类的命题。在几乎所有真实的案例中，对应受谴责性和责任有实质性影响的一些事项（命题），被告都会有自己的主观认知。由于主观认知和与之对应的命题都是根据其内容被个别化的（即某一命题究竟是关于法律的还是关于事实的），所以我们可以统计出产生认识错误的命题数量，来推导出被告产生实质认识错误的数量。根据这一方法我们能了解被告对法律产生困惑的根源，并且认识到许多人对法律不确定是因为他们对事实不确定。被告错误地认为他手中的物品是糖而不是可卡因，那么此时他不可能正确地认识到他现在持有的物品为法律所禁止。但是不能就此认为我们无法总结出他产生的是事实认识错误还是法律认识错误。在几乎所有情况下，通过仔细地对出现的命题进行甄别，是可以对案件中的认识错误进行准确分类的。

现在让我列举一个让评论家们感到困惑的例子来说明我的方法。拉里·亚历山大（Larry Alexander）描述了一项法令：当渔猎部门悬挂红旗时就表明禁止狩猎捕鱼，但悬挂绿旗时则反之。[①] 如果一个色盲的猎人将红色误认为绿色，将绿色误认为红色，那么亚历山大会问该案例中所产生的是事实认识错误还是法律认识

---

① Larry Alexander: "Inculpatory and Exculpatory Mistakes and the Fact/Law Distinction: An Essay in Memory of Mike Bayles", 12 *Law and Philosophy* 33 (1993).

错误？法学评论家们认为他的问题是诡辩的，这一分类是"主观任意的"，因此无论是回答产生了法律认识错误还是事实认识错误都是可以的。我认为，回答这一问题的关键，是要意识到猎人同时犯了两种认识错误。通过对比以下不同的命题，可以很容易地解释这个答案可能产生的任何困惑。

p1：渔猎部门悬挂的旗帜是绿色的。

这是关于事实的命题，他对 p1 的认识错误没有涉及任何法律问题。然而，根据行为人对 p1 产生的事实认识错误，尽管他对法律的内容完全理解，也可以正确地表述法律的规定，但他随后还是违反了法律。

p2：当渔猎部门悬挂红旗时，狩猎是违法的，但当渔猎部门悬挂绿旗时，狩猎是合法的。

行为人对 p2 没有产生任何认识错误。然而，他错误地认为在他产生事实错误并被逮捕的时候，法律允许其狩猎。

p3：今天允许狩猎。

这是一个关于法律的虚假命题。他对 p3 产生认识错误，是因为他对 p1 存在认识错误。但只要我们谨慎地明确行为人所坚信的对象，我们就可以毫不费力地将事实命题与法律命题区分开来。在这个例子以及许多其他具有相似结构的例子中，区分这种事实认识错误与法律认识错误在我看来似乎是没有问题的。

如果对一个特定案例的分类存有疑问，我建议采用以下具有启发性的思考方式。在任何给定的案例中，只要在任何一个需要被分类的命题前插入短语"事实上……"或"法律上……"即可。我相信通过将被告是否产生认识错误的命题予以"个别化"的技巧，将有助于解决几乎任何棘手的案件。"事实上"，色盲的猎人误以为红色的旗帜是绿色的。在"法律上"，他正确地知道当绿色旗帜飘扬时，狩猎是被允许的。同样，在"法律上"，在他错误识别旗帜颜色的那一天，他错误地认为可以打猎。我们之所以会对被告产生的是事实认识错误还是法律认识错误感到困惑，正是由于我们未能"个别化"地确定其所相信之命题的内容。

即便如此，遇到棘手的边缘案例也并不令人惊讶。毕竟，哲学家们长期以来已经习惯了模糊的概念，也都认识到了决定一个既定命题应该是何种分类的难度。但即便如此，相关的困难在很大程度上仍然可以得到解决。例如，尼克斯（Nix）诉海顿（Hedden）这一著名案例，该案件旨在确定西红柿是水果还是蔬菜，从而决定是否适用1883年的关税法案。① 最高法院一致认为西红柿是蔬菜，尽管植物学专家的意见相反，他们认为西红柿最好被归类为"藤本植物的果实"。那么假设史密斯相信这个命题：

p4：西红柿是蔬菜。

那么这是在陈述事实还是在陈述法律呢？在缺乏其他信息的情况下，可能二者都有道理，但我先前提到的判断技巧则有助于提供决定性的答案。我们可以请史密斯在表述前加上"法律上……"，如果他接受了这个提议，那么很明显他的命题是正确的。但即使他以"事实上……"开头，我也并不怀疑他的表述不是两种认识错误之中的任何一种。相反，根据植物学专家的权威意见，史密斯这时的表述也将是正确的。同一个话语（如"正在下雨"）可以表达不同的命题，有些是假的，而有些是真的。如上所述，p4并不是"唯一"的命题。我猜想一旦我们消除了同一话语所表达的命题歧义，那些在区分两种认识错误上的疑难案例、边缘案例都将变得容易。

这个方法技巧可以说明，法律和事实交叉的混合型认识错误

---

① 149 U.S. 304 (1893).

并不存在。虽然不清楚什么因素能使特定案例产生混合认识错误，但许多评论家仍然试图寻找这样的案例。① 许多刑法教科书都重印了 R 诉史密斯一案②，其中上诉法院同意将认识错误作为违反《刑事损害法》的辩护事由。当被告离开出租公寓时，他拆除了他以前安装的墙板和地板。他认为他的行为只会破坏他自己的财产。然而，史密斯误解了相关财产法的内容。因为所安装的墙板和地板都属于固定装置，所以它们成了房东的财产。也就是说，史密斯的行为破坏了另一个人的财产。即便如此，法院仍然认为，被告对"损害属于他人的任何财产"的行为缺乏法律要求的犯罪意图。大多数评论家都认为这一判决结果是正确的。然而，在这种情况下，我认为不难区分被告的认识错误是法律认识错误还是事实认识错误。"这个东西是我的"这一表述既可以是事实命题也可以是法律命题。无论史密斯是否同时产生了这两种认识错误，至少在如何适用财产法这一问题上他肯定产生了一个认识错误。在这种情况下，本案真正的问题不是要对命题进行分类，而是要说明为什么法院和评论家愿意承认"不知法"的出罪机能。这一问题是规范性的，而非概念性的。在交叉混合案件中，事实认识错误与法律认识错误难以区分，可能只是一种借口，只是为了让结果看起来公正。

正如我所说，大多数评论家可能都认为对史密斯的判决是正确的。但为什么被告有资格获得出罪呢？教科书上给出的答案认为，当行为人的认识错误涉及非刑法（如财产法）时，法院更倾向于对产生法律认识错误的被告出罪。很多先例支持了这一立

---

① 参见 Kenneth W. Simons: "Ignorance and Mistake of Criminal Law, Noncriminal Law, and Fact", 9 *Ohio State Journal of Criminal Law* 487 (2012)。

② R v. Smith (David Raymond) (1974) 1 All E. R. 632.

场，并且许多现行法规也是如此。刑法典通常也会确保被告在误解其权利时不承担侵犯财产的责任：针对财产侵权的州法律，诸如"……（被告）明知未获得许可"等条款。例如，新泽西州的入室盗窃罪要求被告知道他是未经许可或没有权利留在该住宅中[1]，宾夕法尼亚州非法侵入法同样要求被告知道进入他人领域是未经许可或者未获得权利的[2]，新泽西州法律禁止侵犯隐私，其要求被告知道查阅隐私是未经许可或未获得权利的。[3] 我将在 D 部分中对包含此类条款的法规作更多的说明。现在，我仅提出如下问题：为什么相关法条要作此规定？此类规定所隐含的基本原理与"不知法不免责"似乎是矛盾的。我认为，这些规定以及相关的判例体现了对"不知法不免责"的例外处理或限定，但这也只是进一步证明了这一传统教条所蕴含的不公正。现行法所面临的诘难是显而易见的。如果认为被告产生了混合认识错误，那么最好是重新思考传统教条本身，而不是用可疑的理由去做各种例外处理。

我们必须明确地面对规范性问题：不管这两种认识错误的对比区分容易与否，最重要的问题都应当是，这两种认识错误是否应该被区别对待？尽管仍有疑虑，但我认为这两种认识错误不应该被区别对待。正如我提出的那样，即使可以得出令人满意的对比，法律认识错误也不应该与事实认识错误区别对待。接下来通过一个经典的假设案例，来说明不知事实可以出罪而不知法则不能出罪这一奇怪现象。在桑迪·卡迪什（Sandy Kadish）的经典案件中，事实先生（Mr. Fact）和法律先生（Mr. Law）都因为淡季狩猎而违反了法律规定。他们在 6 月 16 日打猎，但是狩猎季

---

[1] N. J. Stat. Ann. §2C: 18-2 (a) (2).
[2] 18 P. A. Cons. Stat. §3503 (a).
[3] N. J. Stat. Ann. §2C: 14-9 (a).

已经在前一天结束了。然而,由于不同的原因,两位猎人都不知道他们违反了法律。事实先生出于某些原因忘记了日期,并且错误地认为打猎当天是6月15日。而法律先生知道打猎当天是6月16日,但误认为狩猎季延长了一天。由于事实认识错误可以出罪,事实先生将不会因淡季狩猎而承担责任。由于法律认识错误不能出罪,法律先生将对同样的行为承担责任。

卡迪什的假设案例至少可用于三个目的。从直觉上来说,几乎所有评论家都认同,对同一罪行而言,事实认识错误得以出罪而法律认识错误却无法出罪,这是不公正的。当一年级法学院学生最初遇到这个假设案例时,他们几乎都认为现行法在这里的适用是荒谬的。如果要维护现行法的做法,则必须说明为什么是事实认识错误而不是法律认识错误值得出罪,或者说明,为什么这个特例不能用来挑战这种区别对待背后的理论基础。[1] 其次,这一假设案例对用于支持"不知法不免责"的一些理由提出了质疑。再次回顾一下"每个人都知道法律"这一推定。但是,没有评论家认为每个人都应该被推定知道事实。然而,从经验上看,特定的猎人可能更容易对狩猎季节的持续时间而不是对日期产生认识错误。而且,对日期产生的错误认识比对允许狩猎的时间段产生的错误认识更容易纠正。如果是这样,为什么要推定"每个人都知道法律",而不推定"每个人都知道事实"呢?最后,值得注意的是,这个假设的案例并没有反映出事实认识错误和法律认识错误之间区别对比的困难。不管在其他地方有多么难以捉摸,至少在本案中,这种对比似乎非常明了。这个例子表明,即使不以两种认识错误难以区分为由,"不知法不免责"的正当性

---

[1] 参见 Kenneth W. Simons: "Ignorance and Mistake of Criminal Law, Noncriminal Law, and Fact", 9 *Ohio State Journal of Criminal Law* 487 (2012)。

也会面临诸多质疑。

尽管如此，我也坦然承认事实认识错误和法律认识错误之间的界限可能会很微妙，因为这往往取决于我们怎样认定行为人所具备的主观认知状态。回想一下雅各布案，雅各布并不确定是否应该回收他的电池。他究竟是对"他的电池是否为碱性的"有错误认识，还是对"碱性电池是不是必须回收的物品类型"有错误认识，虽然我不明白这两种情形下的可谴责性有什么不同，但我假设，雅各布只是对后者产生了认识错误。如果是这样，他显然是对法律的规定不甚确定。他知道自己没有回收利用，也知道自己没有回收的东西是碱性电池，但他不确定环境法是否禁止他扔掉这些电池。然而，假设被告有资格出罪，不是因为他不知法，而是因为他对该项法律背后的道德一无所知。基于这种假设，雅各布的错误认识之性质开始有所不同。我之前推定雅各布知道污染环境是不对的，他只是不确定他扔进垃圾桶的电池是否会对环境造成污染。那么这个认识错误似乎就是事实认识错误，因为它涉及的是"被丢弃的物品对环境有何影响"这一事实问题。虽然雅各布产生了法律认识错误，但影响其可谴责性的似乎是他的事实认识错误。用我稍后提及的术语来表述就是，他对自然犯的具体规定产生了认识错误。

若出罪的理由是被告不知法律背后的道德，而非不知法律本身，那这将给已然具备诸多不确定性的事实认识错误和法律认识错误的比较带来更多潜在的复杂性。诺米·阿帕里（Nomy Arpaly）列举了一个关于纳粹分子的例子，这位纳粹分子坚称犹太人有一个接管世界的阴谋，从而为自己参与灭绝犹太人的行径辩解。① 这位纳粹分子只是在事实问题上产生了认识错误吗？也许吧。然而，更为合理的认识是，对于其受当时社会环境驱使的这种不合理认识［阿帕里称之为动机的非理性（motivated irrationality）］，这位纳粹分子是有罪责的。那些关心善待他人的人，是不愿意仅根据一些荒诞的解释就相信某人是有罪的，即使这个人是一个他们认为不好的人。因此在上述情况下，就算犹太人根本没有什么接管世界的阴谋，纳粹分子还是会犯下种族灭绝的罪行。很有可能，行为人之所以相信"犹太人要接管世界"这样一个愚蠢的事实命题，是因为他有一个扭曲的道德观。换句话说，他的事实认识错误涉及了道德内容。

无论如何，我的理论最大的优势在于，不必在事实和法律之间，或者在事实和法律背后的道德之间进行明确的对比。为什么我直接对称处理事实认识错误和法律认识错误的提议会遭到反对呢？我不确定。许多可能的答案之一是，对这两种认识错误进行对称处理所依赖的"元伦理学"基础存在争议。事实命题可以是真的，也可以是假的，同样，法律命题也有可能是真的或者是假的。② 但至少可以认为道德判断不能为真或为假，因此，我们可能就不太清楚道德认识错误意味着什么。③ 在接下来的内容中，我将预设存在一个认知主义的理由，根据这种观点，道德主张具

---

① Nomy Arpaly, *Unprincipled Virtue: An Inquiry into Moral Agency* (Oxford: Oxford University Press, 2003), esp. p.102.

② 相关细节研究，参见 Kevin Toh: "Legal Judgments as Plural Acceptances of Norms", in Leslie Green and Brian Leiter, eds.: *Oxford Studies in the Philosophy of Law* (Oxford: Oxford University Press, Vol. 1, 2011), p.107。

③ 即使这种认知主义的前提被证明是站不住脚的，即对道德主张的任何认识都不可能是对的或错的，但非认知主义的道德观也许也能够解释为什么道德认识错误是有可能的。例如，参见 Simon Blackburn: "AntiRealist Expressivism and Quasi-Realism", in David Copp, ed.: *The Oxford Handbook of Ethical Theory* (Oxford: Oxford University Press, 2006), p.146。

有真值，就像事实或法律主张一样。因此，无须用特别的理由来解释为什么人们可能会对道德产生认识错误。然而，这些元伦理学研究再次超出了我的研究范围。

我们已经详细讨论了一个更为常见的（如果不具有那么复杂的哲学性）反对我所提倡的对称性的理由。关于不知法的现行政策证明了结果主义思想对刑法学说的影响；为那些不知其行为非法的重罪行为人出罪一般被认为是十分可怕的，不值得去考虑。但我们不应该因为其可能"让我们最糟糕的政客轻易逃脱罪责"，① 就否定我的理论。正如我所指出的，我们对这类问题缺乏可靠的直觉判断。此外，正如我将在第四（A）章和第四（C）章中更详细地叙述的那样，我们不必过于担心我的理论将会放纵罪犯。

最后，我需要再次说明我的观点。正如我所说，事实认识错误与法律认识错误之间的出罪意义没有太大的差异。但是，表面上的差异可能仍然存在。也就是说，就不确定的事实经验而言，人们可能更经常地产生事实认识错误而不是道德认识错误。例如，我们更可能因为没有意识到我们给予的药物是毒药而减轻责任，而不是因为我们没有意识到毒害他人是非法的。也许我们不应该从这些案例中归纳得出结论，用于支持事实认识错误和法律认识错误之间存在明显的差异。我们都认识到在我们的生活和整个社会中，道德的不确定性是普遍存在的，只有傲慢和自欺欺人的哲学家才会持相反的看法。甚至是我对结果主义道德理论的驳斥也引起了激烈的争论。在除最清晰明了的案例之外的其他情形中，我们没有资格自鸣得意地认为我们的道德直觉是正确的。如

---

① 参见 William J. Fitzpatrick: "Moral Responsibility and Normative Ignorance: Answering a New Skeptical Challenge", 118 *Ethics* 589, 610 (2008)。

果道德的不确定性是普遍存在的,那么道德认识错误就会和事实认识错误一样常见。但我们为什么要关注规范性目的呢?幸运的是,我无须对事实认识错误是否比道德认识错误更常见这一不确定的经验问题提出一个明确的看法。

我的结论是:将事实认识错误与法律认识错误,或与其背后的道德认识错误进行对比并不是特别困难。如果我是正确的,那么似乎应该推断出这两种认识错误在行为人的出罪意义上会有所不同。然而,这种推论却是一种误读。在我看来,学者们对将事实与法律进行对比的困难的担忧,多少有点分散了我的注意力。就像困扰于法律公布的问题一样,这些所谓的困难可能会让我们忽视一个更深层次的规范性问题,即法律应该对被告产生的法律认识错误做出怎样的回应。正如我们将看到的,我在第三(B)章中引用的基本责任理论,可以用来支持这两种认识错误在出罪意义上的对称性。

D. 出罪主张的结构:"不知法"否定犯罪意图

只有少数不知法的被告能够根据 B 部分所讨论的事由成功地为自己出罪。很少有人能够证明法律公布存有某种缺陷,或者证明是因信赖权威意见而造成的损害。虽然每一本教科书中都包含对这两种出罪理由的讨论,但它们对当前刑事司法的影响微乎其微。对不知法不是抗辩事由这一理论最重要的限定条件还有待审查。在相当多的案件中,一个不知道自己的行为违反法律的人得以出罪并非因为他拥有真正的辩护事由,而是因为他一开始就没有犯罪。在我将要提到的例子中,产生法律认识错误的被告可以通过否认犯罪意图而得以出罪——这是我在 C 部分中所描述的犯罪机制,通过这种机制,所有被告都可以在声称不知事实时得以出罪。

当不知法使行为人得以出罪时,将他的抗辩解释为"不知法不免责"的例外是不准确的。相反,应该将其称为对该传统规则的限定。这一限定无疑是一种逃脱责任的方式,而这与人们普遍接受的"不知法不免责"这一严格规则的精神不符。但这种抗辩却也出乎意料地普遍存在,因此任何对现行法律的审视都不能忽视这种抗辩。仅出于这些原因,对"不知法不免责"规则的限定就值得仔细审查。但我的目的还不仅仅局限于此,仔细思考这个错综复杂的法律体系,其实会得到更多重要的见解。因此,本部分的研究虽然最初只是表现为对现行法的研究,但对我所要探求的规范性目的至关重要,它使我们能够更好地认识到,要同等对待不知事实和不知法的被告,何种因素将是至关重要的。此外,这部分的研究将使我们能够理解,出罪并非完全是由于不知法。当被告的行为在道德上是无辜的时候,法院经常会免除他们的法律责任。这些结论在我后来关于不知法是如何影响责任的理论中起到了重要作用。

一旦我们决定对不知法进行出罪,我们就必须确定它应该如何出罪,也就是说,它应该是什么样的出罪事由。[①] 这种确定并不像人们想象的那么明显。我介绍了一个基本的(但是遗憾的是较为复杂的)出罪事由的分类,以此来理解现有的出罪选择的多样性。为了理解出罪辩护所依据的基本框架,我们不能从犯罪开始,而必须从指控开始,即一个特定主体已经实施了犯罪。被指控犯罪的人可以寻求以几种在概念上不同的方式规避责任,而每

[①] 对这一问题的进一步思考,参见 Re'em Segev: "Moral Rightness and the Significance of Law: Why, How, and When Mistake of Law Matters", 64 *University of Toronto Law Journal* 33 (2014)。

种方式都可以进一步细分。尽管这些方式在所有的案件中都有潜在的可能性，但我将通过假设被告以不知法作为回应来说明这些可能性。换句话说，假设被告（正确地或者错误地）认为他不应该受到惩罚，因为他没有意识到他的行为是非法的。到目前为止，我倾向于不加批判地认为被告是在寻求可宽恕事由。除了正当化事由外，可宽恕事由也是一种抗辩事由。这两种类型的抗辩事由都是实体性的，因为它们都与被告的该当性相关。也就是说，它们表明被告不应该受到国家本有权施加的惩罚。当然，并不是所有的抗辩事由都是实体性的。比如那些涉及排除规则的抗辩事由，其目的只在于阻止警察的不当行为。因此，它们有进一步的目的，其并不是被用于否认被告的可谴责性。而非实体性抗辩事由可能导致一个本应该受到国家刑罚惩罚的被告被无罪释放。

　　正当化事由和可宽恕事由是两个最突出的，并且可能是仅有的两个实体性抗辩事由；被告因具有正当化事由或可宽恕事由而不承担责任或受到惩罚。[1] 学者召开了无数次的学术会议和研讨会，共同商讨以求弄清楚正当化事由和可宽恕事由两者之间令人难以捉摸的界限。值得庆幸的是，学术争鸣过程中的许多细节不会对我此处的研究产生太大影响。[2] 通常来讲，以正当化事由抗辩的被告承认他违反了法律，但考虑到行为发生时的各种情况，他声称其行为在发生的情况下是合法的（所有的因素都考虑后）。例如，在一个典型的自卫案例中，故意杀人的被告辩称，法律允许他在其所处的情况下杀人。可宽恕事由则是不同的。一般而

---

[1] 有学者认为，至少还需增加另一种抗辩事由，参见 Duff: *Answering for Crime* (Oxford: Hart, 2007), chapters 9 and 10, especially chapter 11。

[2] 参见 Douglas Husak: "The Sequential Principle of Relative Culpability", in Douglas Husak, ed.: *The Philosophy of Criminal Law* (Oxford: Oxford University Press, 2010), p. 287。

言，以可宽恕事由抗辩的被告承认他违反法规是不被许可的，即没有正当化事由，但被告认为他这样做不应受到谴责。例如，在遭受胁迫造成更严重危害后果的被告通常主张，哪怕他的行为是不被允许的，法律也不应该追究他的责任，对他施加惩罚。

大多数法哲学家都认为，如果不知法是一种抗辩事由，那么它必须被解释为可宽恕事由，而不是正当化事由。从根本上讲，他们可能是正确的。毕竟，正如弗莱彻驳斥霍尔时所假定的那样，产生认识错误的被告并不认为他们可以违反法律。不同于詹姆斯·邦德（James Bond），那些不知法而杀人的人不会认为自己拥有"杀人许可证"。更合理的理解是，尽管不知法的被告曾实施了不被允许且不合理的行为，但他是无可指责的，因此不应承担责任。即使不知法被认为是一种减轻惩罚的抗辩事由，而不是一种要求彻底无罪的完全抗辩事由，大多数法哲学家也会将其解释为一种部分可宽恕事由，而不是一种部分正当化事由。[①] 在这一点上，我已经以这种方式含蓄地表明了，不知法应该是一种可宽恕事由。最终，我将同意做如上理解是最好的选择，但必须是在对其他路径进行严格审查之后。

不知法抗辩事由之性质的传统见解受到了以下几个方面的挑战。例如，根据迈克尔·卡希尔（Michael Cahill）的说法，不知法完全不应该被概念化为我所主张的实体性抗辩事由。[②] 如果我们认为一个不知法的被告应该承担刑事责任和受到惩罚，那他为什么会被宣告无罪呢？卡希尔回应说，不知法可能起到非实体性的公共政策辩护作用，类似于诱捕或诉讼时效的抗辩。这种抗辩

[①] 参见 Douglas Husak: "Partial Defenses", in Douglas Husak, ed.: *The Philosophy of Criminal Law* (Oxford: Oxford University Press, 2010), p. 311。

[②] Michael Cahill: "Mistake of Law as Nonexculpatory Defense" (forthcoming).

可能会产生一些有益的结果，我相信卡希尔在这一点上是正确的。因此，国家有时应该接受这一抗辩事由，即使我们同意（但我不同意）一个不知法的被告应与一个明知其行为非法的被告受到同样多的惩罚。然而，我感兴趣的主要问题是不知法与被告应受刑罚之间存在的关系，目前我没有进一步讨论卡希尔的立场，待第五（B）章中谈到理论实施的问题时，我再对其进行论述。在这里，我们将看到卡希尔（至少）在一类有限的案件中是正确的——在这些案件中，被告实施了他们知道在道德上不法的行为，但这些行为事先并未被立法机关禁止。

因此，我把我目前讨论的重点集中到实体性抗辩事由上，即与被告的该当性相关的抗辩事由。值得注意的是，即便如此，并不是所有认为不知法是实体性抗辩事由的刑法理论家都赞同最好将其概念化为可宽恕事由。雷姆·塞格夫（Re'em Segev）在一篇颇具挑衅性的论文中辩称，不知法通常应被视为一种正当化事由。[①] 这个结论的论据很容易阐明。在允许的情况下，综合考虑当时存在的各种情况后，行为在被允许实施的情况下就是正当的。行为人根据其当时所能获得的最合理的信息，认为实施某种行为是合理的，那么这种行为就可以说是被允许实施的行为。根据这一思路，中世纪医生抽走病人的血液，是合理行为，尽管现在我们意识到这样的治疗弊大于利。但毕竟当时最先进的医学都建议病人在遭受特定疾病时应该放血治疗。因此，沿着这一思路，这些医生的行为符合他们那个时代的最佳医疗实践，这种行为是被允许的。尽管在这种情况下我的行为是不被允许的，但我不应该受到责备。尽管这位中世纪的医生声称自己对医学科学的

[①] Re'em Segev: "Justification, Rationality and Mistake: Mistake of Law Is No Excuse? It Might be a Justification!", 25 *Law and philosophy* 31 (2006).

事实一无所知,但这个例子同样可以为那些声称不知法的人提供类似参考。根据同样的理由,行为人依据关于法律最合理的信息做出的行为,是被允许的,也是正当合理的。因此,赛格夫得出结论:至少某些不知法抗辩事由应被理解为一个正当化事由,而不是一个可宽恕事由。

毫无疑问,将行为的"正当性"等同于"合理性"的这一前提,也即行为人根据其所能获得的最优信息而实施的合理行为就是被允许的行为,是这个观点中最脆弱的部分。我们可能接受或者不接受这个前提。但是就当前的研究目的而言,我们无须解决这一分歧所带来的严重的争端,因为它主要涉及正当化事由的性质,并且也只是间接涉及不知法本身的问题。作为一个规范性的问题,即使不涉及正当化事由的相关争议性问题,我们也能决定不知法是否以及在何种情况下可以出罪。对于当前主题更为重要的是,我最终将在这一部分重点介绍的出罪理由,在"不知法不免责"这一规则上引入了一种完全不同的限定条件——无论塞格夫关于正当化事由之性质的观点是否合理。正当化事由和可宽恕事由都是一种实体性的抗辩事由,而下面我所讨论的出罪考量并不是任何形式上的抗辩事由。只有当被告实施了一项不法行为(罪行)时,才需要抗辩。正如我所指出的,犯罪是由各种要件构成的,这些要件还包括犯罪意图。我在本章节的其他部分所讨论的对"不知法不免责"的限定,将不知法这一抗辩解释为否认犯罪——更具体地说,是对被指控罪行中犯罪意图要件的否认。虽然《模范刑法典》第2.04(1)(b)节使用了"抗辩事由"一词,但提出这种抗辩类型的被告并不需要真正的抗辩事由,因为他可以声称从一开始犯罪就并未发生。犯罪未发生,是因为至少有一个要件不满足——缺少犯罪意图。

虽然法哲学家们通过各种各样的形式应该对否认犯罪意图的抗

辩类型有所了解，但在法律认识错误的情况下，否认犯罪意图似乎是自相矛盾的。由于不知法，那么"自己没有违反法律"的这种主观确信就是正确的。但如果错误地认为"自己没有违反法律"这一主观确信是正确的，那么错误认识的所谓"错误"是体现在哪里的呢？这种抗辩类型的存在直接涉及我研究课题的核心，甚至需要重新表述我的重要问题（Q）。在此刻，我已经假定了（Q）问的是，如果 A 和 B 实施了相同的行为 Φ，违反了相同的法律 L，当 A 知道而 B 不知道其行为 Φ 违反法律 L 时，法律应该如何适用。显然，对这个问题的描述需要修改。如果法律 L 的内容允许不知法的被告以否认犯罪意图抗辩，那么 B 对法律 L 的无知就意味着他不可能违反法律 L。正如我们将要看到的，许多刑法法规确实允许被告以否认犯罪意图来进行出罪。在这些情况下，问题（Q）实际上是不合逻辑的。更准确地说，我们需要重塑重要问题（Q）：如果 A 和 B 实施了相同的行为 Φ，其中 A 的行为违反了法律 L，但同时，B 由于不知法而实施的行为没有违反法律 L，不过，只要 B 知法，他的行为也必定会违反法律 L，那么此时法律应该怎么适用？为了简单起见，我忽略了这种复杂变体，并将继续保持问题（Q）的原样。然而，至少出于两个原因，这种复杂性不应该被忽略。首先，这种不合逻辑并没有被发现；我并没有发现有哪位研究过不知法的学者曾讨论过这个问题。其次，它可能会让我的研究显得过于简单。行为人（例如 B）只要具备犯罪意图，其行为就将构成犯罪，但是，其客观上毕竟没有这样的犯罪意图，那么依据合法性原则，我们怎么能认为该行为人构成犯罪并应受到惩罚呢？当 B 成功地否认了犯罪意图时，唯一可能的结果就是其得以出罪。[1]

---

[1] 或者看起来的确如此。对于出罪的复杂性，参见 Paul H. Robinson: "Imputed Criminal Liability", 93 *Yale Law Journal* 609 (1984)。

在这种情况下,这一重要问题(Q)虽然似乎很难,但有一个明显的解决方案:绝对不能因为法律 L 而惩罚 B,因为 B 根本就没有违反法律 L,而 B 没有违反法律 L 是因为 B 没有满足法律 L 的构成要件。[①]

在接下来的内容中,我将回到实证法,并引用一些具体的法规和案例来说明一些困惑。这些疑惑是试图对出罪事由进行分类而引起的。首先,否认犯罪意图和其他出罪事由之间的对比是很困难的。对某一特定抗辩事由的准确分类通常是不确定的。显然,罪行本身所包含的条款或术语有时为真正的抗辩事由提供了基础,如不知法的抗辩事由。其次,当一个不知法的被告使用这种法定术语得以出罪时,是否应该认为他是通过否认犯罪意图这一要件从而否认犯罪行为本身的呢?通常并非如此。相反,他提出了一个真正的抗辩事由,而这个抗辩事由恰好是法律明文规定的。虽然正当化事由和可宽恕事由通常是在所指控的罪行之外发现的,但真正抗辩事由的法定依据则无须超出法律的范围。简而言之,出罪依据的事由是否援引法律的明文规定,并不是将某种出罪事由分类为抗辩事由或否定犯罪意图的决定性因素。这一点很容易被忽略。我将在第五(A)章中再次强调这一主张的重要性,即不管法律对某一抗辩事由是如何在其条款中进行规定或表述的,对该抗辩事由的类型都没有决定性意义。

如果对某一抗辩事由的分类是困难重重的,那么我们应该停下来想想这种分类是否值得。除了清楚地界定概念外,为什么分类也变得很重要?只有当对抗辩事由进行区别有助于解决有形争

[①] 我感兴趣的问题是违反 L 的责任,因此,对于违反 L 的未遂形态,以及未遂形态下复杂的责任问题,我在此处有所回避。对此的相关论述,参见 R. A. Duff: *Criminal Attempts* (Oxford: Clarendon Press, 1996); and Gideon Yaffe: *Attempts* (Oxford: Oxford University Press, 2010)。

端时，这种区别分类才是有价值的。然而，当一个人以否认犯罪意图而不是以真正的抗辩事由进行抗辩时，分类确实会产生重要意义。最值得注意的是，美国宪法规定了无罪推定原则。① 简单地说，这种推定要求控方在刑事审判中以"排除合理怀疑"为标准承担证明被告有罪的责任。但什么是"有罪"呢？就目前而言，有罪是指被告实施了某项犯罪。但在这种意义上的有罪并不构成责任，被告仍然拥有辩护权。那么什么又是"犯罪"呢？我反复论述的观点已经给出了答案。犯罪是由几个构成要件共同构成的行为。因此，如果认为某一因素与刑事责任有关，那么国家有义务证明该因素是犯罪的某一个构成要件。② 但是，如果与责任相关的这一因素不是犯罪的一个要件而是真正的抗辩事由，那么国家对其就没有义务去证明或反驳。③ 无论如何，国家没有责任用与犯罪要件有关的同样高的标准来反驳所有的抗辩事由，即排除合理怀疑的证明标准。因此，将某种出罪理由归类为抗辩事由或否认犯罪意图，这对刑事审判中举证责任的分配具有重要的影响。下面所讨论的一些联邦犯罪中的某些抗辩事由没有对这些罪行的任何要件提出反对，即使这些抗辩事由在法规中有明文规定。只要提出上述抗辩事由的被告不反对他违反了我所界定的犯罪，那么他进行抗辩的举证责任就可能分配给他。之后我也将在第五（A）章中讨论举证责任这一问题。

---

① 对于无罪推定及其哲学意义的扩展讨论，参见特刊 8 *Criminal Law and Philosophy* 283-525（2014）。

② 就目前而言，我诠释了形式上的无罪推定。而关于无罪推定的形式解释和实质解释的对比，参见 Duff: *Answering for Crime*（Oxford: Hart, 2007），chapters 9 and 10。

③ 当然，这一看法存有例外。此外，许多法哲学家可能会认为这一看法过于形式主义，因为推定的不法行为直接来自法律的推定，其也无须控方的证明，那么这样一来，这些推定的不法行为似乎就和抗辩事由等而视之了。

即使出罪的理由可能不是否认犯罪意图，但相当多的罪行条文都明确规定要求被告知道他所违反的法律。这样的表述具有明显的优势，这就消除了对不知法是否可以出罪的猜测。虽然评论家们已经认识到这些罪行的存在，但即使是经验丰富的犯罪理论家也可能会惊讶地发现这些犯罪是如此的普遍。或许是这些法规大量地出现在《美国法典》（USC）中，导致许多评论员低估了它们的数量，大多数法哲学家可能更熟悉《模范刑法典》和（或多或少）采用它的州法典。在《模范刑法典》中，明确要求被告知晓他被指控违反的法律是罕见的。[①] 无论如何，我将从联邦法律中举出几个这样的例子。[②] 正如我们将看到的，它们只是一种手段，通过这种手段对不知法赋予了出罪的意义。

法律使用不同的措辞来明确规定被告需要对行为的违法性有所了解。《美国法典》第 18 卷第 1902 条提供了最好的例子，这一条款作为一个示例说明了如果不知法可以作为出罪事由，那么法律条文应如何起草。该条法律禁止政府官员买卖农产品，并进一步规定："除非在实施此类违规行为之前，行为人知道这种规定，否则任何人都不能因为违反这项法规而被视为有罪。"人们只能奇怪，为什么像该条法规一样清晰的条文未能被广泛地规定。其他法律通过使用"但书"这种例外条款，就间接地得到了同样的效果："……（除非他）不知道规则"，或者更详细地表述

[①] 相关例子，参见 Kenneth W. Simons: "Ignorance and Mistake of Criminal Law, Noncriminal Law, and Fact", 9 *Ohio State Journal of Criminal Law* 487（2012）pp. 536-537。

[②] 联邦法律评述家指出，"不知法不免责原则的影响在上个世纪严重减弱，近年来，这一原则的影响可能呈现滑坡式下降"。Sharon Davies: "The Jurisprudence of Willfulness: An Evolving Theory of Excusable Ignorance", 48 *Duke Law Journal* 341, 343（1998）. 自 Davies 撰写了这篇文章以来，我不认为她会继续将不知法原则影响的减弱描述为滑坡式下降。

为:"……除非他在被指控违反该规则之前就知道这项规定。"例如,《美国法典》第15卷第80(a)-48条就采用了这一方式,把对相关规定的明知,作为对违反证券规则的行为承担责任的前提条件。其他联邦法律规定,被告的行为必须"意图规避"法律。例如,《美国法典》第21卷第960(d)(5)条规定,如果虚假陈述的目的是逃避记录保存或报告要求,那么在特定化学品进出口方面所作的虚假陈述就应被定为刑事犯罪。《美国法典》第31卷第5332(a)条禁止为逃避《美国法典》第31卷第5316条规定的货币申报要求的目的来大量走私现金。《美国法典》第18卷第228(a)(2)条规定,如果一个人想逃避抚养孩子的义务,而在州际或外国商务旅行,那么其将被定为犯罪。虽然这种规定并没有明确表明违法性认识是犯罪的一个重要因素,但是难以想象,一个人如何能够故意逃避他没有意识到的义务。

遗憾的是,立法者在其他一些法规上的表述远不如这般清楚明了。有时,一项法令只是表面上要求行为人必须明知行为的违法性,因为该法令往往会在其后又规定另一个条款,而在该条款中,责任的施加标准明显被降低了。例如,《美国法典》第18卷第922(f)(1)条禁止在州际贸易中运输枪支,这似乎要求人们必须意识到这种行为是非法的。再举另一个例子,《美国法典》第8卷第1185(a)(2)条禁止运送非法移民,而这显然需要行为人知道这种运送是非法的。但是,这两部法律中的第二个条款都允许在被告有"合理理由"相信其行为是非法的情况下对其施加责任,后一条款规定了过失标准,与第一个条款中提到的实际的明知相去甚远。后一条款与前一条款几乎完全背道而驰,因此这种法律表述必然会引起混乱。

上述法规允许以不知法为由进行抗辩。自此,我将焦点集中在如下的被告身上,这些被告以不知法为由的抗辩并没有援引法规明文规定的真正抗辩事由，他们只是声称自己在指控的罪行中缺乏犯罪意图。行为人主张因其不知法所以犯罪根本没有发生，这一论点只有在一种或多种犯罪意图要件要求行为人知道其所违反的法律时才能站得住脚。法律的犯罪意图构成要件如何使这种认识成为责任的必要条件？制定法中至少包括两种不同的机制来允许被告以不知法为由否认犯罪意图。在接下来的内容中，我将描述并举例说明这两种机制。这些机制所造成的不确定性要求积极完善成文法，以防止外行人甚至是法学学者感到困惑。在第五（A）章中，我将提出切实可行的方法。然而，在我们感到迫切需要完善制定法之前，我们必须了解立法机构和法院已经产生的混乱认识。

至少有两种路径允许不知法的被告否认犯罪意图。在每一种路径下，如果立法者在起草刑事法规方面做得更好，那么可以在更少的争议情况下实现出罪。根据第一种机制，如果将法律条款中定义不明确的犯罪意图解释为需要对罪行明知，那么不知法就可以起到否认犯罪意图的作用。众所周知，法律条文中"故意地"这一副词通常就可用来作此解释。在许多案件中，法院将这一法定构成要件解释为，被告违法前必须知道法律。很多评论家已经对这些法规进行了详细的审查，因此我只需简要说明即可。[1]奇克诉美国案是最著名的一起案件，法院认为，根据《国内税收法典》第7201条的规定，"故意"的联邦逃税行为要求检方证明被告自愿且故意违反了"已知的法律义务"。[2] 1991年法院对奇克案判决后，许多税务案件也对此纷纷效仿。例如，在美国诉古里一

---

[1] Sharon Davies: "The Jurisprudence of Willfulness: An Evolving Theory of Excusable Ignorance", 48 *Duke Law Journal* 341, 343 (1998).

[2] 498 U.S. 192 (1991).

案中,为了以《国内税收法典》第 7206(2)条定罪,要求共同犯罪被告"故意"协助提交虚假的公司所得税申报表,这也就需要证明被告"已知相关法律责任"。① 对违法行为的了解也是逃避《国内税收法典》第 6050 条第 1 款规定的商业收据报告要求的犯罪行为的前提条件。② 关于虚假陈述的法规通常也会做出同样的要求。竞选活动的财务主管必须明知向联邦选举委员会提交虚假报告的行为是违法的,从而才被允许以《美国法典》第 18 卷第 1001 条进行定罪。③《证券法》中的反虚构规定也作了类似解释。拉茨拉夫诉美国案的判决认为,如果要认定行为人违反了《美国法典》第 31 卷第 5322 条,即为了规避银行申报要求而故意虚构交易,那么行为人需要知道此行为是非法的。④ 同样,枪支犯罪也提供了很多的例子。《美国法典》第 18 卷第 922(a)(1)(a)条和 924(a)(1)(d)条,禁止在没有联邦执照的情况下任意买卖枪支,这就需要证明被告知道其行为违法。⑤ 类似的例子可以在《卫生法》《就业法》《国际贸易法》《学生贷款管理法》以及其他众多领域中找到。

然而,在其他一些情形中,法院并不认为"故意地"就代表了对行为违法性的明知。在哪些情形下犯罪意图要件应被解释为对不法行为的明知,而在哪些情形下又不能,对此,我们需要知道的是,法院究竟是依据什么样的原则来作出此类决定的。如果缺少这些原则的指引,即使是最为勤勉的公民和律师,也不得不在法律条文之外再去查阅相关的案例,方才能够探知,行为人是

---

① 860 F. 2d 521 (2d Cir. 1988).
② United States v. Rogers, 18 F. 3d 265 (4th Cir. 1994).
③ United States v. Curran, 20 F. 3d 560 (3d Cir. 1994).
④ 510 U. S. 135 (1994).
⑤ Bryant v. United States, 524 U. S. 184 (1998).

否必须"知法"才能被认为违反了法律。遗憾的是，我们无法找到这种清晰明了的指引原则。不过，我并不是说这种指引原则根本不存在，相反，我只是想表明：首先，即使这样的指引原则存在，它也不能帮助人们准确地预测，法院会怎样解释（或者应当怎样解释）那些规定有不甚清楚之外的罪责条款的法规。其次，一些指引原则中的某些考量因素看似具备合理性，但这也只是因为它们与其他一些需要被考虑的基本因素有所关联。

复杂性是将犯罪意图解释为"被告明知其行为违反法律义务"最常见的原因之一。例如，在偷税、漏税的情况下就援引了这一基本原理。税法是复杂的，以至于法院主张，用于起诉奇克的法规必须被解释为允许否认犯罪意图。但是，对持反对意见的法官来说，这种见解的薄弱之处（我稍后会提到这些薄弱之处）是显而易见的。法律上的两个认识错误为奇克的出罪提供了理由。受抵制征收所得税狂热者的影响，奇克认为：首先，所得税是违宪的；其次，他作为航空公司飞行员的薪水不属于应纳税收入。法院发现，奇克的认识中只有第二项理由可以进行出罪。尽管没有人会质疑税法的整体复杂性，但奇克认为他的工资收入是免税的这一错误认识，并不是法律复杂性衍生出的产物。如果被告产生的特定法律认识错误是很普通的，那么与其相关的这个法律体系是否复杂又有什么关系呢？此外，宪法毫无疑问也是复杂的。那么，为什么奇克的第一个关于所得税的合宪性这一认识错误（大多数人认为缺乏出罪意义）不能和他的第二个认识错误一样出罪呢？

正如我已经指出的，这些问题已经被许多评论家讨论过。①然而，较少被问及的是，为什么法律或法律体系的复杂性可以为认识错误出罪呢？当然，我们可以用各种各样的理由来反对复杂难懂的法律。然而，可以推测的是，复杂性与罪犯的可责备性有关，因为人们在复杂的事情上往往比在简单的事情上更容易产生认识错误。当某种事项的确存在难度时，即使是理性的人也容易出错。对法律感到困惑的纳税人是否真的值得被谴责并被打上罪犯的烙印？这一理论虽然在目前看来是正确的，但却无法解释为什么法院不采取更直接的方式来允许法律认识错误在合理的情况下出罪。复杂性本应该用于确定哪些认识错误是合理的。然而事实上，法院并没有采取这种方法。他们不用复杂性来解释何为合理的不知法抗辩事由，而是援引复杂性作为解释犯罪意图的方法，即要求罪犯知晓他们所违反的法律。简而言之，法院似乎更倾向于将法律认识错误的作用解释为否认犯罪意图，而不是真正意义上的抗辩事由。在此，就像在其他许多场合下一样，古老的"不知法不免责"原则延续至今，即使对该原则的实质精神有了不同理解。

前文提及，有两种机制来否定犯罪意图。而第二种路径，表面上看与第一种路径相似，但实际上有所不同。当法律中明确规定了某种犯罪意图，但该犯罪意图指向的范围不明确时，第二种机制以修改犯罪构成要件的方式，要求被告意识到其在违反相应的法律，并将此作为法律责任的前提条件。"明知（knowledge）"就是用这种方式进行解释的最显著的法律术语，美国诉

---

① 例如，参见 Richard Singer and Douglas Husak: "Of Innocence and Innocents: The Supreme Court and Mens Rea since Herbert Packer", 2 *Buffalo Criminal Law Review* 859 (1999)。

利帕罗塔（Liparota）案则是最经典的此类案例。① 被告利帕罗塔被指控违反《美国法典》第 7 卷第 2024（b）(1) 条"任何人（以法律或法规未授权的任何方式）明知在使用、转让、获取、涂改或占有食物券……"，利帕罗塔并没有产生事实认识错误。他知道自己在领取食品券，但不知道以这种方式购买食品券违反了相关法律。而按照法院的解释，"故意"在该法条中的位置被做了调整，从而该法条就应被理解为："任何人故意地（以法律或法规未授权的任何方式）使用、转让、获取、涂改或占有食物券……"，以此来让不知道自己获取方式违反法律的人不构成犯罪。为什么要采用这种有争议的立法结构呢？通过语法规则很难去作出这种规定，并且可能会遭到反对。为强调这种解释的新颖性，我想到了一位英国法官在其他地方所说过的话："不知法不免责是如此根本，以至于在刑事法规中将'故意地'这个词解释为不仅需要对犯罪行为所指向的事实情况有所了解，而且需要知悉相关法律。这种解释将是革命性的，并且在我看来也是无法接受的。"② 那是什么导致了利帕罗塔案中该法院作出了这样具有"革命性"和"无法接受"的解释呢？虽然答案可能很晦涩，但对我整个研究的规范性目的而言是非常重要的。法院认为，相反的解释，即只要求被告知道他正在购买食品券，而不要求被告知道他购买食品券的方式是非法的，将"导致更多的无辜行为被认定为犯罪"。③

在美国刑事犯罪中，法条中规定的主观心理状态或其范围含糊不清时，法院一次又一次地以各种必要的方式解释法律，以此

---

① 471 U. S. 419 (1985).
② Grant v. Borg (1982) 1 WLR 638, 646B.
③ 471 U. S. 419 (1985), p.426.

区分不法行为与无辜行为。① 我猜想其中大多数评论家都赞同许多案例的判决结果。当然,最难的问题是:是什么决定某一案件中的行为人无罪?除非我们明白什么会导致无罪,否则我们无法理解这一系列的判决先例,也无法确定它们如何适用于未来。② 令人遗憾的是,法院几乎对于无罪这一含义没有提供任何见解。尽管如此,有一点非常清楚:法院不能简单地认为行为人是法律上的无罪。毕竟,如果法院对法律的解释有所不同,那么被告的行为就会违反该法律。因此我们可以推测,在这里所谈论的无罪是道德层面上的。正如一位评论家所言,法官通过查阅"不成文的道德准则来解释这些法规……以及国会起草的法规"。③ 正如我一直坚持主张的那样,道德不法性和可谴责性是责任与正当刑罚的前提条件,我在本部分研究的案例也支持了这一结论。

尽管法院没有对无罪本身进行一般解释,但是法院通常会提供判例予以论证。例如,在利帕罗塔案中,无罪行为包括"一个无权享有食品券的人,因邮寄失误而意外被寄送并进而'持有'了食品券,或者是通过撕毁食品券来'涂改'食品券,又或者通过丢弃来'转让'食品券"。④ 值得注意的是,没有证据表明利帕罗塔本人具备以上这些无罪情形,这些情形只是一些假设性的举例说明。因此,法院为了保护其他可能被指控违反同一法律但

---

① 近期案例参见 Elonis v. United States, 572 U. S. (2015)。
② 一项最近的研究认为:"一方面,犯罪意图越被认为是犯罪的核心要件,就越不应该适用'不知法不免责'原则。另一方面,犯罪主观要件所衍生的法律问题与犯罪定义越不同,似乎就越能在不违反'不知法不免责'的情况下考察对法律的明知。"Orin Kerr, *The Volokh Conspiracy* (June18, 2015) http://lawprofessors.typepad.com/crimprof_blog/2015/06/ignorance-of-the-law-is-no-excuse-or-is-it.html.
③ John Shepard Wiley, Jr.: "Not Guilty by Reason of Blamelessness: Culpability in Federal Criminal Interya", 5 *Virginia Law Review* 1021, 1046 (1999).
④ 471 U. S. 419 (1985), pp. 426-427.

又声称其无罪的人,对法律作出了这样的解释,来避免对某一案件中的被告定罪,即使未必有证据表明该被告有出罪的资格。法院的推理似乎允许所有不知道自己处理食品券的方式违反了相应法规的被告通过否认犯罪意图而逃避责任和处罚。

在涉及被告不知法的许多案件中,"保护无辜者"这一目标发挥着十分重要的作用。这一目标(以及人们对法律复杂性的常见担忧)被用于支持关于"故意"的司法解释,即允许被告在不知道自己违反了法律的情况下否认犯罪。我曾提到拉兹拉夫诉美国案中,① 拉兹拉夫认为,无论在法律上产生的认识错误多么不合理,都可以免除被告被控的故意安排货币交易以逃避报告义务的责任。同利帕罗塔案一样,法院认为,如果对相关法律作出相反的解释,那么有"善意"理由不向政府报告其涉及大笔金钱、货币交易的无辜者,也会遭到惩罚。拉兹拉夫本人有这种所谓的"善意"理由吗?法院对此没有明确表示,但如果法院认为他是无罪的,则可能会倾向于认为他有这种理由。同样,这些例子虽然以保护潜在的无辜被告为由,但实际上却未给出任何实质性的说理。

这些例子中的大多数都是特殊的,并且比其所要阐明的观点更具模糊性,其中包括试图规避美国国税局审计的纳税人,以及试图规避费用增加的管理者。② 然而最为关键的是,法院设法为一名不了解其法律义务的被告出罪,但却不打算扩大不知法抗辩事由的出罪机能和范围。毫无疑问,我已经准确解释了法院的主张,即法院认为其做法"没有违背'不知法不免责'这一令人敬

---

① 510 U.S. 135 (1994).
② 510 U.S. 135 (1994), p. 144.

重的原则"。①

除了"明知"和"故意"以外,"腐败"一词通常也会使法院允许被告以不知法为由否认犯罪意图,以此来保护无辜者。这个词包含在相当多的贿赂法规中,包括《美国法典》第18卷第201节。必须对《反贪污贿赂法》进行狭义解释,因为它们有可能涉及大量良性政治活动,例如登记、投票和特殊利益集团的竞选捐款。根据一些评论家的观点,对"贪污贿赂"这一词语的解释需要陪审团以自己的道德直觉来决定相应的行为是否具有非法意图。因此,贪污罪犯罪意图的功能就在于能够有效地限缩反贪污法律的规制范围,进而仅允许对那些具有不法意图的人定罪。②

在以兰伯特诉加利福尼亚州案(Lambert v. California)为代表的少数案件中,法院也以保护无辜者为目的,推翻了那些规制范围过于宽泛的法规。例如,在康利诉美国案(Conley v. United States)中,③法院判定《华盛顿特区法典》中的一项法律无效——该法律规定,如果一个人出现在一辆其明知配有枪支的机动车内,他将被认为犯下了重罪。而按照法院的解释,如果一个人没有理由相信他有采取某种行动的法律义务,那么依照正当的诉讼程序,其将不会被判定构成不作为犯罪。法院认为该法令存在"根本的违宪性",因为其禁止了一项完全无罪的行为:仅仅是待在一辆放有枪支的车内。除非政府能够证明被告注意到了此时其有法律作为义务,否则一般市民不会认为此行为是违法的。同样,法院没有审查被告本人是否知晓法律,被告的"个人情况"被认为是"无关紧要"的。于是法院还是机械地引用了"不

---

① 510 U. S. 135 (1994), p. 149.

② 参见 Brennan T. Hughes: "A Statutory Element in Exile: The Crucial 'Corrupt Intent' Element in Federal Bribery Laws" (forthcoming)。

③ Conley v. United States, No. 11-CF-589 (D. C. 2013).

知法不免责"这一规则。然而，在特殊的案件中援引该规则，无疑会持续与美国法律的基本原则之一产生冲突。美国法律的这项基本原则认为，如果行为人没有理由相信其实施的行为是犯罪，甚至没有理由相信该行为是错误的，那么对行为人定罪是不正当的。这种理由的影响可能是广泛的，但在其他一些案例中，法院认为这些被告有义务了解法律，因此驳回了以不知法为由的抗辩，比如禁止饲养危险斗牛犬的法律。尽管法官在这一点上可能存在分歧，但法院还是认为，如果仅仅是乘坐明知配有枪支的车辆，那么不能认为相应的行为人具有这种了解法律的义务。我将在第3（C）章中对所谓的查知义务进行说明。

即使法院根本没有对犯罪意图进行解释，不知法的"无辜者"也可以免予责罚，上文提到的斯奇林诉美国案可以说明这一点。[1] 该案的问题是：公司高管、公司经理是否违反了"诚实服务反欺诈"法律中的相关条款，即《美国法典》第18卷第371条、第1341条、第1343条和第1346条。该法本身似乎禁止了十分宽泛的行为，形式上也禁止任何"剥夺他人享有诚实服务权利"的方法手段。员工可能会在工作时间使用公司电话打私人电话而犯下这种罪行吗？当然，这种行为是"无罪的"，任何理性的人都不会认为它是不法行为且为法律所禁止。为了避免这一荒谬结果，法院将这些法令解释为仅禁止贿赂和回扣——尽管法令本身并没有体现出这种狭义解释。对该解释持反对意见的人反驳道，法院对这项法令的解释与其说是为了解释它，不如说是定义了全新的联邦犯罪。[2] 我们无须决定哪一方的论据更好更充足。就目前而言，重要的一点是，在斯奇林一案中采用的法定解释模

---

[1] 56 *I. U. S.* 40, *I*30 *S. Ct.* 2896（2010）.
[2] 56 *I U. S.* 40, *I*30 *S. Ct.* 2896（2010），p. 2935.

式——该模式将一个过于宽泛的法律规定限缩至只适用于最恶劣的行为类型——保护了那些不知道危害较小的行为也可能会被定罪的被告。因此,它允许那些"无辜"的行为人声称,他们根本就没有违反法律。

总而言之,法院至少使用了三种不同的方式为不知法的被告出罪,其中只有第二种和第三种明显涉及否认犯罪意图。首先,某些特定的犯罪明确规定,被告必须知道他被指控违反的法律。其次,法律中定义不明的犯罪意图,如"故意"(willfully),被解释为需要知道行为是违法的。最后,法律中范围不明确的犯罪意图,如众所周知的"明知"(knowingly),可以通过改变构成要件的方式,从而将其解释为要求被告知道自己所违反的法律,以保护无辜之人。

我现在对我在本书中所提及的复杂法律体系提出三点普遍意见。第一,实定法对不知法出罪机能的认同比许多理论家对不知法的认同更多。允许不知法的被告无罪释放的法律数量极多,这充分说明了"不知法不免责"这一规则给现行法带来的压力。第二,除非法律明确指出其主观构成要件应被解释为规定被告不承担责任,以及他意识到自己的行为是非法的,否则解释上的分歧是不可避免的。作出这种清晰的规定实际上并不困难,因此人们不禁要问为什么不能更广泛地作出这种明确的规定。第三,我们应该问,为什么法院如此不遗余力地通过解释犯罪意图要件来宣判不知法的被告无罪。如果直接扩大不知法抗辩事由本身的适用范围更为简单,那么为什么要在直接扩大不知法抗辩事由本身的适用范围更为简单的情况下,诉诸对一部法规的复杂解释呢?任何答案都是推测性的。我承认,法院并没有做出如此颠覆性的主张,而是依旧在努力维护"不知法不免责"这一规则。我们又一次看到,"不知法不免责"对司法实践的影响几乎无法消除。当然，刑法哲学家如果希望改进实体刑法的内容，那么即使他的建议不能满足与相关判例相适应的要求，也不必如此缄默。

塞缪尔·比尔和莉萨·格里芬针对上述案件提出了一个独特的观点。在上述案件中，法院是通过在法律中解释（或插入）一项犯罪意图的要件，从而来保护无罪的人。[①] 而比尔和格里芬认为，与其将不知法视为出罪和宣告无罪的基础，不如将知晓法律理解为入罪和定罪的基础，这样更为一目了然。不知法不是排除可谴责性的条件，正如知晓法律是承认可谴责性的条件一样。[②] 用我在本书中采用的术语来说就是：不知法并不否认犯罪意图，相反，知晓法律证实了犯罪意图。比尔和格里芬提倡的这一巧妙变通有助于我们将注意力集中在一个容易忽略但务必正视的问题上。正如这些学者所认识到的，也许不难说明为什么不知法的人不应该受到谴责。然而，更困难的是要说明为什么那些知晓法律的人应该受到谴责。

为什么我们会认为仅仅因为行为人故意违反了法律，其在道德上便是应受谴责的呢？当所讨论的行为在法律上是自然犯时，答案似乎已很清楚。触犯这些罪行是不道德的。但是，当涉及法定犯时，事情就变得更加困难了。当人们故意或以其他方式实施了法定犯的行为时，他们的行为是否在道德上也是不法的呢？是一直在道德上都是不法的，还是有时在道德上是不法的？抑或是从来不会在道德上是不法的？我认为法律本身并没有创设遵守义务。难以想象仅凭知道违法性，就从无罪转化为不法，从而受到谴责。我们可能不确定为什么一个不知法的被告在道德上是无辜

---

① Samuel Buell and Lisa Kern Griffin: "On the Mental State of Consciousness of Wrongdoing", 75 *Law and Contemporary Problems* 213（2012）.

② 不可否认，比尔和格里芬主要是建议如何行使警察与检察官的自由裁量权。

的，就应被宣告无罪。然而，更重要的问题是，为什么一个知晓法律的被告在道德上应受谴责，在法律上也应该被定罪。如果道德不法和可责备性是责任的前提条件，那么仅仅知晓法律并不能表明刑罚是应受的。我曾主张，要有理由证明所施加的惩罚是应受的，就需行为人意识到其行为在道德上是错误的。

在这一部分中，我使用了相当多复杂的概念基础，而仅仅是为了描述现行法。我首先区分了制定法赋予不知法以出罪意义的多种方式。另外，我还特别关注了否认犯罪意图（即否认被告违反了法律）这一方式。这一方式的使用十分频繁，再次说明了"不知法不免责"这一规则对我们刑事司法系统造成的压力。但是，当国家把不知法作为对犯罪意图的否认，而非作为出罪的抗辩事由时，国家就会为此付出高昂的代价。第一，即使产生了明显不合理的法律认识错误，人们也会逃脱责任和惩罚。尽管许多评论家和我一样认为，当被告不知法时，我们的刑事司法系统过于严厉，但即使是那些认识错误不合理的人（如奇克）也应该出罪。在这一问题上，法院比大多数法哲学家都要宽容（尽管不如我宽容），而且，我们所选择的机制对举证责任有着深远的影响。如果要以否认犯罪意图要件为由来扩大不知法的出罪机能和范围，那么国家就必须承担举证责任来证明被告知晓他们所违反的法律，同样，这个结果比评论家提倡的大多数改革措施更有利于被告（尽管我在这一点上抱有疑问）。即使那些同意更广泛地承认不知法出罪意义的犯罪理论家，通常也会建议由被告承担证明自己有认识错误的责任。就否认犯罪意图来逃脱责任而言，我并不认为举证责任的分配是至关重要的。也许将不知法作为否认犯罪意图而不是真正的抗辩事由所付出的代价是值得的。然而，不知法这类出罪事由究竟是对犯罪意图的否认还是作为真正的抗辩事由，在对此做出定论之前，我们至少需要明确这两者的性质。

对于立法者或法官在什么条件下允许不知法的被告通过真正的抗辩事由或者否认犯罪意图来出罪，我们都希望刑法理论家们能够进行充分研究并从中获得启发。对于在哪些情形下对行为违法性的明知将成为刑罚的前提，我们常常没有明确的解释原则。众所周知，立法在这个问题上是模棱两可的。但有一个原则（即使模糊晦涩）对于我们的规范目的尤为重要：国家不应将责任强加给无辜者。对这一原则的适当解释证实了我的假设，即道德不法性是应受惩罚的先决条件。总而言之，上述研究呈现了许多可能的路径，用这些路径可以使实定法践行这样一种理论，即赋予不知法抗辩更大程度的出罪机能。特别是，在现行法中普遍存在的一种方式是：不知道自己违反法律的被告必须被无罪释放，因为他们根本不违反法律。如果我们希望同等对待事实认识错误和法律认识错误，那么这就是我们应该认真考虑的立场。

结　语

在这一章中，我描述了现行法是如何对待不知法的被告的。这个过程很复杂。我的目标不仅仅是总结法律现状，而是更多地阐释法哲学家可以从该研究中学到什么。我们很容易发现在反复阐述过程中所揭示的规范性问题。判例法得出的结论似乎是不公正的，尽管相对较少的判例也表明，我们已然认识到了这种不公正，并时常试图用各种（非正式的）方式来缓和这种不公。无论如何，评论家都无法为法律现状提供充分的理由，甚至有时也无法理解他们所提出的论点的全部含义。评论家为此付出的努力表明在不知法问题上仍需不断寻找一种更好的解决办法。

案例书和评论家倾向于关注两个问题。首先，他们认为法律公布在不知法能否出罪这一问题上有着重要作用。由于满足法律公布要求的标准很低,所以很少有被告能以法律公布存在缺陷为由出罪。我们的刑事司法系统应作出更大的努力,去告知公民他们的法律责任,但这些努力不能弥补我们目前的学说所带来的不公正。其次,刑法典中对事实认识错误和法律认识错误的不同处理着墨过多。根据我的判断,一旦消除被告所相信的命题内容的歧义,就不难对这两种认识错误进行对比、区分。但更重要的问题是,为什么这两种认识错误之间的区分对于实施应受的惩罚这一规范性问题至关重要。我希望,一个真正合理的责任理论能够对产生任何一种认识错误的被告提供相同程度的出罪免责。

最后,对于究竟应将不知法归属于何种类型的出罪事由,我也做了基本的概念性研究。虽然对不知法抗辩的各种类型的界定都有一定的合理性,但实定法还是更多地以否认犯罪意图而不是以真正意义上的抗辩事由来免除不知法被告的责任。越来越多的法律包含犯罪意图,以此来说明那些不知法的被告根本不违反法律。但这一举措不应以不成体系的方式得到落实,也不应该是对粗糙立法牵强解释的产物。经常使用这种方式为"无罪"的被告出罪,也许是"不知法不免责"对我们刑事司法系统造成压力的最好证据,尽管法院不愿意承认这一点。

判例法、学术评述和上述说理充分证明了现行法的缺陷。我们应该做些什么来改善现状呢?庆幸的是,当代许多道德哲学家一直在研究类似问题,并提供了一种我认为更可取的方法。我最终从刑法理论转向了道德哲学,希望能找到一个更好的解决方案——通过完善实体法的内容来进一步强化刑法理论的核心目标。

三、刑事责任

我对背景假设的描述以及随后对现行法律实践的调查，为不知法出罪机能的规范性理论奠定了基础。除非我们仅依赖直觉——我认为直觉在这种情况下尤其不可靠，否则，任何此类观点都必须援引关于责任的一般理论。在这一章中，我研究了在具备什么条件的情况下，对公民进行谴责才是合理的，并且讨论了这些条件应如何适用于那些法律认识错误的人。关于不知法出罪机能的观点我需要援引第一章中的两个假设：我从事实认识错误出罪机制的最佳处理方式中吸取了大量的经验，也从哲学家关于道德责任的最有说服力的研究中吸取了经验。尽管我努力为自己的理论辩护，但我痛苦地意识到，我的观点不太可能说服相当大一部分的法律哲学家，因这些法律哲学家关于刑事责任基础的观点与我的观点不同。正如我反复指出的那样，当代哲学中很少有论题同该问题一样如此变化无常。但我认为，即使是互相抵牾的理论，与现在的实践相比，也会给不知法应免责提供更多的支撑。

责任的概念是多义且模糊的，我先讨论其中的两种含义。在本章的 A 部分中，我将考察行为人具有责任能力的条件。因为任何单一的特性都不能将有责任能力的人和无责任能力的人区分开来，所以当一个人满足了某些条件而不能满足所有条件时，就会出现问题。尽管如此，我还是赞同许多哲学家的观点，认为理性能力，也就是我们让自己的行为符合理性的能力，是最重要的此类能力。当我们具备符合道德理性的能力时，我们就能成为道德责备的主体。在整本书中，B 部分是最具有推测性和非结论性的部分。我将借用 A 部分所讨论的，对道德理性的回应，来解决有关个人是否以及在何种程度上应对其不当行为负责的问题。我认为，如果要证明不法者因其违反法律 L 的 Φ 行为承担全部责任的正当性，那么理性回应就应该从内在的或主观的角度予以解释。由于很难解释为什么理性的人会对他们不知道的事情作出理性回应，因此，这一埋论支持这样的结论：在被告完全不知道其行为不法的情况下，其应该完全免责。诸多最著名的理论——尤其是意志品质理论中貌似最合理的那一种，也可以被用于支持减轻对这类人的惩罚，尽管这些理论支持稍显薄弱。根据我的提议，即关于不知法被告的罪责问题可以参考事实认识错误中的相应内容，我将应承担责任的不法行为人的可谴责性分为几种不同的程度。一个轻率的人——有意识地忽视了其行为可能是不法的这一重大且不合理的风险的人，其应该为其不法行为承受一定的谴责，但程度比完全知道自己的行为是不法的人要轻。

一些哲学家赞同我的以下观点：一些不知道德或不知法的罪犯，应当被赋予一定程度的出罪权利。同时，这些哲学家认为只有当这些人的不知法不具有可责罚性时，即只有当他们的不知法没有罪责时，才能允许减轻其责任。然而，有些不知法者应为其不知法负责，这些不知法者不应该被出罪，因此，其应和那些明知其行为不法的人一样承担责任。这些哲学家继续论述认为，当不知法可以追溯到先前有罪责的行为时——例如没有认真地弄清楚其行为是否违法，不知法是应受谴责的。在 C 部分，我批判了追踪策略（tracing strategies）。我认为，不知法的被告因未及时履行所谓的询问 Φ 之不法性的义务，而为行为 Φ 负责的情形，实际上是极其罕见的。我描述了要成功证明 A 和 B 应该因 Φ 而承担同样的责任，追踪策略必须克服的五个不同障碍。我认为很少有案例能满足这些条件。

A. 刑事责任能力

如果我是正确的，即当被要求对基本问题（Q）作出判断时，我们有合理的理由去怀疑我们的直觉，那么试图摆脱直觉就将是十分吸引人的。我们可以把直觉放在一边，直接去研究更重要也更具一般性的因素。再次重申，基本问题（Q）问的是：当 A 和 B 实施了同一行为 Φ，违反了同一法律 L 时，相较于对方，其各自应得多重的惩罚。我把这个问题重新诠释了，也就是想问：相对于 B 来说，A 的道德该当性程度、应受责备程度或责任程度如何？要回答这个问题，我们就不能回避对刑事责任根本条件的研究。在缺乏刑事责任一般性理论的情况下，认为我们能够确定 A 和 B 是否以及在何种程度上能够对行为 Φ 承担不同程度的责任，这显然是可笑的。

对不知法出罪程度的理论分歧，源于对 A 和 B 是否在相当程度上满足道德责任条件的更深层次的分歧。正如我将在 B 部分中更详细地解释的那样，对于不知其行为不法的人的罪责，采用不同的责任概念，就会产生根本不同的答案。然而，与此同时，我并不认为抽象的争论将推进我们所能进行的研究。我的疑虑源于这样一个事实：对于作为道德责任基础的标准存在巨大的争议——也许就像整个哲学中的任何话题一样。自亚里士多德时代起，这些标准就使哲学家们产生了分歧，我对这一领域的研究显示，如今的分歧甚至更为激烈。我们生活在一个对可责性的基础问题有着极大兴趣的时代，对此问题，几乎每周都有新书或文章出现。尽管专家们会尽很大努力去跟上最新发展，但也会迅速地被落在后面。然而，可以肯定地说，各种各样的分歧并没有达成共识的迹象。这个话题是如此困难又如此重要，以至于在任何对不知法的哲学研究，包括我自己的研究中，这都必定是最不确定的问题。当某种理论和我们对问题本身的直觉一样不确定时，我们不应该对应用该理论来解释问题的前景感到乐观。否则，我们兜了个圈子又会回到原点。

如果我是对的，那么我们在试图确定一种能够推进我们研究的方法上，就会陷入僵局。直觉是相互矛盾的、易被腐蚀的、不可靠的，同时一种普适性的理论尚未达成共识。尽管存在这些难以克服的障碍——这些障碍使不知法的话题变得如此棘手和具有挑战性——但我还是会勾勒出我将采用的方法的理论基础。我会分两部分来做。这种细分是必要的，因为责任是多义且模糊的，并且其具有的几个含义中的其中两个具有特殊的意义。① 最终，我们感兴趣的将是那些用来确定特定的被告是否以及在何种程度上对特定的 Φ 行为负责所必须满足的条件。然而，首先我们应该努力说明在某人有资格成为责任主体之前必须要满足的条件，也就是说，谁应当因为他做了什么或没有做什么而受到谴责？让谁承担责任是可以被合理预期的？而我们又应该对谁的所作所为表达看法或作出回应？② 我希望普通的正常成年人都能成为责任主体，除了那些卑劣的人。但为何如此呢？在我们的德行中，有什

---

① 参见 Michael J. Zimmerman: "Varieties of Moral Responsibility", in Randolph Clarke, Michael McKenna, and Angela M. Smith, eds.: *The Nature of Moral Responsibility: New Essays* (New York: Oxford University Press, 2015), p.45。

② 有论点认为，人们在不具备道德责任能力的情况下也可能成为道德评价的对象，参见 Julia Driver: "Appraisability, Attributability, and Moral Agency", in in Randolph Clarke, Michael McKenna, and Angela M. Smith, eds.: *The Nature of Moral Responsibility: New Essays* (New York: Oxford University Press, 2015), p.157。

么是我们具有而那些卑劣的人没有的,从而使我们而非他们有能力对我们的所作所为(至少是对其中一部分)负责?我将在这部分探讨这一问题。

众所周知,一些哲学家认为,正常的人类不是责任主体,因此我们无须关注有关 A、B、Φ 或 L 的更多细节。对于我们能够因自己的行为而受到责备的说法,最著名的异议来自对普遍因果决定论之相关性的担忧。这样的假设是合理的:任何人都不对不法行为负责,除非其在当时可以实施其他行为。[1] 但决定论者继续说,考虑到我们先前已然存在的因果关系,没有人在当时还能做其他事。像自然宇宙中的其他实体一样,我们也要服从因果法则。一些宿命论——通常被称为强宿命论——得出的结论是,我们不是责任主体,因此,我们实施的任何行为都不应该受到谴责。正如每个哲学家都很清楚的那样,关于普遍因果决定论对我们的责任能力所构成的挑战的批评性评论,足以填满一间小图书馆。我无意参加这场讨论。我之后说我们是责任主体,是因为我们有能力对道德理性作出回应,且我并不是要否认我们的行为是因果性的。[2] 但我的观点并不依赖相容主义。我希望自由论者支持我的结论,尽管我倾向于认为,我们对理性作出反应的能力存在于普遍因果决定论的框架内。[3]

关于对"我们中的任何人都应该为我们所做的事负责"的怀

---

[1] 对该"合理假设"最著名的挑战,参见 Harry G. Frankfurt: "Alternate Possibilities and Moral Responsibility", 66 *Journal of Philosophy* 829 (1969)。

[2] 那些反对决定论的人,对于使我们成为责任主体所需的条件,以及这些条件是否曾经得到满足,意见不一。参见 David Palmer, ed.: *Libertarian Free Will: Contemporary Debates* (New York: Oxford University Press, 2014)。

[3] 关于合理怀疑主义,参见 Adam J. Kolber: "Free Will as a Matter of Law", in Michael Pardo and Dennis Patterson, eds.: *Philosophical Foundations of Law and Neuroscience* (Oxford: Oxford University Press, forthcoming, 2016)。

疑，并不仅仅存在于强宿命论者中。全球范围内对责任的怀疑源于许多方面，最值得注意的是普遍存在的运气。① 我们无法控制运气带来的后果，而且我们很容易相信控制能力是应受责备的先决条件。毕竟，人们能否成功地将世界变成他们想要的模样，往往源于与之相关的运气。此外，结构性和情境性的运气——关于我们是谁的运气，关于我们碰巧拥有怎么样的信念和欲望的运气，关于我们发现自己所处的困境和环境的运气——均无处不在。如果我们缺乏对这些变量的控制并且因而不对每一个变量负责，那么我们如何对依赖于这些变量的行为负责呢？因我们无法控制的事情而谴责我们似乎极不公平。正如亚历克斯·格雷罗（Alex Guerrero）哀叹的那样：

> 对于一个人 Q 所实施的任何行为 X，都由一系列因素导致。其中一些与 Q 的信仰和价值观有关，有些与 Q 的思考方式有关。可能还有其他潜意识或非理性因素导致了 Q 实施 X。对于所有这些因素，有一个因果的叙述来描述它们是如何具备的……这个古老而又熟悉的问题是：*为了让一个人 Q 对实施 X 承担道德责任，那么这个人必须能够控制这其中的多少因素？或者必须对其中的哪些因素负责？亦或者说多少因素应当由其造成？*②

要求我们控制在我们行为中起着因果作用的每一个因素，距离不让我们对任何事负责只有一步之遥。但我们应该在哪里划定格雷罗所暗示的界限呢？我们不应对其回答过于确信。

如果就此认为上述担忧对我的研究有毁灭性的影响，那么显然有失偏颇。我渴望论证当人们不知法时，法律应该是什么？我

---

① 参见 Neil Levy: *Hard Luck*, (Oxford: Oxford University Press, 2011)。
② Alexander A. Guerrero: "Deliberation, Responsibility, and Excusing Mistakes of Law", 11 *APA Newsletter on Philosophy and Law* 2（2011）（斜体为所引原文标明的强调）。

的立场取决于我所简述的道德责任理论。对道德责任持怀疑态度的人,当然会拒绝我的基本理论。这种合理的分歧给我的研究带来了什么呢?即使我们最终相信,那些相信我们具有道德责任能力的哲学家有更好的论据,支撑"我们不应对任何事情负责"这一结论的理由依然相当有力,以至于无法立刻反驳。例如,其不像认识论的怀疑主义那样,认为我们可能是缸中之脑,或者被恶魔操纵。在制定法中,无罪推定原则的功能在于,除非对行为人的有罪证明达到了排除合理怀疑的程度,否则就禁止对其科处刑罚。但支持这一推定的理论基础并不那么容易受到限制。例如,其可以被合理地加以扩展,以使那些应被惩罚的犯罪首先就被推定为是国家权力的合法行使。[①] 但是为什么仅限于此呢?这一假定也可以被扩展到,若要认为应受刑事制裁的行为人都是责任主体,则对此(这些行为人都是责任主体)也要达到排除合理怀疑的程度。我不确定能否满足这最后的条件。我们要么提出充分的理由不将无罪推定扩大到目前的程度,要么努力证明那些受到刑事制裁之人的道德责任能力达到了排除合理怀疑的程度。

我们最终必须面对这些挑战,但是此时就对这些问题予以展开将使我们偏离主题。显然,如果要使我的研究更为合理和完善,那种大规模拒绝承担罪责的论点则必须被认为是有缺陷的。如果人们因普遍存在的运气或无法做其他的事而不对任何事情负责,那么就没有必要问不知道德或者不知法是否会给作为责任和惩罚基础的该当性带来任何特殊问题。不止一次,我努力克制住自己要写一本关于责任的书的冲动,并对那些针对我观点的大量

[①] 参见 Patrick Tomlin: "Extending the Golden Thread? Criminalisation and the Presumption of Innocence", 21 *Journal of Political Philosophy* 44 (2013); 对于相反观点的有力抗辩,参见 Ricahd L. Lippke: *Taming the Presumption of Innocence* (Oxford: Oxford University Press, 2016)。

反对意见作出详细的回应。① 然而，与绝大多数哲学家和法律理论家一样，我只是简单地假定我们是那些可以预见自身责任的主体，因此，我们有时就会因我们的行为而受到责备。当然，当我们不知行为Φ不法时，我们是否以及在多大程度上应该对此负责并受责备？这还有待进一步研究。

在进行下一步之前，我应该提到另一个方面，在这方面我的首选办法可能不会被认为是理所当然的。即使是那些同意不知法的可行立场取决于有关道德责任的一般理论的理论家，也可能不同意产生这种理论所需的条件。根据皮特·斯特劳斯（Peter Strawson）的观点，道德责任的根据在于，我们应否对某人表达出一系列特定的反应态度（如感激、愤慨、怨恨等②）。值得注意的是，斯特劳斯坚持认为，对我们来说，即使不假定行为主体能满足任何特定的条件，将这些反应性态度直接指向他们也是合适的。换句话说，我们追究A或B责任的理由，并不取决于其是否具有任何特性。相反，消极的态度反应却恰是我们生活方式（人际交往的生活方式）的基本特征的自然表达。因此，这种让人们承担责任的做法——正如这些反应性态度根植于我们的人际生活方式中——不能被抛弃，也无须外部的理性论证。③ 我很欣赏斯特劳斯的研究，也同意我们的反应性态度在可行的可谴责理论中发

---

① 特别是，对于长期困扰着相容主义者的处理问题，我没有回应。参见 Derk Pereboom: *Living without Free Will* (Cambridge: Cambridge University Press, 2001); 相关反驳，参见 Shaun Nichols: *Bound: Essays on Free Will and Responsibility* (Oxford: Oxford University Press, 2015), 特别是第四章。
② 参见 Peter F. Strawson: "Freedom and Resentment", 48 *Proceedings of the British Academy* 1 (1962)。
③ 参见 Peter F. Strawson: "Freedom and Resentment", 48 *Proceedings of the British Academy* 1 (1962), p.23。

挥了重要作用。① 尽管如此，我仍然认为他前面提到的方法是错误的。如果一个人要对此负责，那他一定有某种特征使他负责，当我们的反应性态度被恰当地运用时，它们会追踪这些态度所指向的人的某些特征。② 如果 A 比 B 更应该承担责任，更值得谴责，那么他们之间在道德上肯定有什么不同。为了在当前的主题上取得进展，我们需要确定这个不同是什么。

是否有单一的标准将责任主体与非责任主体区分开来，这尚不能确定。但有几个标准可以试着对此作出区分。最明显的责任主体是包括你、我的每个人，当我们成为责任主体时，我们就具备了这些标准或条件的每一项。而最明显的不负责任的东西是棍棒和石头，它们不会具备这些标准中的任何一项。迈克尔·摩尔总结了其中八个标准，这非常有帮助。③ 第一，具备某种心理状态：责任主体具有信念、欲望和意图，树木和软体动物则没有。第二，各种经历和体验：能成为责任主体的人不同于机器人，因为人有意识，能对周围的事物形成自身的体验和经历。虽然各种各样的心理状态我们不见得都能具备，但如果我们的各种体验和经历都不能让我们形成其中哪怕一种心理状态，那么恐怕我们就将会是非常不同的生物了。第三，意向性：我们的许多心理状态都是有具体内容的，我们相信，我们对外部世界的描述将会影响

---

① 有关此研究的许多方面的批判性讨论，参见 Michael McKenna and Paul Russell, eds.: *Free Will and Reactive Attitudes: Perspectives on P. F. Strawson's Freedom and Resentment* (Burlington, VT.: Ashgate, 2007)。

② 因此，我倾向于赞同以责任为根据的伦理学概念。参见 Gideon Rosen: "The Alethic Conception of Moral Responsibility", in Randolph Clarke, Michael McKenna, and Angela M. Smith, eds.: *The Nature of Moral Responsibility: New Essays* (New York: Oxford University Press, 2015), p.65. 但我希望在根据问题上尽可能保持中立。

③ 参见 Michael S. Moore: "The Quest for a Responsible Responsibility Test—Norwegian Insanity Law after Brevik", 10 *Criminal Law and Philosophy* (forthcoming, 2016)。

和指引我们的行动。第四，具备某种认识状态和意志状态：这些状态指导我们的行为，构成我们的能动性。第五，实践理性：我们描绘的世界是我们所希望的世界，是我们所相信的世界，是我们打算创造的世界。第六，情感：它的缺失使一个人不算是一个人，并可能危及其承担责任的能动性。一个可以成为责任主体的人会对某些事情充满激情，并同情那些遭受痛苦的人。第七，长时间性格上的稳定性：一个人意向状态的各个方面，为明晰其性格结构提供了例证。人格分裂和暂时的改变不是我们真正的模样。第八，自主性：责任主体有能力通过自愿行为来改变其与外部世界的道德关系。我们达成合意和作出承诺的能力，就最直接地表达了我们的自主性。缺少这八个特征中的任何一个，都将危及我们作为责任主体的地位。当然，当一个给定的主体具有某些而非全部的特性，或者每个特性都只达到基本的程度时，问题就会变得更具争议性。

尽管这个列表很长，但我认为在使人负责方面，有一种能力特别重要。这种能力至关重要，因为上述摩尔描述的大多数标准都预先假定了该能力的存在。我认为，这种能力应被理解为理性回应能力：我们对理性的回应和被理性引导的能力。由于我们对道德责任的能力特别感兴趣，因此对道德理性的回应也是我们所关心的。简单来说，当我们考虑要做什么并采取相应的行动时，我们能够使自己的行为遵从那些与我们相关的道德考量。① 也就是说，当我们有能力对道德理性作出回应时，我们就是适格的责任主体。许多哲学家都以某种形式来支持这种模式，并且花费了他们职业生涯中的大半时间来解释这种模式。在那些专门研究道

---

① 相关阐述请参见 John Martin Fischer and Mark Ravizza：*Responsibility and Control：A Theory of Moral Responsibility*（Cambridge：Cambridge University Press，1998）。

德责任基础的人中,这可能是最受欢迎的一种立场。然而,"道德理性回应"的细节却极具争议。哪些理性是道德理性?我们是否会受到道德理性的某部分而非其他部分的引导?这种能力包括什么?引导到底意味着什么?回应到底意味着什么?当这些能力暂时减弱时,我们又该作何看法呢?在什么情况下我们必须根据这些理性改变我们的行为呢?我们的叙述必须在多大程度上包含社会心理学家关于"理性能力对环境变化很敏感"的实证发现呢?这种解释是否需要额外的考虑才足以使行为人承担责任?操控性干扰(例如催眠、洗脑或胁迫)会减轻责任吗?这种说法是否褒贬不一?尽管这些话题有明显的相关性,但我不会深入研究这些引人注目的谜题。同样需要再次指出的是,责任问题中的复杂细节已超出了我的研究范围。尽管如此,我至少必须对责任主体的某一特点作一个简短的评论,这种特点可能不会被理性回应的观点合理解释。我说过,缺乏情感的人不算是一个人。那么这样的人是否缺乏足够的理性回应,从而承担更少的责任?此外,我还必须说明,如果某种理性可以为人们所具备,那这究竟意味着什么?如果有这种理性,那么在什么情况下,我们会意识不到它的存在?我将在 B 部分中讨论第二个问题。

  精神病这种事由最能说明为什么第一个问题亟待解决。心理学家对精神病的确切性质持不同意见。然而,假设以下粗略的描述大致是正确的:精神病患者能够模糊地感受到一些道德因素,但却无法完全掌握或感受到导致其行为的情感诱因。那么他们对道德的认知掌握程度是否足以使我们认为他们能够被这些理性引导?同样,这个问题产生了大量的研究文献,理智正常的人的确能够也确实会做出不同的行为。① 尽管几乎所有关于精神病的重要实证发现都存在争议，但对于精神病患者责任的不确定性常常是由于对责任本身的基础存在分歧。由于精神病患者的不法行为常常表明他们会完全无视其他人的价值，因此许多接受我称之为意志品质理论的哲学家都毫不犹豫地宣称精神病患者应对其罪行负责。② 但是，精神病患者给我在这里预先假定的责任观带来了严峻的挑战。如果体验道德情感的现象学能力（有时被称为情感主义）是能够被道德理性指导的必要条件，也是有能力对道德情感作出真正回应的必要条件，那么用我的理论可能就难以给精神病患者施加任何责任。这种可能并不会削弱我的立场。在我看来，精神病患者应该被视为应受惩罚的边缘案例。③ 我有充分的理由在这个引起分歧的问题上不采取过于绝对的立场。

无论对精神病患者的正确立场是什么，刑法针对"人类具有道德责任能力"这一概论还是承认了一些争议较小的例外。婴儿和疯子是最典型的不负责任的人。成瘾者也给我们提出了一个特别棘手的问题，不同的道德责任模式似乎对其可谴责性有不同的影响。④ 关于成瘾本身性质的争论——无论是将其概念化为疾病还是选择——几乎都与宗教的分歧相似，而且似乎完全不受经验

---

① 参见 Luca Malatesiand John Mcmillan, eds.: *Psychopathy and Responsibility* (Oxford: Oxford University Press, 2010); 以及 Thomas Schramme, ed.: *Being Amoral: Psychopathy and Moral Incapacity* (Cambridge, MA: MIT Press, 2014)。

② 参见 Samuel H. Pillsbury: "Why Psychopaths are Responsible", in Kent Kiehl and Walter Sinnott-Armstrong, eds.: *Handbook on Psychopathy and Law* (New York: Oxford University Press, 2013), p.297。

③ 参见 Stephen J. Morse: "Psychopaths and Criminal Responsibility", 1 *Neuroethics* 205 (2008)。

④ 相关的几篇文章，参见 Neil Levy ed.: *Addiction and Self-Control* (Oxford: Oxford University Press, 2013)。

验证或证伪的影响。① 在下面的内容中，对于这些实际存在的或可能存在的例外，我几乎没有什么可说的。相反，我建议处理相对简单的情况。我随后的每个例子都应该以所讨论的主体理智、没有上瘾、没有精神病为前提。如果我们不能就最简单的例子达成一致，那么我们就无法解决手头上更复杂的案件。即使不把某种不知法的理论应用于责任主体边缘的棘手案件，并处理其间不可避免会遇到的困难，要捍卫和支撑该理论也已经足够困难了。如果我的分析对清晰的例子有很好的效果，那我就很满足了，但将其扩展到其他方面时必然会产生问题，我将会在以后研究其中有用的建议。

然而，我对我们道德能动性的一般能力，以及如何判断在边缘性案例中是否具有这种能力，基本上不感兴趣。在接下来的内容中，我将重点放在一个与责任不同但又相关的问题上：鉴于我们有道德能力，那么在我们对自己的行为负责之前必须满足哪些条件？特别是，如果不考虑 A 和 B 在意识到行为 Φ 违反了道德或法律规范 L 上的差异，那么他们应该在多大程度上对其行为负责？如果该能力是我们承担责任的基础，那将是奇怪的（但不是毫无逻辑的），但是其行使与我们是否对所做的事负责无关。因此，正如我们将要看到的，我主张以道德理性回应理论来回答这个问题。

B. 行为责任

我们被道德理性引导的能力是赋予我们道德责任能力的几个

---

① 参见 Gene H. Heyman: *Addiction: A Disorder of Choice* (Cambridge, MA: Harvard University Press, 2009)。

变量中最重要的一个。我先预设一个对该能力的大致理解，以便直接转到我们要研究的特定主题：既然我们有道德责任能力，并且是应当受到指责的道德主体，那么在我们真正对我们所做的事承担道德责任之前，必须满足什么条件？特别是，当 B 不知道其违反的法律的道德地位时，其应在多大程度上对违反法律 L 的行为 Φ 负责？除了明知行为 Φ 不法之外，A 在所有方面与 B 都是一样的，那么 B 应受谴责的程度与 A 相比又如何？如果没有关于道德责任的一般理论，就无法回答这些问题。在这一部分，我将概述并应用这样一种理论。根据我首选的理论，行为人很少对行为 Φ 承担全部责任，除非他们确实意识到行为 Φ 是不法的。根据这个理论的主要竞争者——我不会假装反驳的另一种选择——这些行为人在不知行为 Φ 之不法性时应该得到相当大程度的出罪，尽管他们可能难以完全无罪。无论如何，我承认，在我关于不知法被告可谴责性的总体立场中，根据某种道德责任理论来为基本问题（Q）找到合理的答案是其中最薄弱的环节。令我感到安慰的是，不论对某种特定因素（如不知法）的出罪意义持何种立场，关于责任的根本性理论都必定是其中最薄弱的一环。

我首先指出，道德哲学家在这一主题上的学术著作的数量和质量，与犯罪理论家在这一主题上的学术著作的数量和质量，存在着"鸿沟"。这个"鸿沟"的存在令人费解。正如我所指出的，许多评论家都同意我的观点，即刑法应该假定地符合道德。因此，人们期望在刑法哲学家和道德哲学家所讨论的关于责任的特定争论之间找到一个共同点。每个领域都产生了大量的最新文献，例如，在人们正当使用武力进行自卫之前必须满足的条件，或者关于神经科学发现的规范相关性。相比之下，对行为责任的先决条件这一重要课题的研究却远未体现出这种共通和平衡的趋势。过去几年道德哲学家们对应受责备的基础产生了极大的兴趣，而一些受到支持的理论则会得出这样的结论：当违法者违反了其不知道的规范时，他们应该得到某种程度的出罪。然而，几乎没有刑法哲学家进行过类似的研究。当代大多数关于刑事责任的研究都完全回避了这个话题，或者把研究的焦点局限在我所说的狭义罪责上：某项具体条文中规定的使行为人承担责任的某种特定犯罪意图。学者们很少系统地从道德哲学家所创作的大量文献中汲取经验来挑战有关不知法的传统观念。①

虽然我没有提出理由来解释为什么关于这一主题的犯罪理论没有受道德哲学近期发展的影响，但我希望采取适度的措施来弥合这一"鸿沟"。正如我反复强调的那样，如果我们不为人们如何承担责任找到一种可行的一般性理论，那么我们就无法决定 A 和 B 是否以及在何种程度上对行为 Φ 负责。

我们会很自然地认为，要解决人们是否对行为 Φ 负责的问题，我们需要援引同样的理论框架来说明人们为什么要具备责任能力。② 也就是说，当行为人具备理性回应的能力，并在这种能力之下实施了某种行为，则其就需要因该行为而承担责任。粗略地说，当我们的能力完好但我们利用不当时，我们就会因为不法行为而受到责备。在对另一种有力的对立观点进行批判性检验之前，我建议先简要阐述这一立场。尽管我的解释缺少哲学专家所希望看到的细微差别和细节，但我希望我的解释足以激励我得

---

① 最近的一个例外，参见 Stephen P. Garvey: "Authority, Ignorance, and the Guilty Mind", 67 *Southern Methodist University Law Review* 545 (2014)。

② 当我审视相应的理论情况时，认为犯罪意图有瑕疵的行为人都应承担责任的理论学说在当代道德哲学家中普遍存在。例如，根据约翰·费舍尔颇具影响力的论述，当行为人表现出适度的理性反应能力，包括正常的理性接受能力（能够识别出这样的理性）和至少是微弱的理性反应能力时，他就需要承担责任。参见 John Martin Fischer: *Deep Control: Essays on Free Will and Value* (Oxford: Oxford University Press, 2012)。

出这样的结论：对责任的理性回应——当被解释得最合理的时候——说明了为什么完全不知法的罪犯通常都应该得到彻底的出罪。我还会（更加试探性地）论证这个结论并不完全取决于对理性回应理论的接受。即使是这种观点最著名的竞争者——意志品质理论——也应该被解释为在一定程度上可以为那些不知其行为不法的人出罪。就目前而言，这些相互对立的理论之间最重要的区别不在于相对于 A，B 是否可以出罪，而在于相对于 A，B 可以在多大程度上出罪。

我希望从道德理性回应的角度来解释责任，因为这能够与一级（first-order）道德中的任何一种将不法性概念化的框架相兼容。然而，在下文中，我引用了通常被称为义务的客观描述的思路。尽管有许多不同的不法行为的概念是出于不同的目的而提出的，[①] 但我试举如下观点：在任何给定的情况下，一个人应该做什么取决于他可以采取或不采取其他行动的理性（理由）。当反对行为的道德理性强于支持行为的理性时，行为 Φ 就是不法的。这些理性是什么以及如何平衡它们并不取决于被告自己的信念，用于判断行为 Φ 是否不法（不同于我支持对行为 Φ 施加责任的立场）是完全客观的。[②] 我认识到客观不法这种特殊概念，就像我熟悉的任何其他概念一样，都是有问题的。[③] 我承认，各种理性（理由）是众所周知的难以确定和平衡，有的似乎彼此不可通融，有些可能显得并不重要，而有些则可能根本不应被考虑。而且，这一客观概念在指导行动方面几乎没有提供任何帮助。我希

[①] 对这些不同含义和目的之细致论述，参见 Michael J. Zimmerman: *Ignorance and Moral Obligation* (Oxford: Oxford University Press, 2014)。

[②] 参见 T. M. Scanlon: *Being Realistic about Reasons* (Oxford: Oxford University Press, 2014)。

[③] 在其他问题中，这一概念难以解释超道德行为。

望，即使客观不法性概念被证明是错误的，我对不知法的本质观点也不会受到损害。

我们经常运用自己对道德理性（理由）作出反应的能力，而当我们做出不正确的反应时，就应该受到指责。让我们思考我希望是简单明了的以下示例。想象一下，当萨宾的邻居从学校回家时，萨宾注意到邻居把昂贵的自行车放在门廊上并且没有上锁。当邻居晚上熟睡时，萨宾偷偷溜进邻居的门廊，偷走了他的自行车并卖给了她的朋友，萨宾知道她的朋友会很乐意买一辆低于市场价格的好自行车。萨宾几乎肯定她的偷窃行为不会被发现。在一个纯粹是利益得失的精打细算中，她可以通过偷自行车来为自己捞得好处。尽管如此，萨宾依然可以认识到存在反对其盗窃行为的道德理性，并且知道这些道德理性比她精打细算的偷窃理由更重要。但无论如何她还是盗窃了自行车。任何借口（如胁迫）或正当理由（如必要性）都不适用于她的行为。如果我的例子没有被充分描述，并且还需要更多的细节，那么我假定萨宾偷窃自行车的动机仅仅是获得资金来资助她去拉斯维加斯度假，她计划在那里放纵自己的赌博嗜好。但她并不是一个沉溺于赌博的人。她只是很享受赌博。如果有人会因为其实施的任何行为 Φ 而受到谴责，那么萨宾就应该为她的盗窃行为受到责备。如果在这个简单的案例中我们都无法就责任归属达成一致意见，那么我认为进一步推进并试图在目前的问题上取得进展是没有意义的。

除了责任废除主义者以外，还有谁会不同意我对此案的判断？即使是吉迪恩·罗森，一个著名的强加责任的怀疑论者，也会承认萨宾的自行车盗窃案是一个简单的案子。他对这个案子持怀疑态度的基础完全是认识论的。① 也就是说，罗森认为我们无法确定一个违法者的行为违背了其理解和认可的道德理性之平衡。在某种程度上，罗森对证据的担忧可以放在一边。由于我已经假定了自行车盗窃者的相关事实，所以我们就可以有意义地研究萨宾是否值得责备，虽然我们并不知道，在没有人为假定时这些相关事实是否还会存在。尽管如此，如果我们希望刑法中的任何一种理论能够适用于现实生活中的实际案件，那么就最好不要受前述问题的困扰。因此，我也同样怀疑罗森的认识论保留意见被夸大了。② 我认为，在某些情况下，我们可以确信，人们的行为的确与他们自己认识到的理性相反。当我们以行为人自身的视角看问题时，可信度最高。如果我们大多数人都以偷自行车来资助我们的假期，那么我们就会体验到正常的行为人在知情的情况下做出不法行为时的典型情绪：我们意识到自己所做的事情后所产生的内疚和悔恨。这些心理反应（当然其并不是绝对的）证明，我们的行为违背了我们自己所理解的道德理性的平衡。我猜想，罗森对责任归属的认识论基础的怀疑，不仅能用来说明他所支持的观点，也能用来说明他本人的人生经历和体验是怎样的。如果我知道他曾经偷过什么东西，我会很吃惊。但是，那些过去更加复杂的人可能更能领会我刚才叙述的现象学（人的主观感受和体验）观点。即便如此，我最终还是会同意罗森的观点是正确的，因为他认为，要对违法行为负全部责任的几个标准中的每一个都很难得到满足——尤其是当我们被要求证明某人满足这些标准时。

---

① Gideon Rosen: "Skepticism about Moral Responsibility", 18 *Philosophical Perspectives* 295 (2004).

② 参见 William J. Fitzpatrick: "Moral Responsibility and Normative Ignorance: Answering a New Skeptical Challenge", 118 *Ethics* 589 (2008).

然而，正如被我人为假定的那样，萨宾的案件是如此的简单，以至于它对支持一种特定的责任概念几乎没有帮助，任何非怀疑论的理论，包括我反对的那些理论，最好能够认为这个案例本身是没有问题的。尽管如此，研究它的容易之处还是有指导意义的。人们会给出不同的答案。在我看来，萨宾的案子很简单，因为她自己完全认识到其行为是不法的。更通俗地说，她还不至于不知道偷自行车是不法的。在人们应该受到谴责的最简单、最清晰、争议最小的例子中，行为人的行为可能是出于无自制力或意志薄弱。我对这个"臭名昭著"的术语的使用并不能说明或决定什么。① 我的意思只是，在那些最明显的应受责备的例子中，行为人明白自己的道德理性，也知道理性的平衡要求他们不要实施行为 Φ，但是他们仍然决定去实施行为 Φ，也就是说，他们决定去做的行为违背了他们认识到的理性的平衡。② 据我所见，道德哲学家（他们不主张完全废除责任）之间唯一有意义的（非认识论的）争论点是，除了与上述描述相符的不法行为之外，人们是否还应该为其他不法行为受到谴责。但是，至少行为人在认识到自己的行为不法时要对他们的行为负责，如果这种情形下行为人都不用承担责任，那么在其他所有情况下，行为人就更不用对其行为负责了。

可以肯定的是，一些意志薄弱的被告还会有其他理由来为指责做一定程度的辩解。意志薄弱的被告虽然与犯罪的诱惑做了激

---

① 意志薄弱的性质，甚至它的可能性，在哲学中都呈现出一个很深的我没有去解开的谜团。参见 Alfred R. Mele: *Backsliding: Understanding Weakness of Will* (Oxford: Oxford University Press, 2013)。

② 我认为当行为人实际上没有做他们认为最有理由做的事情时，他们在实际推理中犯了一个错误，尽管其他关于意志薄弱的说法在这个问题上有所不同。在我看来，主观意图的内容实际上应当是"我要做 Φ"，而不是"我应该做 Φ"。

烈的斗争，但是没有成功，这种情况可能是值得出罪的。例如，假设有一个典型的盗窃狂。他意识到盗窃是不法的，他不愿接受自己偷窃的冲动所带来的后果，但最终在内心斗争后投降。也许他应该得到某种程度的出罪，因为他的欲望（尽管可能并非如此不可遏制）使遵守法律变得过于困难。斯蒂芬·加维会给这个行为主体一定程度的辩解，[①] 斯蒂芬·莫尔斯也会同意[②]——尽管他们对行为人的错误是出于他们的欲望还是出于他们的理性存在分歧。当然，任何允许对这些"艰难选择"在某种程度上免责的提议都存在一个问题，那就是要区分哪些人的欲望很难抗拒，哪些人的欲望不那么难以抗拒。但对于任何提出某种借口的被告，包括胁迫或挑衅，可能都必须思考同样的问题（哪些胁迫或挑衅是难以抗拒的，哪些又是容易抵御的）。无论如何，在下面的问题中，我将把我的注意力集中在意志薄弱的人身上，对他们而言，诱使他们实施不法行为的因素还不足以成为辩解的理由。我认为我构想的被告都是很寻常的，许多人都意识到其行为是不法的，并且只要其愿意基本上就可以不实施不法行为，但其却无论如何都要犯罪。萨宾就是这样的例子。

请注意，如果违法者犯了实质性的事实认识错误，那么他就应该出罪。在事实错误的场合，我们不会让行为人对不法行为负全部责任（请注意，是"全部"），除非按照他们相信的事实状况，其行为也是不法的。假设胡安在每天早上上班时都会打开灯来照亮他的办公室。在他不知情的情况下，一名恐怖分子秘密地重新接线，当开关被打开时，一枚炸弹就会在大楼内爆炸，造成

[①] Stephen P. Garvey: "Dealing with Wayward Desire", 3 *Criminal Law and Philosophy* 1 (2009).

[②] Stephen J. Morse: "Diminished Rationality, Diminished Responsibility", 1 *Ohio State Journal of Criminal Law* 298 (2003).

无辜的受害者死亡。换句话说，胡安不知道下面的事实命题。

p1：打开这一开关会杀死无辜的人。

进一步假设，胡安甚至是检查装置外部的专业电工都无法发现有人对开关做了改动，考虑到这一点，那么当胡安进来打开灯，并发生爆炸导致死伤后果时，我们能够谴责他吗？当然不能。我希望对此的解释是无须赘述的。尽管 p1 是一个不实施 Φ（即打开开关）的决定性的道德原因，但在胡安的实际认知中，它并不能够发挥作用。根据我下面提到的一个重要条件，如果一个理性的人没有意识到能使其正确行事的那种理性或理由，那么他就不应受到指责。如果胡安没有丝毫理由去相信某种事实情况的存在，那么当他没有对这个事实情况做出及时有效的反应时，他的实际推理或理性反应能力就不存在丝毫缺陷。

一些哲学家会认为，胡安的例子之所以简单，不是因为他对造成的伤害是没有预见的，而是因为他对造成的伤害是没有预见可能性的。我已经假定，在胡安所处的情况下，一个理智的人不会在没有任何迹象的情况下注意到开关已经改变。但假设我们放宽这一规定，使处于他这种情况的正常人能够预见到爆炸：恐怖分子开关做的改动是拙劣的，胡安自己如果再细心一点，也许会注意到。根据这一修订后的规定，一些评论家会得出结论，胡安应对此负责。在这种情况下，他（胡安）可以凭借自己的理性去决定应当做出何种行为，我在前面描述责任所需的能力时使用了这个术语（理性）。但是，法律哲学家们应该还不至于据此就认为胡安应负（全部）责任。即使他们认为一个人应该因为能够预见但却没有预见而受到责备，他们也不会让此人像真正能够预见到这些损害后果的人那样承担同等的责任。前者涉及疏忽，后者涉及明知，没有一个受人尊敬的犯罪理论家会将这两种应受谴责的状态等同起来。即使胡安应当因为可预见（即疏忽）状态下造成的损害而受责备，但其可谴责性的程度显然要低于实际预见（即已知）状态下造成损害的情形。有争议的问题是，犯罪者究竟是否应因其疏忽而受到谴责，这个问题十分复杂，足以在第四（D）章中进行单独的（但不幸的是没有结论）研究。然而，无须进行长时间争论的是这样一种判断：与那些预见到这些严重损害后果的人相比，疏忽大意的行为者的罪责较轻。

如果以上论述到目前为止是正确的，那么我的迫切问题是，当人们对其行为的道德状况而不是事实状况有错误认识时，是否应该援引不同的评价标准。为了说明我的立场有多么激进，我现在介绍另一位（不同寻常的）行为人：卡洛斯，另一个处境相同但对 p1 没有误解的人，他知道这个开关已经被改动了，他知道如果他打开开关，无辜的人就会被杀死。相反，卡洛斯在以下道德主张上却存在认识错误。

p2：杀害无辜的人是不法的。

显然，p2 是一个具有压倒性力量的不实施行为 Φ 的道德原因。然而，就像胡安的例子中的 p1 一样，p2 无法成为卡洛斯理性思考的一部分。如果卡洛斯不相信 p2，那么从其内在观点出发，相对于不相信 p1 的胡安而言，他并不具备更多的不去实施 Φ 的道德原因。在我下面提到的一个非常重要的条件下，当像卡洛斯这样的行为人的主观认知只涉及他们认为是正确的那些命题时，他们的理性思考是没有缺陷的。根据我所支持的责任理论，无论是胡安还是卡洛斯，如果他们对某些情形存在认识错误，并且这些认识错误使他们无法作出理性的选择（或者说只能作出他们自认为符合理性的选择），那么他们都不应为他们所做的行为而受到任何指责。胡安不应该因为他不知道的事实情况而受到谴责，卡洛斯也不应该因为他不知道的道德命题而受到谴责，其间的道理是异曲同工的。事实认识错误和道德认识错误对行为人的理性抉择与建立在其上的责任理论有着同样的影响。

胡安和卡洛斯对行为 Φ 并不承担责任，因为从内在理性的角度来看，他们的主观考量和理性选择是没有问题的。萨宾就不是这样了。这些例子之间的区别很明显：与胡安或卡洛斯不同，萨宾在理性思考（即她对道德理性的内在反应）方面表现出明显的缺陷。吉迪恩·亚菲用"腐化"（corruption）这个词来形容实际推理中的缺陷，这种缺陷使违法者负有责任。虽然我对这个术语没有异议并偶尔会借用一下，但我对腐化的描述与他不同。根据我认为与道德罪责最相关的概念，当一个行为人（如萨宾）根据他自己的观点对道德理性的平衡做出错误的回应时，主观上的理性思考就是腐化的。当然，哲学家们已经区分了许多关于理性的概念。这些概念中有许多是完全客观的或外部性的，理性就在于对实际存在的各种客观事由作出反应。那么，当我们对责任作出判断时，为什么评价标准应该是主观的或者是内在的呢？显然，我的这部分理论是迄今为止最有争议的。尼尔·利维对此进行了如下辩护："只有当人们能够理性地采取行动时，才有理由要求他们采取行动，也就是说，通过一种超越他们的信念和欲望的理性推理过程来引导他们的行为。但在这个意义上，行为人所能做的理性行为是其内在理性的外在表达。"[①] 考虑一下相反的观点，即（荒谬地）认为胡安和卡洛斯都应该受到责备，之所以会存在这种观点，是因为尽管胡安和卡洛斯在主观上对某种情形缺乏认识，但如果从客观的立场和外因的视角上看，他们并没有做出真正符合（常人）理性的行为。对此，利维继续说：

"假设内因主义和外因主义之间存在分歧：从外因主义的角度来看，我最有理由做的事情，并不是我认为自己有任何理由做

---

① 参见 Neil Levy: *Hard Luck* (Oxford: Oxford University Press, 2011), p. 128。

的事情。在这种情况下，如果我做了我最有（外因主义）理由做的事情，我这样做不是由于权衡理性或任何其他理性推理过程。我这样做是偶然的，或者是由于我自身能动性上的一个小差错，或者诸如此类的原因。"①

因此，我认为道德责任的判断需要对行为人的内在理性回应进行评估，即从行为人自身的主观角度出发。尽管根据支配某种情形的事实，对导致行为不当的原因评估是从外因进行的，但是关于理性回应的内在论或主观主义仍然是可适用的责任标准。尽管我认为三名行为人都有不当行为，但胡安和卡洛斯不应被谴责，而萨宾是应该受到谴责的，因为只有她在对道德理性的回应中表现出缺陷或腐化，在此意义上其行为是非理性的。只有萨宾的行为是无自制力的，因为其所作所为与其自身的道德理性考量正好相反。

正如我已经指出的那样，当代刑事理论家中没有人公开拥护主观主义的理性理论，以打破关于不知法的传统理论。但是，关于应受谴责的主观主义说法，真的与刑法哲学家们的观点完全不同吗？这很难确定。我曾指责法律哲学家未能提出关于刑事责任的基础理论。当然，刑法理论家对这一问题并没有完全保持沉默。他们中的绝大多数支持罪责选择理论。"选择理论"应该包括什么从来都不是完全清楚的，它通常与性格理论相反。无论如何，据我所知，没有一位刑法哲学家对选择理论做出过详细的阐述，尽管他们几乎一致地拥护选择理论。② 我的理性回应理论当然可以算作一种选择理论，因为除非被告选择实施不法行为，否

---

① 参见 Neil Levy: *Hard Luck* (Oxford: Oxford University Press, 2011), p.128。
② 关于选择的相关性，参见 T. M. Scanlon: *The Significance of Choice* (Salt Lake City: University of Utah Press, 1988), p.151。

则他不会受到谴责。据我所知，这就是一种选择理论。就算胡安的确选择了打开引爆炸弹的开关，但没有人会认为他应对这场灾难负责。因为胡安没有选择在这种情况下杀人和实施不法行为，所以他不承担责任。当然，卡洛斯也选择了杀人。但如果说他选择了犯下杀戮的道德错误，那就有点牵强了。选择理论家应该向我们解释选择的内容，并说明在行为人的选择使其受到谴责之前，他必须知道什么。这时，理性回应理论就派上用场了。卡洛斯没有选择在该情况下实施不法行为。他在道德上不应受到谴责，因为不杀人的道德理性（p2）在他的理性思考中所起的作用，并不比胡安的事实理性（p1）大。

我曾说过，胡安不应因实施行为 Φ 而受到指责，因为不实施这一行为的理由不可能在他的理性考虑之内。许多和我一样认为胡安不应受到责备的人会通过另一种途径为他出罪：他们首先会否认其行为 Φ 不法。他们的动机很容易理解。根据一个杰出的思想体系，道德的作用是指导行为。因此在道德不法中，道德也必须能够发挥这种作用。在行为人无法知晓打开开关就会发生爆炸的情况下，不去实施这一行为的道德规范并不能发挥指引人们行为的作用。赞同这一思想流派的哲学家会得出这样的结论：尽管胡安的行为会导致许多人死亡，但他的行为并没有错。如果这些哲学家是正确的，那么关于胡安应受谴责的问题就不会出现，因为我已经承认，只有当行为人的行为不当时，这些问题才会出现。我不能否认我也感受到了这个立场的吸引力。对不法和可容忍性最清晰明了的解释可以从"行为指导"中得到。我们都同情心烦意乱的胡安，当他得知自己在恐怖分子的阴谋中被人利用时，他将会感到非常震惊。尽管如此，我认为我们的同情最好是通过免除其责任来表达，而不是通过否认其行为之不法。在接下来的内容中，我将继续将我最初的预设当作是正确的。换句说，我认为胡安的行为 Φ 是不法的，因此可以对他的可谴责性（可能最终会予以否认）提出有意义的问题和研究。尽管如此，我承认我一直试图保留的不法概念和不法行为责任理论之间的界限是很脆弱和模糊的。

无论如何，许多道德哲学家不同意我关于不法应该如何概念化的外在主义或客观的解释。我希望我对不法行为的客观主义立场和对可谴责性的主观主义立场不是有害的。我只举出这种组合的一个优点。如果社会心理学的实证研究结果依赖于个体自身所了解的理性，那么我们对应受责备的判断可能会很容易受到这些结果的影响。我们理性的行为人只能对我们认识到的理性作出反应，而促进或抑制这种认识的各种因素在评估我们的责任时就会发挥作用。我只是简单地规定在萨宾的例子中不存在这些因素，但是我们应该注意现实世界中的例子是否符合这一规定。无数的研究都支持情境主义，即我们对道德理性的认知倾向会随着所处环境的变化而剧烈波动。[1]这些研究也证明了个体之间存在着巨大的差异。尽管这些因素对我们有明显的影响，但我们往往没有意识到它们所造成的后果。我并不想总结这些快速增长的经验主义文献。但是，假设这是正确的，例如某种环境下的噪声污染，可能会对我们发现并考量相关道德因素起着重要的作用。如果是这样，主观的理性回应理论就可以很好地将这一经验发现并考虑进去，来评估一个人是否应该受到指责，以及在多大程度上应该受到指责——即使这些发现对不法本身并不重要。那些认为这些环境变量与我们的道德责任无关的理论，可能会不当扩大谴责的范围。

---

[1] John Doris: *Talking to Our Selves: Reflection, Ignorance, and Agency* (Oxford: Oxford University Press, 2015).

如果行为人要为某种不法行为承担道德上的全部责任，那么这种行为事实一定与他自己主观上的理性认知相悖。当然，我不是第一个提出这种观点的哲学家。最值得注意的是，吉迪恩·罗森[1]和迈克尔·齐默尔曼[2]都对这一立场的类似变体进行了精彩的论证，我欣然承认我对他们每个人都抱有浓厚的感激和敬仰之情。[3] 尽管我们各自立场的相似之处远比不同之处更为重要，但我还是想强调两点不同之处。[4] 一方面，我的立场甚至比他们的更激进。罗森和齐默尔曼都声称按照道德哲学家通常所说的追踪策略，人们应该为行为 Φ 受到谴责。也就是说，他们认为，如果一个人的可责性可以某种方式追溯到其并非不知情的先前（"蒙昧"）行为，那么即使是在事实认识错误或者道德认识错误的情况下实施的不法行为，他也要承担责任。如果一个追踪策略能成功地部署在一个特定的案例中，罗森和齐默尔曼都会认为该行为人应为自己的无知负责，他们认为只有非过失的无知才能为自己出罪。我倾向于反对追踪策略，因为它声称让不法者对 Φ 行为承担全部责任，因此我得出结论，即使罗森或齐默尔曼都认为行为人应该为自己的无知负责，不法者也应该出罪。我对追踪策略持怀疑态度的基础是非常重要和复杂的，值得在本章的 C 部分中单独讨论。

另一方面，实际上我的立场远没有罗森或齐默尔曼那么激

---

[1] Gideon Rosen: "Culpability and Ignorance", 103 *Proceedings of the Aristotelian Society* 61, 83 (2003).

[2] Michael Zimmerman: *Living with Uncertainty: The Moral Significance of Ignorance* (Cambridge: Cambridge University Press, 2008).

[3] 我所支持和信赖的许多哲学家彼此之间都意见不一。齐默尔曼以一种听起来不同寻常的方式表达了这些差异。参见 Michael Zimmerman: "Review of Levy", 10 *Criminal Law and Philosophy* (forthcoming, 2016)。

[4] 我将在第四（A）章中讨论其他不同意见。

进。我为之辩护的结论承认了一个关键的限定条件：我认为有一类人在某种程度上应该受到谴责，即使他们不知道自己的行为违背了道德理性的平衡。我有时会否认某一特定主体对其错误行为Φ负有全部责任或应该受到全部惩罚，而"全部"二字暗示了我的立场的重点所在。这一重要的限定条件最好是在事实认识错误的语境下提出的。再回到胡安身上，这个毫无戒心的员工打开了一个重新连接的用来杀死无辜受害者的开关。我相信，没有人会因为我所假定的客观上的不法行为而在任何程度上责怪胡安。尽管如此，我们不应该轻易得出这样的结论：一个人不应承担任何责任，除非他真的相信开关已经改变。对最初的例子进行简单的修改，就足以证明一个人可能在某种程度上负有责任，尽管他不相信p1，也即这一行为会杀死无辜之人。假设胡安＊（用星号与原来的胡安区别）意识到恐怖分子潜伏在附近，并操纵了一些装置来欺骗守法公民，从而导致公民死亡。比如说，他认为有10%的可能性开关已经重新布线，当其将开关打开时将引发爆炸。他对p1的信任度相当低，我们不会说他相信这是真的。尽管如此，由于胡安＊怀疑自己的行为可能会造成严重伤害，因此，他在一定程度上要为打开开关并杀死受害者受到谴责。

在修改后的案例中，我不想对胡安＊应该做些什么来减轻他的怀疑给出详细的意见。许多当代的道德哲学家已经详细地研究过，当一个人对相关的重要事实或道德性质没有把握时他应该怎样行动。① 很明显，当风险足够高时，他应该采取预防措施。② 但

---

① 对此的例子，参见 Andrew Sepielli: "What to Do When You Don't Know What to Do", 48 *Nous* 521 (2013); Holly M. Smith: "The Subjective Moral Duty to Inform Oneself before Acting", 125 *Ethics* 1 (2014)。

② 参见 Alexander A. Guerrero: "Don't Know, Don't Kill: Moral Ignorance, Culpability, and Caution", 136 *Philosophical Studies* 59 (2007)。

这个一级道德问题不是我现在关心的。我只是想问，在我所描述的这种情况下，当一个人没有做出适法行为时，他应该受到多大程度的责备。因为没有采取预防措施而造成了伤害后果的被告不应受到与明知会造成严重伤害后果的人同样的指责。在最初的例子中，胡安对自己的行为不负任何责任。在修改后的例子中，胡安 * 应该受到一定程度的谴责，因为他冒着会造成巨大伤害后果的风险实施了该不法行为。刑法理论家很容易用熟悉的罪责术语来描述这两种判断。在最初的案件中，胡安对爆炸甚至不存在任何疏忽，一个理性的人在他所处的情况下也会这样做。只有适用"严格责任"标准才会使他受到惩罚，但在（蓄意）凶杀案中使用这一标准是令人厌恶的。① 然而，在修改后的案件中，胡安 * 是轻率的。他有意识地忽视了他的行为将导致死亡的重大的和不合理的风险。一个明知自己的行为违背了道德理性平衡的人，比只是怀疑自己的行为可能违背了道德理性平衡的人，应该承担更大的责任。犯罪理论家们很容易就会同意胡安 * 在修改后的案例中是轻率的，因此应该受到惩罚，但是比在他明知开关会引爆炸弹的情况下承担的责任轻。在事实认识错误的场合，几乎所有的刑法哲学家都同意，必须区分至少两种不同的应受责备的状态（即明知和轻率），以充分地把握行为人（如果有）可能因其不法行为而受到多大程度的责备。②

在道德认识错误的场合也应做出相似的判断。回到不相信 p2

---

① 不幸的是，在法律规定中，适用严格责任的杀人罪并不罕见。参见 Douglas Husak："Strict Liability, Justice, and Proportionality", in Douglas Husak, ed. : *The Philosophy of Criminal Law* (Oxford: Oxford University Press, 2010), p. 152。

② 我认为几乎所有的哲学家都把明知与轻率作比较，因为有些人认为前者是后者的特例。参见 Larry Alexander and Kimberly Kessler Ferzan with Stephen Morse: *Crime and Culpability* (Cambridge: Cambridge University Press, 2009)。

（杀害无辜的人是不法的）的不同寻常的行为人卡洛斯身上。我已经说过，如果他实施了某种行为，且他相信没有道德理由可以反对他的这种行为，那么他在道德上是无可指责的。然而，假设卡洛斯＊（用星号与原来的卡洛斯区别）怀疑 p2 是真的。更确切地说，他意识到杀人的确有可能是一个具有不法性的行为。比如说，他知道打开开关导致爆炸会构成不法行为的可能性为10%。在这个修改过的例子中，卡洛斯＊和胡安＊一样，主观上表现出轻率。他的轻率源于对道德问题的怀疑，而不是对事实的怀疑。在这一假设下，卡洛斯＊和卡洛斯一样，打开了开关，实施了不法行为。但是与卡洛斯不同，卡洛斯＊应当像胡安＊一样，要为此承担一定的责任。然而，这些例子中的任何一个人都不应该受到与 A 同样程度的谴责，因为 A 对行为 Φ 不存在任何认识错误。

因此，如果被告 B 不了解法律背后所体现的道德但却意识到自己的行为 Φ 有很大程度的违法的风险，那么他就应该对自己的行为负责并受到惩罚，尽管程度低于明知自身行为违反了法律 L 的 A。与明知其行为不法的被告相比，那些轻率的被告，应该减少多少惩罚量呢？在任何情况下，对相关的比例的判断都是众所周知的困难。尽管如此，法典在处理类似问题方面有着丰富的经验，我们可以从司法管辖区对犯罪特殊形态（如未遂、教唆或共谋）的严重程度进行评级的方式中获得线索。例如，也许轻率的被告受到的刑罚严重程度应该是完全有罪的、明知的被告所受惩罚的一半。如果这一建议被采纳，轻率地错误处理电池的雅各布，应受到的刑罚量，将是故意实施相同罪行的行为人的一半。

但是只有当 B 的行为 Φ 确实违反了法律 L 或其背后的道德时，他才会因法律认识错误而受到惩罚。那么，如果行为 Φ 最终不违反法律 L 呢？我们那位困惑的露营者雅各布可能碰巧是对的，他把电池扔进垃圾箱的行为没有违法。相当多的哲学家会说，当他碰巧是对的时候的罪责，与他碰巧是错的时候的罪责之间的区别仅仅是运气的问题，运气不应该影响我们对他应受谴责程度的判断。关于道德运气的一般性话题催生了大量的文献，而且（会再次）远远超出这本书的范围。① 但是，无论我们对幸运现象采取什么立场，我都看不出当 B 的行为 Φ 恰好没有违反法律 L 时，有什么理由因为 L 而惩罚不知法的 B。② 在我看来，当 B 的行为碰巧没有违法时，将责任强加于 B 的唯一依据是法律的明确规定，即制定一种类似于实定法中轻率危害行为的罪行。③ 因此，当 B 认为他的行为造成了重大的、不合理的错误风险时，他就会承担一定的责任。如果他的这种担忧成为现实，行为 Φ 不法并确实违反了法律 L，那么他就要对因轻率而违反法律 L 的行为承担责任。

如果他的恐惧没有成为现实，并且行为 Φ 并非不法，也没有违反 L，那么他将对另一种犯罪负责———一种类似于现行法律中的轻率的危害行为的犯罪，当被告存在轻率但没有造成危害时的犯罪。我不倾向于创造这种新的犯罪，可能是因为我认为实体法的规制范围和界限应尽可能保持最小。④ 但我也并不坚决反对颁布这样一项法令———一种与轻率的危害行为相似的规定，只要行为人认为他们的行为产生了巨大且不合理的风险，就要对他们进行惩罚。

---

① 相应的例子，参见 Alfred R. Mele: *Free Will and Luck* (Oxford: Oxford University Press, 2006)。

② B 也不应对违反法律 L 的企图负责，尽管这种企图也超出了我的研究范围。参见 R. A. Duff: *Criminal Attempts* (Oxford: Clarendon Press, 1996) 和 Gideon Yaffe: *Attempts* (Oxford: Oxford University Press, 2010)。

③ Model Penal Code § 211.2.

④ 参见 Douglas Husak: *Overcriminalization* (Oxford: Oxford University Press, 2008)。

让我总结一下目前为止我的立场。如果被告知道其行为会引爆炸弹，那么按照模范刑法典中罪责层次结构他将因为 Φ 承担全部责任，如果他对行为 Φ 是否会引发爆炸持轻率态度，那么他会承担较小的责任，可如果他对此持疏忽的态度，那么他可能不负责任，而如果他对行为 Φ 是否会引爆炸弹甚至都不是疏忽大意的（即他根本就不知道），那么他显然不负责任。我建议通过适用相同的规范结构来对称地对待事实认识错误和法律认识错误。简单来讲，也就是说，在事实认识错误领域中所适用的那种我们熟悉的罪责框架，同样也可以适用于法律认识错误的场合。但我也认为这种说法过于简单化了，因为我提出的这种对称性只是一种假设或者说推论——就像刑法应该符合道德的那种假设一样。在第五章中，我将用大量的篇幅来讨论，当我们决定在现实世界的实定法中编纂我的不知法理论时，这种假设是否有依据。总之，我们应该追求的目标——如果放弃这个目标，那么我们就需要一个特殊的理由——将产生这样一种完美的对称。因此，如果被告知道其行为不法且违背了道德理性的平衡，那么被告将会因行为 Φ 而完全承担责任，如果被告对行为 Φ 是否违背道德理性的平衡并且是否不法持轻率态度，那么被告将在较小程度上受到惩罚，如果被告对 Φ 是否违背道德理性的平衡并且是否不法甚至都不持疏忽态度（完全不知），那么被告就根本不负责任。虽然这可能有争议，但我认为，我将事实认识错误出罪机能的规范性框架同等地应用到不知法免责机能的判断上，这种做法相对来说还是清晰明了的。刑事理论家们长期以来对事实认识错误背景下的罪责状态做了大量的研究，我们能从他们积累的智慧中得到启发，从而更好地处理法律认识错误中的相关问题。

这些（罪责状态的）区别的有用性不仅仅是丰富的哲学思想的产物。对不法行为的轻率态度不仅仅是一种应受谴责的状态，在我们每天可能遇到的情况下，这种心态已经变得非常普遍。正如我反复强调的那样，在心智健全的成年人中，对自然犯是否不法表现出不确定的心态，这是非常罕见的。但是，当涉及法定犯的犯罪时，这种不确定的怀疑心态并不罕见。露营者雅各布扔掉了本应回收的电池，这是一个现实的例子，说明有些人对自己的不法行为并不知情。如果我们对称地处理事实认识错误和法律认识错误，那么雅各布应该受到的惩罚程度，应该介于明知电池应该被回收利用的不法分子的惩罚程度和完全没有意识到电池应该被回收利用的不法分子的惩罚程度之间。目前关于不知法的学说是非常缺乏的，因为一般而言我们对不知法情形会直接得出要么有罪要么无罪的结论，从而也就不足以使我们充分地表明雅各布应受谴责的程度。而我的理论则是把事实认识错误和法律认识错误对称地对待，它的一个主要优点就是为表明各种应受谴责的程度提供了可能。

适用于事实认识错误的法典中的罪责层次结构，非常适合用于区分法律认识错误中的各种罪责状态。但犯罪理论家会注意到，我通过过度简化法典的罪责结构，才获得了这种对称性。在事实认识错误场合，蓄意地或有目的地违反法律 L 的被告往往被认为比仅知道（明知）自己在这样做的人应该受到更多的谴责。如果事实认识错误和法律认识错误被对称地对待，那么蓄意和明知的对比在不知法理论中所起的作用难道不应该与在不知事实理论中所起的作用一样吗？如果是这样，一个想要违反法律 L 的被告比一个只是明知他在违反法律 L（或者对是否违反法律 L 持轻率态度）的被告应该受到更多的惩罚。

诚然，一些犯罪理论家和道德哲学家对蓄意与明知之间的对比的道德意义提出了质疑。就构成不法行为的事实而有意为之的被告，比明知这些事实存在而行事的被告，真的更应受到谴责吗？我倾向于对这个问题持肯定意见，但我现在的观点不同。虽然关于蓄意和明知之对比的道德意义的辩论对于任何关于事实认识错误的问题都是至关重要的——特别是诸如未遂和教唆等犯罪特殊形态——但它在法律认识错误或道德认识错误中几乎没有被实际应用。与只是明知自己在实施不法行为的情形不同，不法行为人仅是将实施不法行为当作打算或者目标的情况非常罕见。例如，能否成为一个犯罪团伙的成员可能取决于其是否打算实施不法行为。每个人都遇到过叛逆的孩子，他们决心挑战父母权威的界限。可以想象，如果强奸犯认为受害者同意，那么他会对性侵犯不感兴趣。这些人不会做他们认为是正确的行为（他们是为了实施不法行为而实施不法行为）。然而，在我看来，这类案件与只是知道是不法行为而为之的案件相比，在应受谴责的程度上似乎不存在非常重要的区别。① 如果我对这件事的判断是错误的，那么我引用的罪责结构可以很容易地被补充为包括目的或意图。但如果我是对的，那么不知法律所需的有罪状态可以被限制在三个方面：明知、轻率和疏忽。或者可以被限制在两个方面：明知和轻率。疏忽是事实认识错误领域中极具争议的罪责模式，如果关于疏忽的争议在法律认识错误的问题中再次出现，我们也不必感到惊讶。正如我已经指出的，当人们对法律认识错误持疏忽的主观心态时，他们是否应受责备的问题十分复杂，这值得在第四（D）章中专门论述（不幸的是没有结论）。

我现在回到责任的基本哲学理论来为不知道德的不法者出罪。通过对主观主义理性回应理论的主要竞争对手进行评估，我们可以更容易地了解这种理性回应理论的优缺点。许多道德哲学家提出了有竞争力的标准来判断人们是否应对自己所做之事负责，而一些看

---

① 至于攻击与威胁之间的对比，请参见 R. A. Duff：*Answering for Crime* (Oxford：Hart，2007)。

似合理的选择对那些不知其行为不法的人的应受责备性有着不同的影响。在接下来的内容中,我将简要介绍最受欢迎的一种替代方法,而最近提出的大量新颖的理论在此暂不涉及。①

与我所捍卫的责任概念相对立的最有力的观点,涉及可能被称为意志品质理论的系列观点。这些观点没有把道德责任定位在行为人有缺陷的或堕落的实际理性推理中——至少在我看来是这样,也不要求行为人去选择或控制。相反,这些观点是在人的意志上来为责任找到根据:当行为人的行为出于一种道德上不当的意愿时,他们就应该受到谴责。换言之,当一个人的行为表达了消极的态度,暴露了其作为一个人的一些不好的方面时,他就应该承担责任。有关意志品质的理论已有无数版本和组合,且已经被提出,② 但是,对这一系列观点的持续评价将再次远远超出我的研究范围。可以这样说,究竟是什么因素或理由使某种意志被认为是不当的或令人反对的,对此的不同解释,就反映了这些观点的主要区别。③ 被提及最多的因素包括恶意、蔑视、敌意、冷漠、不顾他人的福利和利益,甚至是不尊重法律。

我简要列举了三个具有代表性的关于意志品质理论的例子。④ 诺米·阿帕里认为,如果一种行为是行为人对其中的道德意义关

---

① 在此,我有意忽略了层次主义、结构主义或其他各种相互交错的观点。这一学派最著名的代表人物都受到了哈里·法兰克福的启发。参见 Harry Frankfurt: "Freedom of the Will and the Concept of a Person", 68 *Journal of Philosophy* 5 (1971)。

② 有关细节,请参见 Michael McKenna: *Conversation and Responsibility* (Oxford: Oxford University Press, 2012)。

③ 例如,我们可以对比性格品质、判断品质和关注品质。参见 David Shoemaker: "Qualities of Will", 30 *Social Philosophy and Policy* 95 (2013)。

④ 更多例子,请参见 T. M. Scanlon: *What We Owe to Each Other* (Cambridge: Harvard University Press, 1998); Angela Smith: "Control, Responsibility, and Moral Assessment", 138 *Philosophical Studies* 367 (2008); Pamela Hieronymi: "Reflection and Responsibility", 42 *Philosophy and Public Affairs* 3 (2014)。

注太少导致的,那么这种行为就应该受到谴责——某种事由是否在道德上有重要意义,不是按照行为人自己的理解来判断,而是要看该事由是否的确在客观上具有重要的道德意义。① 举个例子,我的行为会让别人受苦,这在道德上是很重要的,因此,我应该为产生这种效果的行为负责,即使我(像卡洛斯那样)主观上不相信这种受苦是不道德的。霍莉·史密斯认为,当人们具备道德上不正当且使人反对的欲望以及形成这种欲望的主观恶性时,就应该对其实施的不法行为负责。② 伊丽莎白·哈曼认为,我们应当为错误的道德信念所导致的行为负责,因为我们有义务知道并相信许多指导我们行为的道德真理。她认为,对持错误道德信念的行为人而言,"如果不充分关注什么在道德上才是真正重要并且有意义的,那么就应该受到谴责"。③ 显然,每一种不同的观点又会带来许多新的挑战,对这些挑战我不打算过多论述。

法律哲学家也提出了类似于意志品质理论的观点。例如,彼得·韦斯顿正确地指出,不知法的犯罪者的命运取决于他们是否满足正确的责任理论所包含的所有条件。当不法者不了解他们所违反的法律时,韦斯顿认为他们应该得到原谅,除非他们"出于恶意、不感兴趣、麻木不仁、漠视或忽视他人合法利益的态度,此时惩罚他们的行为就是常态"。④ 但是,根据这种理论行为人还是有可能得不到出罪,那么这种理论何以能够被认为是正确的理

---

① Nomy Arpaly: *Unprincipled Virtue: An Inquiry into Moral Agency* (Oxford: Oxford University Press, 2003), chapter 3.

② Holly Smith: "Dual-Process Theory and Moral Responsibility", in Randolph Clarke, Michael McKenna; Angela M. Smith, eds.: *The Nature of Moral Responsibility: New Essays* (New York: Oxford University Press, 2015), p.175.

③ Elizabeth Harman: "Does Moral Ignorance Exculpate?", 24 *Ratio* 443 (2011).

④ Peter Westen: "Two Rules of Legality in Criminal Law", 26 *Law and Philosophy* 229, 262 (2007).

论呢?[①] 如果我不相信他人的福利是我的正当关切，那么我还有什么主观理由对他们的权益感兴趣呢？当然，意志品质论者会回答说，我无须这样的主观理由就能够受到责备。但是为什么呢？

这些说法的吸引力应该是显而易见的：意志品质论者可以在不责怪胡安的情况下找到理由让卡洛斯负责。当胡安按下开关时，没有人会说胡安不顾他人的安危，因为他完全不知道这个开关是用来杀死无辜受害者的。但是卡洛斯表现出对他人生命的极度冷漠，即使他不知道这样做是非法的。因此，这些说法为否认我所赞成的假定的对称性，并将事实认识错误的出罪机能与法律或道德认识错误的出罪机能区别开来提供了明确的基础。我相信，大多数刑法哲学家否认不知道德的罪犯能有任何程度的开脱，他们对此的前提条件就是意志品质责任论——即使他们没有明确承认自己的立场。我已经举出了几位持这种观点的法律哲学家，[②] 后面还会有更多的例证。[③]

坚持意志品质责任论的哲学家会认为萨宾的例子很简单，但会用不同的理由来解释为什么会得出这种结论。他们会坚持认为，她偷自行车的行为之所以应该受到谴责，是因为她的行为体现了她责任所基于的意志品质。因为萨宾把自己的利益凌驾于他人之上，她的行为表现出的态度，正是任何一位意志品质理论家都会将其作为责备根源的态度。正如我说过的，这些理论中有很多都否认她对道德的信念与她的责任有关。根据这些理论，不

[①] 参见 Peter Westen: "An Attitudinal Theory of Excuse", 25 *Law and Philosophy* 289 (2006)。

[②] 参见 Dan M. Kahan: "Ignorance of Law Is a Defense: But only for the Virtuous", 96 *Michigan Law Review* 127 (1997); Alexander and Kimberly Kessler Ferzan with Stephen Morse: *Crime and Culpability* (Cambridge: Cambridge University Press, 2009)。

[③] 参见 Michelle Dempsey: "Book Review: Michael J. Zimmerman, The Immorality of Punishment", 32 *Law and Philosophy* 333 (2013)。

管萨宾如何看待盗窃的道德意义，她都表现出了一种令人反感的意志品质。赞同这种意志品质论的哲学家，有时会对一些标准表示困惑（甚至愤怒），这些标准认为，不知法可以像我的观点所主张的那样在很大程度上得到出罪。在更直接地讨论意志品质理论的性质之前，有必要指出，持有这种观点的法律哲学家很难将"不知法理论"融入当前的各种学说立场或司法实践之中。原因是，当罪犯犯下许多刑事罪行，尤其是法定犯的罪行时，那些最常被提及的使某种意志品质不正当或令人反感的特定负面特征，如蔑视、敌意、冷漠和不尊重他人的权利，并没有得到明确的表现。也许这些特点在被告印制假钞或逃税时得到了证明。但要说这些特征在被告洗钱或驾驶未注册车辆时表现出来，就有些牵强了。很少有人会严肃地声称，巴特斯比在没有执照的情况下连续30多个工作日照顾孩子的行为显示出任何有缺陷的意志特征。如果上述案件涉及可以谴责和惩罚被告的不法行为，那么我们就需要更清楚地说明这些行为所表现的意志应受谴责的特点。在缺乏解释的情况下，意志品质理论学家似乎也致力于对我们刑事司法系统中的惩罚实践进行大规模改革。

此外，犯罪理论家在不加批判地采用任何一种意志品质理论之前，都需要保持谨慎。如果责任的最终基础存在于意志中，而意志之所以享有这种地位，是因为它代表了我们作为人的核心，那么意志品质理论就会危险地接近于那些以我们的性格为基础（我们是谁）的责任理论。尽管我对此持怀疑态度，但我认为意志品质论者能够成功地解释为什么他们不把责任归于我们的性格。然而，除非他们能够成功地解释清楚原因，否则他们必然会遭到犯罪理论家的强烈反对，这些犯罪理论家中的许多人煞费苦心地解释说，责任在于被告所作的某一特定选择，而不是作出这一选择的被告的性格。① 我的理性回应理论保留了选择的含义——对不法行为的选择。意志品质论者不太重视选择。毕竟，没有人能够选择他的意志品质，也没有人能够决定他的意志品质在犯下错误时是否表现出令人不快的特征。此外，我们是否真的能像刑法所倾向的那样，通过将我们的注意力集中在一个人所做的单一行为上，从而深入了解这个人的意志？如果我们最终关心的是意志，那么为什么要对一种特定的犯罪行为如此重视呢？这些问题应该让倾向于接受意志品质理论的刑法理论家们停下来想一想。大多数的刑法哲学家都明确地否定人的性格特征理论，如果他们所反对的理论（性格特征）与所接受的理论（意志品质）不能区别开来，那将是非常麻烦的。②

尽管存在这些保留意见，但如果意志品质理论确实为道德责任提供了一个更好的基础，那么为不知法提供广泛的出罪意义的理由就几乎消失了。真是这样吗？尽管我最初将意志品质理论作为理性回应理论的竞争对手，但它们无须被理解为对立的。它们可能以不同的方式（结合或分离）联系在一起，从而提出不同的依据来认定犯罪者应该受到谴责。不可否认，一些意志品质论者明确表示他们有理由不同意为不知道德的不法分子出罪。我怀疑，正是由于证明不知道德不能出罪的困难程度，从而推动了这些理论的流行；哲学家在努力驳斥他们认为与直觉高度相悖的观点时（比如齐默尔曼和罗森的观点），经常求助于意志品质理论。当他们回应我的理论时，他们也一定会这样做。但我不会改变我的立场。很多这样的理论家同意，行为人关于其行为是否不法的

---

① 不过，犯罪理论家也指出，在许多地方，刑法似乎已经开始重视我们是谁，而不是（或除了）我们所做的事情。
② 有关性格特征理论及其改进的讨论，请参见 Victor Tadros: *Criminal Responsibility* (Oxford: Oxford University Press, 2005)。

看法或信念应该包括在推断其意志品质的因素之中。为了研究他们是否正确，我们需要再次注意，我们的基本问题（Q）本质上是比较性的。假设有两个自行车窃贼，第一个意识到盗窃是不法的，但第二个没有。显然，这两个人的意志是可以区分的，他们的行为表达了他们作为人的不同之处。萨宾，第一个窃贼，表现出了违背她所知道的道德要求的意愿。但不知其行为不法的窃贼，其所表现出的违背道德的意愿显然就不可与第一个窃贼同日而语。在什么情况下，这种差异对于评估他们各自意志品质可以被认为是完全无关紧要的呢？在直觉层面上——我承认我对直觉缺乏信心——第一个窃贼的意志更应该受到谴责。如果我是对的，那么，拒绝我对 A 和 B 的责任进行区分的意志品质理论家，不仅需要确定意志是应受谴责的根源，而且需要确定对不法行为之无知对于判断意志品质是无关紧要的。即使我们认为卡洛斯比胡安更应该受到谴责，也不应该推断卡洛斯应当受到与没有犯任何事实认识错误或道德认识错误的不法者同等程度的谴责。这位没有任何认识错误的不法者，他的意志品质似乎是最糟糕的。如果是这样，那么意志品质论者应该同意，只有卡洛斯才应该受到刑法对其罪行所给予的全部惩罚。

因此，我作为竞争对手介绍的这两种理论完全无须被概念化为与我的理论完全对立。它们可以同时用来打破不知法的传统学说。也许，堕落的主观认知或缺乏理性回应就是（或至少涉及）意志上的缺陷，这种缺陷表现为未能对公认的道德考量因素给予适当的重视。如果是这样，那么即使是坚持意志品质理论的哲学家，也应该在很大程度上为那些不知法律背后的道德的人出罪。这一点需要进一步强调，因为它是我的不知法理论所依据的最重要的议题之一。尤其是当涉及所谓明显的道德观念时，评估不法行为人的意志品质和应受谴责程度，却不将主观上对不法行为的认识考虑在内，这似乎是荒谬的。举例来说，想象一下那些对别人不友善或残忍的人。当然，我们区分为两种情况，一种是犯罪者不知其行为不友善或残忍，另一种是犯罪者明知其行为不友善或残忍。我们对这两种情形的反应是截然不同的。诚然，与我支持的观点不同，那些在评估意志品质时会将对不法行为的认识考虑在内的理论，可能仍会将部分责任施加给完全不知其行为不法的个人。在缺乏更多细节的情况下，意志品质论者不可能分别确定每一个不法者相对应的应受谴责程度。即使一个人在这两种情况下都应该受到责备，他在后者中受到的责备也比在前者中更多。

在我们仅仅是因为不知法行为人的意志中有一些不正当和令人反感的东西就决定惩罚他们之前，还需要考虑一个因素。即使我们认为道德认识错误的人确实应该受到一定程度的指责，我们也会对他们是否应该真正受到惩罚产生很深的疑虑。结果在这些决定中起着至关重要的作用。① 如果惩罚几乎是一种最后的手段，② 那么我们可能会认为道德教育，而不是责备，是对那些不知道德的违法者更合适的回应——尽管他们的意志品质赋予了他们应得的指责，但我们还是应该选择这种回应。对那些对道德有误解的人来说，教育比惩罚更人道、更有效，即使我们认为这些人应该受到谴责。

我认为，为不知法者出罪的理由可能不取决于我们接受这两种理论中的哪一种。不给那些在道德上无知的被告提供出罪的责任理论，要么是将意志品质理论理解为，在评估行为人的意志品

----

① 参见 Douglas Husak: "Why Punish the Deserving?", in Douglas Husak, ed.: *The Philosophy of Criminal Law* (Oxford: Oxford University Press, 2010), p. 393。
② 相关的批判性讨论，请参见 Douglas Husak: "The Criminal Law as Last Resort", 24 *Oxford Journal of Legal Studies* 207 (2004)。

质时无须考虑其主观上对不法行为持怎样的认识状态，要么是援引一种与我之前讨论的观点完全不同的责任基础。我还没有对前一种选择提出重大且实质性的反对。在我看来，不管他们的立场多么难以置信，我知道有几位著名的道德哲学家坚决否认"对不法行为的认识是判断行为人意志品质的重要依据"。我也承认，应该认真对待后一种选择，尽管我回避了对其的讨论。正如我反复指出的那样，这一主题目前正处于不断变化的状态，新的责任理论几乎每周都会出现，对旧理论的大量改进也随处可见。新观点的泛滥表明了哲学上的现有努力还远远不够。如果认为关于这个话题的讨论可以到此为止了，那将是荒谬的。即便如此，我还是可以给出简要结论：当两个人都实施了违反 L 的行为 Φ 时，相对于（知法的）A 来说，我们有一个强有力的理论基础，可以为（不知法的）B 提供相当大程度的出罪辩护。我们可能仍然不确定免责的程度。然而，根据我最终提出的观点，那些完全不知其行为是不法的人，通常应该完全免予责备和惩罚。

C. 有罪责的"不知法"与查知义务

到目前为止，我在本章中提出的两个最重要的主张如下：首先，当 A 知道 Φ 不法时，即当他认识到其违背了道德理性的平衡时，他就需要负全部责任。只有这样的人才应该受到刑法所允许的对其罪行的最大限度的惩罚。其次，即使 B 不知其行为 Φ 不法且违背了道德理性的平衡，B 也要因该行为承担责任，只是承担责任的程度比 A 少。在后一种情况下，我对 B 应受指责的程度的叙述，在很大程度上借鉴了事实认识错误语境下实定法对轻率的处理方式。因此，当 B 意识到其行为 Φ 可能违背道德理性的平衡时，也就是说，当 B 意识到其行为造成了实质性和不合理的风险时，他就要对该行为负责。这样的人应当承担责任，尽管承担的责任比 A 少。

这两个主张的结合可能会受到各种观点的挑战。有人可能认为，上述人员在任何程度上都不负责任，即使是那些意志薄弱的人也不承担责任。或者，有人可能会把责任强加给意志薄弱的人，而不让其他人承担责任，包括怀疑自己行为不法的人。在我看来，这些观点都把责任的范围限制得太窄了。

在这一部分中，我将评判一个非常不同的观点——一个有可能极大地扩展责任范围的观点。我建议审查并反思这样一种主张：除了 A 之外，也就是说，除了那些意志薄弱的人之外，还有其他行为人也能够对 Φ 承担全部责任和谴责。就像 A 一样，这些人应受到刑法对其罪行所规定的最大限度的惩罚。根据我要考察的观点，当 B 对自己的不知法具备主观上的罪责时，他就会和意志薄弱的行为人 A 一样承担同样程度的责任。即使 B 不知道（尽管他可能怀疑）Φ 之非法性，他可能也要承担这部分责任。我将评估的这一观点的责任范围扩大到我所允许的限度之外，因为它让一些本不用负任何责任的行为人要对 Φ 负完全责任。换句话说，它使这些人对 Φ 负责的程度与承担全部责任的意志薄弱的行为人 A 相同。我相信，许多哲学家将认同这一观点，即将责任的范围在我所预定的基础之上逐渐扩大。事实上，不少人已经对此表示了认同。有关这种观点的各种各样的表述，甚至可以追溯到亚里士多德和阿奎那时代。

什么时候才有可能认为一个不知甚至是不怀疑自己实施不法行为 Φ 的人可以与一个明知 Φ 之不法性而仍然实施的 A 一样承担相同的责任呢？对此，我特别强调"关系"论。要证明一个人因违反自己所不知道的法律而应受到责备，最好能成功地解释为什么他会因为违反了这一法律而成为适格的受罚主体。我提议探索（并最终批判）的答案是，当行为人因未能认识到行为的不法性而负有罪责时，也就是说，当其要为不知法本身承担责任时，其也要因 Φ 而与 A 承担相同程度的谴责。在此之后，我将把这个应受责备的不知法的犯罪者称为 C，以将他与无自制力的被告 A 和不知法的被告 B（B 的不知法可能是有罪的但没必要追究）区别开来。根据我将讨论的观点，如果 C 要对不知法本身承担责任，那么他就应当和明知该行为之不法性而为之的 A 受到同样的谴责。什么时候会有人因为不知道其行为是不法的而需要承担责任呢？对这个问题最熟悉的答案是，他受到谴责是因为他实施了或者未能实施某些较早的行为或者未能履行他能够而且应该这样做的事 Ω，并且他后来的不知法可以追溯到这一点，而此时 C 就要因不知道 Φ 是不法的而承担责任。[①] 这种思路仍在继续，毕竟，当 C 对不知道某件事的确有过错时，C 难以再去抗议将过错归属于他。而且他的确有过错，因为他不知道过去是否可以并且应该实施 Ω 来纠正他现在，也就是他实施 Φ 之时的不知法状态。回想一下，我用 μ 代表 A 和 C 由于违反了 L 而应得到的不同的惩罚量。当 C 违反对 Ω 的义务时 μ 等于 0。也就是说，当 C 没有履行对 Ω 的义务时，他的错误极有可能导致了其（有罪责的）不知法状态，因此他应因 Φ 而受到和 A 相同程度的责备。

我说过，那些认为对"不知"本身就有过错的行为人也应为自己不知道德的行为负责的哲学家，可能会导致应受责备的人数急剧增加。然而，我们根本不清楚这些人的不知法有多少是他们有过错的先前行为 Ω 导致的。引用这些观点的哲学家们对哪些情

[①] 先前行为 Ω 被霍莉·史密斯称为无知行为，参见 Holly Smith: "Culpable Ignorance", 92 *Philosophical Review* 543 (1983)。

形下的不知道德应受谴责存在分歧。有些哲学家声称在几乎所有地方都能发现可责罚的不知法，另一些哲学家则持保留意见。这个问题部分是经验性的。当然，它也源自对不知法应受谴责之条件的互不相同甚至相互对立的规范性描述。

我将花费大量的时间来讨论术语，并提出我最终要攻击的术语选择，因为在不同的学术领域中，通常使用不同的措辞来表达上述策略。许多道德哲学家倾向于将上述方法描述为一种追踪策略。为了确定这些不知法者是否需要因实施不法行为 Φ 而承担全部责任，那些援引追踪策略的人会诉诸一种不同的、先前的，并造成此后不知法状态的错误行为或不作为 Ω。按照我对追踪策略的理解，它们不只适用于不知法的情况，例如它们也可以用来解释为什么一个人可能会因为一个行为而受到责备，即使他在实施这个行为的时候不可能被期望做其他的事情。如果这个人把他自己置于一种困境中，可行的替代方案变得不可行——自愿加入犯罪团伙——那么他就应该为随后的不法行为承担责任，因为他错误地将自己置于这种困境中。按照这种解释，追踪策略就旨在表明为什么不应该允许人们在这种困境下得到辩解或出罪。但是，即使追踪策略有更广泛的应用，我也将会把它们的范围限制在不知法的情况下。因此，根据我将在这里讨论的不同的追踪策略，如果被告的不知法行为可以追溯到之前的不法行为 Ω 时，则他们应该因为实施 Φ 行为而受到谴责。更确切地说，在 t2 中由于不知法而实施了不法行为 Φ 的人，如果他们在 t1 中未能履行先前义务 Ω，而他们之后的不知法又可以追溯到该义务，那么他们应该为自己的行为 Φ 受到完全程度的谴责。

即使追踪策略被限制在不知法的情况下，它也引发了大量的讨论。这些文献中的大部分都在研究即使不知法者的责任不能被合理地追踪到先前的不法行为 Ω，不知法者是否也应该对 Φ 负责。一些哲学家提出了一些富有想象力的例子，在这些例子中，我们根据直觉就可以知道，不知法者应该受到指责，即使没有先前的错误行为。[①] 而其他学者要么通过否认责任，要么通过找出责任可以被回溯到的先前的不法行为，来对这些例子进行批评。[②] 我不会讨论这些所谓的例子和反例。许多这样的情况取决于我们对人们是否以及在什么情况下应该受到指责的直觉的可靠性——我在第一（C）章中就提出并质疑的一个预设。无论如何，我在这里研究的争议点都不是不知法者是否应该在没有先前行为的情况下承担责任。相反，我会提出追踪策略必须克服的障碍和质疑。特别是，我将研究追踪策略是否能成功地证明一个不知法的人 C 和明知 Φ 是不法的行为人 A 一样对 Φ 承担同等程度的责任。

追踪这个术语并没有在许多犯罪理论家的著作中出现。相反，刑法哲学家倾向于用一种不同的措辞来对比有罪责的不知法与无罪责的不知法。他们经常通过提出查知义务来表明自己的立场。也就是说，他们认为 A 和 C 对违反法律 L 的行为 Φ 负有同等的责任，当 A 知道而 C 不知道该行为违反法律时，C 也应为自己的不知法负责，因为他没有履行自己的职责去查询和学习 L 的内容。根据这一思路，当我们有查知的义务但却没有履行这一义务时，我们的"不知法犯法"也要承担与"知法犯法"同等程度的责任。另外，没有义务查知 L 的被告（如果他们存在）对自己的不知法是没有罪责的。当被告对其不知法没有罪责时，他们可以免除任何程度上的法律责罚。显然，所谓的查知义务在不知法

[①] 对此的例子，参见 Manuel Vargas：" The Trouble with Tracing"，29 *Midwest Studies in Philosophy* 269（2005）。

[②] 对此的例子，参见 John Martin Fischer and Neil A. Tognazzini："The Triumph of Tracing"，43 *Nous* 531（2009）。

的学术评论中扮演了重要角色。也就是说,许多法律哲学家认为,查知义务的假定存在,以及有罪责的不知法和无罪责的不知法之间的相应对比,为我们的基本问题(Q)提供了一个主要的解决方案。

不管使用什么术语来表示这种对比,有罪责的不知法和无罪责的不知法之间的区别经常被用来阐明以下情况。假设有三个实施了同样不法行为 Φ(拥有奴隶)的人。第一个人是希瑟,1850年住在南卡罗来纳州。当时,废奴主义者鼓吹奴隶制的罪恶,并分发广泛传播的小册子,这些小册子有力地论证了拥有奴隶是错误的。希瑟考虑过这些论点,并且认为它们是合理的。但是她不想做奴隶们在她的种植园中所做的艰苦工作,因此尽管她的道德观念发生了转变,但她仍然坚持自己对奴隶的所有权。第二个人是黑兹尔,她与希瑟生活在同一时代和同一个地方。黑兹尔可以获得与希瑟相同的信息来源,但是她没有对其给予太多关注。废奴主义者敲她的门,在她的教堂内宣讲,但她面带微笑地无视了他们,继续在她的种植园中使用奴隶。第三个人是赫尔南,我们在前文提到过他。他是一名尽职尽责的奴隶主,生活在公元前 2 世纪的中东。他可以咨询的学者(包括亚里士多德)都认为,当奴隶在战争中被征服时,拥有奴隶在道义上是被允许的。少数认为奴隶制非道德的异议者被广泛认为是疯子。虽然赫尔南承认对待奴隶的许多方式都是非道德的——例如,酷刑和性虐待——但是他断然否认仅仅拥有奴隶就违反了义务。如果真有这三种人,那么,这些人因拥有奴隶而应受到的指责有何不同?[①]

希瑟的行为体现了其意志薄弱,如果有人应该为拥有奴隶而

[①] 自迈克尔·斯鲁特提出这个例子以来,关于古代奴隶主是否应该受到谴责的讨论,一直是"不知道德"的主要争论点。

承担全部责任,那么她就是最佳人选。但是相比较而言,黑兹尔和赫尔南的责任程度又如何呢?认为他们二人的可谴责性不同似乎是有道理的,诉诸有罪责的不知法这一概念可以解释其原因。尽管我们现在毫无疑问地认为奴隶制是非道德的,但指责赫尔南缺乏同时代人没有而如今的我们却能轻易获得的道德智慧似乎有失公允。由于他对Φ之非道德性的无知是无可指摘的,因此他也不应该为此承担责任。黑兹尔就不一样了,虽然她在道德认识错误这方面与希瑟不同,但她似乎也不同于赫尔南,她应该因其无知而受到谴责,因为她没有履行查知义务,而假定她有这样的查知义务是合理的。因为她对不知法的状态是有过错的,许多道德和法律哲学家会得出这样的结论:她因为Φ而应该受到与希瑟同等程度的谴责。

上述观点十分吸引人,但我的看法却与之不同。我认为希瑟,这个意志薄弱的奴隶主,应该为她的不法行为承担全部责任,无论她是如何知道拥有奴隶是不法的,她都应该受到谴责。赫尔南完全不应承担责任。然而,判断黑兹尔是否应该受到谴责,取决于一个更深入的细节:她是否意识到自己行为不当的风险。因此,她可能会也可能不会承担责任,这取决于额外的信息。不管怎样,她都要比希瑟受到的责备少,尽管她的不知法本身是有罪责的。需要注意的是,无须用先前行为Ω来解释这二个判断中的任何一个。要确定这三个奴隶主的罪责,我们所要做的就是检查他们实施Φ行为时的精神状态。然而,我急于补充的是,并非所有情况都是类似的。在少数情况下,那些仅仅怀疑而不知其行为不当的人与那些明知行为不当而为之的人一样应该受到同等程度的谴责。简而言之就是,C没有去准确地查询,因为他担心如果他去查询他就会对相关信息有所了解,所以宁愿不知道Φ可能的不法性,以使自己免受他本来应该承担的全部责任,这样他就和 A 一样因 Φ 而受到同样的责备。我推迟到第四（A）章来讨论这些故意不知情（或故意不知法）的案例。我在本章的其余部分批评的是一种一般策略，该策略旨在表明，行为人 C 在不知 Φ 不法的情况下实施了该不法行为，但在此之前却没有做他可以而且应该做的事 Ω——履行他的查知义务——就会像明知 Φ 不法而为之的 A 一样有罪。

我希望对将要讨论的这一基本策略提出一个相当明确的阐释。在本章的剩余部分中，我将论证，区分有罪责的不知法和无罪责的不知法，对于研究在什么条件下不知法或不知道德具有免责机能没有特别的帮助。我认为，在 A 和 C 对其不法行为 Φ 承担同等责任之前，必须满足五个不同的条件，而且这些条件几乎从未被满足过。第一，C 必须有查知义务。但是，无论他不知的命题是涉及法律还是事实，都不存在这种一般性的查知义务。第二，如果存在这种义务，C 必须意识到。否则，援引这一义务来让 C 对后来其不知是不法的行为承担责任是让人不解的。第三，履行这一义务必须纠正 C 对其行为不法的不知情。但是，很难确定这项所谓的义务之内容的任何细节，当其内容被充分确定时，可能也无法通过履行该义务来纠正 C 的不知法。第四，有罪责的不知法使行为人应当为此后的不法行为承担（与知法犯法）同等程度的谴责，这种分析很容易受到反例的攻击。如果 C 和 A 应该受到同样的谴责，那么其案例就不能归入这些反例。第五，或许也是最重要的一点，我认为，即使前四项保留意见没有奏效，那些违反查知义务的人，在应受谴责的程度上，也很少能与那些在明知的情况下实施相同不法行为的人相提并论。

我认为，基于查知义务的有罪责的不知法，不可能有助于回答我的基本问题（Q），原因很简单，即不存在一般性的、独立性的查知义务。让我们进一步研究这一所谓义务 Ω 的本质。它究竟是一种道德义务，一种法律义务，还是两者兼而有之？这三种选项都值得商榷。没有人有义务去了解更多道德或法律的内容。如果这种义务得到支持，那么，仅仅因为不知道德或法律本身，人们就已经实施了道德或法律上的不法行为——更不用说其不知法如何影响他们随后的行为。众所周知，尽管道德哲学家们对我们具备什么样的义务有不同的看法，但我们很少听到他们声称不知法律或道德的内容本身就是不法的。例如，是否有人认为仅仅是不了解有关电池处置的法律就是不法的？只有当理论家们努力解释为什么有些人会因为没有正确履行回收电池的义务而应该受到责备时，才会提出这种查知义务。在这种情形之外，不知法或者不知道德本身几乎不会被谴责为不履行义务。

如果存在一种学习我们的道德和法律之具体内容的普遍义务，那么，我们每一个人——包括最老练的学术哲学家、最有经验的刑法从业者和教授——都会经常性地违反该义务。任何坦率的哲学家都会承认，尽管他的整个职业生涯都在研究道德理论，但他对自己的许多道德义务并不知情。道德是难以掌握的！[①] 关于法律的相似点甚至更为明显。即使是最博学的刑法教授也会承认，在与他的专业相关的众多刑法法规中，他只知道其中的一小部分。这一点在普通公民身上表现得更为明显。那种认为我们每个人都有学习法律的义务的想法是荒谬的。因此，也许这种所谓的义务在范围上不可能是普遍的，同时其也可能是附条件的，这种义务不能不分青红皂白地扩展到我们的道德和法律义务的整个范围。我们不能指望人们能够"刨根问底"似的通过梳理法律体系中的刑法或道德哲学家的论文来发现自己想象不到的新义务。

[①] Elizabeth Harman："Ethics Is Hard! What Follows?"（forthcoming）。我同意她的第一句话，但不同意她从中得出的结论。

为了避免可能的误解，需要对上述第一点做进一步澄清。首先，我愿意承认，人们有时确实有查知义务——特别是在事实认识方面。例如，很明显，一个人有义务在拿枪和瞄准之前确定枪是否上了子弹。我们也可能有义务去确定法律的内容。这些义务可能不像一些理论家让我们相信的那么普遍，但它们无疑是存在的。当我们不履行这些义务时，我们的不知法往往是可责罚的，我并不否认可责罚的不知法是一种真实的现象。我也不否认，可责罚的不知法和不可责罚的不知法之间的对比可能具有道德意义。例如，假设我只能让两个人中的一个受益：凯伦和凯西被困在一场他们没有想到会发生的洪水中，而我只能救一个人。凯伦没有理会水会升到屋顶以上的警告。凯西则没有收到这样的警告。凯伦会陷入困境是可责罚的不知法，这一事实是我选择帮助凯西的决定性原因。然而，我反对的是，犯罪理论家经常把可责罚的不知法这一概念用于一种特殊的规范用法。我认为，那些有询问义务但未能履行该义务的人，很少会像那些意识到 Φ 是不法的人那样，因其随后的不当行为而受到同样的谴责。

　　关于可能的误解就说这么多。如果我主张的不存在一般的查知义务的观点是正确的，那么又在什么具体情况下才会产生这种义务呢？道德不法的客观主义理论是如何回答这个问题的呢？我认为，人们有义务进行查知，直至进一步的查知产生弊大于利的后果。不同的人将在不同的时间到达这一点，这具体取决于额外查知的机会成本。如果终身教授进行更多的查知，只能推迟完成他的巨著，或许他就有义务去进行进一步的调查。但如果外科医生进行更多的查知会阻止他挽救更多的生命，那么他应该尽早结束调查。一般来说，如果一个人不打算做 Φ 而且几乎肯定永远不会做 Φ，那么他又何必花费额外的时间去查知 Φ 究竟是不是不法的呢？

　　由于 C 没有查询 L 的一般义务，因此必须指出的是，我在这里讨论的这一观点就不可能成功地说明,既然人们没有这样的查知义务,那么为什么人们在不知法的状态下实施了不法行为,却还是要遭受谴责。任何试图援引这一思路作为我们基本问题(Q)的全面解决办法的企图都太过雄心勃勃。在许多情况下,一个人也许有这样的义务,然而他可能因轻率而未履行该义务。例如,如果他从事向水中倾倒化学物质的工作,那么他几乎肯定会意识到他所做的事情可能是有害的。因此,上述观点可能只适用于我所提出的第二类应承担责任的行为人,即只适用于那些意识到其行为有不法风险的人。我已经承认,对不法行为的轻率是一种有罪的状态,将使被告此后的不法行为或多或少受到谴责。然而,正如我所主张的那样,无须借助查知义务,这些人的罪责就可以确定。因此,在这些情况下无须查知义务,也能得出不知法的行为人需要承担责任的结论。

对于查知义务有助于回答我的基本问题(Q)的看法,我在此提出第二个反对意见。假设我们处在一种人们确实有查知义务(即义务 Ω)的情况下。应该回顾一下,该义务的存在是为了解释 C 如何会因为不知法状态下的不法行为而受到指责。为了提供必要的解释,我们最好规定,C 知道其对 Ω 的义务,也就是说,他知道应当询问 Φ 的相关情况。我提出这一规定的依据是,只有认为不知法在不具备先前义务的情况下具有出罪的力量,追踪策略或者查知义务才是有必要的。责任先决条件的几种理论——如某些意志品质理论——拒绝为不知其行为不法的人出罪。在这些理论中,追踪策略或查知义务没有任何作用。[1] 我们应该注意到,对这些理论(追踪策略、查知义务)的普遍接受,反过来也说明

---

[1] 参见 Angela M. Smith: "Attitudes, Tracing, and Control", 32 *Journal of Applied Philosophy* 115 (2015)。

了对不知法被告予以出罪是一项有力的诉求。犯罪理论家和道德哲学家都开始认识到，如果不知法者不能出罪，那么就需要一些特定的理由来予以论证。

但是，如果我们担心一个人因为违反了其不知道的 Φ 义务而受到谴责，那么提出一个他不知道的额外义务 Ω 来解释为何能够因违反先前义务而受到责备，也只能是想当然。换句话说，如果只是增加更多的人们同样不知道的义务，那么我们还是不能很好地解释为什么人们要为"不知法"而受到谴责。如果人们不应因违反了他们不知道的义务 Φ 而受到谴责，那么提出他们同样不知道的额外义务 Ω 来解释为什么他们应该因为 Φ 而受到谴责就是想当然的，这是将一个未经证明的假定当作论据。因此，如果我们要成功地确定 C 对 Φ 需要承担的责任，那么我们就需要假设他知道自己有查知义务。然而，在很多情况下，C 并不知道自己有这个义务。即使我们承认他的这种义务存在于他所处的某种特定情形中（而我通常并不这么认为），他也不会意识到他有这种责任。正因如此，诉诸所谓的政治义务——了解法律本身的义务——对解决（Q）问题并没有特别的帮助。在履行这种政治义务去查知法律之前，人们必须意识到这种义务的存在——而我们许多人却没有意识到。无论如何，假设人们有一个或多个额外义务的做法，往往都无助于解释他们要因违反了他们不知道的另一项义务而受到责备。

我用一个例子来说明第二个难题。假设怀特在一家健身俱乐部锻炼身体，他在举起重物失败后咒骂。布莱克责怪他骂人。怀特否认自己有不骂人的义务。他回答说，毕竟他是在健身房锻炼，而不是在教堂。于是布莱克转而指着墙上一个怀特没有注意到的标志牌。这块牌子上列出了 15 条"健身俱乐部规则"，其中第 7 条规则是禁止骂人。怀特立即改变了立场。他承认自己有不骂人的义务，但声称自己不应因违反该义务而受到指责，因为之前他并不知道这一义务的存在。布莱克依然不为所动。他并不是简单地坚持"不知规则不是借口"。相反，他给出了一个更复杂的回答：怀特应为其不知情承担责任。布莱克坚持认为，挂在墙上的规则列表应该被解读为包含一条隐含的、未明确表述的规则，该规则让人们有义务知道墙上列明的所有规则，而怀特不知道这条规则，因此就有了责怪他骂人的理由。为了让布莱克的例子更有说服力，我们假设他提到的隐含规则实际上被写在了该牌子上。换句话说，假设最后的规则是："成员有义务了解上述所有规则。"那么怀特最终应该因为骂脏话而被责备吗？如果那个牌子上没有该规则，那么还有更好的理由使其承担罪责吗？怀特肯定会抗议说，他同样不知道最后的那条规则。如果他不应为违反他不知道的规则的行为而受到责备，那么他同样没有意识到的其他规则的存在也很难成为责怪他的理由。[1]

显然，诉诸理性的人所熟悉的标准，坚持认为怀特应该读过他没有读过的标志牌是行不通的。当然，这个答案引出了一个关于疏忽的标准。如果 C 未能履行询问义务的罪责程度仅仅表现为疏忽，那么很难想象他会因 Φ 而和知道咒骂之不法性的 A 具备同等程度的罪责。没有一个刑事理论家会将那些明知而行事的被告与那些存在事实认识错误的疏忽大意的被告的罪责等同起来，而当涉及法律认识错误时，我们也应该同样迅速地拒绝这种所谓的等同。建立起这种"等同"，我们需要的不仅仅是因疏忽而不去查知。

我的第三个反对意见，更确切地说可能只是保留意见。它以

---

[1] 我对这些内容的最初论述，参见 Douglas Husak: "Ignorance of Law and Duties of Citizenship", 14 *Legal Studies* 105 (1994)。

义务 Ω 的内容为中心。也就是说,人们有义务进行哪些确切的询问,以及如何履行这一所谓的义务,假设 C 怀疑 Φ 是不法的。如果是这样,在实施 Φ 之前,C 将如何履行他所谓的询问义务?再想想雅各布的困境,露营者把他用过的手电筒电池扔进了垃圾桶,尽管他不确定法律是否要求回收。假设我们倾向于认为,处于他这种处境的人有道义上的义务去询问,除非他们履行了该询问义务,否则就无法为其出罪。那么在现实世界中雅各布必须做些什么才能履行该假定的道德义务呢?如果在他的野营旅行途中没有律师,那么我们也不能认为他应该在离开家之前咨询律师。如果雅各布所在地区的司法部门每年都向他发出有关当地回收法的通告,或许答案就会很简单。在这种情况下,他只需阅读提供给他的信息。但如果准确的信息不容易获得呢?在日常生活中,我假设大多数有责任心的人都试图通过询问他们认为知识渊博或有权威的朋友来纠正他们对自己法律义务的不确定性。不幸的是,我们认识的人可能同样不了解这些问题——而在野营旅行中我们可能也无法及时咨询他们。如果雅各布问了几个这样的人,但结果比以前更不确定,那该怎么办呢?如果他最终实施了不法行为,我们还需要求他做什么才能开脱罪责呢?

那些认为查知义务是解决不知法问题的一种普遍办法的评论家,往往对这一义务的细节缺乏详细的说明。也就是说,对于其援引的假定义务 Ω 的具体内容,他们不能提供更精确的细节。他们的大多数意见来自事实认识领域,在该领域,往往更容易指出人们应该做什么(例如,戴上眼镜,或检查枪支)来纠正其不知情。然而,在道德或法律领域,却很难给出这样的意见。泛化是艰难的,勤勉的人为了学习一种法律而应该做的事情,可能与他们为了弥补对另一种法律的不确定而应该做的事情有很大的不同。此外,要获得许多法律的准确信息异常困难。持怀疑态度的读者应该被邀请上网,来尝试了解当地有关电池回收的规定。我们很容易认为履行查知义务通常会纠正对 Φ 的不知情。然而,实际存在的各种事实情况可能无助于我们改变不知法的状态。如果我对这一难题的看法是正确的,许多被告将因 Φ 而出罪,即使我们认为有义务 Ω 去查知其不法性。

当我们认为人们有义务询问其行为之道德状况时,这个问题就变得尤为尖锐。尼尔·利维令人信服地指出,通常情况下,我们无法合理地期望行为人所做的任何事,都能够消除他们对 Φ 之道德不法性的不知情。[1] 例如,他假设有一个不道德的公司官员,出于对财富的贪婪和傲慢而从事一些毫无道德的商业活动。我们应当赋予他什么样的询问义务,才能使他察觉到其行为是不法的呢?是要求该官员参加商业道德课程,还是读哲学研究生?显然,这些要求是遥不可及的。但即使我们的商人采取了如此极端的措施,他也不太可能认识到自己的错误。利维关于道德不确定性的现实例子是有帮助的——尽管这些例子中的一些情况并不是绝对的。此外,关于素食主义的争议可能更具启发性。很明显,哲学家们对于食用动物的道德状况有着深刻的分歧。如果有人极其自信地认为他自己的立场就代表着最正确的观点,那就太自以为是了。一个肉食主义者应该做什么来纠正他的不确定性?答案很难说清楚。假设他参加了彼得辛格以及另一位著名哲学家的课程,那么我预测我们的肉食主义者会像以前一样困惑。如果道德的不确定性很容易解决,那么它就不会成为如此普遍的问题,即使是对那些毕生都在思考道德内容的哲学家来说。

---

[1] Neil Levy: "Culpable Ignorance and Moral Responsibility: A Reply to Fitzpatrick", 119 *Ethics* 729 (2009). 对纠正道德无知的困难的描述,请参见 Jan Willem Wieland: "What's Special about Moral Ignorance?", 28 *Ratio* (2015)。

我并未声称在这些问题上没有取得任何进展。相反，当代哲学家对人们在不确定道德要求时应该做什么表现出越来越浓厚的兴趣。许多人认为，答案在很大程度上取决于不法行为本身的严重性。[①] 关于生死的道德认识错误比关于电池处理的道德认识错误更严重。但必须指出的是，这种貌似合理的回应与我的研究没有直接关系。我规定 Φ 是不法的，并且也不问当人们不确定其行为是否不法时他们应该怎么做。相反，我问的是那些在这种不知状态下继续做 Φ 的人是否应该受到责备。无论认识错误的状态是否容易被纠正，没有履行对 Ω 的义务（即查知 Φ 之不法性）与在明知的情况下违反了对 Φ 的义务而受到的责备很难等同。

然而，假设可以克服上述三个难题。也就是说，想象一下，行为人 C 有询问义务 Ω，且该义务的内容可以合理准确地确定。C 知道自己负有该项义务，但他并未履行该项义务，随后实施了不法行为 Φ，而如果 C 履行了对 Ω 的义务，那么他就不会对其不去实施 Φ 的义务停留在不知状态。那么我们能否把 Φ 归责于 C？我引用并改编了霍莉·史密斯的一个反例，来说明我们不能这么做的第四个原因。[②] 假设一名秘书被她的主管命令将办公室所有员工的过敏情况制成表格，作为主管女儿的学校项目的一部分。秘书故意不按指示行事。后来，一名办公室职员突发癫痫死亡——如果秘书履行了收集信息的职责，得知受害者有致命的过敏反应，并且知道拯救生命的药物随处可见，那么死亡本可以避免。我希望，凭直觉我们都能认为秘书不应对受害者的死亡负责。为什么不呢？答案是必须满足一个附加条件，才能合理地让

---

① 有关对道德认识语境论的支持论点，参见 Alexander A. Guerrero："Don't Know, Don't Kill: Moral Ignorance, Culpability, and Caution", 136 *Philosophical Studies* 59（2007）。

② Holly Smith: "Culpable Ignorance", 92 *Philosophical Review* 543（1983）.

一个没有履行询问义务 Ω 的人对 Φ 负责。史密斯本人推测,随后的不知情行为必须缘于先前的某种行为,而该行为有使人陷入"不知法"状态的风险。① 然而,这种情况是出了名地难以解释。如果我们过于狭义地解释此类型的风险,那么几乎没有不知法的行为会在先前行为的风险之中,并且 Φ 几乎总是会被原谅。然而,我将不作进一步的努力,以论述这额外的,但迄今为止尚未指明的条件。应当鼓励那些认为有罪责不知法应作为不知法理论的更为重要部分的法律哲学家,来迎接这一挑战。

我向那些认为查知义务的存在对解决我们的基本问题(Q)至关重要的人提出第五项,也是最后一项反对意见。违反义务 Ω 是如何以及为什么会提供理由来因 Φ(一个完全不同的义务)而惩罚或责备一个人?我认为违反所谓的义务 Ω——查知义务——并不能提供必要的解释。回想一下,我们并不是要决定 C 在某种程度上是否应该受到责备,而是要决定与实施不法行为 Φ 的 A 相比,C 是否应该承担相当的责备或惩罚。但是很难看出违反所谓的义务 Ω 是如何使 C 承担和 A 相同的责任的。违反 Ω 所应受的谴责程度,是如何等量取代或者转移到知法犯法的行为 Φ 上的?让我指定两个新的符号来量化责任的程度,以抽象地描述这种等量转化大体上会有的困难。首先,以一个我们都熟悉的不法者 A 由于 Φ 应该受到何种程度的谴责,称为 α。其次,我们给有义务 Ω 来查询 L 但没有履行该义务的 C,分配一定程度的责任,称为 β。那么,此处这个一般性的问题就是:为什么假设 α 等于 β?如果 A 和 C 对于违反相同法律 L 的同一行为 Φ 有同样的罪责,那么最好是 α 和 β 相等。如果 β 少于 α,那么与 A 相比,C 对不法行为 Φ 的罪责就要更少。如果 β 多于 α,那么与 A 相比,C 对

---

① Holly Smith: "Culpable Ignorance", 92 *Philosophical Review* 551 (1983).

不法行为 Φ 的罪责就要更多。因此，α 必须等于 β。但为什么假设这种平等成立呢？在各种情形中，α 都很少等于 β。当它们相等时，结果很可能只是巧合。C 因为没有履行其查知义务 Ω 而应受到的指责的程度，必须总是准确无误地与实施 Φ 的 A 的罪责一样，这种假定其实只是一种愿望。换句话说，依赖于询问义务来解决基本问题（Q）的策略中，明显缺失的正是假设 α 等于 β 的理由。

现在让我更具体地描述一种同样普遍存在的困难。未能履行同样的询问义务 Ω 可能导致许多不同的错误——Φ1 或 Φ2。假设 C 没有履行一项询问义务 Ω。例如，C 未能在 t1 中询问德尔菲的神谕，而神谕本可以纠正他对于自己随后将在 t2 中实施的任何不法行为 Φ 的道德不知。假设在 t2 中，C 会实施的不法行为 Φ1 是拥有奴隶。但先知也会纠正他将要在 t2 中实施的不法行为 Φ2 的道德上的不知情，也就是违背承诺。问题在于，他因未能查询 Ω 而应该受到的指责在任何情况下似乎都应当是一直不变的，因为其违反的始终是同样的义务。但拥有奴隶的 Φ1，明显比违背承诺的 Φ2 更糟糕。如果行为人 A 在明知 Φ1 和 Φ2 均是不当行为的前提下，将二者予以实施，那么，相对于其 Φ2，其 Φ1 应当受到更多的遣责。如果 C 没有履行的始终是同样的义务 Ω，那么对其的谴责就应该是不变的，可如此一来，又该怎么解释他随后受到的指责是不同的，即为什么他拥有奴隶比违背诺言更值得责怪呢？除非这个问题能够被回答，否则 C 因拥有奴隶而需承担的责任与其因违背承诺而具有的责任似乎将是一样的，并且，C 的责任也不同于 A 的责任，因为相对于 Φ2，Φ1 应当使 A 受到更多的谴责。

考虑一个更容易想象的例子。假设 C 正在开车，且前方有危险的弯道，而 C 没有看到指示他减速的标志。他的错误行为 Ω 有造成不同伤害的风险。假设他过快的速度导致他实施了不法行为 Φ1 并杀死了一个孩子。或者假设他过快的速度导致他实施了不法行为 Φ2 并杀死一只猫。显然，对一个知法犯法的不法者 A 来说，其实施 Φ1 并杀死一个孩子的行为比实施 Φ2 并杀死一只猫的行为更应该受到指责。那么始终违反同一查知义务 Ω 的 C 如何就能像 A 一样具备同等的罪责？A 应受到的谴责是随着不同情形而变化的，而 C 应受到的谴责似乎是不变的。还是同样的问题，C 因违反 Ω 而应承担的责罚程度，是如何准确取代或者转移到知法犯法的行为 Φ 上的？我对能否给出满意答案是持怀疑度的。

我将暂时离题，并指出，我对前述观点（即若 C 对其不知法有罪责，则他应受到与 A 同等的谴责）提出的五项反对意见，仅需稍加修改即可适用于涉及有罪责不知法和无罪责不知法之对比的其他几种情形。最重要的是，大多数这些反对意见都适用于这样一种并行假设，即当人们有罪责地使自己处于"不知法"这种可用来为自己辩解的状态时，他们不能被免予刑事责任。例如，假设一个醉酒的被告被控犯有轻率的罪行。他辩解说，他的醉酒程度让他无法意识到自己造成的风险。几乎所有法院都会拒绝他的辩解。[1] 许多评论员不同意这一抗辩理由，因为他们将被告的责任追溯到他先前自愿醉酒的行为。但是，拒绝其抗辩的理由同样会面临我在不知法情况下提出的许多质疑和困境。前述第五个问题特别突出。为什么使自己陷入醉酒状态的罪责相当于，并因此可以转移或替代醉酒的被告在清醒状态下犯罪时的罪责呢？把醉酒的罪犯当作清醒的人对待，就像将不知法的被告当作知法的

---

[1] 司法管辖区援引各种理由来拒绝这种辩护。《模范刑法典》第 2.08（2）条中有一项专门的规约管制醉酒行为。

被告对待一样，同样站不住脚。在这里和其他方面的问题一样，仔细思考犯罪理论中的一个问题可以对阐明其他问题有所启发——即使评论员很少将它们联系起来。

如果我在这里提出的结论是正确的，那么完全不知 Φ 之不法性的有罪责的人，几乎总是比那些明知 Φ 之不法性的人承担更少的责备，但为什么这么多的道德和法律哲学家都不这样认为呢？许多可能的解释之一是，他们的直觉是混乱的，因为他们混淆了罪责行为和促进行为。史密斯认为，在一个促进行为中，行为人的确信程度并不能证明他在 t2 时（即他实施行为的那一刻）的行为 Φ 是正当的。[①] 他应该推迟到收集到更多信息为止，而不是实施 Φ。由于许多不法行为的例子同时涉及罪责行为和促进行为，因此很容易混淆 Φ 的两种可能的罪责来源：行为人可谴责的不知法和由于缺乏足够信息的轻率行为。例如，假设一名医生在 t1 时没有实施 Ω 是有罪责的，即没有询问他的病人是否患有他知道服用某种药物就会致死的疾病。如果这个医生在 t2 实施了 Φ，也就是说提供该药物，那么医生的行为同时包含可责罚的不知法和促进行为。在提供药物前医生应该在 t1 时询问病人是否患有某种疾病而不能服用该药物。然而当医生不确定病人是否患有这种疾病时，即使他没有询问病人，他在 t2 时也应当推迟给药。如果医生对药物的使用应当受到谴责，我们就不能推断可责罚的不知法是使其负责的原因。他的责任可能仅仅是由于其行为的轻率本性。因此，为了检验可责罚的不知法或未履行询问义务是否会使后续行动受到指责，我们应该关注不涉及促进行为的"纯粹"案件。换句话说，在不法行为发生时，行为人不应再推迟采取行动

[①] Holly M. Smith："Tracing Cases of Culpable Ignorance", in Rik Peels, ed.：*Moral and Social Perspectives on Ignorance*（London：Routledge Press, forthcoming, 2016）。

以获取他本应提前获得的信息,并且鉴于其怀有的实际信念,他实施Φ行为是合理的。史密斯指出,这些"纯粹"的案件可能非常罕见。

无论在任何情况下,C和A因其不法行为Φ承担相同的责任的前述五个条件都很少得到满足——特别是在道德认识领域而不是事实认识领域。我认为假定存在的查知义务在解决我们的基本问题(Q)方面几乎没有帮助。一般来说,这些义务并不存在。即使它们确实存在,违法者也可能不知道,因此,不知法状态下实施的不法行为能否受到谴责,该问题仍然没有得到解决。而当违法者意识到询问义务时,其内容又将很难具体说明,而履行义务也很少能纠正其不知法。即使克服了这三个问题,认为C因违反询问义务Ω而应对Φ负责的说法也很容易受到反例的质疑。也许最重要的是,未履行该义务难以使不知法的被告C和明知其行为非法的被告A一样具备同等的罪责。不可否认,追踪策略或所谓的查知义务在关于认识错误,尤其是法律认识错误(不知法)的出罪机能的学术争论中扮演了重要角色。尽管如此,这些观点——以及在其基础上构建的可责罚的不知道德理论——在解决我的基本问题(Q)方面远没有许多理论家所假设的那么有用。

结　语

这一章是整本书中最具推测性也是最难的一章。此外,它也是最有哲学意蕴的一章,而这绝非巧合。关于不知道德的人所实施的不法行为是否应出罪的任何辩论都取决于责任的一般理论,但这个话题在哲学上也极具不确定性。我描述了一个责任的一般理论,其将证明我的主张是正确的,即相对于那些明知其行为非法的人来说，一个实施违反法律 L 之行为 Φ 的被告，通常应该得到某种程度的出罪。我更倾向于优先考虑的理论将道德责任建立在我们熟悉的理性回应的概念之上。我认为这一观点应从内部或主观上加以解释，来判断不法者是否应受到谴责。由于很难想象理性的人会对他们不知道的各种事由做出怎样的回应，因此理性回应理论认为，当被告不知道其行为非法时，他们通常应该完全出罪。其他一些著名的有力见解——特别是各种版本的意志品质理论——也支持减轻责任和惩罚，尽管其支持力度更加薄弱，而且可能并不支持完全程度的出罪。

我最终支持的结论是，根据适用于事实认识错误之人的原则，来对法律认识错误之人的罪责进行判断。这两种认识错误的出罪意义之间并不存在深刻的差异。相应地，对于应当予以一定程度出罪的被告，我区分了不同程度的可谴责性。轻率的被告——有意识地不顾其可能会实施一个不法行为的重大和不合理的风险——应为其不法行为受到某种程度的指责，但应比完全知道其行为非法的被告受到的指责少。只有在意志薄弱的情形下（可以选择做出适法行为但依然决定实施不法行为），即违背了我们自己所设想的理性平衡时，这一理论才会让我们对不法行为负全责。许多理论家通过援引意志品质理论来说明被告不知其行为不法时也可能承担责任，并以此来反驳我的观点。我认为，即使是意志品质理论，在推断行为人的意志品质时，也应该考虑行为人对其行为之道德性的看法。如果我的观点是正确的，那么当 A 意识到 Φ 之不法性，而 B 没有意识到，且他们都实施了违反法律 L 的行为 Φ 时，各种理论都应该区别对待 A 和 B 应该受到的责备。只有用一种完全不同的方式来解释罪责的基础，才能拒绝给予那些不知法的人任何程度的出罪。

许多大致赞同我上述观点的哲学家，都认为只有当不知法是无罪责的时候，才能够允许减少责罚。然而，相当一部分不知道德的人应为其不知情负责，因而不值得出罪，应该与那些明知其行为非法的人一视同仁。这些哲学家认为，当不知法可以追溯到或起源于先前的一种应受责备的行为，即负有查知义务但没有履行时，不知法是应受责备的。在 C 部分中，我提供了一些理由来反对在回答我的基本问题（Q）时使用追踪策略。有五个原因可以说明，不知法被告应该因为没有履行先前查询法律的义务而承担责任的观点，几乎不能够真正证明，为什么这些行为人对其随后实施的不法行为也应承担全部责任。

四、改良、限定及复杂性

我曾说过，当行为人未意识到其行为 Φ 之不法性时，通常情况下他们都应当在一定程度上被无罪开释。当下意志品质理论尚不能被全然摒弃，然而，即便是此种理论，也应该减少对道德上的不知法行为人（不知道德的不法分子）的可责罚程度。而我认为，对几乎所有的不知法律（不知法）的不法行为人均进行全面的无罪开释，不失为一种更可取的做法。因为我们不能期待理性的行为人对他们并未意识到的原因作出理性回应，所以道德责任的主观主义理性回应论认为，应免除行为人在不知法状态下实施的一切不法行为的责任。即使此类行为人对其不知法具有可责罚性，但其也不应因 Φ 而受到谴责。不过，我的观点仍需更多的解释才能表达清楚。在本章中，我论述了一些关于不知法的重要的改良措施、限定及其面临的问题的复杂性，这些内容进一步丰富了我理想中的不知法理论。一般而言，细节决定成败，而我在这一章中提出的许多问题，还没有被其他的刑法理论家讨论过。但这些问题涉及整个哲学体系中最复杂的一些理论，因此，我担心这些细节问题很难得到解决。

在 A 部分中，我将会对明知其行为之不法性的犯罪人必须相信什么才会承担完全责任这一问题，做出更加详细的解释。首先，我认为，要使不法行为人承担责任，只需其对自身行为之不法性具有潜意识的确信，而无须确定的确信。其次，主观罪责需要以何种内容的确信为必要条件？对此，我提出了一系列的论述。被告是否只需相信其行为是不法的，或者同时还必须相信该行为是无正当理由且不被宽恕的？那些对其行为之不法性持轻率心态的犯罪行为人是否必须相信其所冒的风险是重大且不合理的？或者只需用一个客观的外部主义标准来判断他们的主观罪责即可？最后，要其对不法行为承担责任，犯罪人必须相信的道德究竟是什么？是否只有在行为人明白不法行为为何是不法的前提下，其才应当承担责任？显然，针对这些问题，将会存在相互对立的答案。这些答案可能会极度扩大或缩小道德上不知法的行为人被无罪开释的案件范围。如下文所述，对这些问题的反思表明，行为人对其行为承担完全责任的情形可能是非常罕见的。

在B部分中，我对本人观点之外的一些例外情形进行了阐述。在此类情形中，即便是理想的不知法理论，也无法对那些不知法的不法行为人作出任何无罪开释。在这些例子中，B应当和A一样，受到完全相同的、严厉的刑罚处罚。我并不完全确定究竟有多少种例外情况应当被肯定。我阐述了三种可能的例外情形：第一种，B对法律L故意无知的情形；第二种，B的行为属于我称为法律漏洞的情形；第三种，B非因无知而实施无知行为的情形。仅在第一种情况中，我确信，我提出的一般理论的确不适用于此。而在后两种情况中，我们则至少有合理的理由认为，A和B不应受到相同程度的刑罚惩罚。

在C部分中，我花费了大量的笔墨来论述法定犯的问题。许多评论家不赞成对不知法的自然犯做无罪开释。但是，对于不知法的法定犯的无罪开释问题，这些学者所持的反对态度则没有如此强烈。如果只有当违反了构建法律基础的道德时才应当被刑罚处罚，那么当行为人所犯下的罪行并不具有先于法律且独立于法律的道德不法时，行为人又怎么会是应被刑罚处罚的呢？我试图对行为人之行为具备道德不法性的种种原因进行阐述，即便是在行为人违反法律规定的情况下亦是如此。与许多刑法理论学者所持的传统观点不同，我认为，就本书基本问题（Q）的解决而言，法定犯与自然犯之间的区别意义不大。

一些行为人因疏忽而出现法律认识错误，而在相同处境下的理性人不会犯此种认识错误。我提出的刑事责任理论，是从理性回应角度出发的，其排斥对因疏忽而出现不知法的被告施加刑罚。即便处于其境况中的理性人会意识到某种规制其行为的理性，但对行为人本人而言，他也不应当因为未能受该种理性引导而承担责任，因为他根本就不相信自己应该具备这种理性。只有以一种与我迄今为止所提出的理论都不相同的理论作为刑罚依据，我们对疏忽的法律认识错误的责任追究才具有可能性。我认为，我们能够建立起一种全然不同的理论，来对因疏忽而出现的法律认识错误追究责任。这是我慎重考虑之后得出的一个想法。如果对于因疏忽而出现事实认识错误的行为人，我们有正当理由让其承担责任，那么在我们面对的是因疏忽而出现法律认识错误的行为人时，情况也应如此。

在 D 部分中，我针对犯不合理的法律认识错误的不法行为人，提出了一项主张，即我们不应过于草率地排除此类行为人具备一定程度的可谴责性的可能性。从根本上讲，尽管我不同意对因疏忽产生的不知法施加责任，但这并不妨碍我持怀疑的态度来看待这个问题。

A. 对不法行为的明知

部分刑法哲学家可能准备暂且接受我的论断，即在所犯罪行相同的情况下，相较于不知法或者不知构成法律基础的道德的 B

而言，明知不法行为Φ违反法律L而实施的A应当承担更多的责任，并受到更为严厉的刑罚处罚。然而，在对他们所要接受的观点有足够的了解之前，这些刑法哲学家有着充分的理由持保留意见。截至目前，我将几乎全部的笔墨都集中放在了对B，即不知法被告的论述上。但是A呢？A究竟必须知道什么才会承担完全责任？而仅需承担部分责任的行为人又究竟必须知道什么？我曾表明，承担完全责任的行为人必须明知其行为之不法性，而承担部分责任的行为人则必须对其行为之不法性有所怀疑。但是，从许多重要方面看，这一观点都还有待发展。对于A必须知道什么才会对Φ承担责任的进一步说明，引起了巨大的争议。在尝试解决这些争议的过程中，我们将不难发现，绝大多数情况下，承担完全责任的标准都不能够被满足。

我要提出的问题是：A对不法性的明知究竟包括哪些内容？正如我所解释的那样，这个问题又包含若干不同的问题，在此，我仅提及其中最重要的四个问题。首先，A必须具备何种确信才会对其Φ承担完全责任，即A所持的确信是否必须是确定的，或者只需其具有潜意识的确信即可？其次，A对Φ的确信必须具备什么内容？是否只有在A明知其行为具有某种程度的不法性，且意识到自己不具有实施该不法行为的正当化事由和可宽恕事由的前提下，A才会承担完全责任？再次，有关其行为违法的可能性，A必须相信什么才只需承担部分责任？最后，对于这些（个）不实施Φ的道德原因，A必须相信什么才会具有可谴责性？A必须能够准确地认识到这些（个）原因吗？即便是那些急于反驳不知法不免责的法哲学家，也鲜少对这些复杂的哲学问题作出回答。在这一部分，我将尽自己所能，对明知这一概念在不知法理论中所起的具体作用做出更为详细的解释，以期阐明上述部分哲学问题。令人遗憾的是，我所提出的解决方案数量十分有限。

不过，我必须补充一点，其中大部分的问题之所以具有重大意义，并不是因为它们有助于某一具体刑事责任理论的论述。一个学者无论持有何种刑事责任理论，他都必须对这当中的大部分问题作出回答。至少，我有信心证明：对这些复杂问题的不同回答，有可能会使一个有关不知法之无罪化意义的论点带上些许激进的色彩，从而或多或少地被怀疑论者接受。

如前所述，迈克尔·齐默尔曼提出了一个著名主张：只有在行为人相信 Φ 是不法的，或者行为人应对其不知 Φ 之不法性承担责任的前提下，他才会对 Φ 承担责任。在第三章的 C 部分，我对齐默尔曼的第二个分论点提出质疑，即可责罚的不知法这一理论可能会使不知法的被告对 Φ 承担与 A 一样的责任（实际上，也可能对 Φ 承担完全责任）。然而，齐默尔曼的第一个分论点——A 对 Φ 不法性的确信使其必须承担完全责任——似乎是没有问题的，并且可能会被人们理解为是对我的观点的另一种表达。然而，当我们审视齐默尔曼所认为的为可责罚性所必需的确信之本质时，两者之间所存在的重大区别就会显现。齐默尔曼认为（我在下文所要讨论的问题可能会是一个例外），"这是……对不法行为的确定的确信……是可责罚性的必要条件"。[①] 我意图呈现的是这一要求的苛刻性：即便 A 对 Φ 之不法性不具有确定的确信，他也可能需要对 Φ 承担完全责任。

然而，在这之前，有非常重要的一点需要我做出说明。由于对跟踪策略我持反对意见，而齐默尔曼表示赞同，因此在表面上看来，我似乎比齐默尔曼更加频繁地阻却不法行为人的责任。但是，这只是带有欺骗性的表面现象而已，再次证明本人的理论属

---

① Michael Zimmerman: *Living with Uncertainty: The Moral Significance of Ignorance* (Cambridge: Cambridge University Press, 2008), p.191.

于我称之为妥协的风格。在许多可以援引追踪策略来解释行为人为何对Φ承担责任的案例中，我并未使用该策略，而是通过允许行为人对Φ之不法性的确信是潜意识的，而不要求该确信必须是确定的，来追究其责任。因此，尽管所持的理由不同，但齐默尔曼和我可能会就特定被告是否应当对其不法行为承担责任得出同样的结论。归根结底，很难预测，齐默尔曼和我谁会更加频繁地追究，抑或是阻却不法行为人的责任。

在确定齐默尔曼在可责罚性需要何种确信这一问题上的观点是否正确之前，我们必须先阐明确定的确信这一概念的本质究竟是什么。坦白而言，我怀疑对此种阐明的一切尝试都是徒劳无功的；哲学家们对此并未达成共识，他们中的许多人都借助隐喻术语来阐述确定的确信。因此，我承认，我发现了确定的确信这一概念仍然是个不解之谜。例如，赖克·皮尔斯（Rik Peels）在解释这一概念的过程中，交替使用了几个短语。他写道，如果"S在某一时刻t对p存在确定的确信，那么在t这一时刻，S考虑p、思考p、反思p，并且相信p"[1]。而埃里克·斯伟茨格贝尔（Eric Schwitzgebel）则运用了不同的隐喻，他认为当某种确信位于"思想的最前沿"时，它便是确定的确信。[2] 无论如何，非确定的确信通常都被形容为潜意识的确信。[3] 皮尔斯对该确信的解释完全依赖于其对确定的确信的解释。他继续写道：如果在t时，

---

[1] Rik Peels: "What Is Ignorance?", 38 *Philosophia* 57 (2010).

[2] Eric Schwitzgebel: "Belief", *Stanford Encyclopedia of Philosophy* (http://plato.stanford.edu/entries/belief/). (First published Aug 14, 2006; substantive revision Mar 24, 2015).

[3] 根据某些观点，非确定的确信有两种：潜伏的和默示的确信，参见 Nikolaj Nottelmann and Rik Peels: "Some Metaphysical Implications of a Credible Ethics of Belief", in Nikilaj Nottelman, ed.: *New Essays on Belief: Constitution, Content, and Structure* (Palsgrave MacMillan, 2013), p.230。

S对p存在潜意识的确信，那么此时，S未考虑p、未思考p、未反思p，但仍然相信p。对潜意识的确信最普遍（但并非唯一）的解释是将其形容为一种倾向性的意念。例如，乔纳森·科恩（Jonathan Cohen）认为，"当行为人通过命题p来处理他所遇到的一些问题和事项，并认为符合p的即为真，与p不符的则为假时，那么他便对p存在一种倾向性的意念"。①

在一些清晰明了的案例中，皮尔斯关于确定的确信的标准能够被满足，这样的案例并不少见。有时候，我迫切地需要记住一个命题，比如，我所要会见的重要人物的名字——我会在脑海中一遍又一遍地背诵那个人的名字。我在心中反复默念，"我即将要迎接的那个人叫罗伯特·巴奇（Robert Barchi）"。在这一情形中，我确信自己将会见到的人的名字是罗伯特·巴奇，这显然是一个确定的确信。但是，如果只有在具体的那一瞬间t，我背诵了表示重要人物名字的命题，此时我的确信才得以显现出来，那么，我的确信几乎都不会转变为确定的确信。除一小部分之外，其余都是潜意识的确信。当我在作如上论述时，我并未"考虑""反思""思考"以下这些命题："我的名字是道格拉斯·胡萨克"，"世界是圆的"，"2+2=4"——尽管在输入这些命题时，我确实在"考虑""反思""思考"它们。

在人们故意实施不法行为的那一刻，是否存在确定的道德命题？如果我们从字面上理解皮尔斯的标准——我不确定是否还有其他方式可以用来解释这些标准，那么实际上，没有任何一例不法行为在被实施的那一刻，同时伴随有行为人对其不法性所具有的确定的确信。试想像萨宾这样的小偷带着偷来的商品逃跑时，他们最先

---

① L. Jonathan Cohen: *An Essay on Belief and Acceptance* (Oxford: Clarendon Press, 1992), p.4.

意识到的是盗窃的道德不法性,这显然是令人难以置信的。如果我能够依赖自己的内省现象学,那么在实施某项行为的那一刻,我几乎不会考虑该行为是不法的(不被允许的,超义务的,或具有其他任何规范性质)这一命题。并且,在我没有实施该行为的其他时候,我就更不可能去思考行为的不法性这些问题了。正如皮尔斯所详细论述的那样,一个确信是否为确定的,需要在某一具体时刻 t 作出判断,其无论是在稍早的时刻 t-1 上是确定的事实,还是在稍晚的时刻 t+1 上是确定的事实,都与该确信是否在 t 时确定不相关联。如果我没有理解错误,那么实际上,我对自身行为所具有的全部道德上的确信都是潜意识的。并且在我需要实施这些行为的任何时间内,上述确信都自始至终地停留在潜意识的阶段。我相信,对其他不法行为人而言,情况同样如此。

显然,"在不法行为被实施的那一刻,实际上并不存在确定的道德确信"这一结论,将会在理解和适用上对现有的关于不知道德之免责效果的理论产生惊人的影响。正如齐默尔曼所承认的,许多理论学者必定会认为,他在不知道德之免责效果这一问题上所持的立场是高度违反直觉的。然而,只有当 A 对其行为之不法性存在确定的确信时,我们才能让其承担责任,实则是进一步加剧了违背直觉的感受。如果 A 必须对"Φ 具有不法性"这一命题存在确定的确信,才能够因此具有可责罚性,那么,齐默尔曼的观点实际上远比人们想象的还要激进。为了淡化自己的不知法理论给当前的司法实践带来的破坏性影响,我曾反复做出尝试。例如,与齐默尔曼所得出的结论相反,我不认为我们需要废除报应主义的刑罚制度。① 但是,如果只有在行为人对于 Φ 的不

---

① Michael J. Zimmerman: *The Immorality of Punishment* (Toronto: Broadview Press, 2011).

法性存在确定的确信的前提下,他才会对 Φ 承担责任,且在实施行为的那一刻,行为人对道德命题所具有的确定的确信必须是极其不合理的,那么几乎不会有任何人需要对任何事情承担责任。尽管正如我们所了解的,吉迪·罗恩森认为,几乎没有哪个第三者可以确定,不法行为人是否真的存在使其具有可谴责性的某种确信,因此他反对以认识论为由主张行为人具有可谴责性。但是,齐默尔曼之观点存在的问题,并非来自第三者的不确定性。相反,按照齐默尔曼的主张,可谴责性需以确定的道德上的确信为必要条件,这只会使刑事责任和刑罚的施加变得不可能。

值得庆幸的是,要求以确定的确信作为责任的必要条件,其后果可能并不像看上去那么严重。如前所述,包括齐默尔曼在内的许多哲学家都赞成使用跟踪策略来证明:尽管行为人在实施 Φ 那一刻,对其不法性并不明知,但他依然可能会因 Φ 而具有可谴责性。根据此类跟踪策略,行为人对其不知 Φ 之不法性所具有的可责罚性,可能会导致其对 Φ 具有可责罚性。如果我们依据跟踪策略来追究行为人对 Φ 的责任,那么即便行为人可能对 Φ 之不法性不具有任何种类的确信——既无确定的确信也无潜意识的确信,他也会因其在 t 时所实施的行为而具有可谴责性。坦白而言,我认为,对一个在实施某项行为时,对该行为之不法性甚至连潜意识的确信都不具备的行为人进行责任追究,这是有违常理的。此外,如前所述,齐默尔曼在主张确定的确信是可谴责性的必要条件的同时,也赞同在其主张之下,还可能会存在一类例外情形。他写道:"也许人们会因为他们不曾注意到的某些情形,而去实施了一些例行公事的、习惯性的行为。"[①] 在此类情形中,齐

---

① Michael Zimmerman: *Living with Uncertainty: The Moral Significance of Ignorance* (Cambridge: Cambridge University Press), 2008, p.191.

默尔曼慎重地指出，潜意识的确信足以具备使行为人承担责任的可能性。但是，为什么呢？在我们所有的行为当中，又究竟有占大约多少比例的行为是常规的、习惯性的呢？齐默尔曼在其总论中并未对该例外情形做限定解释，这可能会使此种例外情形的范围异常宽泛，乃至吞噬掉其所确立的一般规则。不管齐默尔曼本人可能会对这些问题作出何种回应，对于他所持的观点，我还是总结出了两点：第一，齐默尔曼意识到，也许并非所有在 t 时的责任，都须以行为人对 Φ 之不法性具备确定的确信为必要条件；第二，令人惊讶的是，与最初的表象相反，实际上大部分行为人还是可能会因其不法行为而具有可谴责性。

要求确信必须是确定的，以此来追究行为人的责任，这无论在何种情况下都是难以实现的。并且在其他语境下，确定的确信也很少被学者看作责任的必要条件。以我们所熟知的一个争论为例，也即，在对不法行为可谴责程度的道德判断中，蓄意和明知二者何者更为重要？设想一名战术轰炸机飞行员在已然意识到一个工厂正位于人口密集的城市中心的情况下，仍向该工厂投掷炸药。尽管该飞行员可能并非蓄意杀害平民，但所有的哲学家都会一致认为，该飞行员故意杀害了这些平民。进而，他们会对该飞行员的行为做有罪认定，并追究其相应责任，该责任可能等于也可能轻于恐怖炸弹袭击者所要承担的责任；后者的行为本身就属于蓄意杀害平民。然而，假使这些哲学家获悉，该飞行员在投下炸弹那一刻，对于平民的死亡结果不具有确定的确信，那么，他们中是否有人会试图收回这一判定结果？毫无疑问，无须该飞行员在心中反复默诵"这些炸弹会杀死平民"的命题，我们就可以认定他故意杀害了这些平民。也无须该飞行员告知自己"杀害平民是不法的"，他就能够被认定为故意实施不法行为，并因此承担责任。

齐默尔曼坚持认为，可谴责性以确定的确信为先决条件，他是基于什么样的理由而这么认为的呢？他采用了一种责任的理性回应论对此进行回答，而这又与我本人的理论不太一样。齐默尔曼主张，仅仅是一种意向性的确信"对行为人实施其行为不会有任何理性上的作用；此外，我还倾向于认为，只有当行为人对不法行为的确信，对促使其实施该行为的理性产生了实际作用的情况下，行为人才会因其不法行为而具有可责罚性"①。我对此观点中的后一个分论点没有异议，但我不认同前一个（分论点）。我们基于什么样的理由认为，潜意识的确信在促使行为人实施不法行为的原因中不起任何作用呢？无论是第一人称解释还是第三人称解释，在引用确信和欲望这对概念对行为进行解释时，都不要求它们必须是确定的。借用教科书上的一个例子，我通过列举解渴的欲望，以及对水可以解渴的确信，来解释自己和他人的饮水行为。我不认为，只有该种确信是确定的确信，这一解释才能成立。无论是哪位哲学家，在引用确信和欲望这对概念来解释行为的过程中，要求确信必须是确定的确信，都将使我感到十分惊讶。尽管行为人在实施行为那一刻，并未明确地将其确信反映出来，但这并不影响实际推理过程的顺利进行。

为什么在追究故意实施不法行为的行为人的责任时，必须以确定的确信作为必要条件呢？我看不出有什么理由使得我们必须这么做。在行为人于轻率的主观状态下实施了不法行为的情形中，是否又有理由去认为确定的确信是追责的必要条件呢？为什么轻率的主观状态下的确信与明知的主观状态下的确信会有着本质上的区别？在我看来，法律用语的不同可能是造成此种区别的

---

① Michael Zimmerman: *Living with Uncertainty: The Moral Significance of Ignorance* (Cambridge: CambridgeUniversity Press), 2008, p. 191.

唯一原因。法律对轻率的定义，通常要求被告必须有意识地认识到其行为有造成严重后果的重大且不合理的风险。相反，法律对明知的定义则要简单许多，《模范刑法典》将其定义为对该种危害的"实际确定性"。① 或许，有意识的确信并非只是一种确信那么简单。又或许，就法律对轻率的定义而言，确定的确信是其中难以解释的一个附加要素，而在法律对明知的定义中，则根本不存在这一要素。也有可能并非如此——确定的确信并不必须是有意识的。但是，如果它不必是有意识的，那么，确定的确信"出现在意识的最前沿"，或者行为人"注意到"它，究竟意味着什么？这个问题就更加复杂难解了。无论如何，有意识（conscious）一词出现在轻率的法律定义中，而未出现在明知的法律定义中，这一事实不能够成为对上述两种可责罚主观状态所要求的确信种类进行区分的有力根据。看起来，危害他人安全似乎是轻率的一个范例。然而，一个不断从屋顶上扔砖块的建筑工人，无须默念"我的行为是有风险的"这一命题，就能够符合轻率的条件。我们有充分的理由认为，没有哪一名建筑工人是本应具有上述确定的确信的。一个轻率的建筑工人应该是一个有意识地知晓其行为之风险性可能会对自己和他人造成更大危险的行为人，而不是一个只关注他正在从事的工作之细节的行为人。如果潜意识的确信足以使一个在故意的主观状态下实施不法行为的人具备可谴责性，那么就一个在轻率的主观状态下实施不法行为的人而言，情况也应如此。

如果无论是在故意的主观状态下，还是在轻率的主观状态下实施了不法行为的行为人，都无须一种确定的确信来作为其具备可谴责性的必要条件，那么何种确信才是行为人所必须具备的

---

① Model Penal Code §2.02 (c) and (b).

呢？在接下来的论述中，我将略过对潜意识确信的非意向性分析，而只专注于其意向性分析。尽管这些分析本身也被证实存在不少问题，但它们仍然对潜意识的确信这一问题做出了最有研究前景的解释。根据我的意向性分析，当 S 具有实施特定行为的意向时，其潜意识地相信 p，而当其在恰当的环境下（例如，命题 p 的语言表述不具有欺骗性，而他也理解 p 所表达的内容），具有同意 p 所表达的内容的意向时，他的这种确信尤为明显。然而，要确定何种意向性能够用于判断 A 是否潜意识地确信 Φ 之不法性，这并非易事。对此问题的某些回答可能会产生一些影响，而这些影响往往是由特定的主观确信所引发的。[1] 这些影响可能纯粹是生理上的影响。假设克莱尔在开车时发短信，因此造成了重大且不合理的风险。我们应当认定他在哪个时间点上是处于轻率的主观状态下的（一种以其意识到风险为必要条件的可责罚主观状态）？相较于在安全的环境中发短信，如果克莱尔当时体温升高或者心跳加快，那么我们就有证据证明他明知自己一边开车一边发短信的行为正在引发风险。其余影响则完全是行为上的。如果不同于平时能够专注于发送短信的情形，克莱尔在当时的情况下更加频繁地出现打字错误，那么，我们也有证据证明他明知自己一边开车一边发短信的行为正在引发风险。当然，仅凭这些证据远不能得出结论。然而，重要的是，克莱尔无须明确表现出其对"开车发短信的风险"所具有的确信，他就能够被认定为处在

---

[1] 显然，其中的界限难以划分。大量的实证研究表明：那些我们并不知晓的潜意识主观状态，对我们的生理状态和行为都产生了巨大的影响。主观确信（或无意识的主观状态）所能够影响的行为种类之多，令人惊讶。参见 Daniel M. Wegner: *The Illusion of Conscious Will* (Cambridge, MA: M. I. T. Press, 2002). Among the most spectacular examples is *blindsight*. (《盲视》是其中最典型的例子之一。) 参见 Lawrence Weiskrantz: *Blindsight: A Case Study and Implications* (Oxford: Oxford University Press, 1990).

轻率的主观状态下。①

没有哪一项用于确定克莱尔的确信所包含的具体内容的意向性测试是绝对准确的。或许，接下来要提到的这项测试是最为适用的。我曾将该测试运用到一些有争议的案例中。在这些案例中，人们遗忘了某一重要事实，或者从手头的工作中分心造成了危害。②根据我的测试，克莱尔应在相应的时间得到提示，而不是直接被引向正确的答案。例如，他不应该被问道："你难道不知道开车时发短信会引发风险吗？"我认为，我们问出这个问题，就相当于司法人员在庭审中以不被允许的方式引导证人，或者在审讯过程中干扰犯罪嫌疑人的正常供述。相反，我们应该问克莱尔一些更为中立的问题，例如："如果你在开车时发短信，那么你是否会因此造成不合理的风险？"③相对于前一问题，后一问题的诱导性更弱。如果他（诚恳地）肯定地回答（或愿意回答）更为中立的问题，那么他就满足了一项可靠的、针对确信的意向性测试所要求的标准。因此，他实际上相信开车时发短信会引发风险，这使得我们有着充分的理由去推定，克莱尔处于轻率的主观状态下。

然而，上述观点最为突出（但并非唯一）的一个问题是：我认为，在行为人因意志薄弱而实施不法行为的案例中追究行为人

---

① 参见 Eric Luis Uhlmann, David A. Pizarro, and Paul Bloom, "Varieties of Social Cognition", 38 *Journal for the Theory of Social Behaviour* 293 (2008)。有时"元认知"一词用来描述潜意识确信对行为的影响。

② Douglas Husak: "Negligence, Belief, Blame and Criminal Liability: The Special Case of Forgetting", 5 *Criminal Law and Philosophy* 199 (2011); and Douglas Husak: "Distraction and Negligence", in Lucia Zedner and JulianV. Roberts, eds.: *Principles and Values in Criminal Law and Criminal Justice: Essays in Honour of Andrew Ashworth* (Oxford: Oxford University Press, 2012), p.81.

③ 诚然，要保持完全中立可能是不切实际的，任何特定的问题，都免不了有提示回答者给出指定答案的倾向。

的责任，是最令人信服的；而正是在同样的这些案例中，一项不同于本人的测试，但同样适当的意向性测试却得出了相反的结果。在意志薄弱的案例中，针对确信的意向性测试总是会形成一些证据，这些证据表明行为人并未意识到其行为之不法性。毕竟，那些认为盗窃有违道德理性平衡的人，一般不会像意志薄弱的自行车窃贼萨宾那样实施盗窃行为。相反，他们会为拿走的所有商品付费。萨宾的所作所为，从事实上证明了她最终没有真正地相信其偷窃行为的不法性。在此类案例中，我所说的这项意向性测试可能会把我们引向截然不同的方向。行为人是否相信其自身行为的不法性，最终往往取决于我们优先适用哪一种意向性测试。

因此，潜意识确信的意向性分析确实是存在问题的。尽管这些测试的应用带来了不确定性，但我仍初步得出了结论：无论行为人是在明知的主观状态下，还是出于轻率而实施了不法行为，其责任都无须以确定的确信作为必要条件。很有可能只需潜意识的确信就足以使行为人承担责任。然而，正如齐默尔曼和我所主张的那样，最重要的一点是，如果要根据主观主义的理性回应理论为认定一个人有罪提供依据，那么一个给定的确信必须能够在促使行为人实施不法行为的理性推理过程中发挥实际作用。而这种确信究竟是确定的确信还是潜意识的确信，从根本上讲并不重要。

可谴责性所必需的确信本质上究竟是什么？要回答这一问题，我们就不得不面对与之相关联的其他许多问题。我曾表明：如果行为人明知自身行为之不法性，那么他就应当承担完全责任，而当行为人仅是明知自己有可能实施了一项不法行为时，他只需承担程度较轻的责任。但是，这一观点过于宽泛，欠缺精确性。此类行为人究竟必须明知什么才会具备可责罚性？这一问题至少包括三个方面的内容。首先,在何种情况下,被告必然明知其行为之不法性?其次,是否只需行为人相信其Φ具有某种程度的不法性,他就会承担完全责任?还是说,行为人必须在综合各方面的因素之后相信其Φ具有不法性。亦即,是否还需行为人相信其没有实施Φ的正当理由?最后,对于其行为有可能是不法的这一风险,轻率的被告必须相信什么,才会因为实施了该行为而具有可谴责性?在事实认识错误的背景下,法律对轻率的定义通常要求被告相信其行为造成了重大且不合理的危险。[1] 我们应当如何解析该法律定义呢?如果此种风险性恰好是重大且不合理的,是否只需被告意识到其行为具有不法的风险性,这一要求就能够被满足?还是说,被告还必须意识到其行为的不法风险性实际上是重大且不合理的?要对道德上不知法的不法行为人的责任问题形成一种全面的观点,我们就必须对上述问题作出回答。遗憾的是,上述所有问题的答案没有一个具有无可争议的正确性。

首先,在何种情况下,被告必然会明知其行为之不法性?被告可能完全清楚其行为符合某些描述,但他可能不知道的是,其行为同样符合其他一些描述。假设第一类描述使得该被告相信其行为是被法律所允许的,但是第二类描述,即便是按照被告本人的标准,也会让他认为该行为具有不法性。例如,被告可能清楚自己正在散发的是一封连锁信,同时他也知道实施传销行为是不法的,但被告没有意识到的是散发连锁信就是一种传销行为。被告所具有的明知是否足以使其符合担责条件?这一问题可能会出现在现行法非法持有毒品罪(一种要求被告具有"明知"心态的犯罪)的情形中。为了使被告对其持有管制药品的行为承担责

---

[1] Model Penal Code §2.02 (2) (c).

任，被告必须要么（1）明知其所持有的是管制药品，即使他并不知道该药品具体是何种管制药品；要么（2）明知其所持有的药品的性质，以及该药品何时是处于管制状态下的。[1] 该条第（2）款的解释，就涉及了我方才所提出的问题。在何种情形下，被告必然会"知道"其所持有的药品的性质？这一问题被语言哲学家称为指谓的不透明性。例如，被告明知自己持有一种药品，一种他和他的朋友只能通过类似于"莫莉"（Molly）这样的惯用代号来识别的药品。被告也知道摇头丸是一种毒品，但他并不知道莫莉就是摇头丸。该被告是否要承担明知是管制药品而持有的责任？

这一问题十分复杂，因此我只能初步给出如下答案。根据本人所捍卫的观点，归根结底，就实现责任追究的目的而言，最重要的不是被告是否明知其行为构成犯罪，而是他是否明知该行为是不法行为。因此，对于此类涉及指谓不透明的问题，我的初步回答是：在得到其他更多的相关信息之前，尚不能确定被告是否具有可谴责性。如果被告知道自己的行为所具有的哪些特征使该行为具有不法性，那么，他为什么还需知晓其他更多的内容才会具备可谴责性并符合担责条件呢？如果被告明知自己正在写一封连锁信，且知道传销行为因其传销特征而具有不法性，那么只要该被告清楚写连锁信的行为也具备此种特征，他就应当承担责任。该被告无须认识到写连锁信就是传销行为。只要符合以下条件，前述毒品持有者就会具备可谴责性：（1）莫莉是一种摇头丸；（2）他明知自己持有莫莉；（3）他明知持有摇头丸是一种不法行为；而且（4）他明知持有摇头丸的行为因某些特征而具有不法性，而持有莫莉的行为同样具备此种特征（无论是什么特

---

[1] McFadden v. United States, 576 U. S. (2015).

征)。除非以上四项条件均被满足,否则我们很难理解为何被告的此种主观状态会使他需要承担明知是摇头丸而持有的责任。

其次,是否只有在被告明知自己不具备实施不法行为的辩护事由时,他才会对该行为承担完全责任?也即,被告是否必须明知自己既不具备正当化事由,亦不具备可宽恕事由?毕竟,不存在正当化事由及可宽恕事由是责任和刑罚的先决条件。上述问题中有一部分并不难回答。行为人对是否存在可宽恕事由所产生的认识错误,与其可谴责性显然并不相关。我们可以认为,可宽恕事由在以下意义上是客观的:行为人对于是否存在可宽恕事由所犯的认识错误,既不能否定其实施不法行为的事实,亦无法否定其因实施该不法行为而具有的可谴责性。正如我业已表明的那样,可宽恕事由并未包括在不法行为的构成要件之中。例如,法律对于故意杀人之不法行为的完整描述并不包括一个隐含的除非条款,因此该完整描述不会变为:除非杀人凶手碰巧处于精神错乱的状态,或是缘于被胁迫而实施了杀人行为,否则杀人具有不法性。杀人凶手具有可宽恕事由,并不等于法律允许其实施杀人行为,并且,就杀人凶手是否实施不法行为而言,其对于有无宽恕事由或者宽恕事由是否存在的确信并不重要。除此之外,如果仅仅是行为人确信,其在实施不法行为时,正处于精神错乱或者被胁迫的状态,那么无论行为人的此种确信有多么的真诚,他们都不会因此而具有可宽恕事由。只有当行为人确实处于精神错乱状态,或是因胁迫而实施不法行为,而非行为人自认为处于上述状态时,他们才缺乏可责性。需要明确的是,不知道德与不知法在这一点上应当是相通的,也就是说,即便不知法应当成为一项可宽恕事由,其基本原理也并非特定被告自认为不知法应成为可宽恕事由。无罪开释的基本原理蕴含在正确的刑事责任理论中——无论不知法的不法行为人能否接受该责任理论。

然而，正当化事由是一个更加棘手的问题，它涉及刑法哲学中最为错综复杂的一系列问题。这些难题困扰着一代又一代的刑法学者，并再次说明：在将正当化事由和可宽恕事由进行对比的过程中，我们可能会有所获益。与可宽恕事由不同的是，正当化事由是在综合各方面因素之后，使某项行为变为法律所允许的行为。因此，我们似乎有合理的理由认为，正当化事由的存在确实为不法行为的禁止性规定提供了补充性内容。换言之，人们会很容易认为，对杀人之不法性的完整描述，不仅包括谋杀罪的法律定义所明确规定的要件，而且还包含一个隐含的除非条款，因此，该完整描述就变为：除非杀人凶手具有正当防卫等正当化事由，否则杀人具有不法性。此外，值得一提的是，缺乏正当化事由也是法律对轻率犯罪与疏忽犯罪的定义所明确规定的要件之一。因此，一个因轻率（或者疏忽）而实施了杀人行为的被告，其行为不可能是正当的；如果该被告之杀人行为是正当的，那么他可以通过我先前所说的否认（犯罪意图）来进行辩护，即宣称犯罪并未实际发生。①

尽管如此，我们仍然不应该因为正当化事由（更确切地说，不具备正当化事由）能够成为不法行为的禁止性规定的补充性内容，就轻易地认为它们与法律定义中的明确要件类似。在此，我将就几个有关"不知正当化事由"的争议性问题展开讨论。假设一名被告在具备某种犯罪意图的情况下实施了以下犯罪行为：其故意杀害他人。再进一步假设：但是该被告的具体杀人行为具有正当化事由。被告射杀了一名正要杀害自己的不法侵害人，而他能够挽救自己性命的唯一方法就是先杀死该不法侵害人。那么综

---

① 参见 Model Penal Code §2.02 (2) (c) & (d)。然而，究竟为什么轻率犯罪和疏忽犯罪的法律定义中会包含不具备正当化事由的内容，目前尚不清楚。

合考虑各种情况之后，这种行为就不具有不法性。因此，根据我在本书中所作的假设，有关此类被告之可谴责性的问题根本不会出现。然而，这充其量只是一个存在争议的结论。争议主要集中在上述被告不知道存在正当化事由的情形中。为了完善我所举的这一例子，我假设被告出于恶意而实施了杀人行为，并且他完全不知道该受害者恰巧是一个正要杀死他的不法侵害人。处于此种不知正当化事由情形下的被告，是否仍然不具备可谴责性？毕竟，该被告实施了故意杀害他人的行为，从而满足了谋杀罪的每一项法定要件。而且，尽管被告并不知道存在使其行为正当化的事由，但他依旧实施了该杀人行为。在不知正当化事由这一话题下，已有大量学术著作问世，不过，我并未花费精力去考察现已提出的各种巧妙解决方案。① 在直觉的层面上，我认为这是不可信的，我倾向于认为，不知正当化事由的被告应当因其谋杀罪而受到谴责。我更习惯于将这一点表达为：尽管其行为正当，但行为人不具备正当化事由。② 或许我们应该说，由于行为人所实施的故意杀害他人的行为是推定的不法行为，因此他具备可谴责性。被告明知自己具有某种程度的道德原因不去实施其已然实施的行为，而且他也没有任何理由认为其所具有的此种原因已被推翻或者已经失败。那么这种道德原因是否足以使他对此承担责任？③

就目前而言，相反的问题更为重要。亦即，更为紧要的问题

---

① 关于该问题需要"重新定位"的观点，参见 R. A. Duff: *Answering for Crime* (Oxford: Hart, 2007), p. 281。

② 参见 John Gardner: *Offences and Defences* (Oxford: Oxford University Press, 2007), chapter 11。

③ 乔治·弗莱彻提出了将责任理论中的犯罪构成要件与正当化事由区分开来的原因，参见 George Fletcher, "The Right Deed for the Wrong Reason: A Reply to Mr. Robinson", 23 *U. C. L. A. Law Review* 293 (1975–1976)。

不在于被告误认为自己的行为不正当但实际上其行为是正当的，而在于被告误认为自己的行为是正当的而事实上其行为是不正当的。这一问题经常出现在事实认识错误的情形中。长期以来，刑法学者一直在致力于解决这样一个问题，即误认为其行为具有正当性的被告是否具有可谴责性，并因此需承担刑事责任？也就是说，假设被告对某些事实存在错误的确信，而如果这些事实是真实的，它们便可以构成正当化事由，在这种情况下，被告是否会受到刑罚处罚？例如，此类被告误以为他们杀死的无辜送货员是一名正准备将其杀害的不法侵害人，因而在事实上是否具有杀死该送货员的正当化事由这一问题上，被告产生了错误认识。从被告相信存在的事实上来看，他们的行为是正当的。但被告的行为真的是正当的吗？理论学者再一次针对不同的答案展开争论。①普通法学者采取了一种"全有或全无"的方式，认为对正当化事由存在合理的认识错误的被告，其行为属于正当行为，而对正当化事由存在不合理的认识错误的被告，其行为则是不正当的。《模范刑法典》规定了一种更为精细的解决方案，即将被告所犯的认识错误的可责罚程度与违反法律所需承担责任的可责罚程度相匹配。②

在学者们争论的案例中，误认为自己的行为具备正当性的被告，对于能够使其行为具备正当性的事实存在错误的确信。然而，在涉及不知法的例子中，误认为自己的行为具备正当性的被告，则是对于其所违反的构成法律基础的道德存在错误的确信。比如，我们因此应该能够想象得到，被告知道其所杀害的受害者

---

① 有关最近的一项新提议，参见达夫关于正当理由（warranted）的论述：R. A. Duff: *Answering for Crime* (Oxford: Hart, 2007), pp. 277-284。
② Model Penal Code § 3.09.

正是强奸了其母亲的人，但他不知道的是，这一事实并不能够使其杀人行为具备正当性。换言之，被告误以为将强奸其母亲的人杀死是正当行为。对于适用于其杀人行为所需的正当化事由，亦即，违反关于谋杀的禁止性规定的正当化事由，被告一无所知，因此，综合考虑各方面因素之后，其行为具有不法性，而对此该被告同样是不知情的。如果只有在被告相信自己正在实施的是不法行为的前提下，他才会具备完全可谴责性，那么当被告对一项正当化事由的道德地位产生了错误认识时，他又怎么会具有可谴责性呢？

据我所知，上述问题尚未被那些对不知法不免责学说持严厉批判态度的学者讨论过。评论家们对不知事实而误以为自己的行为具有正当性的行为人，给出的观点数量之多，与不知法或者是不知构成法律基础的道德，而误以为自己的行为具有正当性的行为人这一话题下寥寥无几的评论意见，形成了鲜明的对比。或许评论家们已经思考过这一问题，但在面对明确允许无罪开释的前提时，他们却畏缩不前。当然，真正令人担忧的并非那些误以为自己具备正当理由而将强奸其母亲的人杀害的被告。尚且抛开其哲学意义不管，只要将研究的范围限制在心智健全的成年人中，此类案件的数量就会很少。更大的问题在于，那些受意识形态驱动的狂热分子，他们误认为自己具有正当理由而杀害那些反对其政治议题的人。为了增加戏剧化的效果，我们可以把其中最极端的行为人描述为恐怖分子———一个由狂热分子组成的群体，其中包括对堕胎医生实施杀害行为的人。由于恐怖分子误认为其令人发指的行为具有道德上的正当化事由，因此我认为可以依照不知法的辩护理由判定其无罪。我的这一提议将使许多读者认为，这是迄今为止本人理论中最具破坏性的一项归谬式推理。正如乔治·弗莱彻几年前告诫我们的那样："激进的犯罪分子被大规模地无罪释放，这是任何刑法理论都不能够容忍的。"[1]

但是，如何才能避免本人的理论让这些"激进的犯罪分子"被无罪开释呢？对于可供我们选择的替代方案，存在各种支持和反对的理由，我们通过对这些理由分配近似权重来进行理性回应。如果一个恐怖分子认为净化种族身份的价值，或者被其所曲解的意识形态议题，已经超过了人类生命的价值，并因此认为他所实施的大规模杀戮具有正当性，那么，从该恐怖分子自身的角度来看，他并未实施不法行为。无论如何，根据我在本书中所引用的概念，这些犯罪人都并非因为意志薄弱才实施了不法行为。那么，我们又将如何通过主观主义的理性回应论追究此类犯罪人的责任呢？就我看来，这个问题构成了一项理论所具有的最令人担忧的影响，即它为几乎所有的不知法被告都提供了某种程度无罪开释的理由。我对于不知法的规范性思维使自己陷入了一条难以逃离的"死胡同"。

我承认，在如何解决这一问题上存在着巨大的不确定性。正如我将在 C 部分中解释的那样，即便在犯罪人实施的是自然犯的情况下，我也不会咬紧牙关对一般的道德上不知法的犯罪人进行无罪开释的前景而感到过分担忧。举例而言，尽管很多父母都相信，在管教不听话的孩子时，父母是被允许使用体罚的，但是社会并未因此而毁灭，依然长期存在着。对那些所犯罪行相对轻微的行为人而言，教育是比刑罚更加富有成效，也是更为人道的回应。然而，意识形态驱动下的恐怖分子威胁到的却是社会的基本结构，因此他们所造成的问题也更为严重。本人的理论如何才能使我们远离那些造成如此重大威胁的行为人，从而保护自己免受

---

[1] George Fletcher: *Rethinking Criminal Law* (Boston: Little, Brown and Co., 1978), p. 749.

其害呢?[1] 我提出了三种可行的解决方案，通过这些方案，对犯下最严重暴行的不知法行为人进行无罪开释，至少显得不再那么荒谬。我将依次对这三种方案进行论述，并在 C 部分中考虑其他的一些可能性。

首先，我们可以尝试借用我针对不知其正当化事由的被告所提出的解决方案。我认为，由于此被告意识到了其所实施的行为具有某种程度的不法性，因此我们不应排除他具有应受惩罚的可能性；即便此被告的行为本身是正当的，他也依然不具备正当化事由。在与之相反的情况下，尽管行为人存在与前者相反的确信，即误认为自己的行为具有正当性，但其行为同样是不具备正当化事由的。即便是最狂热的恐怖分子，也有可能会意识到自己具有某种程度的道德理由不去杀害他人，而要对该恐怖分子追究责任，只需其明知此种道德理由即可。由于恐怖分子的认识错误针对的是一种正当化事由，而非针对犯罪本身的一个要素，因此国家可能会将其此种无知与"否认犯罪意图"的无知区别对待。但我怀疑，试图通过此种策略来协调责任与本人一般理论之间的矛盾，只是我一厢情愿的想法罢了。毕竟，即便明知其行为具备正当性的被告，实施了具有特定程度的不法行为，也没有人会提议他们应对此承担责任。不过，纵然我所提出的这一解决方案与本人总体立场不符，我也可能不得不将其作为本人理论与实际情况之间的折中方案来实施。至少，此种折中方案并不是毫无原则的。正如在对"不知正当化事由"之行为人的论述中，我们业已了解到的那样，有的行为人对不法行为之内容出现了认识错误，而有的行为人则对正当化事由产生了认识错误，对此二者之可谴

---

[1] 有关保护自己免受正当行为人之害的复杂性，参见 Heidi M. Hurd: *Moral Combat* (Cambridge: Cambridge University Press, 1999)。

责性进行区分处理，是存在一定根据的。

其次，我怀疑，在自身行为是否合乎道德上的正当性这一问题上，几乎所有的恐怖分子都至少存在轻率的主观心态。在其政治议题是否能够为其提供充分的杀人理由这个问题上，恐怖分子面临着可能犯认识错误的重大风险。几乎可以肯定的是，他们中的大部分人都意识到了这一点。他们怎么可能意识不到呢？要将此类恐怖分子的可责罚性同实施了相同行为，但完全清楚其行为之不正当性的行为人所具有的可责罚性区分，这并非难事。尽管存在此种差异，但恐怖分子所具有的轻率的主观心态仍将足以使其承担责任。毕竟，如果恐怖分子实施了足够极端的暴行，比如，无视其行为可能具有的不法性风险而将大量无辜受害者杀害，那么他们就符合了被判处特重刑的条件。犯下（我称之为）多重非预谋杀人罪的行为人绝不会得到从宽处罚。根据我赞成的刑事责任理论，我们可能仍应将终身监禁作为该种犯罪的相应刑罚。

最后，如果上述措施都不能奏效，那么正如我们对具有人身危险性的精神病人所做的那样，为了保障公共安全，我们可以扩大预防性羁押制度的适用范围，从而将这些为自身确信所误导的犯罪人限制在内。部分理论家表示，我们应该将这种机制适用于那些未能认识到道德是一种"理性表达"的真正的精神病人。那些与精神病人相似但又不完全相同的行为人，也可能会给出类似的回应：这类行为人认识到了道德能够给予理性，但却严重低估了这些理性的作用或力量，并且认为它们极易被推翻。如果对于最令人担忧的那一类不法行为人，我们选择最后这种替代措施作为解决方案，那么难题在于，预防性羁押到底应置于刑事司法范围之内还是置于刑事司法范围之外呢？近年来，这一问题可谓备受瞩目，我亦对此十分关注。① 通过刑事程序来保障公民在未来免受危害这一新想法，并不缺乏对其进行捍卫的观点，尽管批评者一贯地谴责这些提议，认为它们是对刑事司法制度的歪曲。② 为了实现（达到）预防目的，我们可以通过刑法来对行为人进行监禁，即使最终对他们实施的制裁并不完全符合刑罚的条件。但此处并无解决这一争议的必要。尽管我更倾向于抵制绕过刑事司法制度来拘留危险分子的呼声，但是如果国家接受我的建议，赋予不知法更加广泛的免责意义，并对那些相信自己在道德上是清白的不法行为人做出免予刑罚的决定，那么坦白而言，为了将争议控制在最低限度内，我们或许只能选择实施该种方案。无论如何，我们都有一系列可选方案能够用来确保受意识形态驱使的恐怖分子不会仅仅因为我们判定其既无精神异常，亦不完全具有可谴责性，就被释放出来，从而袭击无辜的受害者。

我并不伪称自己已经对这些涉及正当化事由认识错误的复杂问题进行了回答。如前所述，我认为这些问题是本人不知法理论中最为棘手的一个方面。如果刑事司法制度无法应对大量完全为自己的确信所误导、一心想要制造严重混乱的不法行为人，那么，对本人的理论做出折中处理将是非常有必要的。尽管如此，我还是要将话题转向本人所提出的问题的第二个层面。以一个对

---

① 关于在刑事司法范围内将预防性羁押概念化的观点，参见 Douglas Husak："Lifting the Cloak: Preventive Detention as Punishment", 48 *San Diego Law Review* 1173 (2011); "Preventive Detention as Punishment? Some Possible Reservations", in Andrew Ashworth, Lucia Zedner, and Patrick Tomlin, eds.: *Prevention and the Limits of the Criminal Law* (Oxford: Oxford University Press, 2013), p. 178。参见 Alec Walen: "A Punitive Precondition for Preventive Detention: Lost Status as a Foundation for Lost Immunity", 48 *San Diego Law Review* 1229 (2011)。

② 参见 Kimberly Kessler Ferzan: "Beyond Crime and Commitment: Justifying Liberty Deprivations of the Dangerous and Responsible", 96 *University of Minnesota Law Review* 141 (2011)。

于自己是否实施了不法行为持有轻率主观心态的被告为例，关于其行为，被告究竟必须相信什么？该被告必须要对自身行为的不法性有所怀疑，这是毫无疑问的。至于被告是否必须意识到其行为不具有正当化事由这一问题，我已在前文做出论述。但是，关于其明知自己已经造成的风险的程度，该被告必须相信什么呢？该被告是否不仅要相信他正冒着自身行为是不法行为的风险，而且还必须相信该风险是重大的？或者，对于客观上的确重大的风险，仅需被告认识到该风险存在即可？因此即便该被告误认为该风险是微不足道的，他是否也应当受到谴责？

依据我所赞同的假定对称原则，这一问题的解决方式应当和法律认识错误以及事实认识错误的解决方式相同。然而，即便是在事实认识错误的领域中，这一问题也没有得到明确回答。不过无论怎样，我认为被告都必须真正地相信其所造成的风险是重大的。在事实领域内，我们之所以应当要求轻率的被告相信自己造成了一种其明知会是重大的风险，部分原因在于，倘若该被告觉得该种风险很小，那么他或许根本不会认为自己正在实施的是不法行为。在大多数情况下，只要每天早上起床，我们就免不了要冒一些小风险。垃圾回收再次提供了一个非常好的例证。我真的可以把那些塑料包装纸扔进我用来装普通垃圾的桶里吗？即便我是一名知道这个城市有着先进的环境政策的旅客？仅仅是一种认为其行为在极小的概率上有可能是不法行为的想法，尚不足以使被告具备刑事可谴责性；除被告不能完全排除此种可能性这一条件之外，还有其他更多的条件需要被满足。我猜测，一定存在某种积极的原因，使被告认为其行为实际上可能是不合法的。诚然，要在重大风险和非重大风险之间划出一条界限是极为困难的。但是，无论我们采用何种方案，也无论在事实和法律的背景下轻率的法定定义如何被界定，这种"划线"的问题都是一直存在着的。如果有更为明确清晰的术语能够被发明出来，用于区分被允许的风险程度和不被允许的风险程度，那么，我们就应当鼓励立法者在这两个领域中（事实和法律）都对该术语进行适用。

我的第三个问题是：关于其行为之不法性，A必须相信什么才会对该行为承担责任？这一问题又引发了一系列全然不同的问题。尽管我一直将自己的研究称为对不知法的研究，但我坚持认为，除非被告明知其不法行为的道德不法性（而非刑事不法性），否则他们无须承担责任。只要我们仍然对责任和刑罚在道德上的正当性根据感兴趣，我们就应当对那些不知构成法律基础的道德，而非不知法律本身的被告进行无罪开释。这一结论由两个独立的论点组成。第一，如果仅仅是一项法律规定的存在不能在该法律颁布之前的公民身上创设一项必须遵守它的义务，那么，为什么在犯罪人碰巧知晓他们所违反的法律时会突然产生一项义务呢？如果法律并不禁止道德不法，那么明知道德不法就不会产生一项尚未存在的义务，而道德上的不知法自然就无法违反一项原本并不存在的义务。第二，回顾第二（D）章中的一系列案件，对这些案件的论述过程表明，不知法有时可以作为对法律规定中犯罪意图因素的否定，从而使行为人得以免责。在这些案件中，法院频繁地解释法律，以确保无辜的被告不会受到刑罚处罚。然而，此处所说的"无辜"，其含义最应当被解释为道德意义上的无辜，而非法律意义上的。实施法律上的不法行为，亦即违反刑法，这对法律上的正当处罚来说可能是一项必要条件，但作为一个哲学家，我的规范性关注点在于刑事制裁在道德上的正当性。

但是，假设我的想法是错的，人们负有遵守法律——所有法律的显见义务，至少是在一种既不违反宪法和自由原则，也没有侵犯基本权利的理性公正状态下颁布的所有法律，即便这么做是极其不明智的。① 乍看之下，不知法理论似乎变得简单了许多。无论何时，只要行为人违反了法律，他们就会犯下初步的道德不法行为；至于行为人是否有义务去遵守被他们违反的特定法律，对此，我们也无须再单独进行研究。道德不法行为仍需对为什么从道德的角度出发刑罚才具有正当性作出解释，但是，一旦某个行为违反了法律，它就一定会具有道德不法性。尽管如此，但仔细观察之后，我们会发现，正如我所强调的那样，这一问题的表象是带有欺骗性的。我们仍需对那些不认为自己违反了法律的不法行为人进行责任评估。他们仅仅因为主观目的之非法性而实施了不法行为这一事实，很难证明他们应该为此受到谴责。我们的基本问题仍然是：为什么理性人要对一项他们并未意识到的道德理性作出回应？如果我的想法没有错误，那么关于遵守法律的显见义务是否存在的争论就变成一个偏离主题的话题，它和本人的研究不相关联。只有在该显见义务确实存在，且有合理的刑事责任理论可用于支持对负有这种义务的行为人进行刑罚处罚时，这一问题才会显得重要。只有在符合这两个条件的前提下，我们才能根据犯罪人自己的主观认知来判断其是否实施了道德不法行为，并根据我的理性回应理论使其变得具有可谴责性。

我要求被告认识到构成法律基础的是道德而不是法律本身，这或许能够避免甚至解决一些问题，但也会引发其他一些涉及合法性意义的疑难问题。为什么法律如此重要？我将在第五（A）章中回过头来讨论这一难题。而在此处，我要问的是：对其行为承担责任的不法行为人所必须相信的道德究竟是什么？法律禁止的行为可能基于各种各样不同的理由而成为不法行为。有一部分

---

① 参见 Dan Markel: "Retributive Justice and the Demands of Democratic Citizenship", 1 *Virginia Journal of Criminal Law* 1 (2012)。

是自然犯，其余的则是法定犯。认为犯罪人在触犯法定犯的情况下，其行为就不会具有道德不法性，这是不正确的；毕竟，法定犯也被称为一种恶。正如我将在 C 部分进一步解释的那样，某一法定犯的不法性依据因个案而异。违反某些法律之所以具有道德不法性，是因为被告对遵守这些法规表示过同意，而对其他一些法律的违反则基于公平行事的义务而具有道德不法性；还有一些违反法律的行为之所以具有道德不法性，是基于其他的一些不同原因，甚至对一些法规的违反可能完全是合乎道德的。就目前而言，最重要的是，如果被告违反了特定的法定犯法规就应当受到谴责，那么他就无须准确理解为什么其行为具有道德不法性，或者为什么其行为是不法行为。该被告也无须知道其所实施的行为具体是哪一种道德不法行为。如果被告不付通行费，直接跳过地铁的旋转式栅门，那么他无须知道自己"搭便车"的行为违反了义务限制，就能够意识到这种行为具有道德不法性。要使该被告承担责任，唯一需要他真正确信的只有自己实施的这一行为是具有道德不法性的。

上述每一个问题都很复杂。解决这些难题，不仅对本人理论的运用具有重要意义，而且有助于我们去评估它会对司法实践在多大程度上产生根本影响。如果本人的理论得以贯彻落实，那么在当下受到刑罚处罚的这些被告中，是否有许多人被无罪开释？我一再强调，虽然面临很大的不确定性，但我所持的立场不会产生任何惊天动地的影响。这其中的很大一部分不确定性都源自一些尚未被解答的实证问题：有多少被告不知道，甚至没有怀疑过其犯罪行为是具有道德不法性的？撇开恐怖分子不谈，当我们把目光聚焦于许多令人担忧的犯罪上时，我们也不必过分焦虑。银行劫匪或是窃贼不清楚他们的行为具有道德不法性，这似乎令人难以置信——尤其是当我们回想起本人的观点只适用于心智健全的成年人时。然而,在那些可能不会引起我们太多警觉的犯罪案件中,行为人被无罪开释的可能性却越来越大。尤其是毒品犯罪者,他们或许认为自己正在实施的行为是被允许的。我认为,我们应当勇于承认:此类行为人对其犯罪行为不负责任。正如我在别处所详细论述的那样,我对大多数毒品犯罪都具有道德不法性的观点,表示强烈怀疑。① 至少还没有人证明过它们具有道德不法性,而举证责任应当始终由主张定罪和处罚的人来承担。本人的这套理论为大多数毒品犯能够免予承担刑事责任提供了又一个可能的理论基础,对此,我的态度更倾向于欣然接受而非抵触抗拒。

对于本人的理论能否对现实世界的刑事司法制度产生深远影响这一问题所存在的不确定性,我将做出最后一次说明,以此作为本部分的结尾。我在这个问题上的不确定性,既源自实证主义的推测,也源自"关于其行为所具有的道德不法性,被告究竟必须相信什么才符合担责条件"这一问题所带来的更多的困惑。在自行车窃贼萨宾的案例中,我假设萨宾是出于意志薄弱而实施了盗窃行为。然而,假如我们不采取这一假设,那么正如吉迪·罗恩森经常提醒我们的那样,对此我们将更加难下定论。人们在将其实施的不法行为合理化方面表现出了非凡的能力,我们当中几乎没有人会愿意承认自己的行为是不被允许的。即便在实施某项自己已然意识到具有道德不法性的行为之时,我们也会举出一些可以减轻罪责的情节,旨在证明此种行为没有控告者所认为的那么坏。这些大部分的技巧都是人们在非常小的时候就学会了的,并且,此类技巧常见于白领犯罪人以及未成年犯。这些"合理化机制"将会使"关于其行为之不法性,刑事被告究竟必须相信什

---

① Douglas Husak: *Drugs and Rights* (Cambridge: Cambridge University Press, 1992).

么才需承担刑事责任"这一问题更加扑朔迷离。

长期以来，社会学家们阐述了一些典型的犯罪人合理化机制。① 尽管还有更多的有关此类机制的示例可以被列举出来，但我仅提及其中最常见的五种。② 第一，被告常常以自己无力阻止犯罪为由推脱责任。不法行为人辩称他们受到了毒品或酒精的损害、他们因意外而实施了该行为，或者他们因被自己无法控制的力量左右而实施了犯罪。行为人有时声称自己"疯了"，有时声称自己受到"一群坏家伙"的影响，有时声称自己因为贫穷的社区和成长环境而"一无所知"。第二，被告常常会淡化自己所造成的危害的严重程度。例如，他们会给出诸如其所偷盗的汽车实际上已经投保，或者被其袭击的人是一名老练的战士，受伤程度并不是很严重这样的理由。第三，被告可能会否认受害人的地位，将遭受损失的一方描述为加害人，或者至少是一个道德水平很低的人。此种合理化解释的一个常见版本是"他们先动手的"，因而其随后的行为就转为正当防卫的情形。第四，被告可能会谴责那些谴责他们的人，暗示指控者们本身就是不法行为人，无权作出判决。但资产阶级的强盗贵族们何来资格对蓝领工人横加指责？第五，被告有时还会宣称其行为十分普遍，因此并没有真正违反规范。这其中是否有一些抗辩理由，例如，声称"每个人都这么做"，实际上可能比刑法理论家所认为的更具有免责意义？我曾在其他地方对此提出过质疑。③ 不过我之所以在此提到这些

---

① 典型资料来源参见 G. Sykes and D. Matza: "Techniques of Neutralisation: A Theory of Delinquency", 22 *American Sociological Review* 664 (1957)。

② 参见 Darren Thiel: "Criminal Ignorance", in Matthias Gross and Linsey McGoey, eds.: *The International Handbook of Ignorance Studies* (Routledge, forthcoming)。

③ 参见 Douglas Husak: "The 'But Everyone Does That!' Defense", in Douglas Husak, ed.: *The Philosophy of Criminal Law* (Oxford: Oxford University Press, 2010), p. 338。

合理化事由，仅仅是因为它们使我的设想，即许多不法行为人因完全清楚他们正在实施的行为违背了道德理性平衡而应当受到谴责，产生了更多的疑问。从表面上看，上述社会学思考似乎表明，人们对于自己是否真的在实施不法行为存在矛盾心理。[①] 然而，不法行为人究竟在多大程度上真正相信自己的合理化解释——其中一部分（但不是全部）明显是处于绝境中的被告为了免除或减轻罪责而使出的诡计，这一问题尚未得到解决。要对该问题给出明确的答案并非易事。或许，其中部分行为人应当被视为是轻率的，从而理应承担轻于完全刑事责任的刑罚。

这些以及其他有关 A 究竟必须相信什么才会承担完全责任的问题，呈现出了本人关于不知法之免责意义的理论面临的最为艰巨，且尚未解决的一些挑战。就这些挑战而言，我们或许能够通过总结出不法行为人在哪些条件下承担完全责任，并因此符合受法定最高刑处罚的条件而有所获益。记住，A 是一个心智健全的成年人，他具备道德责任能力——一种精神病人可能不会具有的能力。对于其犯罪行为 Φ，A 不具备任何一种常见的辩护理由（比如像正当防卫这样的正当化事由或者像受胁迫那样的可宽恕事由）。A 认识到了自己的行为是不法行为，因此无论存在何种趋向于抑制其意识的环境因素，都不会对他产生实际作用。尽管 A 因其行为违背道德理性平衡而被认为是意志薄弱的，但他所受到的"欲望的强迫"并未达到足以减轻其责任的强度。A 并未真正相信任何能够使其行为变得被允许的合理化事由。或许，还存在其他一些必须被满足的条件。不过，单是上面所列的这些条

[①] 一些道德哲学家一致认为，意志薄弱行为是具有可谴责性的，但他们有时会假定不法行为者是在有自制力的状态下实施了行为，以此来将这些社会学数据考虑在内。参见 Gideon Rosen: "Culpability and Ignorance", 103 *Proceedings of the Aristotelian Society* 61（2003）。

件，就应当能够使我们相信，正如我所形容的那样，完全责任是相当少见的。刑事犯罪通常允许对符合条件的不法行为人判处不同程度的刑罚。我可以肯定的是，大部分犯罪人应当承受的刑罚都低于法律对其所犯罪行规定的最高刑罚。我衷心希望，有更多的读者能将这一结论看作本人理论的先进之处。我国现行的刑事司法制度所规定的刑罚过于严厉，本人的理论为抑制这种现象提供了原则性的基础。正如我所解释的那样，完全责任的标准只在极少数情况下能够被满足。

B. 疑难案件与可能的例外情况

我曾指出，对于违反法律 L 的行为 Φ，相比不知 Φ 是不法行为的 B，明知 Φ 是不法行为的 A 应该受到更为严厉的处罚。如后文所述，几乎可以肯定的是，在设法使这一立场融入现实的成文法世界的过程中，我们必定需要作出一些妥协。然而，在这一部分中，我并未对被我视为理想的刑罚该当性理论所必将产生且不可避免的让步进行论述。相反，我针对本人立场之外的一些例外情形进行了阐述。在这些情形中，即便是理想的理论也无法对不知法的不法行为人作出任何无罪开释。在这些例子中，B 应当和 A 一样，受到完全相同的、严厉的刑罚处罚。不过，我并不完全确定具体有多少种例外情况应当获得认同。在下文中，我将对三种可能的例外情况进行研究：B 故意不知法律 L 的情形；B 的行为属于我称之为法律漏洞的情形；B 的行为属于非因无知而实施不知法行为的情形。在这些类型的案例中，即便承认在通常情况下，A 和 B 在可谴责性方面存在差别，我们也至少有理由认为，他们应当受到相同程度的刑罚处罚。当然，困难之处在于找到肯定（或否认）某一例外情形的原则性理由。在即将要讨论的第一种情况中，我非常确定我提出的一般理论的例外应被认同，即 A 和 B 的确是具有相同可谴责性的。而对于后两种情况，我并无十足的把握，因此没有对它们作出判断；在后两种情况中，B 也许还是有可能具有和 A 一样的可谴责性。无论如何，尽管我不知道如何去"反证"不存在其他更多的例外情况，但至少我并未了解到本人提出的一般理论还存在其他的合理例外。除此之外，要将折中方案同例外情况区分，也并非易事。正如我所承认的，我不愿对那些相信自己具备实施不法行为的正当化事由的恐怖分子作出无罪开释，而为了不这么做，我需要的是折中方案而非原则性的例外。无论如何，都欢迎诸位法律哲学家针对例外情况，抑或是折中处理提供更多的可选方案。

现在，我将论述此前几乎未曾提到的现实的或可能的例外情况。首先，以故意不知法的现象为例。我主张，我们无须为了得出"相对于 A，B 有权在一定程度上被无罪开释"的结论，而对 B 如何变得不知法给予过多关注。特别是未履行查询 L 的义务这一行为，几乎不能够作为我们认为 B 和 A 一样都对 Φ 具有可责罚性的合理理由。现在我想要承认的是，"B 的可谴责性程度与先前行为不相关联"这一观点存在一个重要例外。在我称之为故意无视的情形中，有关 B 是如何以及为何变得，或者是保持不知其行为之不法性的原因具有一个显著的特点。我们必须先澄清故意无视的确切含义，方能理解这一显著特点。我通过在我们更为熟悉的事实认识错误的背景下，解释故意无视的作用机制来实现。这一解释很重要，因为在随后被告故意无视法律命题的情形中，我所采取的方法与之类似。

许多刑事法规——如禁止持有非法毒品的规定——都要求行为人具备明知的主观心态。例如，除非被告明知其所持有的物质是非法的，否则他无须对持有可卡因承担责任。如果该被告相信自己刚刚购买的东西是糖,那么他就没有犯非法持有毒品罪。然而,几乎所有的法院和评论家都一致认为,被他们描述为"故意无视"的主观状态满足了明知的要件。朱厄尔案仍然是一个具有深远影响力的案例,在该案中故意无视的概念被用来支持定罪。① 被告驾驶一辆载有110磅大麻的机动车,大麻被藏匿在汽车尾部行李厢与后座之间的一个暗格内。之后被告被捕。该被告证实,一名陌生人付给他100美元,要求他将车开到美国境内,而实际上他并不知道车内载有违禁品。该被告被要求承担责任,因其故意将大麻运到美国。法院认定该被告构成犯罪,理由如下,"政府完成了举证责任,并排除了合理怀疑。政府已证明:如果被告在进入美国时确实不清楚他所驾驶的车辆内藏有大麻,那么他在这种情况下的不知,完全是被告故意地忽视其所运物品的性质,或者故意地避开了对真相的了解"。② 法院补充认为,"明知"不应等同于"积极的明知",因为此种解释"将会使故意不知法成为被告的辩护事由"。③

朱厄尔一案中,被告的故意无视究竟是何种主观状态?我认为,它是一个具有规范性和技术意义的法律术语。要解释故意无视这个概念,我们必须关注它被用于服务的目的。我的目的相当明确。在诸如朱厄尔这样的案件中,故意无视这一概念可以使那些对其所持有的东西缺乏真正的(或"积极的")明知的被告被定罪,否则他们将被宣判无罪。④ 要实现这一目的,要么通过阐

---

① 532 F. 2d 697 (9th Cir. 1976).
② 532 F. 2d 697 (9th Cir. 1976) p. 700.
③ 532 F. 2d 697 (9th Cir. 1976) p. 703.
④ 我不否认,除可谴责性/刑罚可能被排除的情况之外,在其他任何情况下,不同的故意无视概念都是有道理的。对于我阐述的故意无视与所谓的动机性不知法之间的异同,我亦不探究。参见 Michelle Moody-Adams: "Culture, Responsibility, and Affected Ignorance", 104 Ethics 291 (1994).

述一种明知的主观状态,要么通过阐述一种虽不是明知的,但却可以被合理解释为在道德意义上等同于明知的主观状态。《模范刑法典》的起草人力求通过下述方法实现这一目的。《模范刑法典》通常将"明知"定义为"对(被告的)行为属性的明知",即要求"被告知晓其行为之属性"。① 然而,《模范刑法典》有一款规定,"如果行为人意识到特定事实存在的可能性很大,那么除非行为人确信该事实不存在",否则"行为人具备明知的主观状态"。② 注释对此的解释为:本款旨在处理"故意无视"的案件。在此类案件中,被告"意识到重要事实具有存在的可能性,但对于该事实存在与否则并不确定"。③ 该解释性注释表示,此条款"阐述了'明知'的定义"。④

如果将"明知"视作故意无视的定义,一个为其规范性目的服务的定义,那么《模范刑法典》的上述规定在若干方面都存在缺陷。⑤ 首先,并非所有被告似乎是故意无视的案件都涉及"意识到某一特定事实存在的高概率性"。举以下案例为例。设想一个外国人接近两个正准备回国的美国游客。该外国人提议,由他支付给这两名游客100美元,条件是他们要将一个手提箱送至美国的一名联系人手中。当这两名美国游客询问手提箱内装有何物时,该外国人回答说:"你们没必要知道。"尽管这两名游客都受到了诱惑,但出于担心,他们还是给出了拒绝的答复;他们虽然怀疑,但是并不明知"手提箱内装的是非法毒品"这一命题的真

---

① Model Penal Code § 2.02 (2) (b) (i).
② Model Penal Code § 2.02 (7).
③ Model Penal Code Commentary, p. 248.
④ Model Penal Code Explanatory Note, p. 228.
⑤ 我的观点借鉴于该文:Douglas Husak and Craig Callendar: "Willful Ignorance, Knowledge, and the 'Equal Culpability' Thesis: A Study of the Deeper Significance of the Principle of Legality", in Douglas Husak, ed.: *Philosophy*, *Op. cit.* Note 31, p. 200。

伪。于是，为了说服这两名美国游客，外国人修改了支付报酬的提议。该外国人提议，由他付给两名游客每人100美元来运送两个手提箱，并向他们保证其中一个箱子（他不会透露是哪个）是空的。对于修改后的提议，两名游客均表示接受。假设海关工作人员将这两名游客拦住，并对手提箱进行开箱检查，发现其中一个箱子内装有非法毒品。依照禁止明知是管制物品而持有的法律规定，该名手提箱中装有毒品的游客能否被认定为有罪？[①] 如果这两名游客接受了该外国人一开始的提议，那么他们的主观状态就会刻画出一个典型的故意不知法的范本。但是，接受修改提议后被捕的游客，其主观状态该如何认定？要回答这一问题，就必须探究：把这两名游客的主观状态归类为故意无视，是否有助于实现创设故意无视这个概念的目的。据此标准，这一问题显然应当得到肯定的回答。在最初的假设案例中，游客因违反实施不法行为应以明知为主观状态的法律规定而应当被定罪，如果有人同意上述观点，那么即便在该假设案例被修改后，他们也不大可能会改变自己的想法。以下这一结论似乎更具合理性，即不论是在最初的假设案例中，还是修改后的案例中，两名游客都是故意无视的。尽管在修改后的案例中，这两名游客并不相信其携带违禁物品的可能性很大。因此，《模范刑法典》将"高度可能性"作为故意无视的组成部分的做法应当被摒弃。

此外，上述观点表明，如果"被告确实相信某一重要事实不存在"，那么被告对该事实的主观状态就不会是故意无视。这一说法正确与否尚不清楚。如前述修改后的案例所表明的那样，看起来是故意无视的被告可能会认为：既定的命题P（例如"我的

[①] 彼得·韦斯顿指出，在我修改过的例子中，直接依据共谋论，行为人也可能会被追究责任。然而，这一让步并不能够解决被告是否也是故意无视的问题。

手提箱中装有非法毒品")存在的概率低于百分之五十。假设上述案例被进一步修改为，涉及三名游客，已知其中两名游客的手提箱是空的。如果是这样，那么每名游客实际上会对其手提箱内未装有非法毒品这一命题赋予更高的信任度。然而，这一事实并不意味着这些被告中没有人是故意不知法的。因此，行为人对命题真实性的估计，对判断其是否为故意无视而言并不是必需的。即便是确信重要事实存在，该确信也并非故意无视的必要组成部分。再以前述假设案例为例，如果无须被告确信 P，就能够确定他对 P 是故意无视——而且可能实际上被告并不相信 P，那么被告必定会具有的主观状态是什么？在第三个案例中，三名被告似乎都是故意无视的，因为他们怀疑手提箱内装有毒品。这一结论表明，确信与概率性之间的复杂关系在一定程度上偏离了对故意不知法的分析。

然而，故意无视不能完全等同于怀疑。虽然对故意无视这一规范性术语的确切特征存有争议，但是我认为，至少有两种非主观状态可以将故意无视的被告和持怀疑态度的被告区分。第一种情形可称为可行性条件。通常，故意无视的被告不会对所有的事项进行评估，而一个诚实的行为人在被告所处的情形中则会考虑所有的情况。如果被告有办法了解（或收集更多的信息了解）其行为意义的真相，并且意识到了这些方法，那么他未能对这些怀疑采取行动就将是不可宽恕的，是故意无视的明显迹象。被告不能仅是没有寻求不可靠的、耗时的或者特殊的方法来了解真相就构成故意无视。这些事实真相对任何想要发现它们的被告而言，必须都是容易获得的。第二种区分故意无视的被告和持怀疑态度的被告的情形可称为动机论。故意无视的被告必须具有某种特定动机，使其对真相保持无意识：他必须有意识地希望，在自己被捕的情况下，能够找到一个可能使其免受谴责或刑事责任的辩护事由。被告未能获得足够的信息，不能仅归因于懒惰、愚蠢或缺乏好奇心。因此，被告不同于因为不想在生日之前破坏惊喜而不拆开礼品包装的人。

概言之，被告对有罪的事实命题 P 故意无视指的是，当被告怀疑 P 的真实性时，未采取可靠的、快捷的、普通的措施来了解 P 之真实性，并且最终有意识地希望保持对 P 的无知状态，从而避免自己在真相出现时受到谴责或承担刑事责任。在故意无视的范例中，被告怀疑汽车的行李厢内载有违禁品，且可以很容易地将行李厢打开检查，但是，该被告却选择了保持无知状态，以便在其被逮捕时能够保留一个可能的辩护事由。故意无视的这些特征是完全站得住脚的，根据在于创设这一概念的规范性目的：明确提出一种可责罚的主观状态，该种主观状态允许在诸如朱厄尔之类的案件中对被告定罪。可以说，这一主观状态在道德上等同于明知。因此，我们有理由认为，此类被告如果违反了某项以其在明知状态下实施行为为必要条件的法律规定，那么他就应该承担刑事责任。

我描述的这些故意无视的现象，可无差别地分别适用于不知法理论和不知事实理论。故意无视自己的不法行为的被告，实际上并未意识到其行为在道德上是不法的，具有道德不法性。然而，如前所述，有些被告具有一种可责罚的状态，该种状态既不是完全不知，也不是完全明知。在我称之为对法律故意无视的每一个案例中，B 对于其所违反的法律至少是疏忽的。亦即，B 有意识地忽视了其行为 Φ 可能违反法律 L 这一重大且不合理的风险。如果 B 对于其行为之不法性没有丝毫怀疑，那么其无视行为中的故意就变得无法解释。该难题源自这样一个必要条件：故意无视的犯罪人必须符合动机条件，并故意不采取合理措施发现真相。该种犯罪人具有不去询问 L 的动机，因为如果他去询问，那么其行为是非法的这一事实就会被揭露，所以为了保持自己的不知情状态，他宁愿不知道真相。举一个简单的例子，被告认为自己正在购买处方药，但是他故意将手放在瓶子的标签上，以隐藏表明该药物含有受管制成分的图标。我认为，在此案例中，被告 B 对其不法行为存在故意无视，并且相对于意识到自己行为之不法性的 A，他不应得到任何程度上的无罪开释。

故意无视的现象如何适用于我在前文中讨论过的案例？在第三（C）章中，我举了一名举重运动员的例子，该名运动员没有意识到其所在的健身俱乐部禁止说脏话，并实施了咒骂行为。他没有看到健身房墙上贴着明确禁止说脏话的标志。假如我将该案例修改为，该举重运动员在其目光游离到这个标志上的时候，故意不看它。该运动员故意不准确读清这个标志，因为他担心这可能是一个禁止说脏话的标志，而他宁愿保持其对这一规则的不知状态，以便自己在任何时候违反该规则都能够保持清白。我不赞同行为人可以通过此种考量来策划自己缺乏责任的条件。在修改后的案例中，该名故意不知的举重运动员与其他在明知状态下违反禁止说脏话这一规则的行为人，一样具有可谴责性。

故意无视是本人理论最为明确的例外情况。若非如此，那些不知法的被告就会在一定程度上得以出罪。而对于其他两种情形应当作何认定，我相对没有把握。第一类令人担忧的问题涉及我称之为法律漏洞（因没有更加合适的术语）的情形下的被告。在我所能想到的每一个此种类型的案例中，被告都实施了其明知具有道德不法性的行为 Φ，并且确信国家有充分的理由将该行为定性为刑事犯罪。在两种案例之间较为简单的那一类中，钻法律漏洞的被告相信 Φ 未被法律禁止。但是，被告的此种确信是错误的——Φ 是被法律 L 所禁止的。尽管该被告犯了法律认识错误，但我认为仍没有理由允许其被无罪释放。该行为既为法律所禁止，被告也明知其不法性，因此，被告不应被无罪开释。简言之，该被告的法律认识错误与其责任并不相关。在这两个案例中的第二个也是更难的案例中，钻法律漏洞的被告知道自己的行为是不法的，并且认为国家有充分的理由将该行为定为犯罪。在这一类型的案例中，行为人相信Φ是被法律所禁止的。但是第二种行为人的确信是错误的，实际上并无任何法律禁止Φ。如果责任的关键在于行为人在明知状态下实施了道德不法行为，那么该被告为什么不应受到刑罚处罚呢？无须人为创造符合这种类型的案例，婚内强奸就是很好的案例。假设被告在1990年强奸了他的配偶，并认为该行为既具有道德不法性，同时本身也是不法的。在1992年之前的英国，该被告对法律的此种确信是正确的（现在是错误的）。钻法律漏洞的被告认为，不合理的法律漏洞使他可以实施某项他明知具有不法性的行为。当然，根据现有的法律原则，该名被告应当被无罪释放。合法性原则排除了该被告的刑罚，因为尽管该被告确信自己的行为不法，但是实际上他并没有违反法律。这一结论是否合理？

我再次主张，即使第二个案例中的被告因试图钻法律漏洞而承担责任，他也应被视为受到了公正的待遇。但是，此类被告真的应该受到刑罚处罚吗？如果答案是否定的，那么理由又是什么呢？在我看来，任何不施加刑罚的理由，都必须诉诸该当性以外的因素。保罗·罗宾逊确定了一些有效的非无罪化公共政策辩护事由。根据这些事由，即便不会给被告造成不公正，我们也不应对其实施惩罚性的制裁。① 如前所述，迈克尔·卡希尔认为，在几乎每一个不知法的辩护理由应当被认同的案例中，这些理由都是适用的。可以说，就我在此处所研究的这种类型

---

① Paul Robinson: *Criminal Law Defenses* (St. Paul, MN: West 1984), §26.

的案例而言，迈克尔·卡希尔的观点是正确的；在此种类型的案例中，钻法律漏洞的被告误认为某种行为是法律所禁止的，并故意实施了该种不法行为。至少在此种特殊的情形中，政策理由可以对抗刑罚处罚。在没有既存法规的情况下，法律官员可能会不相信——超出了合理怀疑的范围——钻法律漏洞的被告所代表的案件类型就呈现在他们面前。正如我们应当排除非法搜查和一罪二罚的权力一样，在公共道德准则尚未被编入法律规定之前，我们也应当排除执行它们的权力。历史上的纳粹德国声称其有权对并未明显违法的犯罪分子施加刑罚——臭名昭著的类推原则——作为令人不寒而栗的一个例子，提醒着我们最好禁止上述权力。① 概言之，在一个执行公共道德准则，而非事先将公共不法编入法律规定的国家，官员将会被授予过多的权力。为了将国家权力保持在可接受的范围内，允许钻法律漏洞的被告逃过他们应得的惩罚，这可能只是一个很小的代价。

需要澄清的是，我所说的如果钻法律漏洞的被告知道其实施了一项法律本该禁止却没有禁止的不法行为，并因此受到刑罚处罚，那么就不会对他造成不公正，指的是道德上的不公正。如果这一概念并不晦涩难懂，那么很明显，被告将受到法律上的不公正待遇。如果本人所说的钻法律漏洞的被告以违背合法性原则的方式而受到刑罚处罚，那么必将招致法律理论家的强烈反对。我们应当要求这些理论家确定其愤怒情绪的确切依据。他们可能会引用诸如肖（Shaw）诉检察官案——许多刑法教科书的一项主要内容。肖涉嫌将妓女的名字印在杂志上以供出版和销售，他因此

---

① Note: "The Use of Analogy in Criminal Law", 47 *Columbia Law Review* 613 (1947).

被判构成普通法上的"阴谋破坏公共道德罪"。我猜测,绝大多数刑法学者都会一致认为对肖的定罪判决应该被推翻。但是,这些刑法学者之所以得出这个结论,是因为他们认为对肖的刑罚处罚是一种道德上的不公正吗?这一案例中的许多观点都列举了前述政策理由。并且,我们从道德而非法律的角度对肖的定罪所持的任何保留态度,都可能源自对其行为本身是否不法的怀疑。此外,即便肖的行为是不法的,他本人对此是否明知,这一点也还很不明确。因此,从"肖案"——或我知道的任何其他案件中——得出的有关合法性之重要性的道德原因并不完全清楚。我认为,为了实现独立于道德正义和该当性之外的重要社会目标,被告(1)在明知的状态下实施(2)应该被禁止,但(3)恰好没有被禁止的不法行为的情形,最应当被视为对本人不知法理论的一种限制。①

接下来要论述的是本人理论的第三个,也是最后一个可能的例外情况。这一类情况可能带来关于"反事实"的问题。② 如果我们规定无论在何种情形中,亦即,即便是在其知道真相的情况下,B 也会去实施 Φ,那么当 B 对其行为 Φ 的道德和法律状态均发生真正认识错误时,我们应当作何评定?根据本人的设想,B 的行为属于非因无知而实施的无知行为。B 的认识错误本质上是无关紧要的,对其行为没有任何影响。这种情形可能相当普遍。设想一名服务员笃信其所得的小费不是应纳税收入,并且他也没有道德上的义务把它们申报为应纳税收入。然而,除此之外,即便该名服务员知道自己错了,小费终究还是需要纳税的,他也不

---

① 有关处理法律漏洞所造成问题的不同尝试,参见 Steven Garvey:"Authority, Ignorance, and the Guilty Mind", *Southern Methodist University Law Review* 545 (2014)。

② 参见 Alan C. Michaels:"Acceptance: The Missing Mental State", 71 *Southern California Law Review* 953 (1998)。

会在纳税申报单上申报其所得的小费。在这种情况下，该名服务员的认识错误能否使其免责？这确实令我举棋不定。根据本人的理论，该服务员的认识错误似乎具有免责意义，该服务员无法对其认为其不具备的理性作出理性回应。然而，对该服务员施以更加严厉的判决很有可能是必要的，并且从意志品质理论的角度出发，我们可以更好地解释其中原因：如果该名服务员的认识错误被纠正之后，其行为不会因此而发生改变，那么他就具有不正当的意志品质。

实际上，一些持意志品质理论的哲学家准备援引反事实来对行为人的相对可谴责性或相对可赞扬性作一些精细的判断。那些对道德理由不太关心的人的责任，可能会根据他们对这些理由的重视程度而增加或减少。反事实可被用于确定行为人所处的环境需要出现什么样的变化，其行为才能得到改善。在这一方面，赞扬可能也是与之相似的。假设凯伦和凯茜都做了合乎道德的事：给一位老太太提东西，帮助她过马路。我们可以认为，凯伦和凯茜行为的可赞扬程度，是他们在实施这些行为时对道德的高度重视作用下的结果（在其他条件相同的情况下）。[①] 行为人对道德的重视程度似乎可以用反事实来衡量。假设有人支付给凯伦 1 美元，让她丢下这位老太太独自挣扎，她就会照做。然而，凯茜则需要得到 50 美元的贿赂，才会改变自己的行为。因此，相较于凯伦，凯茜对道德更加重视。当凯伦和凯茜出于同样的善意理由实施了相同的善意行为时，这些反事实的真相是否会影响他们各自的可赞扬程度？对此，理性的观点并未形成一致答案。

制定法并不仅仅是因为坚持严厉的不知法不免责规则，才鲜

[①] Nomy Arpaly: *Unprincipled Virtue: An Inquiry into Moral Agency* (Oxford: Oxford University Press, 2003), p. 84.

少提及反事实对刑事责任的重要性。认识论能够对此提供一个更加明显的解释：我们很少能够确定，如果行为人知道其原本不知道的事实，那么他会实施何种行为。即便是被告本人可能也无法准确预测，在反事实条件下自己会实施什么样的行为。因此我们很难指望法律能够对许多道德哲学家准备承认的可谴责性做出细微的区分。由于刑事责任的证明标准很高——被告受到无罪推定的保护，而无罪推定要求达到排除合理怀疑的证明标准——因此，某些被告可能会因为我们对"无知在其行为中所起的作用"存在疑问而获益。当然，这一结论并不能从原则上解决问题。一个不知法的被告是否应该得到某种程度的出罪，即使我们可以确定他在得知真相后仍会坚持实施不法行为？

采用本人的设想，即不知事实和不知法应当得到同等处理，对于解答这一问题可能会有所帮助。假设一名被告在实施杀人行为时产生了事实认识错误。该被告真诚地相信受害者是一只在其车库中游荡的野兽，而故意开枪将其打死。该名受害者碰巧是被告的配偶。我所知道的任何刑法理论体系，都不会仅仅因为如果该被告知道他所瞄准的是其配偶，他就会开枪将其打死，而以谋杀罪追究被告的责任。即便该被告进入车库时，正准备开车去寻找并谋杀该名碰巧被他射杀的受害者，结论也是一样的。在这一情形中，被告的犯罪行为和犯罪意图并不一致。当然，诉诸涉及一致性的、晦涩难懂的法律原则，很难规范地解决这一问题。可以认为，无论法律对被告的事实认识错误或法律认识错误作何解释，那些非因不知法而实施杀人行为的被告都应该承担责任。鉴于我在这一问题上的矛盾心理——相信许多法律哲学家和道德哲学家都有同感——我们应该感到庆幸的是，该问题几乎不会在现实世界中出现。

至此，我提出了一个关于不知法的规范性理论，并阐述了三种可能足以获得认同的例外情况。我只确定第一种例外情形应当得到肯定,并承认其他两种情况存在不确定性。此外,我并不妄论不会出现其他疑难情形。在这些情形中,尽管被告对道德或法律是否禁止其行为有错误的认识,但可以意译为"我们仍有理由对其施加最大限度的刑罚"。对潜在的反例进行合理化,使我所构建的理论基础不被其破坏,这是一个挑战。现在,我要转而论述可能是最广泛的一类疑难情形来证明我的观点,即道德上不知法的被告应当被无罪开释。

C. 法定犯遭遇的双重问题

根据我所提及的关于不知法的改良措施和澄清,我的基本问题(Q)是:A 和 B 实施了相同的违反法律 L 的行为 Φ,当 A 意识到了 Φ 违反 L,而 B 因其法律认识错误没有意识到 Φ 违反 L 之时,法律是否应该规定 A 和 B 应当受到不同的刑罚处罚?刑法理论家们从一开始就应当想到这个问题没有标准答案。或许不同类型的法律应当适用不同的分析。毕竟,如前所述,当 L 允许否认犯罪意图时,(Q)的表达方式确实是不合逻辑的。在这一部分,我将根据 L 是属于法定犯还是自然犯,来研究是否必须对(Q)给出不同答案。我认为,无须给出不同的答案。与传统理论不同的是,对规范性不知法理论而言,自然犯和法定犯之间这种模糊的差别作用不大。即便如此,我仍然认为,对刑事责任理论而言,法定犯是作为一个双重问题而存在的。法定犯引发了一些突出问题。这些问题与被告应受惩罚的不法性要件及有责性要件如何才能被满足相关?当然,无论是在法定犯中,还是在自然犯中,这两个要件都是应该被考虑的。因此,如同下文所述,问题不在于适用不同标准,而在于确定在法定犯的案件中，这些共同的标准是否能够得到满足，以及在何种情形下能够被满足。

哲学家钟爱差异，法哲学家也不例外。学者在处理不知法问题的历史进程中，自然犯与法定犯之间的差异发挥着至关重要的作用。刑法学者一致认为，在法律禁止一项本身就是道德不法的行为时，不知法不能使行为人在任何程度上被无罪开释。然而，同样是这些评论家，对于在法定犯案例中允许以不知法为由让行为人被无罪开释，他们中的许多人所持的态度则更为开放。从表面上看，这两种立场似乎很容易形成。有的观点主张，犯下严重自然犯的行为人可能会逃脱他应得的刑罚处罚，该种观点被许多法哲学家认为是不知法在整个刑事犯罪中都具有免责力量这一主张的一个反证。本人的理论从内在论或主观主义论的角度出发，将责任定位为对理性作出的有缺陷的回应。该理论恐怕会让人类历史上最为臭名昭著的一些犯罪人被无罪开释。然而，对那些实施了鲜为人知的法定犯罪的被告来说，允许他们在一定程度上得以出罪，这并不违反常理。第二章中，每一个将法律规定解释为包含一个明确或隐含的条款，以允许被告通过否认犯罪意图来争取被无罪开释的例子，似乎都是法定犯的实例。这并非一个巧合。法院不太可能——也可能无法想象——对罪责条款作新的解释，以允许不知法的被告在其被指控犯下自然犯时，通过否认犯罪意图来规避责任。[①]

[①] 如前所述，奥林·哈奇提出的 the Mens Rea Reform Act of 2015 (《2015年犯意改革法案》)，将从根本上扩大对不知法的辩护范围。然而，根据该法案§28 (a) (1) (B) (iii)，当一个罪行 "包含一项理性人知道固有地会对生命或者身体构成紧迫的重大危险的行为时"，对犯罪行为的明知不是必要的。这一例外情形不允许为任何自然犯辩护，但是允许为大多数法定犯辩护。可用网址：http://www.hatch.senate.gov/public/_cache/files/56edc2e6-c658-4a2a-bdb5-e259819c48a4/HEN15E40.pdf。

犯罪理论史上最为杰出的一些评论家对这种区别对待表示接受。在此，我仅提及其中一种观点：亨利·哈特（Henry Hart）的理论。其坚持认为，被"严重误解"的不知法不免责准则的"基本原理"为：任何从事本质上不法的被禁止的行为"而不知该行为是犯罪行为的犯罪人，都是具有可谴责性的，这既因为该犯罪人实际所实施的行为，也因为其缺乏明知"。[1] 哈特认为："即便犯罪人不知何故不知道谋杀是违反刑法的，他仍具有可谴责性，并应当受到刑罚处罚，这既因为该犯罪人实施了杀人行为，也因为其不知谋杀是不法的。"然而，哈特很快补充道，他的论证只适用于自然犯的法律规定，而不适用于法定犯的法律规定。[2] 人们原本期望像哈特这样精明的法学家会认识到：所谓的应当明知而未明知的可责罚的主观状态——教科书上对疏忽的定义——并不等同于实际明知的可责罚的主观状态。难道哈特真的认为，一个不知杀人之不法性而实施杀人行为的人和一个实际具备此种道德上的明知而实施杀人行为的人具有相同的可责罚性吗？然而，我目前的观点只是想表明哈特的论证与无数法学家的论证相似。这些法学家不加批判地对不知法不免责的规范性地位做出了区别对待——这一区别对待取决于自然犯与法定犯之间的差异。尽管自然犯与法定犯之间的差异有着明显的直观吸引力，以及来自诸多知名刑法学者的支持，但是在这一部分我要论证的是，在一个关于不知法在何种条件下具有免责力的理论中，此种差异并无深刻的规范意义。然而，从本人的理论来看，我们不应当推断此类犯罪的存在是完全没有问题的。

---

[1] Henry M. Hart, Jr.："The Aims of the Criminal Law", 23 *Law and Contemporary Problems* 401, 413 (1958).

[2] Henry M. Hart, Jr.："The Aims of the Criminal Law", 23 *Law and Contemporary Problems* 419 (1958).

我以三个基本问题作为开始。首先，我指出自然犯和法定犯之间的差异缺乏深刻的规范意义。我的意思是，此种区别可能会具有的任何显而易见的重要性都应归因于其他因素——一些只是偶发性地与这种区别有关的因素。诚然，行为人更可能不知的是法定犯而非自然犯。但是，此种偶发性的经验事实，并不能成为将自然犯与法定犯之间的差异视为具有规范意义的原则性理由。我还指出，从表面上看，在一项不知法可以开脱罪责的理论中，要使法定犯与自然犯之间的差异变得重要并非难事。我承认，在直觉层面上，相对于犯下自然犯的被告，我们更可能会同情无意中犯下法定犯的被告。但是，这种直觉并不那么容易就能站得住脚。此种直觉是否仅仅表明了让自然犯逃避刑罚处罚不被社会接受？如果我们的直觉以预防为基础，那么这种直觉就没有建立在可谴责性和该当性的基础之上。哈特指出，如果行为人没有意识到自然犯是不法的，那么他就会因缺乏此种明知而具有可谴责性。不知法本身就具有可责罚性吗？或者，哈特是否隐含地预先设定了一种意志品质理论，根据此种理论，无论行为人的意志具有何种不当的特征，只要在其实施该自然犯时，此种特征被表现出来，行为人就具有可谴责性？这些问题都没有明确的答案。

其次，我之所以对在本人理论中给予法定犯和自然犯之间的区别一个突出地位持保留意见，并不是因为在自然犯和法定犯之间划定确切界限是一个众所周知的疑难问题。这一"划线"问题几乎被所有的刑法学者所引用，并使其中一些学者断定，此种差异是虚幻的，应当完全被排除在法律话语之外。（这些学者的）所有刑法哲学论著均未提及这些术语。如果对疑难案件进行分类是必要的，那么让我们回到雅各布未能回收电池一案。雅各布所犯之罪是自然犯还是法定犯？这两种答案都有各自的论据能够被构想出来。我承认，无论采用何种标准来划定这条界限，都不会是不存在问题的；没有哪一种单一的理论，能够使自然犯和法定犯之间的区别所服务的众多不同目的全部被满足。无论如何，我没有加入共同努力克服这一定义性问题的队伍中。就当前的目的而言，我认为，对具有先于法律，且独立于法律的道德不法性的行为加以禁止的是自然犯，而对不先于法律，且不独立于法律的不法行为加以禁止的是法定犯。① 但愿我无须做出更加精确的表述。我认为，在一项不知法应当被无罪开释的理论中，任何划定界限的方法都不具有深刻的规范意义，无论该种方法有多么明智。

最后，必须注意的是，对法定犯实施刑罚处罚所要面临的障碍，并非完全源自本人对道德责任基础和法律责任基础的独特解释。即便不接受本人的主张，即缺陷故意中的意志薄弱是完全的道德可谴责性的根源所在，这些问题也还是会再次出现，尽管形式上会略有不同。反过来，假设众多版本的意志品质理论之中有一种理论是正确的——当行为人的行为暴露出不当的确信内容和态度时，他就符合了承担责任的条件。此类确信和态度是如何通过违反法定犯被表现出来的？这显然还不清楚。例如，如前所述，没有人能够武断地说，巴特斯比表现出了对他人利益的漠视，因为他未能意识到周末会计入获得儿童监管许可证所需的时间。我接下来所要论述的大部分问题，几乎给所有主张对犯下法定犯的被告实施刑罚的道德责任基础理论都造成了困扰。

论述完上述三个基本问题之后，我首先开始讨论自然犯——相较于法定犯，其被认为对不知法理论而言较为简单。我的意思

---

① 法定犯禁止的是并不先于法律且独立于法律的道德不法性的行为，但该法律并不必须是刑法。参见 R. A. Duff: "Political Retributivism and Legal Moralism", 1 *Virginia Journal of Criminal Law* 179, especially p. 198 (2012)。

是，除我以外的其他人都觉得简单。传统观点认为，不知法的被告在犯下自然犯时，不能够被无罪开释。实际上，正如我们所了解的，犯罪人可能会因不知道其行为存在严重的先于法律，且独立于法律的道德不法而免予刑罚处罚，这一幽灵般的存在自其出现以来就一直困扰着这一话题下的学术评论。回到"赫尔南案"，虽然他奴役了被征服种族的俘虏，但是他真诚地相信其行为是被道德所允许的。根据本人的理论，如果赫尔南甚至没有怀疑过强制劳役存在道德不法性，那么他就完全不具有可责罚性。我们是否会从直觉上抵触这一结论？该结论对本人的规范性理论而言是致命的缺陷吗？本人的理论可能只会加深大众的偏见，使人们认为我们这些哲学家活在一个远离现实的幻想国度。我已经能够想象得到，如果历史上一些最残忍的犯罪人被宣判无罪，而其所犯下的是人类已知的最为严重的罪行，那么外行人将会发出怎样的抗议。

部分学者甚至认为，如果犯下严重自然犯的犯罪人不知道其行为存在道德不法性，那么他们就更加具有可责罚性。米歇尔·登普西（Michelle Dempsey）接受了此种观点。登普西发现，令人难以置信的是，齐默尔曼竟然因为鲁道夫·赫斯真诚地相信自己的暴行是正当的，而支持免除他（以及他的纳粹同党）的大屠杀责任。登普西认为"更加合理"的观点是："鲁道夫·赫斯以及其纳粹同党的不知法加重了他们的责任，由于这些人未能认识到其行为之道德不法性，而被证明是一个更加可怕的道德怪物。"[①]尽管能够理解登普西的强烈反感情绪，但是我认为她的此种反对主张是不正确的。我相信，如果赫斯清醒过来，并意识到自己的

---

① Michelle Dempsey: "Book Review: Michael J. Zimmerman, The Immorality of Punishment", 32 *Law and Philosophy* 333, 336 (2013).

行为是极其严重的道德不法行为,然后继续杀人,那么登普西同样不会认为赫斯具有更低程度的可责罚性。

由于我反对责罚对自然犯的道德不法性产生认识错误的行为人,因此现在是时候针对此种所谓的无法克服的障碍集中论述一些明确答复了。虽然以下八种答复中,没有哪一种是本身具有决定性的,但是我希望,将它们作为一个整体评价时,能够显得不那么荒谬。第一,正如我所说的,许多最令人不安的反例都是不现实的。此外,无论何时,只要罕见的案例被援引用来反对规范性理论,我们就应该持怀疑态度。我已经作出了限定:本人关于不知法的立场仅适用于心智健全的成年人(而不适用于精神病人以及强迫症患者),很难想象在当今时代,会有许多的此类行为人存在本人理论的反对者所阐述的一些荒谬的道德确信。回想一下卡洛斯,我在第三(B)章中介绍的一个人物,一个成年且心智健全、具有责任能力,并因此能够对道德原因做出回应的行为人,但他并不相信"自己将要杀死的是无辜者"这一事实是其不去实施该行为的道德原因。卡洛斯究竟会对什么样的道德理性做出回应?对此,人们不能不感到好奇。我并不伪称,现实中不存在符合对卡洛斯的描述的行为人。即便是心智健全而非精神失常状况下的恐怖分子,也会对公众构成严重威胁。不过值得庆幸的是,像卡洛斯这样的行为人仍然是较为罕见的。第二,值得注意的是,类似的所谓反例可能会被列举出来,用于反对《模范刑法典》针对犯基本事实认识错误的被告所规定的处理方法。想象一下,如果被告因向一名受害者泼汽油并点燃火柴而被指控谋杀罪,但他只是相信汽油被点燃之后会散发难闻的气味,而不相信汽油是易燃的,那么当该被告被判无罪时,公众将会有什么样的反应。然而,这(出罪)却是法律所必须实现的结果;该名被告不知道其行为将会导致死亡或严重的人身伤害,因此他没有犯罪意图。如果我的想法是正确的，那么，若引用那些违背直觉的例子只是用来反对为不知法或不知道德的被告出罪，对此，我们就应当三思。第三，如果我们确实因无罪宣判而对现实世界的灾难性影响而感到忧心忡忡，那么指出这一点将是令人安心的：被告几乎不可能说服法官或陪审团相信他的确不知基本的道德问题。他需要讲出一个什么样的故事才有可能使人信服呢？除非被告对于自己是如何相信这么离谱的事情的叙述具有足够说服力，否则陪审团将会断定他在说谎。无论此类问题的举证责任由谁承担，对于我们的刑事司法制度会允许十恶不赦的犯罪人生活在我们中间，我都表示强烈怀疑。第四，大多数人都有着开明的道德观，但不法行为人在对受害者实施加害行为时，连至少的轻率心态都没有，因此，这种假设几乎是不可能成立的。难道我们还要进一步设想，比如，仇恨犯罪的犯罪人甚至没有怀疑过其行为可能是不法的？当然，如果这些被告是轻率的，那么对其定罪就是恰当的做法，并且他们也会受到相应的刑罚处罚，而非象征性的轻微处罚。第五，本人观点的所谓的反例，通常都涉及历史上最可怕的罪犯，这并非巧合。希特勒的名字经常出现在主观主义理性回应论的假定反证中。在面对一项十分严重的不法行为时，即便是我们中哲学思想最为成熟的人，也会趋向于让我们对道德的一阶判断渗透到对可谴责性的判断中。为了避免出现此种混淆，我们最好把注意力集中在不法行为更为寻常的案件上，就像自行车窃贼萨宾那样的案件。第六，"道德怪物"甚至更应该为其行为承担责任这一所谓的直觉是能够被解释清楚的。该种直觉似乎混淆了对道德可谴责性的判断和其他的一些东西——可能是对犯罪人性格的判断。虽然要区分这两个评价对象十分困难，但是，明确地涉及刑法并成为本人研究重点的，只有可责罚性，而不是性格。换一个略有不同的表达方式，此类犯罪人对其行为不具有道德责任这一事实，并不意味着在其他一些评价维度上他们也完全不会受到谴责。① 第七，本人的立场建立在道德责任理论的基础之上。哲学论证的全部意义就在于，要求那些反对其结论的人指出其推理的错误之处。本人理论的反对者应该向我提出反驳的观点，而不是直觉——尤其是我有理由相信这些直觉并不可靠的时候。第八，如果上述答复都不能成功，那么我只有在理想层面上继续坚持我的理论了。尽管我清楚，我在这一问题的判断上往往不同于其他回应者，但是本人所说的完全责任——行为人所能承担的最大限度的责任，很可能是相当罕见的。我相信，相对于完全清楚其行为之道德不法的 A，B 确实具有更低的可谴责性。但是，回顾一下，我赞成创设一些方案来对那些误认为其罪行具有正当化事由的被告进行预防性羁押。正如我将在第五（B）章中进一步解释的那样，如果理想理论因其后果太可怕而不值得被考虑，那么这就为放弃理想理论，并寻求一种不会使刑法名誉扫地的折中观点提供了一个坚实的基础。但愿上述八种答复的结合，有助于证明为什么我们不应该将本人的理论在自然犯上的适用视为是荒谬可笑的——就像许多评论者所认为的那样。这一看似荒谬的结论，实际上不会对现实的刑事司法世界产生冲击。

现在，我要转向对法定犯这一中心话题的论述。在法定犯中，不知法和不知构成法律基础的道德的现象无处不在。本部分要论述的主要问题是过度犯罪化现象。由于此类法律已经变得如此丰富且深远，因此，被告是如何对法律内容产生认识错误的，即禁止先于或独立于法律之外的非不法行为，这并不难以理解。

---

① 有一位评论家认为，这类犯罪人具有品格缺陷，而非责任缺陷。参见 Bruce Waller：*Against Moral Responsibility* (Cambridge，MA：MIT Press，2011)，chapter 9。其他一些法学家则对普通的可谴责性和客观的可谴责性进行了区分。参见 Elinor Mason："Moral Ignorance and Blameworthiness"，172 *Philosophical Studies* 3037 (2015)。

但是，实际上此类犯罪的存在给刑法理论带来的困境，远远超出了当前的研究范围。正如我所指出的，法定犯是一个双重问题。对那些不知此类法律的行为人的可谴责性进行评估，只是规范性问题的冰山一角。更深层次的问题不在于可谴责性，而在于不法性。这两种不同的规范性判断极易被混淆，尤其是在法定犯的背景下。在我看来，任何值得被尊敬的刑事责任理论——无论是我自己的还是其他学者的——都不能随意处罚任何人，除非该行为人的行为的确是不法的。我认为，除非行为符合该种限制，否则甚至不会出现责任问题。但是什么行为可能是不法的呢？比如，未能获得连续超过30日（不包括周末）提供寄养服务的许可证，是不法的吗？正如这个问题所表明的，更为基本的难题在于，为什么行为人会通过犯下法定犯而实施不被允许的行为，无论行为人是否知道该法定犯的内容。如果不先确定我们是否以及在何种情形下有遵守此类法律的道德原因，那么我们就无法解决涉及不知法和法定犯的问题。接下来，我将讨论有关法定犯之不法性的一些可能的观点，然后再回过头论述本人的分析对不知法被告之可谴责性的影响。

我所要处理的这些问题都没有通用的解决方案，因此，接下来关于我们是否以及在何种情形下具有遵守某项特定法定犯法规的道德原因，我的想法只能用零碎不全来形容。然而，我仍然要强调一点，本人反对可能会将问题简单化的解决方案——一种吸引了众多法哲学家的答案。我否认人们具有遵守此类法律的显见道德义务。亦即，即便是在自由民主的国家，仅凭一项法律已经正式颁布这个事实本身，也不能产生遵守该项法律的道德义务。但是，难道法律没有权威性吗？答案是有，这几乎是毫无疑问的。然而，问题不在于法律是否具有权威性，而在于权威性是什么。在我看来，哲学家错误地以"优先性"来解释权威性，即无论法律的内容是什么，我们都应该遵守法律的指令。① 不过，我并无意美化自己在这些问题上的立场。关于法律的权威性以及遵守法律的假定义务的哲学文献数量非常之多，而我在此对这一问题所做的任何讨论，都只能是非常浅显的。② 这一话题尽管具有相关性，但却又超出了当前的研究范围。虽然如此，但是，很明显一旦我们拒绝接受遵守此类法律的普遍义务，本人所要解决的范畴较窄的问题就会变得更加复杂。除非我们对该项普遍义务予以接受，否则我们怎么可能会有道德义务去遵守一项禁止"不具有先于法律且不具有独立于法律的道德不法性之行为"的法令呢？接下来，我将尽自己所能去确定，对此类法律的违反是否以及在何种情形下具有不法的可能性。

在继续论述之前，必须再次提醒诸位，即便每一项法定犯行为在某种程度上都被认为是不被允许的，也依然存在无法克服的难题。假设本人有关政治哲学的观点是错误的，公民具有遵守每一项法律的道德义务，不管该项法律属于自然犯的类别还是法定犯的类别。即便如此，我们也必须记住：（Q）要问的不是对不法性的一阶判断，而是行为人对其不法行为是否具有可谴责性。我们基于什么样的理由认为，即便行为人并不知道此类政治性义务的存在，他们也应当为违反这些义务承担责任？任何对政治性义务的解释，都无法直接回答这一问题。我在第三（C）章就曾指出，不知法的被告没有履行法律查知义务，并不能证明其对随后的犯罪行为具有可谴责性，也就是说，如果只是增加更多的人们同样不知道的义务，那么我们还是不能很好地解释为什么人们要

---

① 参见 Joseph Raz: *The Authority of Law* (Oxford: Clarendon Press, 1979)。
② 参见 Markel 所持的微妙观点：Dan Markel: "Retributive Justice and the Demands of Democratic Citizenship", 1 *Virginia Journal of Criminal Law* 1 (2012)。

因为"不知法"受到谴责。

然而，实施法定犯具有不法性吗？就目前来看，这一问题首先出现在审查某些法律规定的过程中，这些法律规定允许被告通过否定犯罪意图来否认犯罪。回顾我在第二（D）章中的论述：法庭经常会对刑法罪责条款的含义或范围进行解释，以保护道德上清白的行为人。然而，据我所知，法庭认定被告清白的案例，并不要求被告不知其所违反的法律。以两个具有代表性的案例为例。回想"斯奇林案"中的法律规定。① 假设一名员工在工作时间用公司的电话打了几通私人电话。如果该名员工已经被告知其行为是被法律禁止的，那么他是否会因实施了该行为而失去清白？或者，回顾一下"利帕罗塔案"中的法律规定。② 假设被接济者扔掉了他的食品券，是否一旦被接济者意识到法律禁止此种行为，其行为就会不被允许？当然，我们之所以不支持在这些案件中施加刑罚，不仅仅是因为实施了不法行为的被告不知法。相反，主要是因为我们怀疑此种行为是否不法。前述案件中的被告之所以是清白的，不是因为他们不知自己实施的是不法行为，而是因为他们根本没有实施不法行为。一项被允许的行为，不会因为行为人知道它是被禁止的就转变成不法行为。至少，目前还不清楚，这些案件中的两个可变因素中的哪一个能够解释我们为什么支持无罪宣判：不知法，以及行为本身是不是不法的？我们判断的依据是由多种因素决定的。

我们还需解释某项特定的法定犯如何具有产生道德义务的可能性。立法者凭借什么样的道德魔力能够创造出一种本不存在的义务？他们是炼金术士吗？法定犯是如何成为犯罪的？这些问题

---

① Skilling v. United States, 130 S. Ct. 2896 (2010).
② United States v. Liparota, 471 U.S. 419 (1985).

目前还没有普遍答案。在解释行为人是如何通过实施法定犯而使行为不法的过程中,明智的开端是认同存在几种不同类型的法定犯。① 是什么使各种不同的法律规定成为某一特定种类的法律的组成部分?如果我们的目标是解释行为人是如何行为不法并因此而符合担责条件的,那么将不同法律归为一类的根据就很简单明了了。如果行为人出于相同的原因而实施不法行为,那么这些行为人所犯下的罪行就应当被归入同一特定种类。一旦我们确定了行为人通过违反不属于自然犯类型的法律规定而行为不法的所有原因,我们就能够制作出一份完整的清单,列出实现当前目的所需的全部法定犯类型。接下来,我将至少讨论三个此种类型的原因。每一个原因都把法定犯和相应的自然犯联系起来,从而使得违反法定犯法规的不法性概念化。对这些原因的论述表明,尽管立法者没有魔力,但他们却似乎能够"创造"不法行为。最终,对相当一部分法定犯法规的违反都会被证明是不法的。因此,人们具有显见的义务去遵守许多对"不具有先于法律且不具有独立于法律的道德不法性的行为"加以禁止的刑事法规。如果我的想法是正确的,那么当此类行为人故意违反这些法律时,他们就符合承担完全责任的条件,而本人不知法理论的适用,不会对法律实践产生根本性的影响。不过,依然有相当多的对法定犯法规的违反不具有不法性,并且对此类行为人施加刑事责任和刑罚,在道德上是站不住脚的。哪些是施加义务的法定犯,而哪些不是?对此,我力求取得一些进展。

首先,最重要的是,许多犯罪既不完全是自然犯,也不完全

---

① 我的观点引用了该文:Douglas Husak:"*Malum Prohibitum* and Retributivism", in Douglas Husak, ed.: *The Philosophy of Criminal Law* (Oxford: Oxford University Press, 2010), p.410。

是法定犯。我将此类犯罪称为混合犯，因为它们既含有自然犯的成分，也含有法定犯的成分。安东尼·达夫认为，这类犯罪"或多或少涉及一种人为的、规定性的对纯粹自然犯的认定"。① 达夫举的混合犯的例子——强奸幼女和酒后驾车，都很好地阐明了整个分类。达夫主张，与这两种混合犯相对应的纯粹自然犯（大致上），为"与一个未成年人发生性行为，而该未成年人尚未成熟到能够对这一问题作出理性决定，以及在驾驶能力被酒精或毒品减损时，实施驾驶行为"。但这两种行为并不是刑法禁止性规定的要件，这可能是因为，立法者更倾向于就被禁止的具体行为，向公民和法律官员提供更为明确的指导。因此，国家通过赋予这些不当行为更加具体的内容来对其加以规定。它的做法是禁止"与特定年龄段以下的任何人发生性行为"以及禁止"血液中酒精含量超过某一具体数值状态下的驾驶行为"。前述犯罪之中的后两种即为混合犯——既不完全是自然犯，也不完全是法定犯。在以下几个方面，混合犯与纯粹法定犯或纯粹自然犯相似，但又有所不同。无须实施任何具有先于法律且独立于法律的道德不法的行为，人们就可以且经常实施此种行为。这不是纯粹的自然犯案件。但是此类行为中的一些（可能是大多数）实例，具有先于法律并且独立于法律的道德不法。因此，这也不是纯粹的法定犯案件。

在继续论述之前，我先针对达夫的观点提出两点看法。首先，我认为，由于对道德不法行为具体包含何种内容这一问题存在争议，因此，达夫只是"大致地"描述了与相应的混合犯所对应的自然犯。目前尚不清楚道德不法行为应在何种程度的普遍性上被描述。与禁止酒驾的法规相对应的自然犯是否指下列不法行

---

① Antony Duff: "Crime, Prohibition, and Punishment", 19 *Journal of Applied Philosophy* 97, 102 (2002).

为：酒后驾驶、驾驶能力受到其他任何减损后的驾驶、危险驾驶,或者实施其他一些危险行为(无论是否涉及驾驶)?就当前目的而言,这一争议尤为关键。根据我们对相应自然犯的描述的宽窄程度不同,某一特定被告对自然犯的无知所具有的合理性程度也不同。其次,达夫将混合犯定性为"或多或少是人为的"。达夫所说的人为,并不指随意。尽管具体是什么原因使某一方案成为最优方案尚不清楚,但存在部分比其他方案更可取的描述此类犯罪的可选方案。例如,为什么选择驾驶员血液中含有特定酒精含量这一状态,而不是驾驶员的行为作为醉酒驾驶法律规定的要件。如果被告安全驾驶,那么我们为什么要考虑他血液中酒精含量的百分比?并且,即便选择血液酒精含量作为这一犯罪行为的要件,我们又该如何确定它的限量呢?[1] 无论是谁,都不会把醉酒驾驶的血液酒精含量设定为几乎无法检测到的微量,同样地,也没有人会将它设定在使大多数人都会失去意识的量上。如果最终被立法者选择作为法定规范的方案并不是最优方案,那么要将每一次对该规范的违反都视为不法行为就会变得更为困难。学术界对混合犯的讨论常常粉饰这些难题。

无论如何,当被告实施了既是自然犯又是法定犯的行为,从而犯下混合犯时,要理解该被告的行为是如何具有不法性的就不会特别困难。亦即,如果某一特定被告的性行为对象,既未达到足够成熟可以对此作出承诺的年龄,又低于法律所规定的可以与之进行性行为的年龄,那么在理解该被告是如何行为不法的问题上,就不会存在困难。同样地,当驾驶员既因酒驾而实际导致自

---

[1] 有关"毒驾"语境下对这一问题的讨论,参见 Andrea Roth: "The Uneasy Case for Marijuana as Chemical Impairment under a Science-Based Jurisprudence of Dangerousness", 103 *California Law Review* (2015)。

身驾驶能力受损,其血液中的酒精含量又超过了法律所规定的标准时,在对该被告是如何行为不法的理解上,也不会出现难题。然而,当只有后一种行为为真,而前一种行为不为真的时候,即在被告的行为只是法定犯,而非同时也是自然犯时,问题就显露出来了。换言之,尽管有些被告犯下了混合犯,但他们的行为并不是相应类型的自然犯。由于此类犯罪都是混合犯,所以这一可能性几乎是不可避免的。对于法律禁止与特定年龄段以下的任何人发生性关系,达夫承认:"我们都知道,此年龄段以下的部分个体,完全具备理性承诺性行为的能力(甚至比该年龄段以上的一些行为人更加具备此种能力)。"此外,针对法律对血液中含特定酒精量的行为人实施驾驶行为的禁止,达夫认为:"众所周知,即便血液中的酒精含量超标,有些行为人也依旧能够安全驾驶(甚至比许多血液中酒精含量低于法定限量的行为人更加能够安全驾驶)。"[1] 例如,假设立法者决定为酒后驾驶设定的血液酒精浓度(BAC)限值对相当一部分驾驶员而言,都不会明显减损其驾驶能力。再进一步假设,某一驾驶员即属于这种群体,即便在其血液酒精浓度超过了法定限制的情况下,他的驾驶能力也不会受损。在此种情形下——即便被告实施的行为只是法定犯,而非同时也是自然犯,他所犯下的也是混合犯——我们如何能够认定该被告实施了道德不法行为,从而使其成为担责主体呢?其他大多数人实施的同一类型的行为是不法的,并不能说明某一特定行为人实施的该项行为也是不法的。

如果不假定我们有遵守此类法律的道德义务,那么当一名男性与一名成熟到可以对此作出承诺的女性,发生了双方自愿的性

---

[1] Antony Duff: "Crime, Prohibition, and Punishment", 19 *Journal of Applied Philosophy* 97, 102 (2002).

行为，即便女方的年龄碰巧低于法律规定的年龄分界线，我们也很难理解男方为何会因此而具有道德不法性。同样，如果驾驶员的行为没有造成重大且不合理的风险，那么他为什么会因在血液酒精浓度超出法定限制的状态下驾驶而具有道德不法性，这也是令人费解的。下面列举一个具有代表性的反对意见。由于在不同的司法管辖区内，承诺性行为的法定年龄，以及酒后驾驶的血液酒精含量限值也确实有所不同；并且即便在同一个司法管辖区内，它们也会随着时间的推移而发生变化。那么这是否意味着，同一个行为，在其中一个管辖区内、相同时间内会具有道德不法性，而在另一个管辖区内、不同时间内却又不具有道德不法性了？道德的内涵怎么会对这些不同的自然犯法律规定如此敏感，尤其是我们不得不承认这些规定"或多或少是人为的时候"？正如我所认为的那样，如果正当的刑罚须以不法行为为要件，那么，为什么一个没有同时犯下自然犯却犯下混合犯的被告应当受到刑罚处罚呢？

　　诚然，实践中存在的问题比比皆是。其中最突出的莫过于认识论的问题。按照本人所举的例子，虽然被告犯下了某种自然犯所对应的混合犯，但实际上我却假定，某一特定性对象也已经足够成熟，能够承诺性行为，或者，特定驾驶员的驾驶能力所受到的损害也不足以使其不能安全驾驶。然而，被告如何才能如此确信其行为符合我的假定呢？另外，第三方又怎能如此肯定这些假定事实是真的呢？对此，我看不出有什么一目了然的普遍理由。当然，被告可能会屈从于其一厢情愿的想法，并在使其行为可以继续的那一种答案上出现认识错误。尽管如此，个体往往比立法者更能理解对其行为产生影响的特定环境。也许我们应该建议谨慎的行为人在面对道德上的不确定性时，遵从立法者的意见。不过不管此建议是否明智，它都开启了一项新的研究，但该项研究并不能对本人提出的难题作出直接回应。我提出的问题是：在尽管行为人违反了混合犯的法律规定，但其行为确实（根据假定）不是自然犯的情况下，行为人是如何行为不法的（姑且不说其具有可谴责性）？

在确信此类行为人确实实施了不法行为方面，达夫从未动摇，尽管他对此所做的原因上的解释已经随着时间的推移而发生了改变。达夫最新的一些观点为不同类型的案件提供了不同的分析，这些观点细致入微且合乎要求。然而，总体而言，达夫不再那么依赖于公民的自大这一概念。这个概念对他早期的一些观点影响非常大。① 现在，达夫与桑德拉·马歇尔一道，更加强调"在共和政体中，公民所具有的共同责任"。② 在分担因共同利益而施加的法律责任时，我们表现出了公民同胞之间的团结。虽然对此充满怀疑，但是我并不敢断言达夫的观点是错误的。尽管行为人犯下法定犯，但其行为究竟为什么具有（道德）不法性？我们应当对与此相关的新论点保持乐于接受的态度。然而，依据当前目的，关键仍在于：如果那些符合本人假定的被告（尽管犯下混合犯，但其行为并不是自然犯）没有实施任何道德不法行为，那么，无论该被告对于其所违反的法规内容是否有充分认识，他们都不应当受到刑罚处罚。"当此类行为人明知其正在违反法律时，他们仍实施了不法行为，并因此符合担责条件"，对于这一观点，我们所持的任何怀疑，在行为人不知其行为违法的情况下，都会变得更加强烈。

---

① 参见 R. A. Duff: *Answering for Crime* (Oxford: Hart, 2007), especially pp. 166-172。

② R. A. Duff and S. E. Marshall: "'Remote Harms' and the Two Harm Principles", in A. P. Simester, Antje Du Bois-Pedain, and Ulfred Neumann, eds.: *Liberal Criminal Theory: Essays for Andreas von Hirsch* (Oxford: Hart, 2014), pp. 205, 222-223.

当然，至少存在部分实施了一项既是自然犯又是法定犯之行为的行为人，没有意识到其行为具有道德不法性。亦即，即使其性行为对象的年龄低于强奸幼女所规定的年龄，这一部分行为人也没有意识到，与一个并未成熟到可以对性行为作出承诺的行为人发生自愿性行为是不法的。或者，即便其血液中的酒精含量高于酒后驾驶所规定的限值，这一部分行为人也没有意识到，在驾驶能力严重受损的状态下开车是不法的。对于此类行为人的可责罚性，我们应该作何认定？我已经给出了自己的答案。被告如果不知道这些行为具有道德不法性，那么他们就不会和明知这些道德事实的行为人具有相同的可责罚性，甚至被告可能完全不具备可责罚性。然而，所幸心智健全、正常、非精神病的成年人不了解这些道德事实只是一种罕见现象。因此，我再次声明，本人的理论几乎不会给现实世界带来任何违反直觉的影响。

如果本人的观点无误，那么在对很多（不是全部）犯罪人如何可能具有可谴责性的理解上，被我形容为混合犯的这一类法定犯并不算是一个特别困难的问题。很多人担心本人的理论在整个法定犯的发展进程中具有颠覆性影响，但是，许多（如果不是大部分）法定犯罪都是混合犯这一结论对消除这种担忧将大有裨益。举一些例子来说明这一点。假设在一个要求人们靠道路右侧行驶的国家内，某一行为人却靠道路左侧行驶。这一犯罪通常都会被列为法定犯的范例。然而，这一犯罪更应当被定义为混合犯。大致上（再一次）与之相对应的自然犯为：在道路的另一侧驾驶，从而危及他人人身和财产安全的不法行为。法律对可以安全驾驶的道路一侧加以规定，从而使此种犯罪带有法定犯成分。当然，某一驾驶员不知道哪一侧的道路是被法律规定为安全的，这也并非无法想象。但是，一个心智健全的成年人，不知道在道路的另一侧驾驶从而危及他人是道德不法的，这是令人难以置信的。对此种混合犯所对应的自然犯的无知实属罕见。

遗憾的是,并非所有的法定犯都符合这一分析。也就是说,并非所有的法定犯都是包含有自然犯内容的混合犯。一项纯粹(不是混合犯)法定犯法规的颁布,如何(是否)能够创设一项本身并不存在的道德义务?必须有一种新的理论,才能够解开这一谜团。为了发展此种理论,本人借鉴了(结合我自己的目的)戴维·伊诺克(David Enoch)近期所阐述的触发性原因论。[1] 我借用伊诺克的例子来说明一个新的非道德事实如何能产生行为的原因。假设我附近的食品杂货店老板提高了牛奶的价格,从而使我有了一个减少牛奶消费的理由。但该杂货商真的凭空创设了一个新的原因吗?对此,更为合理的解释是,该杂货商仅仅是以某种方式操纵了非规范性的情况,从而触发了一个处于潜伏状态的原因;这个原因一直存在,与他的行为无关。我们每个人都具备预先存在的省钱理由。该杂货商通过提高牛奶的价格,触发了这一先前就存在的原因,使我有了一个减少消费的理由。我们在这之前就已经具备了一个附条件的理由,如遇某物价格上涨,我们就减少对它的购买。这一理由的存在并不取决于该杂货商的行为。该杂货商仅仅是通过其改变事实的行为,使得这一附条件的原因转化成实际发生作用的原因。

必须注意的是,该杂货商所改变的事实本身并不必须是规范性的,它才能够发挥触发作用。要发挥该种触发作用,只需这一事实具有规范性意义。如果有部分规范表述对某一事实是否成立很敏感,那么该事实就具有规范意义。省钱,以及在某物价格上

---

[1] David Enoch: "Reason-Giving and the Law", in Leslie Green and Brian Leiter, eds.: *Oxford Studies in Philosophy of Law* (Oxford: Oxford University Press, Vol. 1, 2011), p. 1.

涨时减少对它的购买，我之所以这么做，理由在于谨慎；即便未能根据杂货商的行为改变自己的消费习惯，我也没有犯下任何道德不法行为。但其他对某些事实是否成立十分敏感的规范表述则是道德的。当这些事实触发了此类道德条件时，就会产生此前并不存在的道德义务。比如，思考一下"我作出了承诺"这一事实是如何产生一项义务的。这一问题并非一个关于"是"产生"应当"的疑难实例。相反，我作出承诺这一事实，触发了一个一直存在的，与我所做的一切行为无关的附条件的道德原因，从而产生了一个我需要履行承诺的道德原因。在这个例子中，先前存在的原因为：行为人具有履行承诺的道德义务。我再举一个更为复杂的例子，假设我主动接受某人的好处，而他并没有打算在共同经营的事业中作出馈赠，在这一事实之下，义务是如何产生的？这一事实通过触发先前存在的条件性道德原因，即与公平行事因素相关的原因，产生了回报的道德原因。

后两个附条件的道德原因，即涉及承诺和公平行事的这两个原因，对理解不法行为如何具有道德不法性而言，是尤为关键的。如果我违反了自己承诺过要遵守的法律，或者，如果我在一定环境下从他人对法律的遵守中获得好处，却没有给出回报，那么我就实施了不法行为。至少在此两种情形下，我触发了一个先前存在的附条件的道德原因。本人的核心主张是：除非通过触发先前存在的道德条件，否则任何一项纯粹法定犯的法律规定都无法创设道德义务。这一观点有助于解释那些能够成为法律基础的道德有何意义，并因此说明了行为人如何能够通过违反不包含道德内容的法律规定，而实施道德不法行为。法律的颁布所改变的那些事实，只需在道德上具有重大意义即可。

遵守某项特定法律的道德义务可能源自一个承诺。刑法管辖范围内的若干行为，比如，狩猎以及捕鱼的相关行为，都是需要有许可证才能够实施的。在获得此类许可证时,行为人通常需要对遵守适用的规章制度作出明确承诺。如果此类行为人违反了当中的某一项规章制度,就认定其道德不法在于违反相应规定本身,那么这就过于简单化了。毕竟,违反该项规章制度有可能是法定犯。相反,此类行为人的道德不法性在于他们违背了其所作出的遵守规则或规章的承诺。[1] 接下来,我将针对公平行事义务如何有可能成为守法义务的源头,做一个简单的论述。当我主动地从一个由他人支付的入场费所支撑起来的公共空间获得好处时,我就像一个搭便车的人,在未支付任何费用的情况下享受该空间,我的此种行为是不被允许的。许多社会哲学家以及政治哲学家耗费了大量的精力来争论作出承诺或产生公平行事的义务究竟必须满足什么条件。我无意加入这场争辩。我只想表达,这些条件性的道德准则能够对遵守法定犯的部分义务进行解释。也许其他的一些遵守法律的义务是源自别的一些因素。[2] 没有哪一种单一的解释,可以适用于我们有义务遵守的每一项法律,此外,有一些法律是我们完全没有义务去遵守的。因此,我们可以对遵守大部分法律的道德义务进行解释,而无须设定这样一项普遍的守法义务。

当然,我论述的主题是可谴责性,而非不法性。如果被告犯下了一项纯粹的法定犯,而法定犯的不法性源自诸如承诺义务和公平行事的义务,那么,我们应当如何认定被告的可谴责性?当道德义务通过承诺产生时,几乎所有的不法行为人都会被证明是

---

[1] 如欲了解进一步的观点,参见 Susan Dimock: "Contractarian Criminal Law Theory and *Mala Prohibita* Offences", in R. A. Duff et al., eds.: *Criminalisation: The Political Morality of the Criminal Law* (Oxford: Oxford University Press, 2014), p. 151。

[2] 参见 Margaret Gilbert: *Joint Commitment: How We Make the Social World* (Oxford: Oxford University Press, 2014)。

具有可谴责性的（在不存在类似于胁迫这样的可宽恕事由的情况下）。尽管法律哲学家通常都是在合同法领域而非刑法领域就此类问题展开争论，但是对于行为人在本不打算履行承诺的情况下，是否能够作出履行特定行为的真正承诺，我还是要提出质疑。诚然，依然存在一些棘手的问题。比如，对于格式合同中的许多项条款，合同双方均不知情。这一事实可能表明，遵守这些条款（如果真的存在）的义务，并非源自真正的承诺。此外，行为人很有可能已经遗忘了自己曾经作出的承诺。在这种情况下，他们在实施不法行为时的实践推理可能是没有任何瑕疵的。行为人会因为未能遵守已被其遗忘的承诺而具有可谴责性吗？尽管还有许多悬而未决的问题存在，但履行承诺的义务的确是产生法定犯守法义务的明确基础，当违背法定犯的法律规定时，它能够使不法行为人具有可谴责性。

相对于涉及承诺的类似情形，行为人不知道产生于公平行事的道德义务，这似乎是更容易想象的。关于产生公平行事义务之条件的哲学论述，大都要求行为人主动地接受好处。在这种情形下，无论主动意味着什么，它都会以明知为必要条件。行为人可能实施了"搭便车"行为，却并没有意识到其行为就是"搭便车"，或者浑然不知他人的牺牲所维持起来的共同经营事业的存在。在这种情况下，很难理解行为人是如何因为没有支付对价而具有可谴责性的。如果明知确实是必要条件，那么从其并没有意识到共同经营项目中获益的行为人，要么不具有公平行事的义务；要么，更重要的是，当行为人未能履行任何其可能具有的义务时，他们都是不具有可谴责性的，这一点几乎可以肯定。

我重申有关上述分析的四项免责声明，以期能够化解误导性的反对意见。首先，对先前存在的某一特定附条件道德原因的确切表述可能存在争议。例如，政治哲学家进行了大量的论述，以试图确定行为人在何种情况下具有公平行事的义务。在不加入这场争辩的前提下，我仅仅表明可以找到部分此类情形；在这些情形中，公平行事的义务无疑是存在的。其次，我所阐述的两种触发道德义务的原因，都受到了政治哲学家的广泛批判。然而，这些政治哲学家所持的那些广为人知的反对意见，往往都只是针对那些用此类理论来概括解释法律规范性的尝试。我本人的分析远没有那么雄心勃勃。我并不认为，承诺或者公平行事的义务可以对违反全部甚至大部分法律的不法性做出解释。① 我无意对所有法定犯的道德力量进行统一分析，不同的法律适用不同的解释，还有相当一部分法律完全不存在关于道德的内容。再次，我并非坚决认为只有承诺以及公平行事才有可能产生遵守纯粹法定犯的义务。对于是否存在其他触发性原因会导致实施法定犯的行为具有不法性，我不作判断。最后，我无意采取积极措施确定这些触发性原因的范围。特别是，我无意尝试确定某一特定的义务究竟能否被解释为承诺义务或者公平行事义务。对于最后这一点，其他的学者则不像我一样保持沉默。例如，戴维·伊斯特隆德（David Estlund）声称，公民已经承诺或有义务承诺，当午夜时分行驶于能见度不受阻碍的、荒无人烟的高速公路上时，在该公路上的停止标志前停车。② 我怀疑自己是否真的做出过此种承诺，并且确信自己没有义务这么做。但我无须在此处解决这些争议，我不愿冒险误用自己的理论。我所坚持认为的只有：除非我们作

---

① 例如，参见 Christopher Heath Wellman: "Rights Forfeiture and *Mala Prohibita*", in R. A. Duff et al., eds.: *The Constitution of the Criminal Law* (Oxford: Oxford University Press, 2013), p. 77。

② David Estlund: *Democratic Authority: A Philosophical Framework* (Princeton, NJ: Princeton University Press, (2008), p. 152. 在有关政治性义务的争议中，对沙漠中设置停止标志的争论显得尤为突出。

出了一项承诺，或者是具有公平行事的义务，又或者是出于其他一些能够被发现的先前存在的触发性原因，否则当我们在伊斯特隆德所设想的荒无人烟的高速公路上行驶，却没有在该公路上的停止标志前停车时，我们就没有实施任何道德不法行为。

如果本人得出的结论要在现实世界中运用，那么最后这一点是尤为关键的。假如几乎所有的法定犯都触发了先前存在的道德条件，那么实际上所有的此类法律规定，都会产生一项遵守该法规的义务。但是如果只有很少一部分的此类犯罪触发了该种道德条件，那么这种类型的法律规定所能产生的守法义务就非常之少了。我简单地论述一个观点，以表明某些法定犯不会触发先前存在的道德条件。我将通过一个实例来证明此观点。政客们为了支持或反对某项特定法案，而经常在彼此间讨价还价，或者当某些悲剧发生后，为了迎合公众的同情心而颁布一些法律。基于此类原因通过的法律，会触发先前存在的道德条件，这是令人难以（但并非不可能）置信的。如果刑法理论学家对现实世界中刑事立法的实际政治过程有所关注，那么他们肯定会在更快的时间内，对此类法律是否能够产生遵守义务提出质疑。但这已经是题外话了。无论这一要求得到满足的频率如何，我都坚持认为，遵守某项纯粹法定犯的义务是否存在，取决于该项法律是否触发了一个先前存在的道德条件。

在关于责任的主题中，我绕了相当长的一段弯路。这有助于提醒我们，为什么要在不知法的研究背景下展开法定犯的不法性这一话题。答案是：就一个不知自己具有遵守某项特定法律的所谓道德义务的被告而言，除非我们能够大致确定该种义务是否存在，否则我们无从决定如何评定该被告的可责罚性。在自然犯的情形中，答案非常简单：法律本身就禁止先前存在的，且独立于法律的道德不法行为。然而事实证明，在法定犯的情形中，答案要复杂许多。大多数情况下,被告在违反法定犯的法律规定时,没有实施任何道德不法行为。如果被告没有实施道德不法行为,那么关于可谴责性的问题——实际就是本人理论的基本问题(Q)——就不会出现。但是即便犯下法定犯是具有道德不法性的,也没有任何一种单一的理论可以对为什么具有不法性作出解释。有一些义务是通过承诺而产生的,有一些义务产生于公平行事的义务,还有一些义务的产生是源于被告犯了被规定在混合犯法律规定中的自然犯。上述每一种情形都形成了各自独特的疑难问题,这些难题涉及不知法行为人的责任。

我希望能够证明的是:纯粹的法定犯所带来的难题,比许多评论家所设想的要复杂许多。但在实践中,这些复杂的问题在哪些情形下得以显现呢?就具体的案例而言,我们很难作出评定。再一次回顾"巴特斯比案"。被告不知道自己需要许可证,因为她认为星期五和星期一不是连续工作日。此被告的行为是不法行为吗?可以说,被告违反的是混合犯法律规定,立法机关试图通过规定相应的法定犯来进一步明确相应的自然犯的内容。但能否认为巴特斯比的行为只是单纯的法定犯,而非同时也是自然犯?无论是肯定回答还是否定回答都会存有争议,但几乎可以肯定的是,在连续工作日是否包括周末的问题上,不会存在对道德的争论。这一假设将带来什么结果?如果在这个问题上不存在对道德的争论,而道德不法是定罪的必要条件,对道德不法的明知又是责任和刑罚的必要条件,那么结论很可能就是:"巴特斯比案"的罪行本不应在刑法规制的范围内。如果该项法律本质上是非罪的,那么,无论行为人是在故意还是其他的主观心态下,实施了超出该法律规定限制的行为,他们都不会受到刑罚处罚。此种暗示并不激进。一个国家并非无力管制儿童保育业,但其颁布的大多数法规通常应通过民事制裁而非刑事制裁来执行。任何从违反相关规定的儿童保育员那里受到伤害的人,都有权要求赔偿损失。如果我的想法没有错,那么在我们要对刑罚和责任的正当性进行评估的情况下,本人的理论能够确定哪些问题需要解决,这一点应该是很明确的。这些问题并不总是易于解决的。但是我希望,复杂的问题往往很难解决这一事实不会被看作本人理论所存在的缺陷。

我的结论是,对责任理论而言,法定犯是一个双重问题。首先,很难确定违反法定犯法律规定的行为人,是否实施了道德不法行为;其次,此类行为人是否会因其不法行为而具有可谴责性,这也是难以确定的。当然,必须存在不法行为,以及行为人必须具有可谴责性,这是所有应受刑罚的必要条件。这些必要条件并不因所涉犯罪是法定犯还是自然犯而有所不同,不存在只适用于一种犯罪,而对另一种犯罪不适用的特别规则。最根本的问题不在于这些条件的性质或适用是否应当因所涉犯罪的种类而异。相反,在法定犯的情形中判断这些条件是否得到满足,往往比在自然犯的情形中更为困难,这才是根本问题所在。

D. 疏忽的法律认识错误

显然,上述对大多数不知法被告进行无罪开释的责任理论与那些在行为人仅仅是因疏忽而出现法律认识错误的情况下就追究其刑事责任的理论,二者是互不相容的。处于行为人所处境况中的理性人(有时候用 RPAS 表示)不会犯疏忽的法律认识错误。换言之,根据理性人的客观标准,被告本不应该犯这种认识错误。对疏忽的这一描述,既适用于对事实命题的认识错误,也适用于对法律命题的认识错误。在上述两种情况下,我所构建的理论都排斥疏忽的责任。因疏忽而出现法律认识错误的行为人并不是遵从其自身的意愿才实施了不法行为,而只是根据与其意愿无关的标准实施了该不法行为,因此我所援引的一般刑事责任理论不会追究此类行为人的责任。无可否认,客观主义的理性理论主张疏忽行为属于非理性的范畴——实施的行为与处于行为人所处境况中的理性人会实施的行为相反的行为人,没能遵守所有对其适用的客观理性。尽管如此,我认为,任何行为人都不会因未能对其并未意识到的理性做出回应而需要承担责任;并且,如果仅仅是因为处于行为人所处境况中的理性人,会知道该理性并因此会对其做出回应,那么,这一不可否认的事实——行为人不承担责任——不会发生任何改变。

相当一部分的刑法理论家对于疏忽而导致事实认识错误的行为人应受刑罚处罚这一观点持怀疑态度,此种怀疑态度建立在若干理由之上,其中大部分理由至少能够以同样的力度适用于疏忽导致的法律认识错误上。众所周知的是,很难明确假定理性人的确信会具有何种内容——一个客观标准,用于区分部分评论家所认可的疏忽和几乎受到普遍谴责的严格责任。[1] 理性人的确信不能与被告本人的确信相同,否则被告和理性人将处于同等的无知状态。理性人的确信也不能等同于无所不知者的确信,如果是这样,那么理性人在任何事情上都不会产生认识错误。在这两个极端之间,我们应该将理性人的确信定位在何处?据我所知,在被告犯法律认识错误的情况下,没有任何一位评论家处理过上述问题,但在被告犯事实认识错误之时,彼得·韦斯特针对该问题提出了一项有效的解决方案。[2] 韦斯特认为,处于行为人所处境况

---

[1] 例如,参见 Larry Alexander and Kimberly Kessler Ferzan with Stephen Morse: *Crime and Culpability* (Cambridge: Cambridge University Press, 2009), esp. pp. 70-85。

[2] 参见 Peter Westen: "Individualizing the Reasonable Person in Criminal Law", 2 *Criminal Law and Philosophy* 137 (2008)。

中的理性人具有特定被告所具有的全部生理和心理特征，但有一个重要例外：理性人对他人有适当程度的关心及尊重。因此，处于行为人所处境况中的理性人可能是个盲人，甚至有可能是一名瘾君子，但他绝不可能是一个对他人心怀恶意或是漠不关心的人。尽管韦斯特本人并未用该种方式表达这一点，但是我将其观点理解为：处于行为人所处境况中的理性人正是该特定被告本人，唯一不同之处只是在于该理性人的意志品质不存在缺陷罢了。在法律认识错误的情形中，这一有效的解决方案能否同样适用？似乎不能。一个意志品质没有缺陷的人，几乎不可能会在其所违反的构成法律基础的道德上犯认识错误。因此，韦斯特的方案意味着，处于行为人所处境况中的理性人，几乎不会犯具有无罪化意义的法律认识错误——除非该法律本不具有道德基础。恐怕我无法对韦斯特的解决方案做出任何改进。无论如何，为了实现当前的目的，我假定：正如我们能够很容易地（或者艰难地）决定处于行为人所处境况中的理性人是否会了解到某一特定的事实命题，我们也可以在某种程度上一样简单地（或者艰难地）决定，处于行为人所处境况中的理性人是否会了解到某一特定的法律命题（或其背后的道德基础命题）。而处于行为人所处境况中的理性人犯道德认识错误的概率，必然还会是一个悬而未决的问题。

我不支持对疏忽导致法律认识错误的不法行为人施加刑罚，这似乎代表着我再一次严重地背离了现状。即便是在事实认识错误的领域，人类已知的每一项刑事司法制度也至少会间接地追究疏忽的责任。那些不赞成让疏忽导致法律认识错误或事实认识错误的不法行为人承担责任的学者，应当向我们提供一个解释，解释为什么法律制度以及一般的道德判断会在这一问题上出现分歧。① 根据本人理论所得出的结论与制定法所得出的结论之间，真的存在如此巨大的差异吗？或许并非如此。就像在本书的其他部分一样，本人的理论在这一部分的适用，可能并不会像表面上看起来那么激进。回顾前文，当被告对其行为之不法性具有潜意识的确信时，我支持让其承担刑事责任。如果在行为人对事实持有轻率的主观心态的情况下，只需他具备潜意识的确信就能够使其承担责任，那么当行为人对其行为的道德地位具有轻率的主观心态时，此种潜意识的确信也同样足以让其承担责任。因被告在实施犯罪行为那一刻，未能注意到"Φ是不法行为"这一命题，而免除其刑罚，这将是令人难以置信的。因此，我会把许多被其他法律哲学家概念化为疏忽的案件归类为轻率。依照我在这两个（所谓的）罪责状态之间划定界限的方式，符合担责条件的被告人数之多，将超出我们的预期。因此，对那些赞成我以相同方式对待不知事实的被告和不知法的被告这一提议的学者而言，在对确实因疏忽而出现法律认识错误的行为人的责任追究上，我所持的不赞成态度，只是稍微令人有些不安罢了。

但是当被告对其行为之不法性甚至不具有意向性的确信时，我们真的应该如此急于放弃让其为因疏忽而出现的法律认识错误承担责任吗？再一次，或许并非如此。有一点是非常清楚的：如果在事实领域或在法律领域内，疏忽的刑事责任应当得到认同，那么有别于以轻率、明知或者蓄意等主观心理状态为基础的刑事责任理论，对于此种认同的论证必须建立在完全不同的理论基础

---

① 拉里·亚历山大表达了对缺乏此种解释的担忧，参见 Larry Alexander: "Hart and Punishment for Negligence", in C. G. Pulman, ed.: *Hart on Responsibility* (New York: Palgrave Macmillan, 2014), pp. 195, 204。

之上。在后者的每一个实例中，从不法行为人自身的角度出发，他们都应当承担某种程度上的责任。显然，对于疏忽的行为人，我们不能下此定论。由于我的理性回应论不能够证明疏忽责任的成立是合理的，因此能否对本人的理论进行一些补正，以找到某些新的理由让不法行为人承担责任？对此，我只能给出一个简略的回答，那就是我也不能确定。不过，我能够确定的是：仅仅因为疏忽的责任与我目前为止所捍卫的责任理论不相容，就将其予以排除，这未免过于草率。或许对责任而言，意志软弱是充分条件，但却不是必要条件。毕竟，任何一种单一的理论，都不可能解释清楚所有的免责事由。① 那么，为什么我们要盲目地假设存在一种单一的可罚性理论——行为人承担责任的基础呢？如同在道德和法律哲学的其他问题上，我们应当保持开放态度，在看待此处的问题时，我们也应当对责任的多元解释以及免责条件持相同的开放态度。

因此，如果要追究疏忽的责任，那么就需要一个新的责任基础。② 或许，要对因疏忽而出现法律认识错误的行为人扩大刑罚处罚的范围，最有效的措施莫过于尝试用无须行为人意识到不法行为的意志品质理论，来为责任的理性回应论提供补充——虽然我对意志品质理论持批判态度。将这些理论结合在一起可能会得出一个方案，根据此方案，当不法行为人对理性的回应不足时（通过明知其行为不法的方式，或是有意识地忽视其正在实施不法行为的风险的方式），他便具有最大限度的可谴责性。而当根据外部的评价标准，不法行为人的意志品质应被反对时，他具有

---

① 参见 Jeremy Horder: *Excusing Crime* (Oxford: Oxford University Press, 2004)。
② 有关疏忽的理论不断更新，比如参见 George Sher: *Who Knew?: Responsibility without Awareness* (Oxford: Oxford University Press, 2009); and Joseph Raz: *From Normativity to Responsibility* (Oxford: Oxford University Press, 2011), Part Three。

较小程度的可谴责性。任何以上述方式（实际上是以任何方式）将这些责任理论结合在一起的提议，都具有极大的风险。但是，如果要证明对那些心烦意乱的、健忘的或者匆忙行事的行为人实施刑罚处罚是合理的——此类特征可以解释为什么心智健全的成年人容易出现不合理的法律认识错误或事实认识错误，那么我们就需要这样一种理论。[1] 我之所以提及这一点，只是为了说明一个可能的理论依据，依照该理论依据，因疏忽而出现的法律认识错误的责任是能够成立的。

显然，我也不愿得出这样一个模棱两可的结论。不过，无论我们最终会对疏忽作出何种裁决，本人理论的主体部分都是具有可行性的。对于因疏忽而产生法律认识错误的不法行为人应当作何认定，我们仍然无法给出结论，这在我们对如何处理因疏忽而出现事实认识错误的不法行为人有更多信心之前，是不足为奇的。我希望，用于解决事实认识错误问题的方案，在法律认识错误的问题上也同样适用。令人遗憾的是，尚不存在一种决定性的观点，可以为对犯不合理的事实认识错误的犯罪人施以刑罚这一做法辩护。如同在被告不合理地不知事实的时候一样，当被告不合理地不知法时，任何追究其责任的理论基础，都必将是尝试性和不确定的。

结　语

在这一章中，我论述了我在第三（B）章中介绍的不知法之

---

[1] 有关对疏忽进行刑罚处罚的各种依据的区分，参见 Michael S. Moore and Heidi M. Hurd：" Punishing the Awkward, the Stupid, the Weak, and the Selfish: The Culpability of Negligence", 52 *Criminal Law and Philosophy* 147 (2011)。

一般理论的一些改进、限定和复杂性。在 A 部分，我试图对被告必须明知什么，才会对其罪行承担完全责任这一问题，予以明确答复。我认为，只需被告对其行为之不法性具有潜意识的、意向性的确信，他就具有完全的可谴责性，确定的确信可能并非必要条件。此外，尽管就误信其犯罪行为具有正当化事由的被告而言，不对其追究责任可能是有违直觉的，但仅仅是被告意识到自己有某种程度的原因不去实施 Φ 这一事实，对责任追究所需的条件而言几乎肯定是不够的。只要被告知道其行为是不法的，他就需承担完全责任，无须被告能够描述其所具有的该种确信所依赖的道德基础。

在 B 部分，我就本人的一般理论可能存在的例外情况进行了论述。如果 B 对于其行为违反 L 这一事实是故意无知的，那么他就应当和明知自己的行为是犯罪的 A 一样，被视为具有同等程度的可责罚性。对于另外两种可能的例外情况——B 的行为属于我称之为法律漏洞的情形，以及 B 的行为属于非因无知而实施不知法行为的情形，我则不敢笃定。在缺乏充分的理由得出结论的情况下，或许我们应该退回到默认的"对称性"立场，即允许不知法理论和不知事实理论在前述难题上相一致。

在 C 部分，我对一些与法定犯紧密相关的棘手问题进行了研究。对于不知法不免责在此类法律规定上的适用，评论者通常都持最为强烈的批判态度。就此类法律规定而言，更为复杂的问题在于不法性；如果不具有不法性，可谴责性问题就不会出现。在这一背景下，要区分不法性和可谴责性是非常困难的。无论如何，对大部分法定犯的法律规定的违反都是不法的——理由就在于我曾尝试阐述的若干原因。然而，如果对某项特定法定犯法律规定的违反不具有不法性，那么即便是那些确信自己违反了法律的被告，也不应当承担刑事责任。

在 D 部分，我转向对疏忽的法律认识错误的论述，一种处于行为人所处境况中的理性人不会犯的认识错误。我提出的刑事责任理论是从理性回应角度出发的，其排斥追究因疏忽而出现不知法的被告的责任。即便处于行为人所处境况中的理性人会知道该理性，但一个理智健全的人也不会因为未能受该种理性（他并不相信自己具有的理性）引导而具有可谴责性。如果应当追究疏忽的法律认识错误的责任，那么追责依据必须不同于我在其他问题上所援引的理论基础。尽管认真考虑了该种可能性，但是我对此仍持不可知论。在确定行为人是否对其因疏忽而出现的事实认识错误负有责任之前，我们在行为人是否对其因疏忽而出现的法律认识错误负有责任这一问题上，应当保持开放和怀疑态度。

五、不知法在实践中的定性情况分析

迄今为止，我几乎将全部的精力都倾注在理想刑事理论的研究上。"对行为违法但却对所违反的法律一无所知的人，法院应当如何评价"，我所从事的这项研究旨在捍卫对基本问题（Q）的初步回答，即对于知其行为非法但不知其所违反的法律的人，法律应当如何评价？在第一章提出的数个假设背景下，并在借鉴第二章的成文法和学术评述之后，我在第三章中通过一种或多种以道德责任为基础的理论，继续阐述对不知法者免责的重要性。第四章介绍了许多我所倾向的重要且复杂的限定性条件和本人理论的例外情形。我从道德的角度为我的结论提供支持，该角度旨在确保刑罚的实施要符合我所认为的可责备性和该当性的最佳道德观念。现在我将转向现实世界中更直接相关的实际问题。首先，我将对我的理论应如何应用到实定法中进行研究；其次，我猜想我的理论如果运用于实践将会产生什么样的结果。对这两个问题的反思表明，对理想理论的妥协或折中处理是必要的。依据我对刑法应当推定符合道德的方法论假设，我认为我们应该对理想理论的妥协有所遗憾，同时应尽最大努力去避免它们。尽管如此，适当妥协让步肯定是必要的。

我无法详细描述我的理论被调整后可能呈现的每种方式。因为一旦对其做出了妥协，我们几乎要对其各个方面都做出让步。对我的理论中的一些最负面的反应，可以通过多次修正来缓和。

根据我个人更支持的理性回应理论,道德性的不知的被告更应完全出罪。对理想理论作出的明显让步应是减少刑罚,而非完全免除刑罚。对于行为 Φ,虽然 B 承担的刑罚低于 A,但若两个人都有责任,那么二人都会受到一定程度的惩罚。尽管这一立场与我所支持的特定责任理论不一致,但也不能说缺乏合理的理由。毕竟,意志品质理论中的某些观点也有可能会支持这一结论。如果我对理性回应理论的认识存在误解,那么国家就可以采用一种更容易为公众和许多道德哲学家所接受的量刑体系。

实际上,我不打算详细讨论为什么同样是在违反法律 L 的情况下,B 会比 A 受到更轻的惩罚。相反,我要提出一些更普遍的问题:我们的刑事司法系统如何才能真正认可对不知法的被告出罪?这个答案是否直接来源于我们基于何种考量来定义何为不知法?对于我的主张:出罪是因不知法律背后的道德,而非不知法本身,司法实践应当作何回应?这些问题是 A 部分的主要问题。鉴于我主张对称评价不知法和不知事实两种情况,所以当行为人发生任一认识错误时,我们都有足够的先例来说明刑法如何为其出罪。我阐释了如何将适用于事实认识错误的模式适用于法律认识错误。尽管我最终赞成选择对称处理每一种认识错误,但我也无法果断拒绝一种稍微偏离本人理论的替代路径。根据后一种可能,以不知法抗辩的被告不得通过否认犯罪意图来逃避责任——这与以不知事实抗辩的被告不同。相反,他们会以一个与所控罪行无关的法定可宽恕事由寻求出罪。在 B 部分,我认为,在本书中我所坚持的原则性考虑可能会因结果主义的原因而有所让步。我描述了我的理论在实践中可能产生的利与弊。对不知法的被告承认某种程度的出罪这一建议必然会引起无意的误解和蓄意的歪曲,因此,我的理论可能并未发挥其价值,这无疑会导致问题更加复杂化和混乱。同样重要的是,任何理论都不应该让我们的刑事司法体系失信于公众。无论我的理论在原则上如何站得住脚，但如果将其适用于实践会出现可怕的后果，那么我的理论就不应该被现行法采纳。

A. 理论实施与实际情况

我提出的不知法理论如何能在刑事司法实践中得以落实呢？这一问题的答案是：需要一种手段将我的观点理论纳入现行法。而只有克服了两个巨大的困难，立法技巧才能解决这一问题，但第一个困难似乎就难以解决。从表面上看，我所支持的理论根本不是不知法的理论。相反，我支持的理论是关于不知道德是否无罪的理论。更准确地说，这一理论认为当对构成法律基础的道德（如果有）不知时可以出罪。我是否将自己逼入了另一个问题中？后一个理论如何可能被纳入现行法体系中？相比之下，第二个困难似乎易于解决。相对于 A，我的理论为 B 提供了一定程度的出罪，但因此而出罪的出罪类型一直是不明确的。在这一点上，我通常回避这件事，一般只提及出罪但并未进一步阐述。我认为，如果 B 一点也不知道其行为是错误的，那么他就应该被完全无罪释放。但这个结果应该如何实现呢？刑法典又应如何处理那些不顾自己是否违法（轻率），并因此对他的不法行为 Φ 应当承受一定程度刑罚（尽管这样的刑罚低于对 A 的处罚）的被告呢？对这两个问题中的任何一个或全部做出的回答，也可能涉及妥协，也即，在缺乏一些调整的情况下，我的理论在实践中难以实施。但是，我们应该努力尝试找到解决问题的原则。

如果需要做出相当多的妥协，这不足为奇。就像现实生活中的任何制度一样，刑法业已包含无数这样的妥协。例如，影响刑罚轻重的一些因素，一般来说应该是"纯量的"，即可以直接根据数量的大小来判定刑罚的轻重,但刑法本身却将其视作"二元"的。① 对此可以给出很多例证。例如,如果被告拥有 29 克可卡因,则可以认为其明显比拥有 27 克可卡因的被告更值得被罚。不过,虽然 29 克和 27 克之间的差额与 25 克及 23 克之间的差额相同,但后者在量刑上为什么却没有此差异呢?我能确定的是,对这一问题的回答反映了对实用性的需求。因为只有历史学家才喜欢去研究"一盎司包含二十八克"。对民众和司法人员而言,易理解与执行的量刑区分标准和不知法可行性立场,才是他们所需要的。

如果要在现实世界中应用刑事责任理论,显然就需要有隐藏数量之间差异的明确界限分类。我曾认为当不法行为人轻率行事时,也就是当他们怀疑自己的行为可能不法,但确信程度达不到明知状态时,他们应该受到一定程度的刑罚。显然,怀疑是有程度之分的。理想情况下,那些更相信自己的行为可能具有不法性的行为人,应该比那些较低程度怀疑自己的行为具有不法性(但仍超过风险构成实质危害的临界值)的人,更应被判处严厉的刑罚。然而,这就需要对"怀疑"有非常细致的程度划分,但是这可能超出人的能力了。因此,在现实世界的刑事司法体系中实施报应主义、该当性的模式需要从理想形态中做一些折中处理或妥协。一些评论家认为,这些妥协是如此普遍,以至于注定了刑事司法体系不可能以报应主义、该当性模式为基础。② 然而,众所周知,批判一个规范的刑罚理论要比捍卫一个详细的替代路径容

---

① 许多法哲学家都注意到了这一现象。相关例子参见 Leo Katz: *Why the Law Is So Perverse* (Chicago: University of Chicago Press, 2011), part II。

② 在报应主义中,这种疑难问题是不少理论家反复提及的主题,包括 Adam J. Kolber: "The Subjective Experience of Punishment", 109 *Columbia Law Review* 182 (2009)。

易得多。在我们让步之前，我们应该尽力维护与完善植根于该当性的刑法和刑罚模式。

首先从我提及的第一个困难着手。为什么法律要对被告应得的刑罚产生影响？为了让这个问题不那么棘手，有必要再次思考一下，为什么是不知道德而不是不知法起到了出罪的作用。法哲学家寻求一个道德理由来惩罚违法者。我认为，如果要为刑罚提供充分的理由，那么一定是被告实施了道德不法行为，因为理想化的理论禁止人们在道德允许的情况下受到惩罚。幸运的是，英美法典中的大多数刑法也确实禁止道德上的错误。尽管任何一个特定的判例都注定会引起争议，并且取决于我们怎样评价法定犯的相关问题——这是我在第四（C）章中提到的话题，但令人遗憾的是，仍有许多法律针对的并不是道德不法行为。我们应该支持而不是反对这样一种理论，即将道德上合理的惩罚限制在产生道德不法的人身上。正如我在本书第二（D）章中提到的，法定解释的一个主要目标是保护无辜，在这种情况下，无辜主要是指道德上的无辜而不是法律上的无辜。事实上，当前的现状是，无论被违反的法律针对的是不是道德不法行为，所有违法者都应受到惩罚，因此，仅惩罚道德领域的违法者这一理论必定会与现状相悖。但如果现状存在错误，又应如何在现实世界中加以纠正呢？

我提出的这一问题，似乎并不仅仅存在于我所构建的特有理论中。众所周知，许多关于刑法和刑罚的论述，都必须克服类似的障碍。例如，各种法道德主义将报应性司法解释为只允许（甚至要求）惩罚有罪责的违法者。这些理论之所以被视作法道德主义的观点，是因为其以道德的视角解释了可责的不法行为。我们可以先规定，除非法律预先禁止了可责的不法行为，否则不应施加惩罚，然后借此规定来沿用这些理论所含的法律要素。但为什么要采用这一规定呢？除非这一规定有独立的动机，否则就会让人质疑。合法性在我的不知法理论中发挥的作用,远比在法道德主义中重要。在许多其他理论也容易遭受反对时,过度反对某种特殊理论并不公平。无论如何,合法性要求的独立动机是必要的,而该动机体现在何处尚不明显。可以毫不夸张地说,刑法理论中尚未对合法性原则提供更进一步的论证。①

尽管我极力主张法哲学家们要注意到,很少有刑法和刑罚理论能免受这一忧虑的影响,但我并不想因此而贬低其所产生的重大影响。这似乎给我的理论实施创造了一个巨大的阻碍,因此在认可上也存在巨大障碍。这个问题可以这样表述:如果道德在所有入罪和出罪中都起到了作用,那么法律还能发挥什么作用呢?更直白地说,我们为什么还要关心法律?②当道德上允许犯罪行为时,反对惩罚是一回事。而不管法律是否事先禁止了不允许的行为,允许惩罚却又是另一回事。当被告知道他的行为是错误的,但是国家没有立法禁止该行为时,这个问题就变得尤为尖锐。一方面,为什么罪刑法定原则会阻碍这个不法行为人得到他应有的惩罚?另一方面,否认"罪刑法定原则对惩罚的重要性"就像颗巨大的子弹,该主张将违背几个世纪以来的思想,而事实上,该思想又是刑法学家们无法撼动的。我们不应草率放弃"法无明文规定不为罪"的原则。我对这个问题的初步解决方案将表明,罪刑法定原则对司法实践的影响远没有最初的表象显示得那么巨大。

---

① 最佳研究尝试,参见 Peter Westen: "Two Rules of Legality in Criminal Law", 26 *Law and Philosophy* 229 (2007); 同样参见 Michael Moore: *Act and Crime* (Oxford: Clarendon Press, 1993), pp. 243ff。

② 回顾我在第二 (D) 章中所讨论的,除了该当性外,合法性和法律公布也发挥着重要的规范作用,即施加惩罚是不公平的,因为其没有给予人们合法行为的机会来规避惩罚。

我大胆地做出以下猜测，在一个人人都认同道德内容的理想领域是无须合法性原则的，对实施了道德不法行为的人施加惩罚在道德上是合理的，立法机关没有必要预先禁止这些不法行为。或许理想中神圣的正义满足了这一要求。神学家们是否坚持认为上帝必须放弃对罪人的严惩，除非他事先明确禁止了他们的违法行为？聪明的罪人真的能通过在神的命令中找到漏洞从而逃脱他们的应得惩罚吗？[①] 无论如何，现实生活中的正义必然有所不同。我所主张的"刑法应该符合道德"只是一种假定，同时关于罪刑法定这个原则的规范性案例，足以令人信服这一主张在实际生活中是存在偏差的。在我们生活的这个国家，我们有充分的理由利用道德的替代物，而这个替代物就是制定法。我们可能需要另起一章才能详细说明为什么刑事司法中诉诸现行法会比直接诉诸道德好。[②] 因此在此我仅作粗略解释。

采用立法的主要（但并非唯一）原因是，外行人和法律官员一样，对我们的道德义务的内容仍不确定，并存在分歧。同时需要一种权威手段使国家机器在这种道德分歧难以避免时能够持续发挥作用。[③] 无论是守法公民还是违法公民，都会因盲目信任其自身道德的评价标准，而使社会秩序发生混乱。国家是通过制定法而不是通过道德来确定谁应承担责任、受到惩罚，因为如果直接诉诸规范的相关因素——道德本身，会造成太大的分歧和不确定性。即使所有的道德争议都有一个"正确的答案"，我们也不

[①] 针对那些试图在安息日躲避工作的钻法律漏洞者的论述，参见 Leo Katz: *Why the Law Is So Perverse* (Chicago: University of Chicago Press, 2011), part II。

[②] 参见 Frederick Schauer: *The Force of Law* (Cambridge, MA: Harvard University Press, 2015)。

[③] 有人可能会称之为法律的调解功能。参见 Larry Alexander and Emily Sherman: *The Rule of Rules: Morality, Rules, and the Dilemmas of Law* (Durham, NC: Duke University Press, 2001)。

能期望所有人都会同意这个答案。由于我们缺乏一种机制来解决道德不法的权威表述,故法律是我们接下来的最佳选择。即使我们在什么是允许或什么是禁止的问题上,达成了普遍的一致意见,但经验丰富的哲学家仍会就细节问题展开辩论——何处最需要法律。当然,正如每一位法律理论家所能证明的那样,现行法本身远没有我们所希望的那么确定,但我们不难想象,如果一个刑事司法体系授权政府官员在不诉诸法律的情况下执行道德规则,那么随之而来的必将是无尽的混乱。①

一些哲学家提出类似的考虑认为,在一个基本公正的民主国家,无论民众何时违反法律,至少都会具备一定程度的道德不法性。② 我理解这些哲学家的考虑,他们认为违反法律的行为本身就是违背道德的。③ 对此,我持不同的立场,尽管其实际意义是相似的。想象一下,一个被告虽然没有实施道德不法行为,却因触犯法律而受到惩罚。我否认国家在道德上有理由惩罚他。然而,在某些场合,即使行为人违反的法律并非针对道德不法行为,国家也只能将行为人的行为视作道德不法。如果是这样,对他的惩罚就应被视为是无法避免的不公正。尽管如此,但无法避免的不公正仍然是不公正,当施加刑罚时,就受到了不公正的对待。我们应将行为人的这一遭遇视为遗憾,并以此激励自己将我们的法律体系完善得更好。有时,尽管刑事司法官员尽了最大努力确保我们法律程序的公平和正确,但一些行为人还是遭到了错

---

① 许多哲学家业已撰写了大量关于民主法律体系应如何回应分歧必然性的文章。参见 John Rawls: *Political Liberalism* (New York: Columbia University Press, 1993), esp. pp. 54-58。

② 参见 Stephen P. Garvey: "Was Ellen Wronged?", 7 *Criminal Law and Philosophy* 185 (2013)。

③ 参见 Philip Soper: *The Ethics of Deference: Learning from Law's Morals* (Cambridge: Cambridge University Press, 2002)。

误定罪，而那些在道德层面上无辜的被告与这些被错误定罪的人没什么两样，对其的惩罚我们同样应持否定的态度。但我认为错误定罪无法完全根除，即使这不是滥用权力导致的。对这些不幸者定罪是我们必须为这样一种制度付出的代价，这种制度与根本没有制度或完全不涉及罪刑法定原则的制度相比，能带来极大利益。如果我们能够查明那些违反了法律但没有产生道德不法的人，那么我们就有充分的理由使他们无罪或者释放。采用法律而非道德的极大的功利主义优势，并不能真正为惩罚他们提供道德上的正当理由。基于结果主义原因而采用的替代路径，不应与事情的本质相混淆。

我的立场的实际意义可能与以下这种观点没有什么区别：真正为出罪发挥作用的是不知法，而不是不知道德。当司法机关告知行为人，他们有权推定行为人的行为违法，而对其施加惩罚，即使从理想学说的角度看该观点并不合理，那么该被告必定会表达强烈不满。在其他情况下可能也会听到类似的申诉，例如适用推定同意原则的场合，如维克多（Victor），他在车祸中失去意识，医生对他提供了医疗救助。之后他收到需支付的救助服务账单时，他可能会表示反对（如果他足够忘恩负义），不同意支付，因为他完全可以声称自己没有同意，并且也不会同意接受医疗帮助。维克多的说法看似合理，但尽管如此，他还是应该付钱。因为即使他当时没有明确表示同意救助，医生也可以在当时的情况下推定其是愿意接受救助的，我在此处采取的立场是相似的。被告可能会在他受到惩罚时提出反对，因为他没有做错什么却受到了惩罚。但我认为，国家别无他法，即使行为人本不应受到惩罚，也只能推定行为人应受到惩罚。也许少数被告会在我的立场上寻求慰藉。在信息表述上，被告宁愿被告知国家别无选择，也不想被告知他实际上应该受到惩罚。

回到相反的情形，也即在第四（A）章中，我将其描述为钻法律漏洞的情形。为什么要在法律上设置合法性标准，以此造成难以惩罚那些故意实施违反道德但不违反法律的行为人？我们可能会坚持认为国家此时应当禁止起诉，但是这个答案，没有作进一步的解释，仅仅是一个缺乏论据的结论。与上述情况不同，我认为在这种情况下受到惩罚的被告，不会受到不公正待遇。如果国家应该放弃惩罚，需考虑的不仅仅是该当性问题。就我而言，国家放弃惩罚的最合理的原因还是出于对社会现实情况的考虑，从而缺乏对此类人定罪的自信。在"法律漏洞"的情形中，任何查明有无罪过的诉讼程序都必然会引发社会动荡。同样，对那些应受到惩罚的人宣告无罪，相对于完全没有制度或完全不合法的制度，这是我们必须为一个带来极大利益的制度所付出的代价。在被告故意实施不受法律禁止的不法行为的情况中，刑罚不能被施加，对此，应该将其看作是对本人不知法出罪理论需要做出的妥协，这是为了实现独立于正义和该当性之外的重要的社会目标。

合法性同样也很重要，因为我在第一（B）章中提到了一个有争议的观点：当人们实施的是私人不法行为而不是公众不法行为时，法律应该符合道德的推定变得不适用（或总是被推翻）。正如我所解释的那样，公共不法行为不仅关系到受害的个人，也关系到整个社会。回想一下，对于"哪些行为可以算作私人不法行为"这一问题，我并没有提供明确的答案。如果法哲学家都不能确定某一特定的不法是私人不法而不是公共不法，那么国家民众和政府官员所面临的类似困难就会更为尖锐。为了解决这种不确定性，我们需要一个政治过程，通过这个过程公众利益可以得到权威界定。当然，这种机制就是立法者在民主政体下制定的现行法。在缺少相应法规的情况下，即使我们可以确定某种行为是不法行为，也很难确定所讨论的行为是否属于公共不法。因此，从实际目的出发，法律的确承担着所有定罪和出罪的工作。我将在下文中将我所探讨的出罪因素称作"不知法"而不是"不知法律背后的道德"。我们现有的逮捕、起诉、定罪和刑罚除了诉诸法律而非道德外，别无他法。但是，我们不应将我们出于解决实践问题所采取的结论与那些反映出决定谁应受到惩罚的基本道德依据等同起来，出罪的真正规范基础是对法律内在的道德的不知，并不是对法律本身的不知。

我的理论在现实生活中得以实施之前，必须面对第二个问题：我们必须决定不知法是什么类型的出罪事由，以及应该如何对其进行立法。虽然这个问题看起来可能不像第一个问题那么难以应对，但我认为这个问题实则非常困难。除《模范刑法典》之外，制定法对解决这一问题帮助不大。正如我在第二（D）章中详细解释的那样，《美国法典》目前没有实施任何单一的解决方案，而其中有一部分法规要求被告在承担责任之前知道自己正在犯罪。为什么是部分法规而不是全部法规呢？我也无法解释为什么是这些法律而不是其他法律允许不知法的被告免予承担责任。法律的复杂性等因素解释了为什么对某些违法行为的认识错误比其他违法行为的认识错误更为常见，但是未能深入解释为什么某个被告仅仅因为犯了其他人不会犯的认识错误就被认为是应受谴责且应受到惩罚的。不管如何解释，那些被指控违法但又不知法的被告都会为了出罪，要么否认犯罪意图，要么提出真正的抗辩事由，而这两者实际上是很难进行区分的。法院已经扩大了这些法规的数量，以此保护那些声称在道德上无罪的人，尽管很难确定他们究竟是因为没有实施任何不法行为而被认为是无辜的，还是因为他们对自己所犯的不法行为没有责任。正如我列举的例子所证明的那样，不管怎样，《美国法典》就是这些法规的拼接和混合。显然，我更倾向于采用一种普适性的方法，来允许所有的不知法的被告免予罪责。我们应该通过创造一个真正的抗辩事由来让其出罪，还是通过允许他们否认犯罪意图来做到这一点呢？

理想的解决方法是以与事实认识错误完全相同的方式，对法律认识错误的出罪机能加以立法规定。正如我们所看到的，《模范刑法典》一直将不知事实视为否定犯罪意图。其他法哲学家都应该认同这一点，并且不应该在我所提出的这一点上更加冒进。将犯罪意图纳入刑事法规有着悠久的历史，据我所知，没有哪一位在世的评论家认为应将犯罪意图作为核心罪行的一部分予以删除。因此，如果我们要保持事实认识错误和法律认识错误处理之间所推定的对称性，法律认识错误就必须被概念化为否定犯罪意图，而不是真正的抗辩事由。每一项罪行都可以重新起草，以包含一个要求意识到不法行为的犯罪意图条款。例如，谋杀不再（大致）定义为"故意杀害另一个人"，而是将其重新定义为"明知杀害另一个人是错误的，却仍故意杀害另一个人"。同样地，可以重新起草法规，确保当被告轻率行事时，也就是说，当他有意识地忽视其行为可能存在不法的重大且不合理的风险时，他的刑罚相对较轻。反过来，非预谋杀人不再被（粗略地）定义为"轻率地杀害另一个人"，而是将其重新定义为"在已经意识到杀人极有可能是不法行为的情况下，依然轻率地杀害另一个人"。如果遵循这一策略，那么所有刑事法规都将允许不知法或轻率的被告通过否认犯罪意图来避免或减轻相关罪行的责任。对事实的不知和对法律的不知将得到同样处理。

显然，实践中，按照上文所描述的理想状况来规定犯罪必然不具有可操作性，也容易遭到各方的抨击。然而，这种担忧是可以克服的。立法者可以简单地借用《模范刑法典》在处理事实认识错误时所用的方法，来解决这一问题。其第 2.02（1）条规定，即使某一法规没有表明这一需要，（几乎所有）刑事法规的每一实质性要件，也都需要受到罪责要件的约束。这项规定的实行避免了烦琐的语言，并节省了大量的立法条文。即使法条没有明确说明，各州也可以修改对犯罪意图的定义，以便所有刑事犯罪都可以了解行为的不法性。正如我在第三（C）章中初步建议的那样，我们还可以另起一款，规定轻率状态下的不法行为可将犯罪等级降低一半。因此，诸如谋杀和非预谋杀人等现有法规的字面条文可以保持完整，但作为承担责任的前提条件，其隐含地要求行为人需要对行为的不法性有所了解，而不知法的被告则会通过否认犯罪意图免受惩罚。

除了对称性的其他优点外，允许不知法起到否定犯罪意图的作用，在另外一个维度上也将大有裨益：我们将彻底避免纠结这两种错误之间难以捉摸的区别。我们无须将给定的认识错误区分为事实认识错误或者是法律认识错误。我们所要确定的是被告是否犯了实质性的认识错误，也就是说，这个错误是否足以否定他的罪责。因此，实定法将运用同样的理论，为产生任何一种认识错误的人出罪。尽管我在第二（C）章中认为，将这两种认识错误进行对比的困难往往被夸大了，但将这两种认识错误对称处理的优势不应被忽视。

不过，我的理论可能会以一种不同的方式编入法典。这种方式不会将不知法概念化为否定犯罪意图，而是要求制定一项或多项新法规，规定两级罪责（可能有三级或四级罪责，如果罪责状态中包括蓄意和/或疏忽）。该方案则是以《美国法典》第18章第1902条的规定为示例。正如我在第二（D）章中所述，该法规规定："任何人都不应被视为违反了任何这类规则，除非他在被指控违反规则之前已实际知道这些规则。"所有的刑事犯罪都应受这种规定的约束。更确切地说，法律应该更明确地规定："除非行为人意识到自己的行为违法，否则不得仅因为违反刑法条文，而判定他有罪。"然后另起一款，明确规定轻率状态下的被告应受到较轻程度的刑罚，并表明其应减少的刑罚量。

第二种路径背离了对称性，因为其未将法律认识错误视为否定犯罪意图。它还在另一个方面偏离了对称性，但我认为这是有利的，而不是障碍。除了少数案件外，如杀人案，很少有现行的法律明文规定轻率犯罪的人比故意犯罪的人有资格获得更轻的刑罚。相反，犯罪通常规定一个单一的有罪状态，这一罪责状态通常是轻率的，因为其足以定罪。与罪责在法定最低限度的被告相比，罪责程度较高的被告并不会当然地就要受到更严厉的惩罚。现行法律的这一特点令人困惑，并且很少受到刑法哲学家的批判。法规应明确规定，在其他条件不变的情况下，罪责更高的被告应该受到比罪责较低的被告更严厉的惩罚。我的理论将确保那些轻率的行为人比那些故意违法的行为人受到的惩罚更轻。无论被告产生的是事实认识错误还是法律认识错误，我们都应将这一特征在制定法中体现。

尽管第二种解决路径略微偏离了对称性，但它仍有很多可取之处。不知法的被告逃避责任的方式将不是否认犯罪意图，而是采用一种全新的抗辩方式。不将对不法行为的认识作为刑事犯罪明确的或是隐含的犯罪构成要件，其最主要（但并非唯一）的优势涉及举证责任的分配。我们至少可以允许这样一种可能，也即，即使被告不知法，也应将举证责任分配给被告，而不必要求控方证明被告知道自己违反的法律。无罪推定传统上适用于每一种罪行，而正如我所说，罪行又是由其若干要件构成的。除非无罪推定适用于"不知法"，否则最好不要让认识错误的被告通过否认罪行中所包含的犯罪意图来逃避责任。相反，不知法的被告会援用犯罪之外的真正的抗辩事由。坦率地说，我对于如何在不知法方面分配举证责任感到矛盾。出于实际原因，将这一责任分配给被告而不是分配给国家或许是可取的，因为当我的观点被认为过于激进时，将有助于化解必然会出现的政治抵触。或许应该鼓励司法管辖区尝试不同的举证责任分配方式，以便立法者和评论家能够收集实践信息以分析判断哪一种方式更便于管理、实现公正。

对于上述第二种方式的第二个可能的理由（尽管其稍微偏离了对称性），又要回到我所担忧的问题上，即该主张可能会使猖狂的恐怖分子，因为产生认识错误而逃脱法律的制裁。我认为，出于公共安全的目的，可能必须扩大刑事司法范围之外的预防性拘留制度，借此限制产生错误认识的罪犯。如果这些人以根本未违反法律为由而被宣判无罪，那么就更难制定合理的社会保护措施。目前，许多此类措施都是通过定罪的附带后果来保障的。[1] 例如，2006年通过的《联邦性犯罪者登记法》以及类似法律的普及，已导致全国约75万人登记在案。[2] 然而，这些附带后果通常是以实施了犯罪为前提，或者以违反了法律为前提。[3] 如果因为被告拥有法律之外的抗辩事由，从而认定被告不承担责任，那么可能会更容易要求被告承担任何被认为是适当的附带后果。就好像在美国各州因精神错乱而被认定无罪的危险人员，各州法律也可能对不知法的危险人员施加任何必要的附带后果，以保护公众免受因不知法被判无罪的人的伤害。显然，附带后果的正当性是一个极具争议的话题，我对其中任何一种观点都无法给予毫无保

---

[1] 参见 Margaret Colgate Love, Jenny Roberts and Cecelia Klingele: *Collateral Consequences of Criminal Convictions: Law, Policy and Practice* (Eagan, Minnesota: Thomson Reuters, 2013)。

[2] 参见 "Registered Sex Offenders in the United States", National Center for Missing and Exploited Children, available at www.missingkids.com/SOTT (data as of 2014)。

[3] 不可否认，各州偶尔会将这些后果强加给通过否认犯罪意图成功避免责任的被告。例如，参见 Kansas v. Hendricks, 521U.S. 346 (1997)。但这种做法遭受到评论家的严厉批评。而定罪后再考虑附加后果的施加，可能是更可行的选择。

留的赞同。① 每一项观点都必须根据其本身的优点加以评估。但是，我认为，如果不知法的被告无法通过否认他们所违反法规的犯罪意图要件来逃避责任，那么施加这些附带后果就是一个简单可行的选择。

关于实现完全对称的立场，我的最后一点疑虑甚至更具有推测性，因为这取决于为什么《模范刑法典》目前对犯罪的每一个要件都有罪责要求，而不是将犯罪作为一个整体加以要求。《模范刑法典》允许将不同的罪责要求适用于同一法规的不同要素，因为当被告对某一要件产生事实认识错误时，相较于对另一要件产生事实认识错误，其可能具备同样的可谴责性，但也可能具备更轻的可谴责性。例如，"危害儿童福利罪"，监督18岁以下儿童福利的监护人，除非他故意违反照顾义务从而危害儿童的福利，否则不构成犯罪。② 如果被告错误地认为，他故意危害福利的对象是成年人而非儿童。那么根据第2.02（3）节的规定，被告无须对该罪行负责，除非他对其错误认识持有轻率的主观心态。否则，他必然明知他的行为实际上是在危及受害者的福利。因此，没有任何单一的罪责条款适用于该罪行的每一个不同要件。被告在故意危害他人的情况下对他人的年龄产生了事实认识错误，与被告在其行为是否真的危及他人的问题上产生了事实认识错误相比，为什么在可责备的程度上被认为是不同的，目前尚没有清晰的答案。在我看来，只有直觉才能给出解释。

无论如何，这些考虑可能都同样适用于法律认识错误。我在第一（A）章中曾问到，我们是否应该把一个完全不知道法律禁

---

① 对此的综合考量，参见 Sandra G. Mayson："Collateral Consequences and the Preventive State"，91 *Notre Dame Law Review* (forthcoming, 2016)。

② Model Penal Code §230.4.

止与幼女发生性行为的被告和另一个对幼女能做出有效意思表示的法定年龄产生错误认识的被告等同起来？当这些被告犯下罪行时，很难说他们都应受到同等程度的责罚。那么，在法律认识错误的背景下，我们是否应该沿用《模范刑法典》的上述特征呢？回到危害儿童福利罪上，例如，对于不相信其负有给予孩子关爱义务的监护人，以及不相信其负有为孩子提供稳妥教育或医疗卫生义务的监护人，我们可能会认为二者在主观罪责上应有所区别。但是，如果我们不想区分这两种可责性，我们只需问，产生了这两种认识错误的被告，相对于没有产生这两种认识错误的被告，应该受到怎样的惩罚。我们无须将法规细分为具有不同犯罪意图的几个要件。事实认识错误中所要求的精细罪责划分在不知法的规范理论中是没有必要的。

被告对某一个要件的法律认识错误所导致的罪责，是否要比对另一个要件产生法律认识错误时的罪责大？我们是否应该将不认为自己对某一儿童负有任何照顾义务的监护人的罪责，与认为自己没有义务让其子女接受教育或获得医疗照顾的监护人的罪责区分开来？直觉上讲，我认为这些人在罪责的该当性中是各不相同的。然而，由于我在第一（C）章中反复强调的理由，我不太相信这些直觉。我所依赖的责任理论并没有解释为什么应该对这两名被告应受责备的程度加以区别。不应该期望任何人遵从他不知道的理由，即使这些理由的内容不同。此外，允许区别对待这些人的罪责，将增加刑法的复杂性，而这种复杂性几乎毫无裨益。我的初步结论是：我们没有明确的根据，将不同的罪责条款附加到被告所不知道的法律 L 的不同要件上。① 在评估不知法和

---

① 因此，我放弃了我所捍卫的一些不确定立场。参见 Douglas Husak："Mistake of Law and Culpability", 4 *Criminal Law and Philosophy* 135（2010）。

轻率的被告的应受责备性上，最明显相关的罪责状态，可以适用于整个法规，而不是仅仅适用于法规中的特定要件。如果是这样，不知法的出罪意义就可以很容易地从与被控罪行无关的法规中获得，而不是从对犯罪本身的犯罪意图的否认中获得。

上述偏离事实认识错误与法律认识错误之间对称性的原因，并不是决定性的。因此，我还是建议那些不知事实或不知法的被告通过否认犯罪意图来出罪。然而，这个解决方法给我们留下了一个理论上的难题。这个难题介绍起来容易，但解决时却涉及概念上的不确定性。我们已经看到，对事实的不知等于对犯罪意图的否定，而我建议对法律的不知也这样做。如果是这样，这个对称能让我们把不知法当作可宽恕事由吗？不知事实并不是可宽恕事由。但是回想一下弗莱彻代表不知法传统理论对霍尔论点的回应，弗莱彻认为不知法是一种可宽恕事由，我并不觉得有任何依据能判定弗莱彻错了。如果同等对待这两种认识错误，那么一种认识错误能成为可宽恕事由，另一种认识错误怎么就不能成为可宽恕事由？

我试着回答上述问题。虽然刑法将事实认识错误作为对犯罪意图的否认来进行出罪，但不应认为事实认识错误不是可宽恕事由。与许多犯罪理论家的想法相左，我认为不知事实应当是一种可宽恕事由，同样不知法也是如此。因此，我最终通过将事实认识错误概念化为一种可宽恕事由，以此来维护事实认识错误和法律认识错误之间的对称性，而不是将法律认识错误概念化为其他类型的无罪抗辩事由。由于两种认识错误都是可宽恕事由，因此它们都以被告实施了不法行为为前提。在这两种情况下，不法行为都是无主观罪责或缺乏犯罪意图的。当然，对于事实认识错误这一可宽恕事由，现行法律是将其作为对被违反的法规所包括的犯罪意图的否认。但是，刑法允许将某一出罪事由视作对犯罪意图的否定，不应误导我们对其真正的规范性定位作出错误的推论。正如每一位道德哲学家都可能告诉我们的那样，不知事实是一种可宽恕事由，尽管它被立法描述为否定行为人的犯罪意图。因此，根据无罪推定原则，即使不知事实是一种可宽恕事由，控方依然必须证明被告不存在事实认识错误的情况，即控方必须证明满足了犯罪意图要件。

然而，我的解决方案可能只是把难题引到别处。如果不知事实是一个可宽恕事由，那么为什么刑法体系却表明情况并非如此？几乎所有的可宽恕事由都可以通过与被控罪行无关的法规而获得出罪的意义。而很多时候，不知法的出罪机能也应该以这种方式予以规定。为什么不知事实这一可宽恕事由偏偏在法律规定中呈现出不同的方式，即允许被告通过否认法规中的犯罪意图要件来逃避责任？这些问题促使我们思考为什么要将犯罪意图纳入所有核心刑事犯罪的构成要件。如果一个不法行为可以在没有犯罪意图的情况下发生，就像我所认为的那样，那么为什么要将犯罪意图纳入犯罪的构成要件之中呢？刑事犯罪中包括犯罪意图要件，这虽然广受赞誉，很少受到质疑，但却也很少有人对此做出解释。

将犯罪意图纳入刑事法规的最佳理由可能是国家政治上的要求：在人们没有犯罪意图而实施了道德不法行为的时候，如果还要求人们想办法为自己辩护，那么这将使更多的人遭受国家权力的过分侵扰。[1] 毕竟，要求民众对一项犯罪行为的指控作出回应会给公民设立过重的负担。安东尼·达夫认为，我们应该将哪些出罪事由视为抗辩事由而又将哪些视为是否认犯罪要件，对此的

---

[1] 参见 R. A. Duff, *Answering for Crime* (Oxford: Hart, 2007)。

考量标准，就是要看是否为公民设立了过重的负担。[1] 通过这一根据，国家的权威不应扩大到那些以事实认识错误为可宽恕事由而不应受责备的人，即使他们可能实施了公共不法行为。尚未解决的问题是，同样的理由是否同样适用于产生法律认识错误的人。当不知法的被告被要求以犯罪构成要件之外的法律来源提出抗辩时，国家权力是否已被严重滥用？或许是这样的。我承认这些问题依然具备相当程度的不确定性，但我更愿意考虑将举证责任分配给那些声称不知法的被告，不过对此我依然感到十分矛盾。虽然在这些复杂的问题上，不同的人可能会有不同的看法，但我的初步结论是，我们应该保持对称，允许那些不知法的被告援引与那些不知事实的被告相同的抗辩事由来避免责任，即"否认犯罪意图"这一可宽恕事由。

B. 结果与折中

我认为，如果刑法要符合道德，我们的刑事司法制度就应该追求一种我所提出的理想状况。简单来说，我认为刑法应该通过对 A 和 B 施加不同程度的谴责和惩罚来回答基本问题（Q）。充分的不知法理论，应该支持至少两个（也可能多达四个）不同的有罪责的情形。只有当被告在意志薄弱时行事，且充分意识到其行为不符合道德理性的平衡时，才应负全部责任，并承担法律所规定的最高刑罚。这与不知法情形下的处罚方式相当不同。然而，不同于罗森或齐默尔曼的观点，我认为即使我们不是在意志

---

[1] 参见 R. A. Duff: *Answering for Crime* (Oxford: Hart, 2007)，尤其是第九章。值得注意的是，达夫不认可上述见解。他认为，个体在承担责任时应作出回应，责任在于犯罪——包括犯罪意图。

薄弱时实施不法行为，有时也需承担责任，并应该受到谴责。当不法者意识到其实施的行为具有重大和不合理的不法之风险时，他们也应该承担责任。然而，后一类不法者应该受到比前一类不法者更轻的惩罚。与许多对现行不知法规则持批判态度的评论家不同，我甚至认为自然犯的被告也应出罪——法定犯所涉及的相应问题非常重要，值得用单独一节来讨论。我相信许多法哲学家一开始的直觉判断会与我的某些或所有观点不一致。即使是那些认为"不知道德"在几乎所有情况下都应该是出罪理由的哲学家，也承认他们的观点在首次提出时遭到了强烈的反对。尽管我相信人们对此的一些直观感受和反应有利于我的结论，但不知法理论不应该仅仅依赖直觉。因此，我试图将我的立场建立在责任概念之上，这可能也恰是我研究中的致命弱点，但让我感到安慰的是，我相信，在任何研究中，明确地界定其所依据的责任理论可能都是其中最薄弱的一环。

理论必须付诸实践才会有意义，因此，刑法理论家如果希望自己的理论能够被认真对待并被认可，那么他们必须思考自己的理论能否被应用于实践，若得以应用又会给现实世界带来怎样的影响。我在"前言"中抱怨说，许多提倡废除刑罚的哲学家没有提供关于取而代之的社会控制模式的细节。没有刑罚的世界会是什么样子？对不法者的何种回应可以替代刑罚制度，我们又为什么要相信这些替代措施能改善现有制度？在这一部分中，我简要地概述了与不知法相关的类似问题。如果我的理论（或与其相似的理论）在我们的刑法典中得以实施，其可能会产生什么影响？即使是那些建立在原则基础上的、为法哲学家群体所接受的最合理的观点，也会产生必须受到严格评估的间接后果。这些后果的影响极有可能是积极的，或是消极的。积极影响会超过消极影响吗？哲学家应该谨慎地进行经验性预测。尽管如此，我还是大胆地做出以下有根据的猜测：在一个适度理性的行为主体通常会被合理的规范性理论说服的世界中，利大于弊。不幸的是，在我们实际生活的世界中，相反的预测也同样有可能。折中处理甚至彻底否定我的一些想法，这可能是必要的。

下文我要讲述我所捍卫的理论的最大优势。该理论可以帮助减少我们惩罚的人数和我们目前施加的刑罚的严厉性。最重要的是，其这样做是基于理论自身的逻辑推论，而非基于政策需要或实践需要：惩罚不知道德的人是不公平的，而不仅仅是不合适的。[1] 提议的改革（或折中方案）很少有符合本标准的。几乎可以肯定的是，各州可以在不危及公共安全的情况下，通过对罪犯的判刑方式进行一些改变，从而节省资金。但是，即使这种从经济方面来看十分合理的想法，如果不能以该当性为根据，就必然会遇到阻力。除了实施一种更好的犯罪化理论——或者废除诸如药品禁止等不合理的刑事立法外，我不知道还有哪一种基于正义的改革能够比我在这里论述的理论能更有效地限制处罚范围。我毫不怀疑，这一成就会对整个社会产生积极的影响。尽管如此，那些试图仅从成本和收益的角度来描述这种优势的理论家，却忽略了义务论道德哲学的要点。我的理论的主要受益者是那些违法者，如果不坚守我的理论，其受到的惩罚就会超过其该当的刑罚。在这个奉行大规模监禁的时代，任何一个理性的人都应该支持这样一种观点，即合理限缩刑罚的适用范围以更符合比例原则的要求。

即使不确定我的理论是否正确，但上述论及的优势还是有据可

---

[1] 正如一些政治家开始意识到的那样。参见 Press Release（September 15, 2015），http：//www.hatch.senate.gov/public/index.cfm? p = releases&id = 090FFA70－5ABF-4160-8ED5-D512EBEBEB6F。

循的。正如我一向承认的那样,没有一个决定性的论点足以支撑起任何根本性的责任理论——包括一个对不知法有免责意义的理论。我们的刑事司法系统应该如何应对这种不确定性呢?不同于仅仅从道德角度判断一个人是否应该受到谴责,当刑事责任和刑罚被施加时,对个人自由和幸福的现实后果可能是灾难性的。因此,在有合理怀疑的情况下,我们有特别的理由将刑事责任的范围缩小。

除了完全不承担责任和不承担全部责任的被告外,还有谁会从我的理论的实施中受益呢?从长远来看,我预计如果法律对那些不知其行为不法的罪犯更加宽容,那么司法官员的行为将在几个方面得到改善。通过思考宪法确立的排除规则对实践的影响,我得到了启示。就像禁止特定证据的可采性规则会影响司法实践一样,为不知法辩护也会改变刑事司法官员的动机。第一个变化出现在立法机关,第二个变化将更普遍地出现在我们整个政治体系中。我将依次简要地描述这两个变化。

废除不知法的传统学说最终可能导致立法机构采取措施来解决过度犯罪化的问题——我之前详细讨论过这一现象。[1] 来自各个政治派别的评论家已经赞同,刑法的规模和我们施加的惩罚力度已经失控,并且需要加以限制。[2] 面对日益扩大的对不知法出罪机能的需求,立法者应该反思,为什么公民这么容易陷入法律上的认识错误。更具体地说,他们应该反思刑法中的什么因素导致了这些认识错误的数量不可接受。当然,没有单一的原因可以解释所有的不知法情形,也没有单一的改变可以完全消除它们。尽管如此,立法者仍可以在减少这些法律认识错误方面发挥巨大

---

[1] Douglas Husak: *Overcriminalization* (Oxford: Oxford University Press, 2008).
[2] 参见 Inimai M. Chettiar et al. eds.: *Solutions: American Leaders Speak Out on Criminal Justice* (New York: Brennan Center for Justice, 2015)。

作用。正如政治家们逐渐认识到的那样,导致不知法的一个主要因素是我们刑法典的复杂性和晦涩难懂的程度令人难以置信。① 立法者如果希望减少不知法辩护对刑事司法运作的影响,就最好通过精简刑事法规的数量和内容来解决这一根本问题。如果制定法律不是为了禁止社会公众普遍认为的不法行为,那么这种立法倾向显然并非良策。在日常生活中,人们不应该被迫猜测其行为是否随时都有涉嫌犯罪的可能。因此,我期望我的理论所产生的第一个普遍的益处是,我们的刑法典能变得更为合理且简单易懂。

让我来详细说明一下。非专业人士如果知道,那些花了大半生时间研究刑事司法的评论家一致认为我们的一些刑法晦涩难懂,他们也不会感到惊讶。但是非专业人士可能会对这些法规的数量感到震惊。不管是实务工作人员、立法人员还是法学教授,没有人能对我们所遵循的那一小部分刑事法规之外的所有法律条文都十分熟悉。为了说明这一点,我们不应该仅仅关注本书中关于过时法规的有趣故事。② 诚然,阿拉巴马州将自残以博取同情定为重罪,英格兰禁止国会议员在议会中穿盔甲,印第安纳州禁止给鸟类和兔子上色。但这些法律很少得到执行,因此被告在被控违反这些法律时很少或根本没有机会为自己的不知法申辩。然而,正如我所指出的那样,其他例子则表明了在现实世界中频繁

---

① 有些人甚至同意我的看法,把这个理由用来否认犯罪意图。参议院司法委员会成员、前主席奥林·哈奇说:"如果没有足够的犯罪意图保护——如果不要求行为人明知其行为错误或者非法——普通公民可能随时会为任何理性的人都不会知道是不法的行为承担刑事责任。这不仅不公平,也不道德。"哈奇继续说,主要原因是"太长时间以来,国会将太多行为定为刑事犯罪,颁布了过于宽泛的法规,远远超出了其本要避免的犯罪范围"。Press Release (September 15, 2015), http://www.hatch.senate.gov/public/index.cfm? p=releases&id=090FFA70-5ABF-4160-8ED5-D512EBEBEB6F.

② 参见 Eric Luna: "The Overcriminalization Phenomenon", 54 *American University Law Review* 703 (2005)。

出现的问题——数量就是问题的很大一部分。令人惊讶的是，没有一个受人尊敬的评论家愿意估计在美国有多少州和联邦法律规定了人们要受到惩罚。不管最终的数字是多少，每个人都认为这个数字很高。但是，法律法规的数量可能并不能准确反映出刑法规模的爆炸性增长。由于最近的扩张很大程度上是对现行法规的修正，其中一些根本不属于刑法典，因此我们不能确切地说犯罪的数量增加了一倍、三倍或十倍。尽管在衡量犯罪圈扩张的程度方面有巨大的困难，但我们还是可以从刑法典的字数或页数来说明这一趋势。保罗·罗宾逊和迈克尔·卡希尔用这种方法证明了伊利诺伊州刑法典的扩张——尽管评论家（包括罗宾逊本人）也倾向于认为州刑法典的整体质量得到了提升。1961年颁布的伊利诺伊州法典只有不到24000个字。在40年内，这一数字膨胀到13.6万，增长了近6倍。[①]

但数字只能说明问题的一部分。通过考察导致这种扩张的各种不同的法律，可以更准确地描述这个问题。法定犯是导致法律扩张的最主要的原因，但我建议说得更具体一些。我只简单地提到了几种应该得到重新考虑的法定犯罪行为中的一种。[②] 诺曼·艾布拉姆斯称这些罪行为附属犯罪。[③]

一般来说，附属犯罪的作用是代替主要或核心犯罪。当被告被认为实施了自然犯罪，但起诉不太可能成功，这时附属犯罪就有了适用空间。在某些情况下，国家不能证明核心犯罪的实施，或者由于其证据是非法取得的而不被采信。这些情况导致围绕核

---

① Paul H. Robinson and Michael T. Cahill: "Can a Model Penal Code Second Save the States from Themselves?", 1 *Ohio State Journal of Criminal Law* 169, 170 (2003).

② 风险预防的犯罪是另一个类别。参见 Douglas Husak: *Overcriminalization* (Oxford: Oxford University Press, 2008)。

③ Norman Abrams: "The New Ancillary Offenses", 1 *Criminal Law Forum* 1 (1989).

心犯罪的附属犯罪的数量越来越多。其中一些法律冒险进入"社会可接受和经济上合理的商业行为的灰色地带"。① 由于这些法规大多数既没有普通法上的相似之处,也没有公认的公共意义,因此立法者有广泛的自由来扩展其定义。其中许多罪行的特点——缺乏罪责要求、举证责任的转移、对不作为责任的追究,以及对检察机关自由裁量权的隐性信任——破坏了长期以来被刑法哲学家视为神圣不可侵犯的基本原则,并助长了不知法在罪犯之中出现。理论家们对这些附属犯罪的正当性提出了质疑。艾布拉姆斯本人经常表示自己的疑虑,但他也承认,"很难抓住这种直觉背后的具体反对意见"。② 罗纳德·盖纳则不那么认为,他对这类罪行表达了如下不满:"有时国家的运行理念似乎是,如果政府不能起诉其希望惩罚的犯罪,那么就会惩罚其希望起诉的犯罪……从对附属不法行为的惩罚,过渡到对可能是无辜的附属行为——不会单独地造成实质性损害,但可能与合法或非法的行为有关的行为——进行惩罚,这提出了还未引起立法者足够重视的法理问题"。③ 我认为这些问题是严重的,并且我已经在洗钱等犯罪的背景下讨论过。④ 我相信如果被告在不知法的情况下应当得到一定程度的出罪,立法者会更愿意面对这些问题。总而言之,如果我的理论被采用,那么立法者应该精简刑法,以确保刑法所禁止的几乎都是人们能够认识到其道德不法性的行为。并且,精简附属

---

① United States v. United States Gypsum Co., 438 U. S. 422, 441 (1978).

② Norman Abrams: "The New Ancillary Offenses", 1 *Criminal Law Forum* 1 (1989). p. 29.

③ Ronald Gainer: "Federal Criminal Code Reform: Past and Future", 2 *Buffalo Criminal Law Review* 45, 63 n. 38 (1993).

④ 参见 Douglas Husak: *Overcriminalization* (Oxford: Oxford University Press, 2008)。相关论证可参见 Robert Young: "Douglas Husak on Dispensing with the Malum Prohibitum Offense of Money Laundering", 28 *Criminal Justice Ethics* 108 (2009).

法规将是一个明智的起点。

现在我来谈谈我的理论的实施有望在现实世界中产生的第二个有益结果——一种不仅仅是对无辜被告有益的影响。如果不知法被认为是一种完全的出罪事由或是一种降低犯罪危害程度的考量因素,那么国家就有责任做出更大的努力,使公民了解规制其行为的法律。仅仅确保法律能被致力于发现它的公民所了解,是远远不够的。政治进程本身必须采取积极措施来防止我们能够以某种方式使这些法规继续停留在不知法状态。我们应该乐于朝着这个方向齐心协力。安德鲁·阿什沃斯长期以来一直对现有"不知法"理论持批评态度,他哀叹道,几乎所有涉及刑事责任的学术讨论,都没有把重点放在国家有义务让公民了解法律上,而是强调公民有义务查询并遵守法律。显然,各州有义务制定法规保护公众,并起诉违反法规的人。阿什沃斯继续论述道:"但是,应优先考虑使用教育和信息,以减少当前的犯罪数量。等到案件发生时,施加严格责任,就像行为人对法律明知一样,以对相关人员进行定罪,然后以不成比例的刑罚作为警告他人的(充分或不充分的)手段,这是非常不公平的。"① 谁能反驳阿什沃斯的主张?当然,"与其在人们犯了罪之后再给其定罪,不如一开始就不犯罪"。② 如果刑事司法系统事先采取更有力的措施预防不法行为,而不是事后惩罚,那么将刑事制裁限于那些明知或至少怀疑其行为不法的人似乎就不那么极端了。③ 更不用说,英美法系国家在

---

① Andrew Ashworth: "Ignorance of the Criminal Law, and Duties to Avoid It", in Andrew Ashworth, ed.: *Positive Obligations in Criminal Law* (Oxford: Hart, 2013), pp. 81, 92.

② Andrew Ashworth: "Ignorance of the Criminal Law, and Duties to Avoid It", in Andrew Ashworth, ed.: *Positive Obligations in Criminal Law* (Oxford: Hart, 2013), p. 101.

③ 参见 Samuel Buell and Lisa Kern Griffin: "On the Mental State of Consciousness of Wrongdoing", 75 *Law and Contemporary Problems* 213 (2012)。

履行阿什沃斯所说的"最高优先"义务方面做得很差。

对阿什沃斯明智的建议,我将稍作一点改进。在我看来,国家不仅应该更好地向公民宣传法律的内容,而且应该更好地使公民了解颁布这些法律的道德原因。毕竟,正是这些道德原因,而非法律本身,产生了遵守义务。例如,刑法中禁止使用违禁毒品的道德原因是什么?由于立法者没有告诉我们该原因,我们只能被迫猜测。在一个希望充分保障自由的民主社会中,对既定法律可能的道德基础展开充分的探讨和交流,可谓百利而无一害。

至于我们的政治进程应该采取什么措施来减少公民不知法和不知道德的问题,对此我不打算提出更多具体建议。显然,我们应该把努力的目标放在公民最可能实施的被禁止的不法行为上。然而,关于更普遍适用的法律,阿什沃斯提出了四个具体建议:免费刑法电子数据库的建立,简化法定语言以更好地指导人们如何避免实施被禁止行为,要求发起新立法的人说明如何宣传关于法律内容的信息,最重要的是,需要制定一种策略以期能够在公立学校提供更有效的教育和宣传。当然,传播信息的努力不必限于教育机构。再来看看露营者雅各布,他因不知道回收法而把电池随意处理了。为什么电池上的标签未包含正确的回收信息呢?如果各司法管辖区差异太大,无法实现这一目标,那么国家就会有责任寻求更多的一致性,以避免环境受到污染。不过,学校将是一个合理的起点。由于所有公民都需配合回收工作,所以教育机构将有关法律的信息列入其课程将是明智的。有些教育机构已经这么做了。不幸的是,在大多数城市,小学生在经历药物滥用防治教育计划(DARE)时,其普法宣传却最有可能来自法律官员,并且该计划也只是为了警告他们,如果被发现使用违禁药品,他们将面临惩罚。对这种局面,我相信我们可以做得更好。

关于我理论的几个优点言尽于此。我现在要提的是,我担心我的提议会有一个巨大的劣势——这个劣势如此之大,可能会导致我所捍卫的观点遭到全盘否定。我们的政治进程和全体公民将如何真正地对扩大不知法出罪意义作出反应?无论出于何种原因,即使是最好的(更不用说最坏的)媒体在给公民宣传刑事司法及其背后的原则方面也做得十分糟糕。举个例子,当我们大多数人都随时准备着摄像监控,不良行为更难隐藏时,许多市民仍然确信警察的暴行正在上升。这种虚假信息带来的就是,我的理论也许会面临各种夸张的讽刺,并进一步加剧当前刑事司法制度已经遭受的低估和贬损。对于我的提议可能会受到大众媒体的曲解,我只能深表痛心,毕竟,关于对违法者的所谓宽大处理,我的观点本就已经过于激进了。我常常致力于淡化我理论之中显得激进的内容,但我所做的这些努力必然会被忽视。同意我结论的评论家都面临着进一步失去公众信任的风险,因为公众认为,一般的学者,尤其是哲学家,生活在一个与现实世界脱节的遥远星球上。如果有思想的哲学家认为残暴的罪犯可能有资格获得某种程度的出罪,那么政客和普通人肯定会嘲笑这种可能性。要找到我的观点肯定会受到欢迎的一个范例,我们只需审视一下精神病辩护事由所包含的误解和夸大之词,以及围绕它的各种改革的想法。[1] 我不能完全理解,是什么社会因素让我们中的许多人都选择相信我们的法律官员和政治进程中最糟糕的一面。关于这些问题的专门知识,涉及哲学家很少拥有的对实证研究的精通。总之,我担心这些力量会抵消我的理论的许多优点,而且很可能会完全盖过它们。

---

[1] 参见 T. Daftary-Kapur, J. L. Groscup, M. O'Connor, F. Coffaro, and M. Galietta: "Measuring Knowledge of the Insanity Defense: Scale Construction and Validation", 29 *Behavioral Sciences & The Law* 40 (2011)。

在某些方面，我的悲观情绪源自保罗·罗宾逊长期捍卫的一篇论文中的推论。正如我在第一（C）章中所提到的，罗宾逊认为，当刑法的规则和学说符合外行人对该当性的判断时，就培养了对刑法的尊重。[①] 当法律表达了公民直觉上认为是正确的东西时，自愿遵守就会最大化。尽管我努力在道德责任理论中确立自己的立场，但我始终承认，我的观点极具争议，且与大多数受访者的直觉存在冲突。由于外行人会草率地拒绝我的理论，该理论的实施可能会削弱而不是促进对法律的尊重。不幸的是，以哲学家认为罪犯应该得到的方式而不是以公众认为罪犯应该得到的方式对待罪犯，可能会损害而不是增强我们刑事机构的信誉。那么，我们是否应该因为现行不知法教义符合公民的判断而保持其现状，即使我们有充分的理由怀疑这些判断是否经得起批判性审查？更进一步地说，这个消极的结果会淹没我的理论所带来的已详细讨论过的几个积极优点吗？我不确定。即使是吉迪恩·罗森，这位以支持扩大道德领域中不知情的免责机能而闻名的人，也对其观点会对刑法产生什么影响感到矛盾。[②] 然而，需要注意的是，罗森试图通过提醒我们道德谴责是多么可怕来软化其观点在道德领域的反直觉特点。[③] 当然，我们都应该同意，在道德谴责的基础上施加刑罚，会更加可怕。

我想以一种比较乐观的基调来结束本部分的论述。改革正以我们很少有人能够预料到的方式迅速到来。一些改革家必须采取

[①] Paul H. Robinson: *Distributive Principles of Criminal Law: Who Should Be Punished How Much?* (Oxford: Oxford University Press, 2008).

[②] Gideon Rosen: "Culpability and Ignorance", 103 *Proceedings of the Aristotelian Society* 61, 86 (2003).

[③] Gideon Rosen: "Culpability and Ignorance", 103 *Proceedings of the Aristotelian Society* 61, 86 (2003).

措施来阐明和捍卫新思想,只有这样它才有可能被我们的民主进程所采纳。有些建议在渗透大众意识之前似乎让人难以置信。1930年,参议员莫里斯·谢泼德——禁止饮酒的第十八修正案的制定者写道:"废除第十八修正案的可能性,就像蜂鸟把华盛顿纪念碑绑在尾巴上飞往火星一样小。"① 但仅仅三年后,禁令被废除。很快,人们将很难记住所有这些小题大做是为了什么。那么,对于我提出的理论,即刑事司法系统应该如何对待不知法的被告,最终应得到怎样的评判呢?我的理论应该在多大程度上被付诸实践?哲学家在预测现实世界方面没有特别的能力,即使我们相当擅长描述"法律应该是什么",而这也是我所认为的犯罪理论的中心目标。但我确信,没有任何一种观念是如此令人信服,以至于它不可能被怀有恶意的人或那些没有准备好重新审视自己偏见的人颠覆。虽然妥协或折中方案可能是不可避免的,但我们应该继续追求一种理想,即使我们必须从中做出令人遗憾的让步。

结 语

在现实世界中实现我的理论,几乎肯定需要对我所构想的理想状况做出一些妥协和让步——尽管我无法描述我的理论为了获得接受而可能被迫经历的所有修改。作为道德的替代者,合法性本身就包含着这样一种妥协。虽然外行人可能无法理解其中的差别,但是,基于某种(处罚的)需要而将某些人视为应受责备和应受惩罚的,并不等于这些人的确应受责备和应受惩罚。一个公正的国家应该追求后者,而不是前者,我们不应该不战而妥协。

---

① 引自 Daniel Okrent: *Last Call: The Rise and Fall of Prohibition* (New York: Scribner, 2010), p.330。

理想情况下，事实认识错误中所采用的免责考量机制应该同样适用于法律认识错误。这两种认识错误都应被概念化为否定犯罪意图的可宽恕事由——尽管刑法理论家很少把事实认识错误当作一种可宽恕事由。但即便如此，我也并不坚决反对刑法典设立一个独立的理由来判断不知法出罪与否，而不是否认被违反的法规中所明确规定或隐含的犯罪意图因素。特别是后一种办法将使被告承担关于不知法的举证责任——如果这种举证责任的分配确实被认为是可取的。尽管针对这个问题还有一些分歧，我最终还是赞成一种对称的解决方案，该方案将对不知事实的辩解和对不知法的辩解都概念化为对犯罪意图的否认。

我简要地推测了我的理论可能给立法和司法实践，以及我们的民主政治进程带来的好处和坏处。当然，主要的好处是被告自己得到了更多的公正对待。此外，更好的刑法，并尽更大的努力去教育公民法律所依据的道德基础，这是早就应该得到落实的。遗憾的是，无意的误解和故意的歪曲可能抵消这些优势。在司法管辖区决定我的理论应在当前的刑事法律制度中得到多大程度的应用之前，或许需要先进行一些试验。然而，本书的中心目标，就是要描述一种我们的刑事司法制度应该追求的理想。

参考文献

一、著作类

1. George Fletcher: *Rethinking Criminal Law* (Boston: Little, Brown and Co., 1978).

乔治·弗莱彻:《反思刑法》,波士顿:利特尔、布朗公司,1978年版。

2. Stephen Shute, John Gardner and Jeremy Horder, eds: *Action and Value in Criminal Law* (Oxford: Clarendon Press, 1993).

斯蒂芬·舒特、约翰·加德纳和杰里米·霍德编:《刑法中的行为与价值》,牛津:克拉伦登出版社,1993年版。

3. Stephen Perry: "Political Authority and Political Obligation", in Leslie Green and Brian Leiter, eds.: *Oxford Studies in Philosophy of Law* (New York: Oxford University Press, Vol. 2, 2013), p. 1.

斯蒂芬·佩里:"政治权威和政治义务",载莱斯利·格林和布莱恩·莱特编:《牛津法哲学研究》,纽约:牛津大学出版社,2013年第2卷,第1页。

4. A. van Verseveld: *Mistake of Law* (The Hague: T. M. C. Asser Press, 2012).

A. 范 维斯维尔德:《法律认识错误》,海牙:T. M. C. 阿瑟出版社,2012年版。

5. Douglas Husak：*Overcriminalization*（Oxford：Oxford University Press，2008）.

道格拉斯·胡萨克：《过罪化》，牛津：牛津大学出版社，2008年版。

6. Douglas Husak："Why Punish the Deserving?"，in Douglas Husak，ed.：*The Philosophy of Criminal Law*（Oxford：Oxford University Press，2010），p. 393.

道格拉斯·胡萨克："惩罚当罚行为之由"，载道格拉斯·胡萨克：《刑法哲学》，牛津：牛津大学出版社，2010年版，第393页。

7. John Martin Fischer，et al.：*Four Views on Free Will*（Malden，MA：Blackwell，2007）.

约翰·马丁·菲舍尔等：《自由意志的四种观点》，马萨诸塞州马尔登：布莱克威尔出版社，2007年版。

8. David Shoemaker："On Criminal and Moral Responsibility"，in Mark Timmons，ed.：*Oxford Studies in Normative Ethics*（Oxford：Oxford University Press，Vol. 3，2013），p. 154.

大卫·舒梅克尔："刑事责任和道德责任"，载马克·蒂蒙斯编：《牛津规范伦理研究》，牛津：牛津大学出版社，2013年第3卷，第154页。

9. Douglas Husak："What Do Criminals Deserve?"，in Kimberly K. Ferzan and Stephen Morse，eds.：*Legal, Moral, and Metaphysical Truths：The Philosophy of Michael S. Moore*（Oxford：Oxford University Press，forthcoming，2016）.

道格拉斯·胡萨克："罪犯应该受到何种惩罚？"，载金伯利·k·费尔赞和斯蒂芬·莫尔斯编：《法律、道德和形而上学的真理：迈克尔S.摩尔的哲学》，牛津：牛津大学出版社，将于2016

年出版。

10. Derek Parfit: *On What Matters* (Oxford: Oxford University Press, 2011).

德里克·帕菲特:《论真正重要之事》, 牛津: 牛津大学出版社, 2011 年版。

11. Victor Tadros: *The Ends of Harm* (Oxford: Oxford University Press, 2011).

维克多·塔德罗斯:《危害的意义》, 牛津: 牛津大学出版社, 2011 年版。

12. Randolph Clarke: *Omissions: Agency, Metaphysics, and Responsibility* (Oxford: Oxford University Press, 2014).

伦道夫·克拉克:《不作为: 能动性、形而上学和责任》, 牛津: 牛津大学出版社, 2014 年版。

13. Douglas Husak: "Reply: The Importance of Asking the Right Question: What Is Punishment Imposed For?", in Russell L. Christopher, ed.: *Fletcher's Essays on Criminal Law* (Oxford: Oxford University Press, 2013), p. 53.

道格拉斯·胡萨克:"对'提出正确问题的重要性: 刑罚的目的是什么'的回应", 载罗素 L. 克里斯托弗编:《弗莱彻刑法随笔》, 牛津: 牛津大学出版社, 2013 年版, 第 53 页。

14. Shelly Kagan: *The Geometry of Desert* (New York: Oxford University Press, 2012).

雪莉·凯根:《该当性的体系》, 纽约: 牛津大学出版社, 2012 年版。

15. Michael Zimmerman: *Living with Uncertainty: The Moral Significance of Ignorance* (Cambridge: Cambridge University Press, 2008).

迈克尔·齐默尔曼：《与不确定性共存：不知法的道德意义》，剑桥：剑桥大学出版社，2008年版。

16. Leo Zaibert: *Punishment and Retribution* (Burlington, VT: Ashgate, 2006).

利奥·扎伊伯特：《刑罚与报应》，伯灵顿，佛蒙特州：阿什盖特出版社，2006年版。

17. Andrew von Hirsch: *Censure and Sanction* (New Brunswick: Rutgers University Press, 1987).

安德鲁·冯·赫希：《责难与制裁》，新不伦瑞克：罗格斯大学出版社，1987年版。

18. Nomy Arpaly: *Unprincipled Virtue: An Inquiry into Moral Agency* (Oxford: Oxford University Press, 2003).

诺米·阿帕利：《无原则的道德：道德能动性探究》，牛津：牛津大学出版社，2003年版。

19. Michael McKenna: "Directed Blame and Conversation", in D. Justin Coates and Neal A. Tognazzini, eds.: *Blame: Its Nature and Norms* (Oxford: Oxford University Press, 2013), p. 119.

迈克尔·麦肯纳："谴责和对话"，载D. 贾斯汀·科茨和尼尔·托格纳齐尼编：《谴责的性质与规范》，牛津：牛津大学出版社，2013年版，第119页。

20. Coleen Macnamara: "Blame, Communication, and Morally Responsible Agency", in Randolph Clarke, Michael McKenna, and Angela M. Smith, eds.: *The Nature of Moral Responsibility: New Essays* (New York: Oxford University Press, 2015), p. 211.

科琳·麦克纳马拉："可责性、沟通和道德责任主体"，载伦道夫·克拉克、迈克尔·麦肯纳和安吉拉M. 史密斯编：《道德责任的本质：新论》，纽约：牛津大学出版社，2015年版，第

211页。

21. D. Justin Coates and Neal A. Tognazzini: "The Contours of Blame", in D. Justin Coates and Neal A. Tognazzini, eds.: *Blame: Its Nature and Norms* (Oxford: Oxford University Press, 2013), pp. 3, 13.

D. 贾斯汀·科茨和尼尔 A. 托尼亚齐尼:"可责性的轮廓",载 D. 贾斯汀·科茨和尼尔 A. 托格纳齐尼编:《谴责的性质与规范》,牛津:牛津大学出版社,2013年版,第3、13页。

22. James Fitzjames Stephen: *A History of the Criminal Law of England* (London: Macmillan, Vol. 2, 1883).

詹姆斯·菲茨詹姆斯·斯蒂芬:《英国刑法史》,伦敦:麦克米伦出版社,1883年版,第2卷。

23. John Austin: *Lectures on Jurisprudence* (New York: Henry Holt and Co., 5th ed., 1885).

约翰·奥斯汀:《法理学讲义》,纽约:亨利·霍尔特出版社,1885年第5版。

24. Alan Page Fiske and Tage Shakti Rai: *Virtuous Violence: Hurting and Killing to Create, End, and Honor Social Relationships* (Cambridge: Cambridge University Press, 2014).

艾伦·佩奇·菲斯克和塔奇·沙克提拉·伊:《道德暴力:通过伤害和杀害以建立、结束和尊重社会关系》,剑桥:剑桥大学出版社,2014年版。

25. Michael Huemer: *Ethical Intuitionism* (New York: Palgrave MacMillan, 2005).

迈克尔·休默:《道德直觉论》,纽约:帕尔格雷夫·麦克米伦出版社,2005年版。

26. Michael Zimmerman: "Ignorance as a Moral Excuse" (forth-

迈克尔·齐默尔曼：《作为道德辩解的不知法》（即将出版）。

27. Randolph Clarke: "Negligent Action and Unwitting Omission", in Alfred Mele, ed.: *Surrounding Free Will* (Oxford: Oxford University Press, 2015), pp. 298, 299.

伦道夫·克拉克："疏忽行为和无意识的不作为"，载阿尔弗雷德·梅莱编：《围绕自由意志》，牛津：牛津大学出版社，2015年版，第298、299页。

28. George Sher: *Who Knew?: Responsibility without Awareness* (Oxford: Oxford University Press, 2009).

乔治·谢尔：《谁知道？无意识行为的责任》，牛津：牛津大学出版社，2009年版。

29. Paul H. Robinson: *Distributive Principles of Criminal Law: Who Should Be Punished How Much?* (Oxford: Oxford University Press, 2008).

保罗 H. 罗宾逊：《刑法分配原则：谁应该受到多少惩罚？》，牛津：牛津大学出版社，2008年版。

30. Allison Dundes Renteln: *The Cultural Defense* (Oxford: Oxford University Press, 2004).

艾莉森·邓迪斯·伦特恩：《文化抗辩事由》，牛津：牛津大学出版社，2004年版。

31. Manuel Vargas: *Building Better Beings: A Theory of Moral Responsibility* (Oxford: Oxford University Press, 2013).

曼努埃尔·巴尔加斯：《塑造更好的人：道义责任论》，牛津：牛津大学出版社，2013年版。

32. Walter Sinnott-Armstrong: "Framing Moral Intuitions", in Walter Sinnott-Armstrong, ed.: *Moral Psychology: The Cognitive Sci-*

ence of Morality: Intuition and Diversity* (Vol. 2, Cambridge, MA: MIT Press, 2008), p. 47.

沃尔特·辛诺特·阿姆斯特朗:"道德直觉的框架",载沃尔特·辛诺特·阿姆斯特朗编:《道德心理学:道德的认知科学:直觉与多样性》,马萨诸塞州,剑桥:麻省理工学院出版社,2008年第2卷,第47页。

33. Andrew Ashworth: *Principles of Criminal Law* (Oxford: Oxford University Press, 5th ed., 2006).

安德鲁·阿什沃斯:《刑法原理》,牛津:牛津大学出版社,2006年第5版。

34. Mark DeWolfe Howe: *The Common Law* (Boston: Little, Brown and Co., 1963).

马克·德沃尔夫·豪:《普通法》,波士顿:利特尔—布朗公司,1963年版。

35. John Austin: *Lectures on Jurisprudence* (Robert Campbell, ed., 5th ed., Vol. 1, 1885).

约翰·奥斯汀:《法理学讲义》,罗伯特·坎贝尔主编,1885年第5版第1卷。

36. Richard Posner: *Economic Analysis of Law* (Aspen: Kluwor, 7th ed., 2007).

理查德·波斯纳:《法律的经济学分析》,阿斯彭:克吕韦尔出版社,2007年第7版。

37. H. L. A. Hart: *Punishment and Responsibility* (Oxford: Oxford University Press, 2th ed., 2008).

H. L. A. 哈特:《惩罚与责任》,牛津:牛津大学出版社,2008年第2版。

38. Jerome Hall: *General Principles of Criminal Law* (Indianapo-

lis: Bobbs-Merrill, 1947).

杰罗姆·霍尔:《刑法的一般原理》,印第安纳波利斯:鲍伯斯—梅里尔出版社,1947年版。

39. C. Roxin: *Strafrecht Allgemeiner teil*, *Band I*, *Grundlagen*, *der Aufbau der Verbrechenslehre* (4th ed., C. H. Beck, Munich, 2006).

C. 罗克辛:《刑法总论》第一卷,犯罪理论基础与结构,慕尼黑:C. H. 贝克出版社,2006年第4版。

40. Douglas Husak and Andrew von Hirsch: "Mistake of Law and Culpability", in Stephen Shute, John Gardner and Jeremy Horder, eds: *Action and Value in Criminal Law* (Oxford: Clarendon Press, 1993), p. 157.

道格拉斯·胡萨克和安德鲁·冯·赫希:"法律认识错误和可责性",载斯蒂芬·舒特、约翰·加德纳和杰里米·霍德编:《刑法中的行为与价值》,牛津:克拉伦登出版社,1993年版,第157页。

41. Andrew Ashworth: "Ignorance of the Criminal Law, and Duties to Avoid It", in Andrew Ashworth, ed.: *Positive Obligations in Criminal Law* (Oxford: Hart Publishing, 2013), p. 81.

安德鲁·阿什沃斯:"不知刑法和避免义务",载安德鲁·阿什沃斯编:《刑法中的积极义务》,牛津:哈特出版社,2013年版,第81页。

42. Larry Alexander and Kimberly Kessler Ferzan with Stephen Morse: *Crime and Culpability* (Cambridge: Cambridge University Press, 2009).

拉里·亚历山大、金伯利·凯斯勒·费赞和斯蒂芬·莫尔斯:《犯罪与罪责》,剑桥:剑桥大学出版社,2009年版。

43. Lon L. Fuller: *The Morality of Law* (New Haven, CT: Yale University Press, 1964).

朗·L. 富勒:《法律的道德性》,康涅狄格州纽黑文:耶鲁大学出版社,1964年版。

44. Bruno Celano: "Publicity and the Rule of Law", in Leslie Green and Brian Leiter, eds.: *Oxford Studies in Philosophy of Law* (New York: Oxford University Press, Vol. 2, 2013), p. 122.

布鲁诺·塞拉诺:"公开与法治",载莱斯利·格林和布莱恩·雷特编:《牛津法哲学研究》,纽约:牛津大学出版社,2013年版第2卷,第122页。

45. Timothy Endicott: "The Value of Vagueness", in Andrei Marmor and Scott Soames, eds.: *Philosophical Foundations of Language in the Law* (Oxford: Oxford University Press, 2011), p. 14.

蒂莫西·恩迪科特:"模糊性的价值",载安德瑞·马默和斯科特·索姆斯编:《法律中语言的哲学基础》,牛津:牛津大学出版社,2011年版,第14页。

46. Peter W. Low and Joel S. Johnson: *Changing the Vocabulary of the Vagueness Doctrine* (forthcoming).

彼得W. 洛、乔尔S. 约翰逊:《改变模糊性的提法》(即将出版)。

47. Douglas Husak: "The Sequential Principle of Relative Culpability", in Douglas Husak, ed.: *The Philosophy of Criminal Law* (Oxford: Oxford University Press, 2010), p. 177.

道格拉斯·胡萨克:"关联罪过序列原则",载道格拉斯·胡萨克:《刑法哲学》,牛津:牛津大学出版社,2010年版,第177页。

48. R. A. Duff: *Answering for Crime* (Oxford: Hart, 2007).

R. A. 达夫：《犯罪的答案》，牛津：哈特出版社，2007 年版。

49. Kevin Toh: "Legal Judgments as Plural Acceptances of Norms", in Leslie Green and Brian Leiter, eds.: *Oxford Studies in the Philosophy of Law* (Oxford: Oxford University Press, Vol. 1, 2011), p. 107.

凯文·托："规范评判之法律判断"，载莱斯利·格林和布莱恩·莱特编：《牛津法哲学研究》，牛津：牛津大学出版社，2011 年第 1 卷，第 107 页。

50. Simon Blackburn: "Anti Realist Expressivism and Quasi-Realism", in David Copp, ed.: *The Oxford Handbook of Ethical Theory* (Oxford: Oxford University Press, 2006), p. 146.

西蒙·布莱克本："反现实表现主义与准现实主义"，载大卫·库普编：《牛津伦理理论手册》，牛津：牛津大学出版社，2006 年版，第 146 页。

51. Douglas Husak: "On the Supposed Priority of Justification to Excuse", in Douglas Husak, ed.: *The Philosophy of Criminal Law* (Oxford: Oxford University Press, 2010), p. 287.

道格拉斯·胡萨克："论正当化事由对可宽恕事由的优先性"，载道格拉斯·胡萨克编：《刑法哲学》，牛津：牛津大学出版社，2010 年版，第 287 页。

52. Douglas Husak: "Partial Defenses", in Douglas Husak, ed.: *The Philosophy of Criminal Law* (Oxford: Oxford University Press, 2010), p. 311.

道格拉斯·胡萨克："部分抗辩事由"，载道格拉斯·胡萨克编：《刑法哲学》，牛津：牛津大学出版社，2010 年版，第 287 页。

53. Michael Cahill: *Mistake of Law as Nonexculpatory Defense* (forthcoming).

迈克尔·卡希尔：《无法出罪的法律认识错误》（即将出版）。

54. R. A. Duff: *Criminal Attempts* (Oxford: Clarendon Press, 1996).

R. A. 达夫：《犯罪未遂》，牛津：克拉伦登出版社，1996年版。

55. Brennan T. Hughes: *A Statutory Element in Exile: The Crucial "Corrupt Intent" Element in Federal Bribery Laws* (forthcoming).

布伦南·T. 休斯：《驱逐的法定要素：联邦贿赂法中至关重要的"腐败意图"要素》（即将出版）。

56. Michael J. Zimmerman: "Varieties of Moral Responsibility", in Randolph Clarke, Michael McKenna, and Angela M. Smith, eds.: *The Nature of Moral Responsibility: New Essays* (New York: Oxford University Press, 2015), p.45.

迈克尔 J. 齐默尔曼："道德责任的多样性"，载伦道夫·克拉克、迈克尔·麦肯纳和安吉拉·史密斯编：《道德责任的本质：新论》，纽约：牛津大学出版社，2015年版，第45页。

57. Julia Driver: "Appraisability, Attributability, and Moral Agency", in Randolph Clarke, Michael McKenna, and Angela M. Smith, eds.: *The Nature of Moral Responsibility: New Essays* (New York: Oxford University Press, 2015), p.157.

茱莉亚·德赖弗："可评估性、归因性和道德能动性"，载伦道夫·克拉克、迈克尔·麦肯纳和安吉拉·史密斯编：《道德责任的本质：新论》，纽约：牛津大学出版社，2015年版，第157页。

58. David Palmer: *Libertarian Free Will: Contemporary Debates* (New York: Oxford University Press, 2014).

大卫·帕尔默：《自由意志：当代争鸣》，纽约：牛津大学出版社，2014年版。

59. Adam J. Kolber: "Free Will as a Matter of Law", in Mi-

chael Pardo and Dennis Patterson, eds.: *Philosophical Foundations of Law and Neuroscience* (Oxford: Oxford University Press, forthcoming, 2016).

亚当 J. 科尔伯:"作为法律问题的自由意志",载迈克尔·帕多和丹尼斯·帕特森编:《法律与神经科学的哲学基础》,牛津:牛津大学出版社,将于 2016 年出版。

60. Neil Levy: *Hard Luck* (Oxford: Oxford University Press, 2011).

尼尔·利维:《运气不佳》,牛津:牛津大学出版社,2011 年版。

61. Ricahd L. Lippke: *Taming the Presumption of Innocence* (Oxford: Oxford University Press, 2016).

理查德 L. 利普克:《驯服无罪推定》,牛津:牛津大学出版社,2016 年版。

62. Derk Pereboom: *Living without Free Will* (Cambridge: Cambridge University Press, 2001).

德克·佩雷布姆:《没有自由意志的生活》,剑桥:剑桥大学出版社,2001 年版。

63. Shaun Nichols: *Bound: Essays on Free Will and Responsibility* (Oxford: Oxford University Press, 2015).

肖恩 尼科尔斯:《界限:自由意志与责任》,牛津:牛津大学出版社,2015 年版。

64. Michael McKenna and Paul Russell, eds.: *Free Will and Reactive Attitudes: Perspectives on p. F. Strawson's Freedom and Resentment* (Burlington, VT.: Ashgate press, 2007).

迈克尔·麦肯纳和保罗·拉塞尔编:《自由意志与反应态度:以斯特劳森〈自由与怨恨〉为视角》,佛蒙特州伯灵顿:阿什盖特出版社，2007 年版。

65. Gideon Rosen: "The Alethic Conception of Moral Responsibility", in Randolph Clarke, Michael McKenna, and Angela M. Smith, eds.: *The Nature of Moral Responsibility: New Essays* (New York: Oxford University Press, 2015), p. 65.

吉迪恩·罗森："道德责任的真性概念"，载伦道夫·克拉克、迈克尔·麦肯纳和安吉拉·史密斯编：《道德责任的本质：新论》，纽约：牛津大学出版社，2015 年版，第 65 页。

66. John Martin Fischer and Mark Ravizza: *Responsibility and Control: A Theory of Moral Responsibility* (Cambridge: Cambridge University Press, 1998).

约翰·马丁·菲舍尔和马克·拉维扎：《责任与控制：道义责任论》，剑桥：剑桥大学出版社，1998 年版。

67. Luca Malatesi and John Mcmillan, eds.: *Psychopathy and Responsibility* (Oxford: Oxford University Press, 2010).

卢卡·马拉特西亚和约翰·麦克米伦编：《精神病与责任》，牛津：牛津大学出版社，2010 年版。

68. Samuel H. Pillsbury: "Why Psychopaths are Responsible", in Kent Kiehl and Walter Sinnott-Armstrong, eds.: *Handbook on Psychopathy and Law* (New York: Oxford University Press, 2013), p. 297.

塞缪尔 H. 皮尔斯伯里："为什么精神病患者要负责任"，载肯特·基尔和沃尔特·辛诺特-阿姆斯特朗编：《精神病与法律手册》，纽约：牛津大学出版社，2013 年版，第 297 页。

69. Neil Levy, ed.: *Addiction and Self-Control* (Oxford: Oxford University Press, 2013).

尼尔·列维主编：《成瘾与自我控制》，牛津：牛津大学出版社，2013 年版。

70. Gene H. Heyman：*Addiction：A Disorder of Choice*（Cambridge，MA：Harvard University Press，2009）．

吉恩·海曼：《成瘾：一种选择障碍》，马萨诸塞州剑桥：哈佛大学出版社，2009年版。

71. John Martin Fischer：*Deep Control：Essays on Free Will and Value*（Oxford：Oxford University Press，2012）．

约翰·马丁·菲舍尔：《深度控制：自由意志与价值论文集》，牛津：牛津大学出版社，2012年版。

72. Michael J. Zimmerman：*Ignorance and Moral Obligation*（Oxford：Oxford University Press，2014）．

迈克尔 J. 齐默尔曼：《不知法与道德义务》，牛津：牛津大学出版社，2014年版。

73. T. M. Scanlon：*Being Realistic about Reasons*（Oxford：Oxford University Press，2014）．

T. M. 斯坎伦：《以现实的态度对待理由》，牛津：牛津大学出版社，2014年版。

74. Alfred R. Mele：*Backsliding：Understanding Weakness of Will*（Oxford：Oxford University Press，2013）．

阿尔弗雷德 R. 梅尔：《倒退：对意志薄弱的理解》，牛津：牛津大学出版社，2013年版。

75. T. M. Scanlon：*The Significance of Choice*，（Salt Lake City：University of Utah Press，1988）．

T. M. 斯坎伦：《选择的意义》，盐湖城：犹他大学出版社，1988年版。

76. John Doris：*Talking to Our Selves：Reflection，Ignorance，and Agency*（Oxford：Oxford University Press，2015）．

约翰·多丽丝：《与自我对话：反思、无知和能动性》，牛津：牛津大学出版社，2015 年版。

77. Douglas Husak: "Strict Liability, Justice, and Proportionality", in Douglas Husak, ed.: *The Philosophy of Criminal Law* (Oxford: Oxford University Press, 2010), p. 152.

道格拉斯·胡萨克："严格责任、公正和罪刑均衡原则"，载道格拉斯·胡萨克编：《刑法哲学》，牛津：牛津大学出版社，2010 年版，第 152 页。

78. Alfred R. Mele: *Free Will and Luck* (Oxford: Oxford University Press, 2006).

阿尔弗雷德·R. 梅尔：《自由意志和运气》，牛津：牛津大学出版社，2006 年版。

79. Michael McKenna: *Conversation and Responsibility* (Oxford: Oxford University Press, 2012).

迈克尔·麦凯纳：《对话与责任》，牛津：牛津大学出版社，2012 年版。

80. T. M. Scanlon: *What We Owe to Each Other* (Cambridge: Harvard University Press, 1998).

T. M. 斯坎伦：《我们彼此负有什么义务》，剑桥：哈佛大学出版社，1998 年版。

81. Holly Smith: "Dual-Process Theory and Moral Responsibility", in Randolph Clarke, Michael McKenna, and Angela M. Smith, eds.: *The Nature of Moral Responsibility: New Essays* (New York: Oxford University Press, 2015), p. 175.

霍莉·史密斯："双重过程理论与道义责任"，载伦道夫·克拉克、迈克尔·麦肯纳和安吉拉·史密斯编：《道德责任的本质：新论》，纽约：牛津大学出版社，2015 年版，第 175 页。

82. Victor Tadros: *Criminal Responsibility* (Oxford: Oxford Uni-

versity Press, 2005).

维克多·塔德罗斯：《刑事责任》，牛津：牛津大学出版社，2005年版。

83. Elizabeth Harman: *Ethics Is Hard! What Follows?* (forthcoming).

伊丽莎白·哈曼：《道德很难，然后呢?》，（即将出版）。

84. Holly M. Smith: "Tracing Cases of Culpable Ignorance", in Rik Peels, ed.: *Moral and Social Perspectives on Ignorance* (London: Routledge Press, forthcoming, 2016).

霍莉·M. 史密斯："在不知法中适用追踪策略的情形"，载里克·皮斯编：《不知法的道德和社会视角》，伦敦：劳特利奇出版社，将于2016年出版。

85. L. Jonathan Cohen: *An Essay on Belief and Acceptance* (Oxford: Clarendon Press, 1992), p. 4.

L. 乔纳森·科恩：《关于确信和接受的文章》，牛津：克拉伦登出版社，1992年版，第4页。

86. Daniel M. Wegner: *The Illusion of Conscious Will* (Cambridge, MA: M. I. T. Press, 2002).

丹尼尔 M. 韦格纳：《自觉意志的幻觉》，马萨诸塞州，剑桥：麻省理工学院出版社，2002年版。

87. Lawrence Weiskrantz: *Blindsight: A Case Study and Implications* (Oxford: Oxford University Press, 1990).

劳伦斯·韦斯克兰茨：《盲视：案例研究及其启示》，牛津：牛津大学出版社，1990年版。

88. Douglas Husak: "Distraction and Negligence", in Lucia Zedner and Julian V. Roberts, eds.: *Principles and Values in Criminal Law and Criminal Justice: Essays in Honour of Andrew Ashworth* (Ox-

ford: Oxford University Press, 2012), p. 81.

道格拉斯·胡萨克:"分心和疏忽",载露西娅·泽德纳和朱利安 V. 罗伯茨编:《刑法与刑事司法的原则与价值：纪念安德鲁·阿什沃斯文集》,牛津：牛津大学出版社,2012 年版,第 81 页。

89. John Gardner: *Offences and Defences* (Oxford: Oxford University Press, 2007).

约翰·加德纳:《犯罪与抗辩事由》,牛津：牛津大学出版社,2007 年版。

90. Heidi M. Hurd: *Moral Combat* (Cambridge: Cambridge University Press, 1999).

海蒂·M. 赫德:《道德斗争》,剑桥：剑桥大学出版社,1999 年版。

91. Douglas Husak: "Preventive Detention as Punishment? Some Possible Reservations", in Andrew Ashworth, Lucia Zedner, and Patrick Tomlin, eds.: *Prevention and the Limits of the Criminal Law* (Oxford: Oxford University Press, 2013), p. 178.

道格拉斯·胡萨克:"作为刑罚的预防性羁押？一些可能的疑虑",载安德鲁·阿什沃斯、露西娅·泽德纳和帕特里克·汤姆林编：《预防和刑法的限度》,牛津：牛津大学出版社,2013 年版,第 178 页。

92. Douglas Husak: *Drugs and Rights* (Cambridge: Cambridge University Press, 1992).

道格拉斯·胡萨克:《毒品与权利》,剑桥：剑桥大学出版社,1992 年版。

93. Darren Thiel: "Criminal Ignorance", in Matthias Gross and Linsey McGoey, eds.: *The International Handbook of Ignorance Studies* (Routledge, forthcoming).

达伦·泰尔:"刑法上的不知",载马蒂亚斯·格罗斯和林西·麦戈伊编:《国际上不知研究手册》(劳特利奇出版社,即将出版)。

94. Douglas Husak: "The 'But Everyone Does That!' Defense", in Douglas Husak, ed.: *The Philosophy of Criminal Law* (Oxford: Oxford University Press, 2010), p. 338.

道格拉斯·胡萨克:"'但每个人都那样做!'的辩护事由",载道格拉斯·胡萨克编:《刑法哲学》,牛津:牛津大学出版社,2010年版,第338页。

95. Douglas Husak and Craig Callendar: "Willful Ignorance, Knowledge, and the 'Equal Culpability' Thesis: A Study of the Deeper Significance of the Principle of Legality", in Douglas Husak, ed.: *The Philosophy of Criminal Law* (Oxford: Oxford University Press, 2010), p. 200.

道格拉斯·胡萨克、克雷格·卡伦达:"故意不知、明知与'同等罪责'以及罪刑法定原则的深层意义",载道格拉斯·胡萨克编:《刑法哲学》,牛津:牛津大学出版社,2010年版,第200页。

96. Paul Robinson: *Criminal Law Defenses* (St. Paul, MN: West 1984).

保罗·罗宾逊:《刑法中的辩护事由》,圣保罗,明尼苏达州:西部出版社,1984年版。

97. Bruce Waller: *Against Moral Responsibility* (Cambridge, MA: MIT Press, 2011).

布鲁斯·沃勒:《反对道德责任》,马萨诸塞州,剑桥:麻省理工学院出版社,2011年版。

98. Joseph Raz: *The Authority of Law* (Oxford: Clarendon Press,

1979）．

约瑟夫·拉兹：《法律的权威》，牛津：克拉伦登出版社，1979年版。

99. Douglas Husak: "Malum Prohibitum and Retributivism", in Douglas Husak, ed.: *The Philosophy of Criminal Law* (Oxford: Oxford University Press, 2010), p. 410.

道格拉斯·胡萨克："法定犯和报应主义"，载道格拉斯·胡萨克编：《刑法哲学》，牛津：牛津大学出版社，2010年版，第410页。

100. R. A. Duff and S. E. Marshall: "'Remote Harms' and the Two Harm Principles", in A. p. Simester, Antje Du Bois-Pedain, and Ulfred Neumann, eds.: *Liberal Criminal Theory: Essays for Andreas von Hirsch* (Oxford: Hart, 2014), pp. 205, 222-223.

R. A. 达夫和S. E. 马歇尔："'间接危害'和两种伤害原则"，载A. p. 西米斯特、安特耶·杜·波依斯-佩当和乌尔弗雷德·诺伊曼编：《自由主义犯罪理论：安德烈亚斯·冯·赫希文集》，牛津：哈特出版社，2014年版，第205、222-223页。

101. David Enoch: "Reason-Giving and the Law", in Leslie Green and Brian Leiter, eds.: *Oxford Studies in Philosophy of Law* (Oxford: Oxford University Press, Vol. 1, 2011), p. 1.

戴维·伊诺克："法律及其理由"，载莱斯利·格林和布莱恩·莱特编：《牛津法哲学研究》，牛津：牛津大学出版社，2011年版第1卷，第1页。

102. Susan Dimock: "Contractarian Criminal Law Theory and Mala Prohibita Offences", in R. A. Duff et al., eds.: *Criminalisation: The Political Morality of the Criminal Law* (Oxford: Oxford University Press, 2014), p. 151.

苏珊·迪莫克:"契约刑法理论与法定犯",载 R. A. 达夫等人编:《犯罪化:刑法的政治道德》,牛津:牛津大学出版社,2014 年版,第 151 页。

103. Margaret Gilbert: *Joint Commitment: How We Make the Social World* (Oxford: Oxford University Press, 2014).

玛格丽特·吉尔伯特:《共同承诺:我们如何创造社会世界》,牛津:牛津大学出版社,2014 年版。

104. Christopher Heath Wellman: "Rights Forfeiture and Mala Prohibita", in R. A. Duff et al., eds.: *The Constitution of the Criminal Law* (Oxford: Oxford University Press, 2013), p. 77.

克里斯托弗·希思·威尔曼:"权利丧失和法定犯",载 R. A. 达夫等人编:《刑法构成要件》,牛津:牛津大学出版社,2013 年版,第 77 页。

105. David Estlund: *Democratic Authority: A Philosophical Framework* (Princeton, NJ: Princeton University Press, 2008), p. 152.

大卫·埃斯特伦德:《民主权威:哲学框架》,普林斯顿,新泽西州:普林斯顿大学出版社,2008 年版,第 152 页。

106. Larry Alexander: "Hart and Punishment for Negligence", in C. G. Pulman, ed.: *Hart on Responsibility* (New York: Palgrave Macmillan Press, 2014), pp. 195, 204.

拉里·亚历山大:"哈特和过失犯罪",载 C. G. 普尔曼编:《哈特论责任》,纽约:帕尔格雷夫·麦克米伦出版社,2014 年版,第 195、204 页。

107. Jeremy Horder: *Excusing Crime* (Oxford: Oxford University Press, 2004).

杰里米·霍德:《可宽恕的犯罪》,牛津:牛津大学出版社,2004 年版。

108. Leo Katz: *Why the Law Is So Perverse* (Chicago: University of Chicago Press, 2011).

利奥·卡茨:《为什么法律如此有悖常情》,芝加哥:芝加哥大学出版社,2011年版。

109. Frederick Schauer: *The Force of Law* (Cambridge, MA: Harvard University Press, 2015).

弗雷德里克·肖尔:《法律的约束力》,马萨诸塞州剑桥:哈佛大学出版社,2015年版。

110. Larry Alexander and Emily Sherman: *The Rule of Rules: Morality, Rules, and the Dilemmas of Law* (Durham, NC: Duke University Press, 2001).

拉里·亚历山大和艾米丽·谢尔曼:《规则的运用:道德,规则和法律的困境》,达勒姆,北卡罗来纳州:杜克大学出版社,2001年版。

111. John Rawls: *Political Liberalism* (New York: Columbia University Press, 1993).

约翰·罗尔斯:《政治自由主义》,纽约:哥伦比亚大学出版社,1993年版。

112. Philip Soper: *The Ethics of Deference: Learning from Law's Morals* (Cambridge: Cambridge University Press, 2002).

菲利普·索珀:《遵从的伦理:从法律的道德中学习》,剑桥:剑桥大学出版社,2002年版。

113. Margaret Colgate Love, Jenny Roberts and Cecelia Klingele: *Collateral Consequences of Criminal Convictions: Law, Policy and Practice* (Eagan, Minnesota: Thomson Reuters, 2013).

玛格丽特·高露洁·洛夫、珍妮·罗伯茨和塞西莉亚·克林格勒:《刑事定罪的附带后果:法律、政策和实践》,伊根,明尼苏达州：汤森路透出版社，2013年版。

114. Inimai M. Chettiar et al. eds.：*Solutions：American Leaders Speak Out on Criminal Justice*（New York：Brennan Center for Justice, 2015）.

伊尼迈 M. 切蒂尔等人编：《解决方案：美国领导人就刑事司法发声》，纽约：布伦南司法中心，2015年版。

115. Daniel Okrent：Last Call：*The Rise and Fall of Prohibition*（New York：Scribner, 2010）.

丹尼尔·奥克伦特：《最后一杯：禁酒令的兴衰》，纽约：斯克里布纳尔出版社，2010年版。

116. Barbara Wootton：*Crime and the Criminal Law*（London：Stevens & Sons Press, 1963）.

芭芭拉·伍顿：《犯罪与刑法》，伦敦：史蒂文斯父子出版社，1963年版。

117. Gideon Yaffe：*Attempts*（Oxford：Oxford University Press, 2010）.

吉迪恩·亚夫：《未遂》，牛津：牛津大学出版社，2010年版。

118. Thomas Schramme, ed：*Being Amoral：Psychopathy and Moral Incapacity*（Cambridge, MA：MIT Press, 2014）.

托马斯·施拉姆编：《不道德：精神病和道德失能》，马萨诸塞州剑桥：麻省理工学院出版社，2014年版。

119. Nikolaj Nottelmann and Rik Peels："Some Metaphysical Implications of a Credible Ethics of Belief", in Nikilaj Nottelman, ed.：*New Essays on Belief：Constitution, Content, and Structure*（Palsgrave MacMillan Press, 2013），p. 230.

尼古拉·诺特曼和里克·皮尔斯："可信的信仰伦理学的一些形而上学含义"，载尼基拉伊·诺特曼编：《信仰新论：构成、内容和结构》，巴拉丁伯爵麦克米伦出版社，2013年版，第230页。

120. Michael J. Zimmerman: *The Immorality of Punishment* (Toronto: Broadview Press, 2011).

迈克尔 J. 齐默尔曼：《惩罚的不道德性》，多伦多：布罗德维尤出版社，2011年版。

121. Joseph Raz: *From Normativity to Responsibility* (Oxford: Oxford University Press, 2011), Part Three.

约瑟夫·拉兹：《从规范性到责任》，牛津：牛津大学出版社，2011年版，第三部分。

122. Michael Moore: *Act and Crime* (Oxford: Clarendon Press, 1993), pp. 243ff.

迈克尔·摩尔：《行为与犯罪》，牛津：克拉伦登出版社，1993年版，第243页及以下。

二、论文类

1. Douglas Husak: "Varieties of Strict Liability", VIII *Canadian Journal of Law and Jurisprudence* 189 (1995).

道格拉斯·胡萨克："严格责任的种类"，载《加拿大法律与法学杂志》，1995年第8卷，第189页。

2. Douglas Husak: "Mistake of Law and Culpability", In 4 *Criminal Law and Philosophy* 135 (2010).

道格拉斯·胡萨克："法律认识错误和罪责"，载《刑法与哲学》，2010年第4卷，第135页。

3. Sanford H. Kadish: "Excusing Crime", 78 *California Law Review* 257, 268 (1987).

桑福德 H. 卡迪什："可宽恕的犯罪"，载《加州法律评论》，1987年第78卷，第257、268页。

4. Stephen J. Morse: "Lost in Translation? An Essay on Law and Neuroscience", *Law and Neuroscience*, 13 Current Legal Issues 529 (ed. Michael Freeman, 2010).

史蒂芬 J. 莫尔斯: "迷失在翻译中？一篇关于法律与神经科学的论文"，载迈克尔·弗里曼编：《法律与神经科学-当前法律问题》，2010 年第 13 卷，第 529 页。

5. Michael Moore: "Stephen Morse on the Fundamental Psycho-Legal Error", 10 *Criminal Law and Philosophy* (forthcoming 2016).

迈克尔·摩尔: "斯蒂芬·莫尔斯对根本性的心理学-法学谬误的论述"，载《刑法与哲学》第 10 卷，将于 2016 年出版。

6. Re'em Segev: "Moral Rightness and the Significance of Law: Why, How, and When Mistake of Law Matters", 64 *University of Toronto Law Journal* 33 (2014).

雷姆·塞格夫: "道德正义与法律意义：法律认识错误为什么重要、如何重要、何时重要"，载《多伦多大学法律期刊》，2014 年第 64 卷，第 33 页。

7. Samuel W. Buell: "Culpability and Modern Crime", 103 *Georgetown Law Journal* 547, 602-603 (2015).

塞缪尔 W·布埃尔: "罪责与现代犯罪"，载《乔治敦法律期刊》2015 年第 103 卷，第 547、602-603 页。

8. Hugo Bedau: "Retribution and the Theory of Punishment", 75 *Journal of Philosophy* 601, 608 (1978).

雨果·贝道: "报应与刑罚理论"，载《哲学期刊》，1978 年第 75 卷，第 601、608 页。

9. Mark Greenberg: "How Mistakes Excuse: Genuine Desert, Moral Desert, and Legal Desert", 11 *APA Newsletter on Philosophy and Law* 8 (2011).

马克·格林伯格:"认识错误如何被谅解:真正的该当性、道德的该当性和法律的该当性",载《美国心理学协会哲学与法律简报》,2011年第11卷,第8页。

10. Gideon Yaffe: "Excusing Mistakes of Law", 9: 2 *Philosophers' Imprint* 1 (2009).

吉迪恩·亚夫:"可宽恕的法律认识错误",载《哲学家印记》,2009年第9: 2卷,第1页。

11. Peter F. Strawson: "Freedom and Resentment", 48 *Proceedings of the British Academy* 1 (1962).

彼得 F. 斯特劳森:"自由与怨恨",载《英国学术院刊》,1962年第48卷,第1页。

12. Gary Watson: "Two Faces of Responsibility", 24 *Philosophical Topics* 227 (1996).

加里·沃森:"责任的两面",载《哲学话题》,1996年第24卷,第227页。

13. Neil Levy: "The Good, the Bad and the Blameworthy", 1 *Journal of Ethics and Social Philosophy* 1 (2005).

尼尔·利维:"好人、坏人和应受谴责的人",载《道德与社会哲学杂志》,2005年第1卷,第1页。

14. Edwin R. Keedy: "Ignorance and Mistake in the Criminal Law", 22 *Harvard Law Review* 75, 77 (1908).

埃德温·R·基迪:"刑法中的不知法和认识错误",载《哈佛法律评论》,1908年第22卷,第75、77页。

15. James Edwards: "Reasons to Criminalise", *Legal Theory* (forthcoming).

詹姆斯·爱德华兹:"犯罪化的原因",载《法律理论》(即将出版)。

16、Michael S. Moore: "A Tale of Two Theories", 28 *Criminal Justice Ethics* 27 (2009).

迈克尔·S·摩尔: "两种理论的叙述", 载《刑事司法伦理》, 2009 年第 28 卷, 第 27 页。

17. Heidi M. Hurd: "Paternalism on Pain of Punishment", 28 *Criminal Justice Ethics* 49 (2009).

海蒂·M. 赫德: "刑罚之痛的家长主义", 载《刑事司法伦理》, 2009 年第 28 卷, 第 49 页。

18. Leo Katz: "Villainy and Felony", 6 *Buffalo Criminal Law Review* 100 (2002).

利奥·卡茨: "不法行为与严重犯罪", 载《布法罗刑法评论》, 2002 年第 6 卷, 第 100 页。

19. Douglas Husak: "the means principle", 11 *Criminal Law and Philosophy* (forthcoming, 2016).

道格拉斯·胡萨克: "手段原则", 载《刑法与哲学》第 11 卷, 将于 2016 年出版。

20. Alec Walen: "Transcending the Means Principle", 33 *Law and Philosophy* 427 (2014).

亚历克·瓦伦: "超越手段原则", 载《法律与哲学》, 2014 年第 33 卷, 第 427 页。

21. Douglas Husak: "'Broad Culpability' and the Retributivist Dream", 9 *Ohio State Journal of Criminal Law* 449 (2012).

道格拉斯·胡萨克: "'广义罪责'与报应主义者的理想", 载《俄亥俄州刑法杂志》, 2012 年第 9 卷, 第 449 页。

22. Gideon Rosen: "Culpability and Ignorance", 103 *Proceedings of the Aristotelian Society* 61, 83 (2003).

吉迪恩·罗森: "有责性与不知法", 载《亚里士多德学会会刊》，2003年第103卷，第61、83页。

23. Adam L. Alter, Julia Kernochan and John M. Darley: "Morality Influences How People Apply the Ignorance of Law Defense", 41 *Law & Society Review* 819 (2007).

亚当·L. 奥尔特、朱莉娅·克诺坎和约翰·M. 达利："道德对适用不知法抗辩事由的影响"，载《法律与社会评论》，2007年第41卷，第819页。

24. Dan M. Kahan: "Ignorance of Law Is a Defense: But Only for the Virtuous", 96 *Michigan Law Review* 127 (1997).

丹·M. 卡汉："只能适用于品德高尚者的不知法抗辩事由"，载《密歇根法律评论》，1997年第96卷，第127页。

25. Jakob Elster: "How Outlandish Can Imaginary Cases Be?", 28 *Journal of Applied Philosophy* 241 (2011).

雅各布·埃尔斯特："想象中的案例会有多离谱？"，载《应用哲学杂志》，2011年第28卷，第241页。

26. Edwin Meese III & Paul J. Larkin, Jr.: "Reconsidering the Mistake of Law Defense", 102 *Journal of Criminal Law & Criminology* 725 (2012).

埃德温·米斯 III 和小保罗 J. 拉金："反思法律认识错误抗辩"，载《刑法与犯罪学杂志》，2012年第102卷，第725页。

27. Paul J. Larkin, Jr.: "Taking Mistakes Seriously", 28 *B. Y. U. Journal of Public Law* 104-105 (2015).

小保罗·J. 拉金："认真对待认识错误"，载《英美大学公法杂志》，2015年第28卷，第104-105页。

28. A. T. H. Smith: "Error and Mistake of Law in Anglo-American Criminal Law", 14 *Anglo-American Law Review* 3 (1985).

A. T. H. 史密斯："英美刑法中的错误和法律认识错误"，载

《英美法律评论》，1985 年第 14 卷，第 3 页。

29. Josh Bowers: "Legal Guilt, Normative Innocence, and the Equitable Decision Not to Prosecute", 110 *Columbia Law Review* 1655 (2010).

乔希·鲍尔斯："法律上有罪、规范上无罪和基于公平作出的不起诉的决定"，载《哥伦比亚法律评论》，2010 年第 110 卷，第 1655 页。

30. Peter W. Low and Benjamin Charles Wood: "Lambert Revisited", 100 *Virginia Law Review* 1603 (2014).

彼得·W. 洛和本杰明·查尔斯·伍德："再评兰伯特案"，载《弗吉尼亚法律评论》，2014 年第 100 卷，第 1603 页。

31. Arnold Enker: "Error Juris in Jewish Criminal Law", 11 *The Journal of Law and Religion* 23 (1994-1995).

阿诺德·恩克："犹太刑法中的错误理论"，载《法律与宗教杂志》，1994-1995 年第 11 卷，第 23 页。

32. Jed Lewinsohn: "Philosophy in Halakhah: The Case of Intentional Action", 7 *Torah-U-Madda Journal* 97 (2006-2007).

杰德·莱文森："哈拉卡哲学：故意行为"，载《美国医学会杂志》，2006-2007 年第 7 卷，第 97 页。

33. Kit Kinports: "Heien's Mistake of Law", *Alabama Law Review* (forthcoming, 2016).

基特·金波特："海恩案中的法律认识错误"，载《阿拉巴马州法律评论》，将于 2016 年出版。

34. Gabriel J. Chin, Reid Griffith Fontaine, Nicholas Klingerman, and Melody Gilkey: "The Mistake of Law Defense and an Unconstitutional Provision of the Model Penal Code", 93 *North Carolina Law Review* 139 (2014).

加布里埃尔 J. 尺、里德·格里菲斯·方丹丰泰内、尼古拉斯·科林尔曼和梅洛迪·吉尔基:"法律认识错误辩护和模范刑法典的违宪规定",载《北卡罗来纳州法律评论》,2014 年第 93 卷,第 139 页。

35. Miriam Gur-Arye: "Reliance on a Lawyer's Mistaken Advice—Should It Be an Excuse from Criminal Liability?", 29 *American Journal of Criminal Law* 455 (2002).

米莉亚姆·古尔-阿里:"听从律师的错误建议——应当成为逃避刑事责任的借口吗?",载《美国刑法杂志》,2002 年第 29 卷,第 455 页。

36. Andrew Ashworth: "Excusable Mistake of Law", *Criminal Law Review* 652 (1974).

安德鲁·阿什沃斯:"可宽恕的法律认识错误",载《刑法评论》,1974 年第 652 卷。

37. Samuel Buell and Lisa Kern Griffin: "On the Mental State of Consciousness of Wrongdoing", 75 *Law and Contemporary Problems* 213 (2012).

塞缪尔·布埃尔和丽莎·克恩格·里芬:"论'有意识的'不法行为",载《法律与当代问题》,2013 年第 75 卷,第 213 页。

38. William Baude: "State Regulation and the Necessary and Proper Clause", 65 *Case Western Reserve Law Review* 513 (2015).

威廉·波德:"联邦法律与必要适当条款",载《凯斯西储法评论》,2015 年第 65 卷,第 513 页。

39. Alex Kreit: "What Will Federal Marijuana Reform Look Like?", 65 *Case Western University Law Review* 689 (2015).

亚历克斯·克雷特:"联邦大麻改革会是什么样子?",载《凯斯西大法律评论》,2015 年第 65 卷,第 689 页。

40. Paul H. Robinson and Jane A. Grall: "Element Analysis in Defining Criminal Liability: The Model Penal Code and Beyond", 35 *Stanford Law Review* 681 (1983).

保罗 H. 罗宾逊和简 A. 格罗尔:"界定刑事责任的要素分析:模范刑法典及其后的发展",载《斯坦福法律评论》,1983 年 35 卷,第 681 页。

41. Larry Alexander: "Inculpatory and Exculpatory Mistakes and the Fact/Law Distinction: An Essay in Memory of Mike Bayles", 12 *Law and Philosophy* 33 (1993).

拉里·亚历山大:"不能出罪和可以出罪的认识错误与事实/法律的区别:纪念迈克·贝尔斯的随笔",载《法律与哲学》,1993 年第 12 卷,第 33 页。

42. Peter Westen: "Impossible Attempts: A Speculative Thesis", 5 *Ohio State Journal of Criminal Law* 523, 535 (2008).

彼得·韦斯顿:"不可能的尝试:一篇思辨性论文",载《俄亥俄州刑法杂志》,2008 年第 5 卷,第 523、535 页。

43. Kenneth W. Simons: "Ignorance and Mistake of Criminal Law, Noncriminal Law, and Fact", 9 *Ohio State Journal of Criminal Law* 487 (2012).

肯尼斯·西蒙斯:"对刑法、非刑法和事实的不知和认识错误",载《俄亥俄州刑法杂志》,2012 年第 9 卷,第 487 页。

44. William J. Fitzpatrick: "Moral Responsibility and Normative Ignorance: Answering a New Skeptical Challenge", 118 *Ethics* 589, 610 (2008).

威廉 J. 菲茨帕特里克:"道义责任和规范性不知法:对新质疑的回应",载《道德》,2008 年第 118 卷,第 589、610 页。

45. Paul H. Robinson: "Imputed Criminal Liability", 93 *Yale*

Law Journal 609 (1984) .

保罗 H. 罗宾逊:"归咎的刑事责任",载《耶鲁法律评论》,1984 年第 93 卷,第 609 页。

46. Sharon Davies: "The Jurisprudence of Willfulness: An Evolving Theory of Excusable Ignorance", 48 *Duke Law Journal* 341, 343 (1998) .

莎朗·戴维斯:"有意性:可宽恕的不知法中不断发展的理论",载《杜克法律评论》,1998 年第 48 卷,第 341、343 页。

47. Richard Singer and Douglas Husak: "Of Innocence and Innocents: The Supreme Court and Mens Rea since Herbert Packer", 2 *Buffalo Criminal Law Review* 859 (1999) .

理查德·辛格和道格拉斯·胡萨克:"无罪与无罪者:自赫伯特·帕克以来的最高法院和犯罪意图",载《布法罗刑法评论》,1999 年第 2 卷,第 859 页。

48. John Shepard Wiley, Jr. : "Not Guilty by Reason of Blamelessness: Culpability in Federal Criminal Interpretation", 85 *Virginia Law Review* 1021, 1046 (1999) .

小约翰·谢泼德·威利:"因不具备可责性而无罪:联邦刑事诉讼中的罪责",载《弗吉尼亚法律评论》,1999 年第 85 卷,第 1021、1046 页。

49. Harry G. Frankfurt: "Alternate Possibilities and Moral Responsibility", 66 *Journal of Philosophy* 829 (1969) .

哈里 G. 法兰克福:"替代可能性与道德责任",载《哲学杂志》,1969 年第 66 卷,第 829 页。

50. Alexander A. Guerrero: "Deliberation, Responsibility, and Excusing Mistakes of Law", 11 *APA Newsletter on Philosophy and Law* 2 (2011) .

亚历山大 A. 格雷罗:"有意、责任和可宽恕的不知法",载《美国心理学协会哲学与法律周刊》,2011 年第 11 卷,第 2 页。

51. Patrick Tomlin: "Extending the Golden Thread? Criminalisation and the Presumption of Innocence", 21 *Journal of Political Philosophy* 44 (2013).

帕特里克·汤姆林:"犯罪化和无罪推定的延申",载《政治哲学杂志》,2013 年第 21 卷,第 44 页。

52. Michael S. Moore: "The Quest for a Responsible Responsibility Test—Norwegian Insanity Law after Brevik", 10 *Criminal Law and Philosophy* (forthcoming, 2016).

迈克尔·S. 摩尔:"责任标准的探索——布雷维克之后的挪威精神病法",载《刑法与哲学》,第 10 卷,将于 2016 年出版。

53. Stephen J. Morse: "Psychopaths and Criminal Responsibility", 1 *Neuroethics* 205 (2008).

斯蒂芬 J. 莫尔斯:"精神病患者与刑事责任",载《神经伦理学》,2008 年第 1 卷,第 205 页。

54. Stephen p. Garvey: "Authority, Ignorance, and the Guilty Mind", 67 *Southern Methodist University Law Review* 545 (2014).

斯蒂芬 P. 加维:"权威、不知法和罪恶心理",载《南方卫理公会大学法律评论》,2014 年第 67 卷,第 545 页。

55. Gideon Rosen: "Skepticism about Moral Responsibility", 18 *Philosophical Perspectives* 295 (2004).

吉迪恩·罗森:"对道德责任的怀疑论",载《哲学视角》,2004 年第 18 卷,第 295 页。

56. Stephen p. Garvey: "Dealing with Wayward Desire", 3 *Criminal Law and Philosophy* 1 (2009).

史蒂芬 P. 加维:"应对难以捉摸的欲望",载《刑法与哲学》,2009 年第 3 卷,第 1 页。

57. Stephen J. Morse: "Diminished Rationality, Diminished Responsibility", 1 *Ohio State Journal of Criminal Law* 298 (2003).

斯蒂芬 J. 莫尔斯:"理性降低,则责任降低",载《俄亥俄州刑法杂志》,2003 年第 1 卷,第 298 页。

58. Michael Zimmerman: "Review of Levy", 10 *Criminal Law and Philosophy* (forthcoming, 2016).

迈克尔·齐默尔曼:"回忆利维",载《刑法与哲学》,第 10 卷,将于 2016 年出版。

59. Andrew Sepielli: "What to Do When You Don't Know What to Do", 48 *Nous* 521 (2013);

安德鲁·塞皮埃利:"当你不知道该做什么时该怎么办",载《理性》,2013 年第 48 卷,第 521 页。

60. Holly M. Smith: "The Subjective Moral Duty to Inform Oneself before Acting", 125 *Ethics* 1 (2014).

霍莉 M. 史密斯:"三思而后行的主观道德义务",载《道德准则》,2014 年第 125 卷,第 1 页。

61. Alexander A. Guerrero: "Don't Know, Don't Kill: Moral Ignorance, Culpability, and Caution", 136 *Philosophical Studies* 59 (2007).

亚历山大 J. 格雷罗:"不知道,不杀人:道德上的不知法、可责性和谨慎",载《哲学研究》,2007 年第 136 卷,第 59 页。

62. Harry Frankfurt: "Freedom of the Will and the Concept of a Person", 68 *Journal of Philosophy* 5 (1971).

哈里·法兰克福:"自由意志和人的概念",载《哲学杂志》,1971 年第 68 卷,第 5 页。

63. David Shoemaker: "Qualities of Will", 30 *Social Philosophy and Policy* 95 (2013).

大卫·舒梅克:"意志品质",载《社会哲学与政策》,2013年第30卷,第95页。

64. Angela Smith: "Control, Responsibility, and Moral Assessment", 138 *Philosophical Studies* 367 (2008).

安吉拉·史密斯:"控制、责任和道德评判",载《哲学研究》,2008年第138卷,第367页。

65. Pamela Hieronymi: "Reflection and Responsibility", 42 *Philosophy and Public Affairs* 3 (2014).

帕梅拉·希罗尼米:"反映和责任",载《哲学与公共事务》,2014年第42卷,第3页。

66. Elizabeth Harman: "Does Moral Ignorance Exculpate?", 24 *Ratio* 443 (2011).

伊丽莎白·哈曼:"不知道德可以出罪吗?",载《比率》,2011年第24卷,第443页。

67. Peter Westen: "Two Rules of Legality in Criminal Law", 26 *Law and Philosophy* 229, 262 (2007).

彼得·韦斯顿:"刑法中的两条合法性规则",载《法律与哲学》,2007年第26卷,第229、262页。

68. Peter Westen: "An Attitudinal Theory of Excuse", 25 *Law and Philosophy* 289 (2006).

彼得·韦斯顿:"可宽恕事由的态度理论",载《法律与哲学》,2006年第25卷,第289页。

69. Michelle Dempsey: "Book Review: Michael J. Zimmerman, The Immorality of Punishment", 32 *Law and Philosophy* 333 (2013).

米歇尔·邓普西:"书评:迈克尔 J. 齐默尔曼的《惩罚的不道德性》",载《法律与哲学》,2013 年第 32 卷,第 333 页。

70. Douglas Husak: "The Criminal Law as Last Resort", 24 *Oxford Journal of Legal Studies* 207 (2004).

道格拉斯·胡萨克:"作为最后手段的刑法",载《牛津法律研究杂志》,2004 年第 24 卷,第 207 页。

71. Holly Smith: "Culpable Ignorance", 92 *Philosophical Review* 543 (1983).

霍莉·史密斯:"可责的不知法",载《哲学评论》,1983 年第 92 卷,第 543 页。

72. Manuel Vargas: "The Trouble with Tracing", 29 *Midwest Studies in Philosophy* 269 (2005).

曼努埃尔·巴尔加斯:"追踪策略的麻烦",载《中西部哲学研究》,2005 年第 29 卷,第 269 页。

73. John Martin Fischer and Neil A. Tognazzini: "The Triumph of Tracing", 43 *Nous* 531 (2009).

约翰·马丁·费舍尔和尼尔 A. 托格纳齐尼:"追踪策略的胜利",载《理性》,2009 年第 43 卷,第 531 页。

74. Angela M. Smith: "Attitudes, Tracing, and Control", 32 *Journal of Applied Philosophy* 115 (2015).

安吉拉 M.·史密斯:"态度、追踪和控制",载《应用哲学杂志》,2015 年第 32 卷,第 115 页。

75. Douglas Husak: "Ignorance of Law and Duties of Citizenship", 14 *Legal Studies* 105 (1994).

道格拉斯·胡萨克:"不知法和公民的义务",载《法学研究》,1994 年第 14 卷,第 105 页。

76. Neil Levy: "Culpable Ignorance and Moral Responsibility: A

Reply to Fitzpatrick", 119 *Ethics* 729 (2009).

尼尔·列维:"可责的不知法和道德责任:对菲茨帕特里克的回应",载《道德准则》,2009年第119卷,第729页。

77. Jan Willem Wieland: "What's Special about Moral Ignorance?", 28 *Ratio* (2015).

简·威廉·维兰德:"道德不知有何特别之处?",载《比率》,2015年第28卷。

78. Rik Peels: "What Is Ignorance?", 38 *Philosophia* 57 (2010).

赖克·皮尔斯:"什么是不知?",载《哲学》,2010年第38卷,第57页。

79. Eric Luis Uhlmann, David A. Pizarro, and Paul Bloom: "Varieties of Social Cognition", 38 *Journal for the Theory of Social Behaviour* 293 (2008).

埃里克·路易斯·乌尔曼、大卫 A. 皮萨罗和保罗·布鲁姆:"社会认知的多样性",载《社会行为理论杂志》,2008年第38卷,第293页。

80. Douglas Husak: "Negligence, Belief, Blame and Criminal Liability: The Special Case of Forgetting", 5 *Criminal Law and Philosophy* 199 (2011);

道格拉斯·胡萨克:"疏忽、确信、可责性与刑事责任:作为特殊情形的遗忘",载《刑法与哲学》,2011年第5卷,第199页。

81. George Fletcher: "The Right Deed for the Wrong Reason: A Reply to Mr. Robinson", 23 *U. C. L. A. Law Review* 293 (1975-1976).

乔治·弗莱彻:"出于错误原因的正确行为:对罗宾逊先生的回应",载《加州大学洛杉矶分校法律评论》,1975-1976年第23卷,第293页。

82. Douglas Husak: "Lifting the Cloak: Preventive Detention as

Punishment", 48 *San Diego Law Review* 1173 (2011);

道格拉斯·胡萨克:"揭开面纱:作为刑罚的预防性羁押",载《圣地亚哥法律评论》,2011年第48卷,第1173页。

83. Alec Walen: "A Punitive Precondition for Preventive Detention: Lost Status as a Foundation for Lost Immunity", 48 *San Diego Law Review* 1229 (2011).

亚历克·瓦伦:"预防性羁押的惩罚性先决条件:丧失身份",载《圣地亚哥法律评论》,2011年第48卷,第1229页。

84. Kimberly Kessler Ferzan: "Beyond Crime and Commitment: Justifying Liberty Deprivations of the Dangerous and Responsible", 96 *University of Minnesota Law Review* 141 (2011).

金伯利·凯斯勒·费尔赞:"超越犯罪和实行:剥夺危险者和责任者自由的正当性",载《明尼苏达大学法律评论》,2011年第96卷,第141页。

85. Dan Markel: "Retributive Justice and the Demands of Democratic Citizenship", 1 *Virginia Journal of Criminal Law* 1 (2012).

丹·马克尔:"报应正义和民主社会的要求",载《弗吉尼亚刑法杂志》,2012年第1卷,第1页。

86. G. Sykes and D. Matza: "Techniques of Neutralisation: A Theory of Delinquency", 22 *American Sociological Review* 664 (1957).

G. 赛克斯和D. 马扎:"越轨行为合理化的手段方式",载《美国社会学评论》,1957年第22卷,第664页。

87. Michelle Moody-Adams: "Culture, Responsibility, and Affected Ignorance", 104 *Ethics* 291 (1994).

米歇尔·穆迪·亚当斯:"文化、责任和故意的无视",载《道德准则》,1994年第104卷,第291页。

88. Note: "The Use of Analogy in Criminal Law", 47 *Columbia*

Law Review 613 (1947).

诺特:"刑法中的类比运用",载《哥伦比亚法律评论》,1947年第47卷,第613页。

89. Alan C. Michaels: "Acceptance: The Missing Mental State", 71 *Southern California Law Review* 953 (1998).

艾伦·C. 迈克尔斯:"接受:一种缺失的主观心态",载《南加州法律评论》,1998年第71卷,第953页。

90. Henry M. Hart, Jr.: "The Aims of the Criminal Law", 23 *Law and Contemporary Problems* 401, 413 (1958).

小亨利·M. 哈特:"刑法的目的",载《法律与当代问题》1958年第23卷,第401、413页。

91. R. A. Duff: "Political Retributivism and Legal Moralism", 1 *Virginia Journal of Criminal Law* 179, especially p. 198 (2012).

R. A. 达夫:"政治报应主义和法律道德主义",载《弗吉尼亚刑法杂志》,2012年第1卷,第179、198页。

92. Elinor Mason: "Moral Ignorance and Blameworthiness", 172 *Philosophical Studies* 3037 (2015).

埃莉诺·梅森:"道德的不知与可遣责性",载《哲学研究》,2015年第172卷,第3037页。

93. Antony Duff: "Crime, Prohibition, and Punishment", 19 *Journal of Applied Philosophy* 97, 102 (2002).

安东尼·达夫:"犯罪、禁酒令和刑罚",载《应用哲学杂志》,2002年第19卷,第97、102页。

94. Andrea Roth: "The Uneasy Case for Marijuana as Chemical Impairment under a Science-Based Jurisprudence of Dangerousness", 103 *California Law Review* (2015).

安德里亚·罗斯:"大麻的化学性损伤及其在科学导向下的

危险性评判",载《加州法律评论》,2015 年第 103 卷。

95. Peter Westen: "Individualizing the Reasonable Person in Criminal Law", 2 *Criminal Law and Philosophy* 137 (2008).

彼得·韦斯顿:"刑法中理性人的个体化",载《刑法与哲学》,2008 年第 2 卷,第 137 页。

96. Michael S. Moore and Heidi M. Hurd: "Punishing the Awkward, the Stupid, the Weak, and the Selfish: The Culpability of Negligence", 5 *Criminal Law and Philosophy* 147 (2011).

迈克尔·S. 摩尔和海蒂·M. 赫德:"惩罚笨拙的、愚蠢的、软弱的和自私的人:疏忽的可责性",载《刑法与哲学》,2011 年第 5 卷,第 147 页。

97. Adam J. Kolber: "The Subjective Experience of Punishment", 109 *Columbia Law Review* 182 (2009).

亚当 J. 科尔伯:"刑罚的主观体验",载《哥伦比亚法律评论》,2009 年第 109 卷,第 182 页。

98. Stephen P. Garvey: "Was Ellen Wronged?", 7 *Criminal Law and Philosophy* 185 (2013).

斯蒂芬 P. 加维:"艾伦被冤枉了吗?",载《刑法与哲学》,2013 年第 7 卷,第 185 页。

99. Sandra G. Mayson: "Collateral Consequences and the Preventive State", 91 *Notre Dame Law Review* (forthcoming, 2016).

桑德拉 G. 梅森:"附带后果和预防状态",载《圣母院法律评论》,第 91 卷,将于 2016 年出版。

100. Douglas Husak: "Mistake of Law and Culpability", 4 *Criminal Law and Philosophy* 135 (2010).

道格拉斯·胡萨克:"法律认识错误与可责罚性",载《刑法与哲学》,2010 年第 4 卷,第 135 页。

101. Eric Luna: "The Overcriminalization Phenomenon", 54 *American University Law Review* 703 (2005).

埃里克·卢纳:"过罪化现象",载《美国大学法律评论》, 2005 年第 54 卷,第 703 页。

102. Paul H. Robinson and Michael T. Cahill: "Can a Model Penal Code Second Save the States from Themselves?", 1 *Ohio State Journal of Criminal Law* 169, 170 (2003).

保罗·H. 罗宾逊和迈克尔 T. 卡希尔:"第二部模范刑法典能拯救美国吗?",载《俄亥俄州刑法杂志》,2003 年第 1 卷,第 169、170 页。

103. Norman Abrams: "The New Ancillary Offenses", 1 *Criminal Law Forum* 1 (1989).

诺曼·艾布拉姆斯:"新的附属犯罪",载《刑法论坛》, 1989 年第 1 卷,第 1 页。

104. Ronald Gainer: "Federal Criminal Code Reform: Past and Future", 2 *Buffalo Criminal Law Review* 45, 63 (1993).

罗纳德·盖纳:"联邦刑法改革:过去与未来",载《布法罗刑法评论》,1993 年第 2 卷,第 45、63 页。

105. T. Daftary – Kapur, J. L. Groscup, M. O'Connor, F. Coffaro, and M. Galietta: "Measuring Knowledge of the Insanity Defense: Scale Construction and Validation", 29 *Behavioral Sciences & The Law* 40 (2011).

T. 达芙莉·卡普尔、J. L. 格罗斯卡普、M. O'康纳、F. 科拉罗和 M. 加利亚塔:"精神病抗辩事由的知识衡量:规模构建和验证",载《行为科学与法律》,2011 年第 29 卷,第 40 页。

106. S. E. Marshall and R. A. Duff: "Criminalization and Sharing Wrongs", 11 *Canadian Journal of Law and Jurisprudence* 7

(1998).

S. E. 马歇尔和 R. A. 达夫:"犯罪化和公共不法",载《加拿大法律和法学杂志》,1998 年第 11 卷,第 7 页。

107. Ambrose Lee: "Public Wrongs and the Criminal Law", 9 *Criminal Law and Philosophy* 155 (2015).

安布罗斯·李:"公共不法与刑法",载《刑法与哲学》,2015 年第 9 卷,第 155 页。

108. Douglas Husak and George C. Thomas III: "Rapes without Rapists: Consent and Reasonable Mistake", 11 *Philosophical Issues* 86 (2001).

道格拉斯·胡萨克和乔治·C. 托马斯:"没有强奸犯的强奸:同意和合理的认识错误",载《哲学问题》,2001 年第 11 卷,第 86 页。

109. Reem Segev: "Justification, Rationality and Mistake: Mistake of Law Is No Excuse? It Might be a Justification!", 25 *Law and philosophy* 31 (2006).

雷姆·塞格夫:"正当化事由、理性与认识错误:法律认识错误不是可宽恕事由?它或许是一种正当化事由!",载《法律与哲学》,2006 年第 25 卷,第 31 页。

110. Robert Young: "Douglas Husak on Dispensing with the Malum Prohibitum Offense of Money Laundering", 28 *Criminal Justice Ethics* 108 (2009).

罗伯特·杨:"道格拉斯·胡萨克谈对作为法定犯的洗钱罪之否定",载《刑事司法伦理》,2009 年第 28 期,第 108 页。

三、案例及索引

1. People v. Marrero, 507 N. E. 2d 1068 (1987)

人民诉马雷罗, 507 N. E. 2d 1068（1987）

2. Conley v. United States, No. 11-CF-589（D. C. 2013）

康利诉美国, No. 11-CF-589（D. C. 2013）

3. United States v. Wilson, 159 F. 3d 280, 295（1998）

美国诉威尔逊, 159 F. 3d 280, 295（1998）

4. Raley v. Ohio, 360 U. S. 423（1959）

雷利诉俄亥俄州, 360 U. S. 423（1959）

5. Cox v. Louisiana, 379 U. S. 559（1965）

考克斯诉路易斯安那州, 379 U. S. 559（1965）

6. United States v. Pennsylvania Industrial Chemical Corp., 411 U. S. 655（1973）

美国诉宾夕法尼亚工业化学公司, 411 U. S. 655（1973）

7. Connally v. General Construction Co., 269 U. S. 385, 391（1926）

康纳利诉通用建筑公司, 269 U. S. 385, 391（1926）

8. Jacobellis v. Ohio, 378 U. S. 184, 197（1964）

雅各布利斯诉俄亥俄州, 378 U. S. 184, 197（1964）

9. City of Chicago v. Morales, 527 U. S. 41（1999）

芝加哥市诉莫拉莱斯, 527 U. S. 41（1999）

10. Yates v. United States, 574 U. S.（2015）

耶茨诉美国, 574 U. S.（2015）

11. R v. Smith（David Raymond）1 All E. R. 63（1974）

R 诉史密斯（大卫·雷蒙德）1 All E. R. 63（1974）

12. United States v. Rogers, 18 F. 3d 265（4th Cir. 1994）

美国诉罗杰斯, 18 F. 3d 265（4th Cir. 1994）

13. United States v. Curran, 20 F. 3d 560（3d Cir. 1994）

美国诉库兰, 20 F. 3d 560（3d Cir. 1994）

14. Bryant v. United States, 524 U. S. 184 (1998)
布莱恩特诉美国，524 U. S. 184 (1998)
15. Grant v. Borg, 1 WLR 638, 646B (1982)
格兰特诉博格，1 WLR 638, 646B (1982)
16. McFadden v. United States, 576 U. S. (2015)
麦克法登诉美国，576 U. S. (2015)
17. Skilling v. United States, 130 S. Ct. 2896 (2010)
斯奇林诉美国，130 S. Ct. 2896 (2010)
18. United States v. Liparota, 471 U. S. 419 (1985)
美国诉利帕罗塔，471 U. S. 419 (1985)
19. United States v. United States Gypsum Co., 438 U. S. 422, 441 (1978)
美国诉美国石膏公司，438 U. S. 422, 441 (1978)
20. Heien v. North Carolina, 135 S. Ct. 530 (2014)
海恩诉北卡罗莱纳州，135 S. Ct. 530 (2014)
21. Elonis v. United States, 572 U. S. (2015)
伊隆尼斯诉美国，572 U. S. (2015)
22. The Joseph, 12 U. S. (8 Cranch) 451 (1814)
约瑟夫案，12 U. S. (8 Cranch) 451 (1814)

四、法律

1. Model Penal Code
《模范刑法典》
2. StGB.
《德国刑法典》
3. Criminal Code Improvement Act of 2015
《2015年刑法典改革法》

4. Mens Rea Reform Act of 2015

《2015 年犯罪意图改革法》

5. N. J. Stat. Ann.

《新泽西州法律注释》

五、其他

1. Orin Hatch：Press Release, September 15, 2015, http：//www. hatch. senate. gov/public/index. cfm? p = releases&id = 090FFA70 - 5ABF-4160-8ED5- D512EBEBEB6F.

奥林哈奇：新闻稿，2015 年 9 月 15 日，http：//www. hatch. senate. gov/public/index. cfm? p = releases&id = 090FFA70 - 5ABF - 4160-8ED5- D512EBEBEB6F。

2. Matt Apuzzo and Eric Lipton："Rare White House Accord with Koch Brothers on Sentencing Frays", New York Times (Nov. 24, 2015), p. A1, http：//www. nytimes. com/2015/11/25/us/politics/rare-alliance-of-libertarians-and-white-house-on-sentencing-begins-to- fray. html? r=0.

马特·阿普佐和埃里克·利普顿："白宫罕见地与科赫兄弟就裁判争议达成一致"，《纽约时报》（2015 年 11 月 24 日）。

3. Orin Kerr："A Confusing Proposal to Reform the 'Mens Rea' of Federal Criminal Law", The Volokh Conspiracy (November 25, 2015), https：//www. washingtonpost. com/news/volokh-conspiracy/wp/2015/11/25/a-confusing-proposal-to-reform-the-mens-rea-of-federal-criminal-law/.

奥林·科尔：《改革联邦刑法"犯罪意图"中令人困惑的提议》，《沃洛克阴谋》（2015 年 11 月 25 日）。

4. Press Release, September 15, 2015, http：//www. hatch.

senate. gov/public/index. cfm？ p = releases&id = 090FFA70 - 5ABF - 4160-8ED5-D512EBEBEB6F.

新闻稿，2015 年 9 月 15 日，http：//www. hatch. senate. gov/public/index. cfm？p＝releases&id＝090FFA70－5ABF－4160－8ED5－D512EBEBEB6F。

5. "Don't Change the Legal Rule on Intent", The New York Times（December 6, 2015）.

《纽约时报》（2015 年 12 月 6 日）："不要改变关于犯罪意图的法律规则"。

6. Registered Sex Offenders in the United States, National Center for Missing and Exploited Children, available at www. missingkids. com/SOTT（data as of 2014）.

《美国登记在案的性犯罪者》，国家失踪和受剥削儿童中心，网址：www. missingkids. com/SOTT（数据截至 2014 年）。

7. Press Release（September 15, 2015），http：//www. hatch. senate. gov/public/index. cfm？ p = releases&id = 090FFA70 - 5ABF - 4160-8ED5-D512EBEBEB6F.

新闻稿（2015 年 9 月 15 日），http：//www. hatch. senate. gov/public/index. cfm？p＝releases&id＝090FFA70－5ABF－4160－8ED5－D512EBEBEB6F。

8. Orin Kerr, The Volokh Conspiracy（June 18, 2015）http：//lawprofessors. typepadcom/crimprof_ blog/2015/06/ignorance-of-the-law-is-no-excuse-or-is-it html.

奥林·科尔：《沃洛克阴谋》（2015 年 6 月 18 日），http：//lawprofessors. typepadcom/ crimprof _ blog/2015/06/ ignorance-of-the-law-is-no-excuse-or-is-it html。

9. Eric Schwitzgebel："Belief", *Stanford Encyclopedia of Philoso-*

phy（http：//plato. stanford. edu/entries/belief/）. （First published Aug 14, 2006; substantive revision Mar 24, 2015）.

埃里克·施维茨格贝尔：《确信》，载《斯坦福哲学百科全书》（http：//plato. stanford. edu/entries/belief/）。（2006 年 8 月 14 日首次发表；2015 年 3 月 24 日实质性修订）。

图书在版编目（CIP）数据

哲学视角下的不知法研究／（美）道格拉斯·胡萨克（Douglas Husak）著；姜敏等译. -- 北京：中国法治出版社，2024.12. -- ISBN 978-7-5216-4908-6

Ⅰ. D914.04

中国国家版本馆 CIP 数据核字第 2024KF1831 号

北京市版权局著作权合同登记：图字：01-2024-6022

Translation from the English language edition：
Ignorance of Law
A Philosophical Inquiry
By Douglas Husak
Copyright @ Oxford Publishing Limited
Originally published by Oxford University Press, 2016
All Right Reserved

| 策划编辑：袁笋冰 | 责任编辑：张僚 | 封面设计：赵博 |

哲学视角下的不知法研究
ZHEXUE SHIJIAO XIA DE BUZHIFA YANJIU

著者/［美］道格拉斯·胡萨克（Douglas Husak）
译者/姜敏　詹惟凯　张坤龙　卢春燕　肖文琪
经销/新华书店
印刷/北京虎彩文化传播有限公司
开本/880 毫米×1230 毫米　32 开　　　　印张/ 12.125　字数/ 280 千
版次/2024 年 12 月第 1 版　　　　　　　　2024 年 12 月第 1 次印刷

中国法治出版社出版
书号 ISBN 978-7-5216-4908-6　　　　　　　　　　　定价：46.00 元

北京市西城区西便门西里甲 16 号西便门办公区
邮政编码：100053　　　　　　　　　　　传真：010-63141600
网址：http：//www.zgfzs.com　　　　　编辑部电话：010-63141663
市场营销部电话：010-63141612　　　　印务部电话：010-63141606

（如有印装质量问题，请与本社印务部联系。）